U0556437

当代中国社会道德理论与实践研究丛书·第二辑

主编 吴付来

新中国伦理学研究

王泽应 著

The Study of Ethics in New China

中国人民大学出版社
·北京·

总　序

党的十八大以来，党和国家高度重视思想道德建设，高度重视哲学社会科学繁荣发展，要求哲学社会科学工作者立时代潮头、发思想先声，积极为党和人民述学立论、建言献策。加强伦理学基础理论研究，推动思想道德建设，培育社会主义核心价值观是伦理学者不可推卸的责任。为此，中国人民大学出版社于 2015 年 7 月着手启动了“当代中国社会道德理论与实践研究丛书”第一辑，于 2017 年获得国家出版基金资助，10 种图书于 2019 年 3 月出齐，产生了良好的社会反响。

第一辑立项实施以来，党和国家更加强调加快构建中国特色哲学社会科学，强调树立反映现实、观照现实的学风，加强全社会的思想道德建设的要求也更加迫切。为了进一步推动伦理学研究，激发人们形成善良的道德意愿、道德情感，培育道德责任感，提高道德判断和选择能力尤其是自觉践行能力，我们启动了“当代中国社会道德理论与实践研究丛书”第二辑的遴选出版工作。第二辑的基本思路是，在梳理新中国伦理学发展历程的基础上，从经济伦理、法伦理、生命伦理、政治伦理以及思想道德建设等领域，对当代中国社会最关切的伦理道德的理论与实践问题进行深入的研究和探讨，旨在发现新时代伦理道德领域出现的新问题，回应新挑战，推动国内伦理学的研究和社会道德的进步。

首先，本丛书以原创学术研究为根基，致力于推动伦理学的研究和发展，推动哲学社会科学的发展，建构中国自主的知识体系。2022 年习近平总书记在中国人民大学考察时强调，“加快构建中国特色哲学社会科学，归根结底是建构中国自主的知识体系。要以中国为观照、以时代为观照，立足中国实际，解决中国问题，不断推动中华优秀传统文化创造性转化、创新性发展，不断推进知识创新、理论创新、方法创新，使中国特色哲学社会科学真正屹立于世界学术之林”。伦理学作为与人类道德生活、道德活动、道德发展密切相关的哲学二级学科，需要跟上时代的步伐，更好地发挥作用。人类社会每一次重大跃进，人类文明每一次重大发展，都离不开哲学社会科学的知识变革和思想引导所产生的影响。当代中国的社会主义道德实践也必定离不开伦理学的思想引导作用，本丛书的出版必将推进伦理学的研究和发展，推动中国自主的知识体系的建构。

其次，本丛书致力于倡导反映现实、观照现实的学术风气。2019 年 3 月习近平总书记在参加全国政协第十三届二次会议文化艺术界、社会科学界委员联组会时指出，学术研究应该反映现实、观照现实，应该有利于解决现实问题、回答现实课题。“哲学社会科学研究要立足中国特色社会主义伟大实践，提出具有自主性、独创性的理论观点，构建中国特色学科体系、学术体系、话语体系。”本丛书正是将理论与实践相结合，分析当前中国社会的道德状况和主要问题，力图用马克思主义理论指导下的伦理学基本原理解决社会现实的道德建设问题。本丛书的集中推出必将有利于倡导反映现实、观照现实的学术风气。

再次，本丛书的出版有利于加强社会主义道德建设。党和国家历来重视道德建设。2019 年习近平总书记在纪念五四运动 100 周年大会上的讲话中指出：“人无德不立，品德是为人之本。止于至善，是中华民族始终不变的人格追求。我们要建设的社会主义现代化强国，不仅要在物质上强，更要在精神上强。精神上强，才是更持久、更深沉、更有力量的。”党的二十大报告也强调，要“实施公民道德建设工程，弘扬中华传统美德，加强家庭家教家风建设，加强和改进未成年人思想道德建设，推动明大德、守公德、严私德，提高人民道德水准和文明素养”。本丛书以道德实践和道德建设中的鲜活素材推动道德理论的发展，又以道德理论的成果指导道德实践和道德建设，有利于加强社会主义道德建设，能够为有关决策提供学理支持。

最后，本丛书致力于弘扬社会主义核心价值观，助推实现中华民族伟大复兴的中国梦。2014 年 5 月习近平总书记与北京大学师生座谈时指出：“核心价值观，其实就是一种德，既是个人的德，也是一种大德，就是国家的德、社会的德。”道德建设是培育社会主义核心价值观的重要实践载体，本丛书关注当代中国伦理道德的理论研究和实践方式的创新，积极探索道德建设的新形式、新途径、新方法，有利于弘扬社会主义核心价值观，为实现中华民族伟大复兴的中国梦提供强大精神力量和有力道德支撑。

本丛书是在加强社会主义道德建设、推动哲学社会科学发展、建构中国自主的知识体系的宏观背景下编撰的，对于推动中国伦理学发展，倡导反映现实、观照现实的学术风气，加强社会主义道德建设，弘扬社会主义核心价值观，实现中华民族伟大复兴的中国梦具有重要意义。

本丛书得到了中国人民大学伦理学与道德建设研究中心的学术支持，得到了国家出版基金的资助，中国人民大学出版社人文出版分社的编辑为本丛书的出版付出了艰辛的努力，在此一并致谢。书中难免存在疏漏，恳请学界同仁批评指正。期待本丛书作者和编辑的辛勤努力能够得到广大读者的认可与回应。

吴付来

2023 年 2 月 8 日

目　录

理论编

展望编

绪论 新中国伦理学的理论肇造与研究价值

新中国伦理学是新中国史、改革开放史、社会主义发展史的重要组成部分，也与中国共产党百年历史有着极为密切的关联，反映和确证着新中国在伦理学理论研究和实践建设方面的发展历程及其所形成的时代智慧，所凝结成的伦理文明成果，所凸显出的社会道德生活状貌。与新中国70多年所经历的社会主义革命和建设时期、改革开放和社会主义现代化建设新时期、中国特色社会主义新时代三大历史时期相契合，新中国伦理学是在参与、亲历、见证中华民族发生历史性巨大变迁的过程中形成与发展起来的。它开辟了古老的东方伦理文明新的发展通途，基本建构起了以马克思主义为指导的具有中国特色的社会主义伦理学学科体系、理论体系、教材体系和话语体系，同时又展示出面向未来和为中华民族伟大复兴极深研几的独特魅力与发展前景。新中国伦理学以特有的理论形式积淀、内化与发展着社会主义革命、建设和改革开放的时代伦理意识、民族伦理精神，以及与之相关的精神文明或道德文明建设成果，本质上是马克思主义伦理思想和中国化马克思主义伦理思想在当代中国的创造性发展，亦有着在更大规模、更新层次、更高水平上对马克思主义伦理思想和中国伦理思想的双重发展，极大地丰富并推动着人类伦理思想的当代发展与繁荣。

改革开放以来，特别是党的十八大以来，中国伦理学在服务并论证中国式现代化道路、人类文明新形态的伟大事业中，坚持守正创新，试图结合中华伦理文明新形态的建设与建构，回答中国之问、世界之问、人民之问、时代之间，致力于以社会主义核心价值观引领伦理文化建设，以坚定的文化自信和伦理精神自信创建具有中国特色、中国风格、中国气派的当代马克思主义伦理学和中国特色社会主义伦理学，谱写了伦理学发展的恢宏史诗。

认识和研究新中国伦理学，必须将其置于大的伦理思想史格局和框架中予以观照，亦即同5000多年中国伦理思想史，同近代以来180多年中国伦理思想史，同当今世界伦理文明发展格局等联系起来才能看得更清晰，把握得更精准，认识得更全面。因为，只有将新中国伦理学研究的发展状况置于5000多年中国伦理思想史和近代以来180多年的伦理思想史以及世界伦理思想史发展的大格局中，才能把握其主线主脉和独特贡献，才能领略其独特神韵和历史意义。只有当我们将新中国伦理学发展同近现代中国伦理文明发展史和5000多年中华伦理文明发展史有机地联系起来，并予以整体观照和理性审视时，才能从历史的连接和前后相续中发见既一脉相承又与时俱进的伦理传承机理与伦理创化新质；只有增强伦理精神的自觉、伦理学研究的自信和新型伦理文明建设的自强意识，才能在不忘初心的道路上砥砺前行，创造出与新时代相适应且能引领新时代更好地发展前行的伦理学学科。全面总结70多年来中国伦理学研究所取得的历史性成就，深刻认识时代和社会发展对伦理学理论研究的新期待，致力于建设具有中国特色、中国风格、中国气派的伦理学学科，使其能够更好地服务于新时代全面建设社会主义现代化国家，全面推进中华民族伟大复兴的壮阔事业，迎接世界“百年未有之大变局”的挑战，助推新型国际关系和人类命运共同体的建构，无疑具有极其重要的理论意义和现实意义。

一、新中国伦理学筚路蓝缕的发展历程

新中国伦理学是在马克思主义伦理思想指导下并自觉坚持用马克思主义伦理思想来研究伦理道德问题的过程中形成和发展起来的，马克思主义伦理思想成为新中国伦理学的主要理论来源、方向引领和理论指导。这就决定了新中国伦理学与旧中国伦理学的本质区别。如果说旧中国伦理学

主要是非马克思主义和反马克思主义的伦理学，那么新中国伦理学则是以马克思主义为指导、主潮和发展方向的马克思主义伦理学，是把马克思主义与中国社会主义革命和建设时期、改革开放和社会主义现代化建设新时期、中国特色社会主义新时代的具体道德生活实际相结合，与中华民族优秀传统伦理文化相结合的产物，也是把坚持马克思主义伦理学和发展马克思主义伦理学有机结合起来的产物。马克思主义伦理学是建立在对无产阶级道德、社会主义道德和共产主义道德的肯定与追求基础上的伦理学，是为无产阶级道德、社会主义道德和共产主义道德类型做理论论证和辩护的先进的科学的伦理学。而旧中国伦理学本质上则是资本主义和封建主义伦理学，代表的是资产阶级和封建地主阶级的根本利益，是为资本主义道德和封建主义道德做论证和辩护的伦理学。

新中国伦理学是马克思主义伦理思想战胜其他非马克思主义伦理思想而获得巨大发展的伦理学，是致力于共产主义道德研究和社会主义道德建设的伦理学，也是伦理文化除旧布新、革故鼎新的伦理学。在新中国伦理学的发展历程中，伦理学界对一切非马克思主义、非社会主义的伦理思想，特别是对封建主义道德观念和资本主义道德观念展开了深刻的抨击与批判，对无产阶级道德、社会主义道德和共产主义道德做出了高度的肯定与全面的阐释论证，使共产主义道德和社会主义道德日益深入人心，并成为大多数人的行为指南，开创了中国道德史上至今仍令人感奋不已的黄金时代。在新中国伦理学的发展历程中，马克思主义伦理思想中国化时代化发展出现了多次大的理论飞跃，产生了毛泽东伦理思想，以邓小平理论伦理思想、“三个代表”重要思想的伦理思想和科学发展观伦理思想为主要内容的中国特色社会主义伦理思想，习近平新时代中国特色社会主义伦理思想等马克思主义伦理思想中国化杰出理论成果。马克思主义伦理思想中国化杰出理论成果，标志着马克思主义伦理思想实现了中国化的伟大转化和中国伦理文化的马克思主义化，它以全心全意为人民服务为新道德的核心，以集体主义、爱国主义、社会主义为基本的价值追求和伦理原则，以爱祖国、爱人民、爱劳动、爱科学、爱社会主义为基本的行为规范，主张发扬大公无私、诚实守信、谦虚谨慎、勤劳勇敢、实事求是、艰苦奋斗的道德精神，在中国人民心中树起了社会主义先进道德和共产主义道德的旗帜，从而为道德生活领域的除旧布新、革故鼎新、移风易俗、敦风化俗，为推动整个社会和民族的精神风貌的巨大变迁奠定了基础。毛泽东伦理思想、中国特色社会主义伦理思想、习近平新时代中国特色社会主义伦理思想在全社会的传播与普及，凝结成中国社会主义先进道德文化的重要成果，不仅极大地增强了当代中国道德文化的吸引力、影响力和软实力，而且使中国社会的道德面貌发生了天翻地覆的巨大变化，助推中国道德文化日益走向世界并发挥越来越重要的作用。

在新中国伦理学的发展历程中，党和政府十分注重对旧道德的批判与对新道德的建设，利用经济、政治、文化等各种手段来解决道德生活领域的问题和为新道德鸣锣开道，先后颁布了多项与道德建设相关的法律法规和重要文件。改革开放以来，中共中央先后召开了两次专门讨论社会主义精神文明建设的会议，对在新的历史时期如何加强社会主义道德建设做出了全面的战略部署和研究，形成了两大历史性的精神文明建设决议，即1986年十二届六中全会通过的《中共中央关于社会主义精神文明建设指导方针的决议》和1996年十四届六中全会通过的《中共中央关于加强社会主义精神文明建设若干重要问题的决议》。这两大决议对在改革开放的新形势下加强社会主义道德建设做出了整体性的战略部署和策略设计，明确了社会主义道德建设的宗旨、任务、方法、内容和措施，给伦理学研究提出了许多新的课题和要求，将新中国伦理学的研究推进到一个新的阶段和水平，为开展全民族的公民道德建设、迎接世界伦理文化的挑战提供了方向的遵循和行动的指导。2001年9月，中共中央印发了《公民道德建设实施纲要》，继承并发展了两大决议中的伦理思想，对我国新时期公民道德建设的形势和任务、基本原则和指导思想、主要内容和建设措施等，做了科学的分析和全面的部署，使中国特色社会主义道德建设成为全民族的价值共识。2019年中共中央、国务院印发了《新时代公民道德建设实施纲要》和《新时代爱国主义教育实施纲要》，对在新时代如何卓有成效地开展公民道德建设和爱国主义教育做出了更加务实、更加着眼于长远并同中华民族伟大复兴的事业密切相关的战略部署，使中国特色社会主义伦理文明建设和思想道德建设有了明确的目标与方向依循，路线图、任务书和时间表彼此衔接，全党全国各族人民建设高度的社会主义精神文明和道德文明的价值共识得以确立，道德文明建设成为中国特色社会主义现代化建设发展格局中至关重要的战略内容和有机组成部分，中国特色社会主义伦理文明进一步彰显了物质文明、精神文明、政治文明、社会文明、生态文明的相辅相成作用以及引领、支撑功能。

在新中国伦理学的发展历程中，马克思主义伦理思想获得全面的发展与普及，初步形成了有中国特色的马克思主义的社会主义伦理学学科体系、理论体系、教材体系和话语体系。张岱年、冯定、周辅成、周原冰、李奇、罗国杰等人，对建设马克思主义的伦理学学科体系做出了自己的贡献；唐凯麟、魏英敏、许启贤、宋希仁、宋惠昌、章海山、朱贻庭、陈瑛、甘葆露、温克勤、徐惟诚、刘启林、张锡勤、王育殊、徐少锦、唐能赋等人，对发展马克思主义伦理学学科体系也多有建树。与此同时，一大批在改革开放时代成长和发展起来的中青年伦理学工作者，以马克思主义伦理学的基本原理、方法为指导，开展中国伦理思想史和外国伦理思想史的研究，卓有成效地开展各种实践伦理学和应用伦理问题的研究，形成了马克思主义的中国伦理思想史学科和外国伦理思想史学科，形成了马克思主义的实践伦理学、应用伦理学及各应用伦理学的分支学科。

新中国伦理学的发展历程，大体上可分为社会主义革命和建设时期、改革开放和社会主义现代化建设新时期、中国特色社会主义新时代三个发展阶段。

第一阶段自 1949 年至 1977 年，是新中国伦理学学科的奠基和初步发展时期。20 世纪 50 年代初，适应新中国革命和建设的实际需要，我国展开了对封建主义和资本主义伦理道德的大规模的批判，广大人民群众翻身当家做主人的精神面貌和由此形成的高涨的共产主义道德热情所产生的新的道德风尚，为新中国伦理学或道德科学的研究与宣传提供了较好的条件。徐特立、杨甫、于光远等人在新中国成立初期对新中国的新爱国主义和《中国人民政治协商会议共同纲领》中所提出的国民公德等予以具体的解释与论说，对全国范围内的土地改革及由此形成的新中国的劳动态度给予肯定性的论述，对抗美援朝战争中中国人民志愿军所体现出来的国际主义精神予以阐说，集中展示了新中国成立初期的伦理思想研究成果。1953 年高等院校院系调整及学科调整受苏联模式影响，将伦理学作为一门伪科学予以取缔，使伦理学研究退出学术领域，但是思想界对共产主义道德的研究并未中断。吴江著的《共产主义道德问题》、周原冰著的《培养青年的共产主义道德》等，江陵撰的《论共产主义道德教育》等①，可谓当时有影响的理论成果。20 世纪 50 年代中后期至 60 年代中期，随着对旧道德批判的加深和对共产主义道德宣传的加大，伦理学得到一定程度的恢复，并在学术上展开了对人道主义的讨论，对道德遗产批判继承的讨论，以及对马克思主义伦理学理论基础及特征的讨论，一些报刊还专门开展了关于幸福观、荣辱观、婚恋观、职业观、人生观等的讨论。李奇、周原冰、周辅成、张岱年、冯友兰、吴晗、冯定以及罗国杰、许启贤、冯其庸、李光耀、郑文林、王煦华等人均参与了当时的讨论，他们纷纷撰文或出版著作，表述自己对人道主义和道德遗产批判继承等问题的看法。1966 年至 1976 年是伦理学研究遭受严重挫折的时期。“文化大革命”初期以批判吴晗的道德论和清官思想为重点，将其道德论视为反党反社会主义的大毒草。与此同时，对邓拓的《燕山夜话》和《三家村札记》亦进行了猛烈的批判。继之开展了对刘少奇《论共产党员的修养》和对陶铸《理想、情操和精神生活》等书的批判。“文化大革命”后期开展了对孔子儒家伦理文化的批判，杨荣国、燕枫、刘琳等人从儒法斗争史的角度对以孔子为代表的儒家伦理文化予以批判，并对以商鞅、韩非为代表的法家伦理思想加以褒扬；梁漱溟则表达了“批林可以，批孔不行”的看法，理直气壮地为孔子辩护，提出并论证了“天不生仲尼，万古长如夜”的观点。

整体上考察，自新中国成立至“文化大革命”结束这一时期的伦理学研究，既受特定政治文化导向和道德生活领域除旧布新的影响，取得了一定的发展成果，对形成社会主义革命和建设时期良好的社会风尚、促进中国人民精神面貌和道德生活水平的提升起到了一定的积极作用，同时也由于对社会主义道德和共产主义道德的建设经验不足，特别是将伦理学作为伪科学予以取缔，致使学术和学科意义上的伦理学研究先是陷入停滞、中断，后虽然有所恢复却也充满着特有的曲折，其理论的缺失在于过分突出

---

① 吴江．共产主义道德问题．北京：工人出版社，1955；周原冰．培养青年的共产主义道德．北京：中国青年出版社，1956；江陵．论共产主义道德教育．新建设，1955 (5).

了社会主义道德和共产主义道德与其他道德的对立而没有意识到它们之间的联系，对马克思主义伦理思想的理解也存在片面和僵化的倾向。这一时期伦理学发展进程中形成的经验和教训，为改革开放和社会主义现代化建设新时期伦理学的全面恢复与初步繁荣提供了可资借鉴的资源和基础。

第二阶段自 1978 年至 2012 年，是新中国伦理学获得恢复并得到较快发展的时期。“文化大革命”结束后，面对当时思想文化领域“万马齐喑”的局面，党中央特别关心人文社会科学事业包括伦理学的恢复与发展。随着拨乱反正和真理标准问题讨论的展开，伦理学在解放思想、实事求是的过程中逐步得以恢复。中国共产党第十一届中央委员会第三次全体会议的召开，果断地决定抛弃“以阶级斗争为纲”的政治路线，把党和全国工作的重心转到社会主义现代化建设上来，拉开了中国改革开放的大幕，也为伦理学的恢复与发展奠定了政治基础并提供了可靠保证。1982 年，罗国杰主编的《马克思主义伦理学》和唐能赋、唐凯麟主编的《马克思主义伦理学原理》相继出版。① 之后适应各级各类学校的教学需要，伦理学教科书的编写如雨后春笋般地发展，其中有代表性的如金可溪、魏英敏著的《伦理学简明教程》，唐凯麟主编的《简明马克思主义伦理学》和编著的《伦理学教程》，张善城编著的《伦理学基础》，张培强、陈楚佳主编的《伦理学概论》等。② 老一辈的伦理学家如张岱年、周辅成、周原冰、李奇、朱伯崑等人也重新焕发出学术青春，相继推出了一批学术专著，发表了许多填补空白的、有影响力的学术论文。这一时期，中外伦理思想史的研究方面呈现出由粗疏到精密、由一般性介绍到深入性探讨、由实证性研究到应用性研究等特点，取得了一大批有相当建树的学术成果。

尤为值得称道的是，20 世纪 90 年代中国伦理学在面向现代化、面向

① 罗国杰．马克思主义伦理学．北京：人民出版社，1982；八所高等师范院校．马克思主义伦理学原理．贵阳：贵州人民出版社，1982.

② 金可溪，魏英敏．伦理学简明教程．北京：北京大学出版社，1987；唐凯麟．简明马克思主义伦理学．武汉：湖北人民出版社，1983；唐凯麟．伦理学教程．长沙：湖南师范大学出版社，1992；张善城．伦理学基础．哈尔滨：黑龙江人民出版社，1983；张培强，陈楚佳．伦理学概论．武汉：武汉大学出版社，1985.

世界、面向未来的研究中成就斐然，实践伦理学和应用伦理学异军突起，取得了十分可观的学术成果。一些应用伦理学学科在短短几年的时间里就发展成为热门学科。以经济伦理学为例，90 年代以来蓬勃发展，显示出方兴未艾的发展势头，推出了一大批科研成果。王小锡 1994 年出版的《中国经济伦理学：历史与现实的理论初探》①，从历史与现实、理论与实践诸方面探讨经济伦理问题，初步建构起了一个经济伦理学的研究框架。1998 年他在自己主编的《经济伦理与企业发展》② 一书中，对之做了进一步的发展，该书分为经济伦理导论、我国现代企业伦理分析、现代企业管理伦理三个部分，较好地论述了宏观、中观和微观方面的经济伦理问题。刘光明继 90 年代出版的《商业伦理学》和《经济活动伦理研究》等书③，对生产、交换、分配、消费诸领域的伦理问题做出了较为深入的探讨分析。此外，陈泽环的《功利·奉献·生态·文化——经济伦理引论》、陆晓禾的《走出"丛林"——当代经济伦理学漫话》、罗能生的《义利的均衡——现代经济伦理研究》等著作④，再加上每年数以百计的经济伦理学论文，使中国的经济伦理学研究高潮迭起，有力地推动着社会主义市场经济条件下的道德建设和经济伦理建设。生态伦理学研究方面也是如此。刘湘溶在 90 年代初推出《生态伦理学》⑤ 一书后，李春秋、叶平、余谋昌等人各以自己对人、社会、自然关系的认识和对人类发展的使命感责任感为基础，出版了有关环境伦理和生态保护的著作。余谋昌继 1995 年出版《惩罚中的醒悟——走向生态伦理学》一书后，又于 1999 年推出颇具理论深度和实践价值的《生态伦理学——从理论走向实践》⑥，初步建立了一个具有

① 王小锡．中国经济伦理学：历史与现实的理论初探．北京：中国商业出版社，1994.

② 王小锡．经济伦理与企业发展．南京：南京师范大学出版社，1998.

③ 刘光明．商业伦理学．北京：人民出版社，1994；刘光明．经济活动伦理研究．北京：中国人民大学出版社，1999.

④ 陈泽环．功利·奉献·生态·文化：经济伦理引论．上海：上海社会科学院出版社，1999；陆晓禾．走出"丛林"：当代经济伦理学漫话．武汉：湖北教育出版社，1999；罗能生．义利的均衡：现代经济伦理研究．长沙：中南工业大学出版社，1998.

⑤ 刘湘溶．生态伦理学．长沙：湖南师范大学出版社，1992.

⑥ 余谋昌．惩罚中的醒悟：走向生态伦理学．广州：广东教育出版社，1995；余谋昌．生态伦理学：从理论走向实践．北京：首都师范大学出版社，1999.

中国特色和世界潮流相结合的生态伦理学学科体系。21 世纪以来，生态伦理学朝着深入研究西方生态伦理思想和开掘中国传统生态伦理思想资源等领域推进，并展开对人类中心主义和非人类中心主义以及代际公正、种际公正等问题的研究。其他如生命伦理学、网络伦理学、政治伦理学、教育伦理学、科学技术伦理学、生物工程伦理学、民族伦理学、人口伦理学、宗教伦理学等的研究也在稳步推进，取得了十分可观的成果，整体上推进着中国伦理学的发展，并引起了世界多个国家的密切关注，为人类伦理学的进步与繁荣做出了巨大的贡献。

第三阶段自 2012 年至现在，是中国特色社会主义进入新时代亦即新中国伦理学逐步形成中国特色、中国风格、中国气派的发展时期。这一时期是新中国伦理学获得较快发展，伦理学理论体系不断完善，新学科不断出现，并在面向现代化、面向世界、面向未来中取得重大成就的时期。新时代最重要的成就是形成了习近平新时代中国特色社会主义伦理思想。伦理学界围绕习近平新时代中国特色社会主义伦理思想从多方面加以深入研究，并以此为指导对涉及伦理学学科创新与理论创新的诸多重大理论和现实问题展开研究，申报国家哲学社会科学重大招标项目和教育部哲学社会科学重大攻关项目上百个，比较系统地研究了中国经济伦理学通史、中国政治伦理学通史、中国少数民族伦理道德生活史、中华民族道德生活史、马克思主义伦理学重大问题、当代中国马克思主义伦理思想史、百年中国共产党人的集体道德记忆、中国共产党政党伦理百年史、新形势下弘扬爱国主义重大理论和现实问题、伦理学知识体系的当代中国重建等，推出了一批站在时代潮头并具有原创意义的优秀研究成果，将伦理学的知识创新谱系和价值谱系推进到一个新的阶段，伦理精神自信、道德文化自信、中国精神的价值武装和整体提升成为一代学人的精神风貌。与中华民族实现从站起来、富起来到强起来的社会发展趋势和民族精神禀赋相适应，伦理学界瞄准世界伦理学前沿，并力求推出引领世界伦理学前沿的优秀成果。一批 20 世纪五六十年代出生的伦理学人在这一时期扮演了重要的角色，理论视域、研究方法以及知识功底较之上一代人既相对开阔也比较新颖，且在向历史扎根、向现实逼近、向未来探求方面体现出时代和学术的创新意识。虽然整体状况还有待提升和加强，但是毕竟开启了创造新中国伦理学辉煌的征程。

相比较前 30 年伦理学发展的坎坷状况，改革开放 40 多年则是我国伦理学研究全面发展、深度推进且在多领域多方面创新补白、继往开来的重要历史时期，几代伦理学人适应国家改革开放和社会主义现代化建设的时代需要，将伦理学研究同党和国家的伟大事业有机地联系起来，解放思想、实事求是、与时俱进，开始了动心忍性、上下求索的伦理学学术创业历程，不仅恢复了伦理学学科，组建了中国伦理学会（其下有十余个专业委员会），先后有数十所高等学校获批了伦理学硕士和博士点，有两个伦理学基地获批为教育部人文社会科学百所重点研究基地，创办了多份全国性的学术期刊（如《道德与文明》、《伦理学研究》和《中国医学伦理学》等），承担了国家 100 余个哲学社会科学重大招标或委托项目，先后主办承办或协办全国公民道德论坛、社会主义核心价值观百场论坛以及各种高峰论坛数百场次，而且创立了一个马克思主义伦理学的学科体系，创设了比较系统的中国伦理思想史学科和外国伦理思想史学科，同时开始了追赶世界伦理学前沿的应用伦理学研究，在理论伦理学、规范伦理学、美德伦理学、实践伦理学、应用伦理学等领域都获得了跨越式的发展。总结改革开放 40 多年的伦理学研究成果，可以用恢复、初创和全面发展来加以定性或概括，同时也是对中国后发赶超、历史性崛起的民族伦理精神的求索与建构，是对建设与社会主义市场经济相适应、与现代法治规范相协调、与中华传统美德相承接的中国特色社会主义伦理学的创造性探索。改革开放 40 多年来，广大伦理学工作者坚持立足本国而又面向世界、扎根传统而又面向未来的治学原则，在新的时代将坚持马克思主义伦理思想与发展马克思主义伦理思想有机地结合起来，不忘初心，砥砺前行，无论是在理论研究、人才培养、学科建设、学术交流方面，还是在服务国家经济社会发展战略和新型智库建设方面，都取得了一批可以藏之名山、传之后人的优秀成果。伦理学研究成果已经成为国家文化软实力的重要组成部分，成为陶铸中国精神、涵融中国品质、拱立中国形象的支撑性要素。

也许可以说，前 30 年中国伦理学研究的光荣、困顿和曲折发展为后 40 年的创发性发展提供了某种可资借鉴的基础，但更时时提醒那些希望伦理学获得持久发展的人们必须珍惜改革开放之时代为伦理学发展创造的种种条件。“道德哲学在开放之时代尤要”①。改革开放是中国历史上空前伟大的事业和创新实践，不仅开辟了一个新的时代，谱写了中华民族自强不息、顽强奋进的壮丽史诗，也为伦理学新生和持续发展创造了至为难得的历史性条件，提供了诸多值得研究的新型重大理论和实践课题，还以前所未有的对伦理学研究成果的呼唤激励并敦勉着伦理学人。这也是改革开放之时代伦理学能够获得创造性发展和快速崛起的内在因由。

新中国伦理学能够取得极其辉煌的历史性成就，是与中国化马克思主义伦理思想及其杰出理论成果的确立、指导和武装密切联系在一起的。中国化马克思主义伦理思想实质上是深刻认识与把握人类伦理文明发展规律、社会主义道德建设规律和中国特色社会主义道德建设规律的结果，体现了对旧道德的批判性超越和对社会主义新道德的创造性建设智慧。中国共产党为什么能，中国特色社会主义为什么好，归根到底是马克思主义行，是中国化时代化的马克思主义行。就伦理思想而言，是因为始终坚持马克思主义的科学性、人民性和实践性。人民性是马克思主义伦理思想最鲜明最可贵的品格。马克思主义伦理思想注重理论和实践的有机结合、立场和方法的有机结合，进而获得了改造世界和改造人们自身的强大力量。中国化马克思主义伦理思想作为真理性和价值性辩证统一的思想武器，始终是伦理学人分析道德问题、解决道德问题和创造美好生活的强大思想武器。一百多年来，中国共产党坚持马克思主义伦理思想基本原理同中国现当代道德生活的具体实际相结合，取得了一系列马克思主义伦理思想中国化的理论成果，不断把马克思主义伦理思想推向新的历史高度，赋予马克思主义伦理思想新的生机与活力，开辟了马克思主义伦理思想中国化的新局面，书写了人类伦理文明史上辉煌壮丽的伟大史诗。

二、新中国伦理学是近代以来中国伦理学的新发展

把握新中国伦理学所取得的历史性发展，应当将其置于近代以来伦理

① 中共中央文献研究室，中共湖南省委《毛泽东早期文稿》编辑组．毛泽东早期文稿．长沙：湖南人民出版社，2013：116.

文化发展史的框架中予以观照，特别是与新中国成立以前，与旧民主主义革命时期中国伦理文化坎坷曲折而又充满无数酸辛的发展状况予以对比，才能看得更清晰，认识得更深刻。可以说，新中国伦理学是对近现代中国伦理文化品质、精神和境界的极大提升与创造性发展，有着对近代以来中华伦理文化的深刻总结、价值锻铸和灵魂再造之历史功能。

中国近代伦理思想是指鸦片战争至中华人民共和国成立这一时期形成产生的各家各派伦理思想、伦理观点及其学术争鸣的综合化体现或理论凝结，大体可以区分为旧民主主义革命时期的伦理思想和新民主主义革命时期的伦理思想。其显著的特点为，围绕古今中西之争形成了诸多不同的流派，在展开对封建主义道德的批判与反思的同时又有对传统道德精华的掘发与认可，在向西方学习的过程中对资本主义道德既有一定的吸纳又有相当的超越和改造，亦有主张在中西汇通中创新伦理文化和推动中国伦理文化近代化发展的观点。鸦片战争以来的近代伦理文化在古今中西之争中得以孕育和萌生，是同反思传统伦理、学习西方伦理以及开展铸造新的国民性密切联系在一起的建构新的伦理文化的过程。1840 年鸦片战争以后，中国社会进入半殖民地半封建社会，中华民族遭受西方列强侵略、掠夺和凌辱，以及封建主义和官僚资本主义的残酷压迫和剥削，面临着亡国灭种的危险。先进的中国人，开始了反抗帝国主义和封建主义以化解民族危机与国家危机的救亡图存历程，并在伦理思想领域掀起了对封建主义伦理道德和纲常名教的批判，和对西方近代自由、平等、博爱伦理思想以及进化论伦理思想的学习与吸纳。以龚自珍、林则徐、魏源等为代表的一批开明人士，最先开始了对封建主义道德的批判，主张改革科举制度，提出“不拘一格降人才”和“师夷长技以制夷”的理论观点，主张整顿传统道德，去除人心之疾患，倡导以实事程实功、以实功程实事地去化解民族危机和伦理文化危机，其思想观点成为中国近代伦理思想变革的“前驱先路”。以冯桂芬、薛福成、王韬、郑观应等为代表的早期改良派，提出了“欲御外侮，先图自强”的主张，对封建主义道德予以尖刻批判，鼓励向西方国家学习先进的伦理道德理念来建设自己民族的新型伦理文化。以曾国藩、左宗棠、李鸿章、张之洞等为代表的洋务派，在批评传统伦理“重义轻利”“存理灭欲”等观念的同时，推崇与宣传西方近代的重商主义和功利主义伦理学说，主张以“义利并举”取代“贵义贱利”的传统道德观念。以康有为、梁启超、谭嗣同、严复等为代表的维新派，立足于当时中国特定的历史需要开始了建设新伦理文化的尝试，主张以西方近代伦理思想来改造或重建中国伦理思想。梁启超撰有《中国道德之大原》《十种德性相反相成义》《乐利主义泰斗边沁之学说》等文章，主张“博考各国民族所以自立之道，汇择其长者而取之，以补我之所未及”①。严复翻译了赫胥黎的《进化论与伦理学》中的第一、二部分，将其命名为《天演论》，在中国境内出版，引起了极大的反响。严复本人还写了许多文章，比较系统地介绍了西方近代与天争胜的进化论伦理思想，自由、平等、博爱和天赋人权的伦理思想，开明的合理自营的利己主义伦理思想。以孙中山、章太炎、邹容等为代表的资产阶级革命派，在主张政治革命的同时倡导道德革命，要求革命党人树立“天下为公”和“替众人服务”的高尚道德思想，推崇法国大革命所提出的“自由、平等、博爱”的伦理观念。孙中山更是将“自由、平等、博爱”的伦理观念纳入“三民主义”框架中予以诠释和论述，认为三民主义就是要使一国之人皆有自由、平等和博爱的精神。

中国近代伦理思想在古今中西之争的过程中所取得的一项重要成果就是开始了对伦理学的专门研究，一些思想家试图在融合中西的基础上建设一种“淬厉其所本有而新之”和“采补其所本无而新之”② 的新伦理，并在废科举、兴学堂的教育实践中，适应新式学堂分门别类教育的需要，开始创设专门化、系统性的伦理学科。刘师培、蔡元培、杨昌济、谢无量等在这一方面做出了艰辛的努力，并取得了一批将中国源远流长的伦理思想学科化、学术化和专门化的成果，进而使五千年伦理文明至此产生了比较纯粹化、专门化、系统化的伦理之学。1906 年刘师培编著的《伦理教科书》共 36 课，在对传统伦理思想予以总结的同时，运用西方伦理学理论予以阐释，初步建构了一个以培养学生品德为主兼及家族伦理、社会伦理和道德实践的教材体系，开启了系统讲授伦理学的先河。蔡元培先后编著了《中学修身教科书》《中国伦理学史》，并翻译了德国伦理学家包尔生

① 梁启超．梁启超文选．王德峰，编选．上海：上海远东出版社，2011：46.

② 同①45.

《伦理学体系》的“导论”和第二编“原理”，取名为《伦理学原理》，不仅使中国伦理学史成为一门独立的学科，而且建构了一个修身学的教材体系，其中涉及良心论、理想论、本务论、品德论等诸多伦理学理论问题，开启了“修身学”和“思想品德”教育的先河。杨昌济1903年赴日本学习教育学，后又专门赴英国阿伯丁大学学习伦理学，回国后到湖南省立第一师范学校、湖南高等师范学堂等讲授伦理学和修身课，后来应蔡元培之邀到北京大学任教授，先后翻译了日本吉田静致著的《西洋伦理学史》、德国利普斯著的《伦理学之根本问题》等书，撰写了《各种伦理主义之略述与概评》等论文，对近代西方诸种伦理思想做出了较为全面的介绍阐释和比较精当的分析评价。谢无量1914年在上海中华书局出版了《伦理学精义》(1916年出版了《中国哲学史》)，促进了中国伦理学科的建立和现代国民道德的重构。他们的著作和学术论文，成为体系化、学科化的中国伦理学的标志。

五四新文化运动时期，形成并发展起了以马克思主义、现代新儒家和自由主义西化派为代表的三大伦理思潮，三大伦理思潮围绕中国如何走出中世纪、走向近现代以及如何建构伦理学思想体系进行了长期的辩难与论争。以胡適、吴虞、陈序经等为代表的自由主义西化派，主张彻底摒弃中国传统伦理，全盘引进和输入西方伦理，死心塌地地学习西方伦理文化，并认为只有这样才适应世界之潮流。以梁漱溟、熊十力、张君劢、冯友兰、贺麟等为代表的现代新儒家，主张在学习和吸纳西方先进伦理文化的同时，对中国传统儒家伦理文化做出新的反思和开掘，使其实现由传统向现代的转型，并认为世界未来文化的复兴必定是中国传统伦理文化的复兴。以李大钊、陈独秀、瞿秋白、恽代英、毛泽东等为代表的中国马克思主义者，则主张以马克思主义为指导开展对中国传统伦理文化和西方近代资本主义伦理文化的双重反思与批判，建设一种既优于并高于封建主义道德又优于并高于资本主义道德的社会主义新道德，推进中国伦理文化的马克思主义化和马克思主义伦理文化的中国化。李大钊、陈独秀、瞿秋白、恽代英等早期中国马克思主义者，均有注重伦理学研究并将其与中国现代道德革命、救亡图存和伦理启蒙联系起来的思想倾向。李大钊写有《自然的伦理观与孔子》《由经济上解释中国近代思想变动的原因》《东西文明根本之异点》等文章，阐释了自己在古今中西之争中的伦理学立场。陈独秀撰写了《东西民族根本思想之差异》《我之爱国主义》《孔子之道与现代生活》《调和论与旧道德》《吾人最后之觉悟》等文章，掀起了批判旧道德、建设新道德的伦理旋风。恽代英自述“是学哲学伦理学的人”，并草拟了伦理学大纲，撰写了《社会性之修养》《怎样才是一个好人》《文明与道德》《义务论》《怎样创造少年中国》等文章，提出了伦理学当从根本上改组的主张。毛泽东青年时代潜心学习伦理学，并在学习德国伦理学家包尔生《伦理学原理》（蔡元培翻译）时做出了12 750个字的批注。在成为马克思主义者后，毛泽东坚持将马克思主义伦理学基本原理与中国革命的具体道德生活实践相结合，与中华民族优秀传统伦理文化相结合，创立了马克思主义伦理思想中国化第一大杰出理论成果——毛泽东伦理思想。

近代以来中华民族“苦难奋斗”的艰苦历程，在伦理文化的层面上是致力于建构走向近现代的伦理思想体系，以造就新的理想人格和国民精神，推动实现中华民族的伟大复兴和中华伦理文化的伟大复兴。实现民族复兴和民族伦理文化的伟大复兴，是近代以来无数志士仁人的伟大梦想，是支撑中华民族跨过历史的激流险滩、迎接各种困难和挑战的动力源泉。近代以来的中国伦理文化在民族复兴的旗帜下致力寻求民族伦理文化伟大复兴的机理、路径、框架和体系，诞生了一批将个人生命与国家民族命运有机关联起来的阐幽探微、极深研几之作，其中不忘本来、吸收外来、着眼未来的视域融合凸显出承前启后、继往开来的伦理精神自觉，以及创业垂统、建纲立极的重建新道统的伦理品质。整体上看，只有以马克思主义为指导的中国共产党人在把马克思主义伦理思想与中国新民主主义革命时期的具体道德生活实践相结合，与中华民族创造的优秀传统伦理文化相结合的过程中所形成的马克思主义伦理思想中国化成果（其中最杰出的理论结晶是毛泽东伦理思想），才引领中国人民走上了社会主义伦理文化建设的正确道路，中国马克思主义伦理思想在革命根据地以及党和人民的伟大斗争中发挥了至为卓越的作用，并为建设独立、民主、自由的新中国奠定了道义和精神的基础。中华人民共和国的成立，标志着马克思主义伦理思想和中国化马克思主义伦理思想在与自由主义西化派和现代新儒家斗争中取得了决定性的胜利，宣告了自由主义西化派伦理思想和现代新儒家伦理思想在中国大陆的破产或销声匿迹。

新中国伦理学是在中华人民共和国成立后以社会主义革命和建设为初始旋律，以改革开放和社会主义现代化建设为基本旋律，以中国特色社会主义进入新时代为激昂旋律而不断奏响的伦理乐章，整体上朝着以建构面向现代化、面向世界、面向未来的马克思主义伦理学和中国化时代化马克思主义伦理学学科体系、理论体系、教材体系和话语体系为目标追求，从而将中国近代 100 多年艰苦奋斗的伦理精神推到一个新的发展阶段，也使民族伟大复兴和伦理文化伟大复兴的时代旋律更加清晰、响亮并成为全民族的价值共识。如果说中国近代 100 多年的伦理学基本上是在民族民主革命的时代条件下运演和展开的，那么新中国伦理学则是在中国社会主义革命、建设和改革的时代条件下演绎和演奏的。与此相关，近代 100 多年形成并发展起来的是中国革命文化和革命道德，新中国伦理学形成并发展起来的则是社会主义先进文化和先进道德。这一破一立的辩证统一构成中国伦理文化革故鼎新的时代篇章，抒写着“旧邦新命”的伦理文化史诗。设若没有新中国伦理学 70 多年的创造性发展，那么近现代伦理文化就会缺乏应有的高度和建设之维，民族伟大复兴和民族伦理文化伟大复兴就不可能像现在这样有效推进，并呈现出光明的发展前景。新中国伦理学特别是改革开放 40 多年来伦理学以面向现代化、面向世界、面向未来的宏阔视野在中华大地上演绎出了一幕幕伦理文明的话剧，极大地改变了伦理学发展不充分、时代气息不强的状况，同时也为中华民族开拓创新、自立自强的品质注入一种新的动能，“化理论为德性”“变哲思为行为”的实践理性正以前所未有的机理作用于民族素质的再造，从而使“中国品质”“中国精神”“中国德性”“中国价值”“中国风范”获得了知识、智慧、文明的意义支撑和思想支持。

三、新中国伦理学是中华五千年伦理文明的继承与新造

中华文明以注重伦理道德而著称于世，并形成了源远流长的伦理文明发展史。中华伦理文化渊源于伏羲氏“仰则观象于天，俯则观法于地”，

"近取诸身，远取诸物"，"于是始作八卦，以通神明之德"① 和"因夫妇，正五行，始定人道"② 的价值肇造，并在炎黄和尧舜时期得到一定的推扩。"在我国唐虞三代间，实践之道德，渐归纳为理想。虽未成学理之体制，而后世种种学说，滥觞于是矣。"③ 春秋战国时期是中国伦理思想的形成时期，出现了诸子百家争鸣的状况，以孔子、孟子和荀子为代表的儒家"留意于仁义之际，祖述尧舜，宪章文武"，建立了一个以仁为核心、仁礼结合的伦理思想体系；以老子、庄子为代表的道家"清虚以自守，卑弱以自持"，主张"绝去礼学，兼弃仁义"，建立了一个以贵柔、知足、不争和道法自然为主要内容的伦理思想体系；以墨翟为代表的墨家提出了以"兼相爱，交相利"以及义利合一、志功合一为主要内容的伦理思想体系；以商鞅、申不害、韩非为代表的法家反对儒墨的伦理思想，提出了"去无用，不道仁义"以及"务法不务德"的伦理思想。儒、道、墨、法诸家的伦理思想为中国古代伦理思想奠定了坚实的基础。秦汉时期，以董仲舒为代表的汉儒总结秦亡的经验教训，提出了"罢黜百家，独尊儒术"的主张并得到汉武帝的认同，使儒家伦理思想成为官方意识形态的主流。魏晋时期产生的玄学针对汉末名教产生的危机，援道入儒，通过名教与自然之辨为名教寻求新的理论形式，形成了魏晋时期的玄学伦理思想。魏晋时期，从印度传过来的佛教和中国本土形成的道教得到一定程度的发展，至隋唐，形成了儒家、佛教和道教既相互斗争又相互融合的发展态势。宋明时期产生了融合儒释道以儒为本的理学伦理思想，有程朱理学、陆王心学以及以张载、王廷相为代表的气学等派别，并就天理人欲、义利本末、王霸志功等展开辩论，将中国古代伦理思想发展到一个新的阶段。明清之际出现了一批进步思想家，他们从明朝衰败、覆亡的历史教训和清朝统治者利用程朱理学实行思想文化专治的严酷现实中对宋明理学伦理思想尤其是阳明心学伦理思想展开深刻的批判，提出了一些颇具启蒙意义与经世致用特色的伦理命题和观点，对近代资产阶级伦理思想的产生和"道德革命"

---

① 周易：系辞下.

② 陈立．白虎通疏证．北京：中华书局，1994：51.

③ 蔡元培．中国伦理学史．北京：中国书籍出版社，2020：3.

产生过积极的影响。

鸦片战争以后，中国伦理思想进入近代发展阶段。出于救亡图存和变革现实的需要，形成了早期启蒙伦理思想、改良主义伦理思想、民主主义伦理思想、自由主义西化派伦理思想、现代新儒家伦理思想和马克思主义伦理思想等伦理思想派别或类型，马克思主义伦理思想和马克思主义中国化伦理思想经过理论与实践的双重检验获得了中国人民的高度认同，并成为促使中国新民主主义革命胜利的一面旗帜。

新中国伦理学是近代以来伦理文化发展史上最具创造性和建设性的伦理学研究类型，亦是中华五千年伦理文明在当代中国的集中体现和价值辉耀。新中国伦理学是中国伦理学研究取得辉煌成就的伦理学。就其取得的成就而言，完全可以载入中华民族伦理思想史的辉煌篇章，与春秋战国、两汉、两宋、明清之际和五四新文化运动时期一样光耀史册。如果说春秋战国时期是中华民族伦理思想的形成时期，两汉是传统主流伦理价值观的确立时期，两宋是传统伦理思想的体系化和成熟时期，明清之际是对传统伦理思想的批判总结时期，五四新文化运动时期是批判旧伦理、提倡新伦理的启蒙时期，那么新中国伦理学则是中华民族伦理文化革故鼎新、继往开来的重大时期，是马克思主义伦理思想中国化取得重大成果、社会主义伦理文化得到系统阐发和全面确立的时期，是伦理学学科全面恢复、发展，走向世界、走向繁荣，并对经济社会发展产生重要作用的时期。

五千年悠久而深厚的伦理文明只是到近代才产生了真正学科化、体系化的伦理之学，只是到新中国成立之后才真正建构起了以马克思主义为指导的现代意义上的伦理学学科。整体上看，对伦理文明的总结、整理和弘扬在春秋战国时期即已开始，以孔子为代表的儒家“祖述尧舜，宪章文武”，整理、删修和编定了六经，荀子、庄子则对此前和当时的伦理思想做出了自己的总结，司马谈著有《论六家之要指》，对儒家、道家、墨家、名家、法家、阴阳家六个重要学派的思想要旨、特点和学术上的优缺点做出了比较全面的概括与论述。此后，学术史的总结与传承一直在进行。但是，近代以前的中国学术史总结整体上是按照经史子集的传统路径开展的，现代意义上的分门别类的研究严重缺失。这不仅妨碍了悠久伦理文明史的开掘，也使伦理思想史的研究面临着许多特别的困难。直到蔡元培著的《中国伦理学史》一书的问世，这种情况才得到好转。蔡元培意识到，一方面中华伦理文明“悉以伦理为范围”，“则伦理学宜若为我国惟一发达之学术矣”，另一方面又由于“范围太广，而我国伦理学者之著述，多杂糅他科学说”，“欲得一纯粹伦理学之著作，殆不可得”①。正是基于这种认识，他在“学课之隙”做着“不自量”的工作，从散见而繁杂的史料典籍中收集资料，理出头绪，撰写出了中国历史上第一本专门而系统的伦理学史著作，使中华五千年伦理文明的内在机理和发展线索第一次展现于国人面前。改革开放以来，随着伦理学学科的恢复，伦理学人开始意识到不加分析的批判无助于伦理文明的建设，创立以马克思主义为指导的中国伦理思想史学科，要求廓清疑古主义、西化主义、民族虚无主义的影响，开掘五千年伦理文明的源头活水，以与社会主义伦理文明相衔接。

面对历史上伦理思想与其他思想杂糅的状况，改革开放以来的伦理学人开始试图建构“纯粹伦理学”，开始对五千年中华伦理文明进行系统的总结、发掘、整理，以及创造性转化、创新性发展。广大伦理学工作者自觉以马克思主义特别是中国化马克思主义理论为指导，对五千年伦理文明史予以系统的总结，相继推出了《中国伦理思想史》《中华民族道德生活史》《中华民族爱国主义发展史》《中国德育思想史》，正在撰写或即将出版的有《中国经济伦理思想通史》《中国政治伦理思想通史》《中国少数民族伦理思想通史》《中国生态伦理思想通史》，并推出了数百部伦理思想断代史、人物史、专门史、范畴史著作，使过去一度被忽视、被遮蔽、被误判、被冷漠的伦理思想及其史料受到前所未有的关注和重视，五千年伦理文明史在改革开放和社会主义现代化建设新时期被有鉴别地对待，被有扬弃地予以继承，使其精神基因与社会主义先进伦理文化相适应，与现代社会文明相协调，呈现出蓬勃的发展活力。设若没有新中国伦理学 70 多年特别是改革开放 40 多年研究的掘井汲泉和“为往圣继绝学”的努力，又怎么能够使五千年伦理文明的活水流到当代，又怎么能够全方位地呈现一个古老文明伟大复兴的伦理愿景呢?！小德川流，大德敦化。以爱国主义为核心的热爱和平、勤劳勇敢、团结统一、勤俭自强等民族精神在中华传

---

① 蔡元培．中国伦理学史．北京：中国书籍出版社，2020：绪论 4.

统美德谱系中发挥着极其重要的作用，是中华民族能够攻克一个又一个艰难险阻、取得一个又一个历史性伟大成就的根本原因。中华五千年伦理文明经由新中国 70 多年伦理学的传承、发展，获得了新的青春与活力，彰显出一个文明古国、礼仪之邦不断日新、不断发展的风采。

5000 多年的伦理文明、180 多年的近现代伦理文明与新中国伦理学研究有机地串联起来，这是真正意义上的一脉相承和承前启后，谱写成大国文明崛起的伦理史诗，铸就了一个古老而伟大民族的精神成长史和品质传承史。由此，我们不能不深刻感受到新中国伦理学研究应有的盛世华章及独特贡献，这种历史地位随着时代的发展会更加彰显并毫无争议地光耀史册。

四、新中国伦理学对世界伦理学的吸收、创化与贡献

世界伦理学是世界上各个国家、各个民族伦理精神和伦理智慧的综合化集结，也是人类认识自我、认识人生和认识世界的理论结晶。各个国家、各个民族伦理思维的形成有先有后，伦理智慧的探究有深有浅，但都有对幸福生活的向往和追求，都有对美德的肯定和崇尚，以及对处理各种人际关系、道德关系的道德原则规范的制定和遵循。整体而言，几大古老伦理文明的产生都是在神话时代逐渐消减后出现的，古印度、古巴比伦、古埃及、古中国以及古希腊都形成了自己的伦理文明。雅斯贝尔斯著的《论历史的起源与目标》将公元前 800 年到公元前 200 年称为世界史的“轴心时代”，认为这一时代出现了许多非凡的事件和人物，人们开始意识到整体的存在、自身的存在并且为“自己确立了最为崇高的目标”，“他们在自我存在的深处以及超越之明晰处，体验到了无限制性”①。中国出现了老子、孔子、墨子、庄子、列子等思想家，在印度出现了佛陀和《奥义书》，在伊朗出现了查拉图斯特拉，在巴勒斯坦，“从以利亚经由以赛亚及

---

① 雅斯贝尔斯．论历史的起源与目标．李雪涛，译．上海：华东师范大学出版社，2018：8－9.

耶利米到以赛亚第二，出现了先知”，在古希腊则出现了巴门尼德、苏格拉底、柏拉图、亚里士多德，等等，这些杰出思想家的差不多同时出现给人类提供了诸多直到今天还享用不尽的思想理念、价值观念和精神源泉。斯特恩斯等著的《全球文明史》探讨了世界各地文明的起源及形成的多种文明类型，认为“世界历史的古典时代在亚洲、北非和南欧的几个文明中心地区成形。这些文明中心一直持续到5世纪前后。古典文明奠基于早期大河文明成就的基础之上”①。起源于中国、印度和地中海的每一个古典文明都有关于伦理道德思考方面的内容。黑格尔的《历史哲学》从历史是精神的发展或者精神的理想的实现的角度，集中探讨了东方世界（含中国、印度、波斯）、希腊世界、罗马世界、日耳曼世界的精神形成及其特质等历史哲学问题，其中涉及对伦理道德问题的分析，并分析与揭示了伦理道德对各种不同文明发展走势和格局的深刻影响。汤因比的《历史研究》比较全面系统地考察了世界上多种文明的形成、发展和衰落，并提出了挑战引起应战的理论，以此来分析各种文明的发生发展过程，在对挑战引起应战的论述中大量涉及善恶、伦理美德和卓越出自艰辛等内容，凸显了伦理精神、伦理价值追求对文明发展的影响。古典时代之后，西方进入中世纪，基督教伦理学以及与之相关的教父伦理学、经院伦理学获得了长足的发展，同时也产生了深刻的危机。阿拉伯世界的伊斯兰教兴起，并在7世纪后的一千年时间里，成为由西地中海到南中国海这一广袤地域各种文明交往的主要桥梁。印度兴起的佛教传播到南亚和东南亚诸国，并在中国经过同儒家、道家和道教的长期斗争与融合实现了中国化的发展。西欧在中世纪后期产生了文艺复兴运动、宗教改革运动和启蒙运动，为资本主义伦理文明奠定了基础。英国、法国、意大利、德国等国经过经济革命、政治革命、社会革命确立了近代伦理学的基本框架、价值理念，并同时向世界各国传播，英法的功利主义伦理学和德国的道义论伦理学获得了比较系统的发展。19世纪中期，以深刻揭露资本主义伦理学内在矛盾和阐释社会主义、共产主义道德及其价值合理性的马克思主义伦理思想兴起，为

---

①　皮特·N. 斯特恩斯，迈克尔·艾达思，斯图尔特·B. 施瓦茨，等. 全球文明史：上册. 赵轶峰，王晋新，周巩固，等译. 北京：中华书局，2006：67.

全世界无产阶级的解放和国际共产主义运动指出了光明的前途。19 世纪末，马克思主义伦理思想传入俄国，以普列汉诺夫、列宁为代表的俄国共产党人系统阐发了俄国马克思主义伦理思想，创立了列宁主义伦理思想。20 世纪以后，世界伦理学进入现当代发展阶段，元伦理学、规范伦理学、美德伦理学、实践伦理学和应用伦理学获得了较为快速而全面的发展，人本主义伦理思潮、科学主义伦理思潮、各种宗教伦理思潮竞相问世，伦理学作用于社会生活的功能日益凸显，与经济、政治、文化、军事、外交、科技、教育、生态的关系更加密切，"道德哲学在开放之时代尤要"成为人们的共识。世界伦理学是全世界各个地区、各个国家人们共同创造的伦理智慧的结晶，也是各个民族伦理精神和伦理价值共识的集中体现。我国学者黄建中于 20 世纪 40 年代出版了《比较伦理学》一书①，对中西道德之异同做出了分析，认为中西道德之异主要体现在注重政治伦理与注重宗教伦理、倡导家族本位与倡导个人本位、重视义务平等与重视权利平等、讲求私德与讲求公德以及尚敬与尚爱、恕道与金律等方面。

新中国伦理学既是世界伦理学的重要组成部分，又以其特有的方式、独特的功能以及博大精深的伦理智慧和伦理学学科成果作用于世界伦理学，成为世界伦理学宝库中别开生面而又引人注目的藏富。新中国伦理学是面向世界、博采人类伦理文明有益成果借以发展和繁荣自己的伦理学，彰显出自己博采广纳、兼收并蓄的开放性品格。新中国伦理学除了富有自己的民族根性灵魂和特质外，还展示了认真学习与汲取世界各国伦理学智慧和成果的博大深厚、包容互鉴品质，包括学习苏联和俄罗斯伦理学研究成果，广采博纳希伯来和古希腊伦理文明优秀成果，近代英、法、德、美、意等资本主义国家创造的优秀伦理思想以及现代西方伦理学研究成果，同时还对东亚、南亚、中亚、非洲、南美洲等地区伦理学优秀成果尽情地予以吸纳，体现了一种面向世界的开放视野和洋为中用的伦理文化品质。据商务印书馆、三联书店、中国社会科学出版社、上海译文出版社、译林出版社等的不完全统计，仅改革开放以来翻译出版的各类伦理学著作

---

① 黄建中．比较伦理学．济南：山东人民出版社，1998. 该著作的第 1 版于 1944 年由四川大学出版。

就达300多种，涉及古希腊罗马伦理学，欧洲中世纪基督教伦理学和经院伦理学，近现代英、法、德、美、意诸国伦理学以及当代外国伦理学，包含了美德伦理学、规范伦理学、元伦理学、应用伦理学、描述伦理学诸学科。有的外国经典伦理学名著，还有几种译本问世。如亚里士多德著的《尼各马可伦理学》，有苗力田翻译的中国人民大学出版社版本和廖申白翻译的商务印书馆版本；麦金太尔著的《追寻美德》有龚群翻译的中国社会科学出版社版本和宋继杰翻译的译林出版社版本。同时，我国伦理学界还翻译了大量外国伦理学的工具书，如词典、手册、伦理学百科全书、名著汇编等。除周辅成编的《西方伦理学名著选辑》外，还有万俊人主编的《20世纪西方伦理学经典》，苗力田编的《亚里士多德选集：伦理学卷》，李秋零等译注的《康德道德哲学文集》，等等。[①] 这种对世界各国伦理学著作和文献的大规模翻译、介绍与传播，凸显了一个正在崛起的东方大国的学术文化自信和伦理精神自信，也是其博采广纳、兼收并蓄之伦理精神的价值确证。与此同时，新中国伦理学积极地走向世界，主动地与世界现当代各国的伦理文化进行交往交流，展示自己的特色和优势以强化各国对其认同，推动共建公平正义、健康合理的国际关系伦理和人类命运共同体。

新中国伦理学以不忘本来、吸收外来、面向未来的视野和价值追求著称于世。新中国伦理学对世界伦理学优秀成果的接纳、吸收和消化，首先表现在对马克思主义经典作家伦理思想、苏联马克思主义伦理思想以及西方马克思主义伦理思想的系统研究和深度发掘方面。章海山、宋惠昌、宋希仁、金可溪、石毓彬、王雨辰、谭培文、安启念、李培超、向玉乔等人推出了一批有影响的、立于时代潮头的学术成果。章海山著的《马克思主

① 周辅成．西方伦理学名著选辑：上下卷．北京：商务印书馆，1964，1987；万俊人．20世纪西方伦理学经典：伦理学基础：原理与论理．北京：中国人民大学出版社，2004；万俊人．20世纪西方伦理学经典：伦理学主题：价值与人生．北京：中国人民大学出版社，2004；万俊人．20世纪西方伦理学经典：伦理学限阈：道德与宗教．北京：中国人民大学出版社，2004；万俊人．20世纪西方伦理学经典：伦理学前沿：道德与社会．北京：中国人民大学出版社，2004；亚里士多德．亚里士多德选集：伦理学卷．苗力田，编．北京：中国人民大学出版社，1999；康德．康德道德哲学文集：上下卷．注释版．李秋零，等译注．北京：中国人民大学出版社，2016.

义伦理思想发展的历程》，宋希仁著的《马克思恩格斯道德哲学研究》，宋惠昌编著的《马克思恩格斯的伦理学》，安启念著的《马克思恩格斯伦理思想研究》，谭培文著的《马克思主义的利益理论——当代历史唯物主义的重构》，向玉乔著的《英美新马克思主义伦理思想》，张之沧等著的《西方马克思主义伦理思想研究》等①，可谓这一方面的代表性成果。

其次，新中国伦理学对西方伦理思想也做出了全面系统的总结、介绍和论述，涉及古希腊罗马、中世纪基督教伦理思想和近代德国、法国、英国、美国、意大利等国重要人物、重要著作、重要流派的伦理思想研究。周辅成、万俊人、何怀宏、廖申白、戴阳毅、姚新中、陈泽环、甘绍平、姚大志、龚群、田海平、向玉乔、陈真等人翻译了一批西方伦理学著作，推出了一批专门性的研究著作和学术论文。周辅成编的《西方伦理学名著选辑》、主编的《西方著名伦理学家评传》等著作和撰写的《希腊伦理思想的来源与发展线索》等学术论文，章海山著的《西方伦理思想史》，罗国杰、宋希仁著的《西方伦理思想史》和宋希仁主编的《西方伦理思想史》，黄伟合著的《欧洲传统伦理思想史》，王润生著的《西方功利主义伦理学》，冯俊著的《当代法国伦理思想》，廖申白著的《亚里士多德友爱论研究》，万俊人著的《现代西方伦理学史》和《萨特伦理思想研究》以及主编的《20世纪西方伦理学经典》等②，对西方伦理思想做出了自己的独

---

① 章海山．马克思主义伦理思想发展的历程．上海：上海人民出版社，1991；宋希仁．马克思恩格斯道德哲学研究．北京：中国社会科学出版社，2012；宋惠昌．马克思恩格斯的伦理学．北京：红旗出版社，1986；安启念．马克思恩格斯伦理思想研究．武汉：武汉大学出版社，2010；谭培文．马克思主义的利益理论：当代历史唯物主义的重构．北京：人民出版社，2002；向玉乔．英美新马克思主义伦理思想．北京：中国人民大学出版社，2016；张之沧，等．西方马克思主义伦理思想研究．南京：南京师范大学出版社，2009.

② 周辅成．西方著名伦理学家评传．上海：上海人民出版社，1987；周辅成．希腊伦理思想的来源与发展线索．文汇报，1962-09-09；章海山．西方伦理思想史．沈阳：辽宁人民出版社，1984；罗国杰，宋希仁．西方伦理思想史：上下卷．北京：中国人民大学出版社，1985，1988；宋希仁．西方伦理思想史．北京：中国人民大学出版社，2004；黄伟合．欧洲传统伦理思想史．上海：华东师范大学出版社，1991；王润生．西方功利主义伦理学．北京：中国社会科学出版社，1986；冯俊．当代法国伦理思想．上海：同济大学出版社，2007；廖申白．亚里士多德友爱论研究．郑州：河南人民出版社，2000；万俊人．现代西方伦理学史：上下卷．北京：北京大学出版社，1990，1992；万俊人．萨特伦理思想研究．北京：北京大学出版社，1988.

创性研究和总结评价，初步建构了一个以马克思主义和中国化马克思主义研究西方伦理思想史的理论体系与话语体系。

再次，新中国伦理学对印度、日本、新加坡、韩国等东方国家以及澳大利亚、南美国家的伦理思想也做出了一定的研究，推出了一些填补空白的学术成果。李萍著的《东方伦理思想简史》[①]，对印度、日本、韩国等国的伦理思想进行了较为全面的梳理、总结，并对之做出了自己的评价。王中田著的《当代日本伦理学》[②]，对当代日本有代表性的伦理思想和伦理学流派做出了比较全面的阐释评说。

最后，新中国伦理学还主动参与同世界各国伦理学人的对话、合作与学术交流，与韩国、日本、俄罗斯、德国、英国、美国、法国、意大利、希腊、澳大利亚、新西兰、印度、埃及等国的伦理学学人建立起了比较长期且友好的学术交流关系，与许多国家共同举办国际性伦理学学术会议，出版了各种专论性的研究文集，发表了一批合作性的学术成果，共同探讨当今世界面临的各种伦理挑战和伦理难题。中国伦理学人被邀请参加一些国际性的伦理学会组织并担任重要的领导职务，将中国伦理学的声音传播到世界各地，展示了开放的中国、开明的中国和友善的中国的学术形象，有力地推动了伦理学的国际交流，并为建设各种伦理文明包容互鉴、相互学习的人类伦理文明格局做出了贡献。

对新中国伦理学发展进行研究是一项史论兼顾、史思并重的工作，虽有相当的难度和不容易，但却又十分必需和重要。诚然，我们需要研究古代的中国伦理思想，但更需要研究现代的中国伦理思想，特别是新中国的伦理思想。东汉思想家王充有言，“知古不知今，谓之陆沉”。“陆沉”原本是指陆地无水而沉沦，也指一种不为人知的埋没状态，王充此处所谓的陆沉是指一种泥古而不注重认识现代的治学方式，这种治学方式忽略了对现实社会的认识与把握，显然不是一种面向未来的学术态度。

新时代新阶段的伦理文化建设需要我们在关注远古的同时更关注当代。当代是一种活的和正在发展的历史，是一种朝向未来并制约未来的既

---

① 李萍．东方伦理思想简史．北京：中国人民大学出版社，1998.

② 王中田．当代日本伦理学．长春：吉林大学出版社，1991.

定存在。根据对当代伦理道德及其发展趋势的深入把握，可以知晓中国伦理学发展的未来。未来的中国伦理学孕育着重大的理论突破并必将形成新的“致广大而尽精微”的理论体系，在价值趋向上必将超越对立化的二极思维而走向统合综观，“和而不同”“理一分殊”“义利并重”“理欲合性”等成为社会伦理的基本价值观念。未来的中国伦理学既扎根于历史，对传统伦理文化做深度发掘和全面总结与弘扬，又面向世界，对外国伦理文化予以辩证对待和合理借鉴，吸收人类伦理文明的优秀成果，因此是富有底蕴与活力、充满“自强不息”与“厚德载物”品格的伦理学。未来的中国伦理学是面向实际道德生活的伦理学，应用伦理学如雨后春笋般地出现并有效地作用于和引导人类道德生活，发挥着前所未有的功能效用。未来是中国伦理学全面崛起于世界舞台并扮演重要角色的时代，中国伦理学建设面临着任重道远的历史使命。

研究新中国伦理学的发展历史，并对其未来做前瞻性的论述，是一项富有挑战性的工作，不仅需要处理当代人的关系，而且必须对发展的进程有一定的了解，在研究上需要解决的问题很多。诚如郭湛波在《近五十年中国思想史》一书中所说的，研究今人的思想比研究古人的思想更难，古人的思想大多已“盖棺定论”，今人的思想则因时不同，或转变，或发展，正因为处在发展变化中，故立论较难。[①] 对新中国伦理学的发展进程予以全面的回顾并对其做出科学的总结，涉及“记注”与“撰述”的关系、“圆而神”与“方以智”的关系，是诸多思想史研究必须面对的治学方法和治学路径问题，同中国古代讨论的“六经注我”和“我注六经”的关系颇为类似。其实，真正的思想史研究和学术研究，整体上都要求把事实与思想、史料与论证有机地结合起来，做到论从史出、以史拓论。论从史出，是说撰述的圆神必须建立在记注的方智之上，没有对史实和史料的充分把握与深入研究，就很难形成对历史特别是思想史的圆融之见；以史拓论，是说记注的研究必须上升到撰述的水平，史实的掌握理应为理论的拓展服务。研究新中国伦理学的发展尤其需要实现论从史出与以史拓论的有机统一，实现“考源溯流”与“别其得失”的辩证结合。

---

① 郭湛波．近五十年中国思想史．济南：山东人民出版社，1997.

回顾新中国伦理学筚路蓝缕的发展历程，我们于心潮澎湃、感慨万千的同时增加了希望和信心，任重道远的意识亦悄然攀升。建设中国特色社会主义的伟大事业需要并离不开伦理学，实现中华民族全面复兴的崇高目标呼唤伦理学的发展和繁荣。

总之，新中国伦理学无论在理论的广度、深度和高度上还是在创新补白上，都有其独特而卓越的地位。也许可以说，新中国伦理学赓续与传承了五千年中国伦理思想和近代以来中国伦理思想的传统与精神，使源远流长、博大精深的中国传统伦理思想传统得以接续，使近代以来在苦难中求索、在艰辛中创造的伦理精神得以提升和弘扬，同时为世界伦理学和人类伦理文明的健康发展与不断完善做出了重要贡献。

历史编

新中国伦理学的发展历程与新中国的发展史大体同步，本质上属于新中国史的重要组成部分，是新中国精神文明建设和道德文明建设的价值确证与理论体现，在一定程度上反映着新中国思想道德领域和政治思想教育方面的要求及其所取得的成果。新中国的成立，是以马克思主义为指导思想的中国共产党人带领中国人民进行28年艰苦卓绝的奋斗牺牲的产物，意味着中国共产党人在长期革命过程中培育起来的中国革命道德和马克思主义伦理思想取得了国家层面的主导与支配地位。亦如新中国70多年走完发达资本主义国家几百年所走过的历程一样，新中国伦理学在这70多年历史进程中也经历了巨大的跨越并在系列思想碰撞中不断攻坚克难，不断向前发展，成为党和人民精神建构之事业的价值佐证。就其精神生活的别开生面和取得的成就而言，完全可以与中国古代的春秋战国时期、两汉时期、两宋时期、明清之际和五四新文化运动时期等阶段媲美，甚至在某种意义上说又有着超越上述各个时期的独特之处。新中国伦理学70多年的创造性研究和全面发展，整体上活化了春秋战国时期、两汉时期、两宋时期、明清之际和五四新文化运动时期的伦理思想，从而使中华民族5000多年的伦理思想根脉更加深固、端绪更加明晰、传延更加久远。不仅如此，新中国伦理学也以自己中国特色社会主义伦理学和中国化马克思主义伦理学、中国共产党人的伦理精神谱系学以及中国人民、中华民族的伦理品质学和伦理精神学，对世界伦理学发展和伦理文明建设做出了独特的贡献。探寻新中国伦理学筚路蓝缕的峥嵘岁月及发展历程，总结其经验教训，对于构建具有中国特色、中国风格、中国气派的马克思主义伦理学和社会主义伦理学，对于实现中华民族伟大复兴，都具有极其重要的理论意义和现实价值。

第一章 新中国成立至改革开放前的伦理学研究

新中国伦理学是相对于旧中国伦理学而言的一种崭新的伦理学类型，它是中国伦理文化发展史上最壮丽的日出，标志着中国社会的道德变迁和伦理文化建设进入了一个崭新的时代。尽管新中国伦理学的发展经历过特有的曲折和坎坷，有过不少值得深度总结的经验教训，但它总体上是与新中国史的进程一致的，总的是朝着繁荣与发展马克思主义伦理思想和中国化马克思主义伦理思想，朝着社会主义和中国特色社会主义伦理思想，朝着探寻马克思主义伦理思想和中国人民道德生活的具体实际相结合，与中华民族优秀传统伦理文化相结合的方向迈进的，并取得了历史性的发展成就，助推着中国伦理文化的伟大变迁和马克思主义伦理思想中国化的不断发展。

自中华人民共和国成立到社会主义三大改造基本完成、社会主义制度初步确立的 1956 年，是东方太阳喷薄欲出和旭日初升的时期，充满生机和活力，同时也抒写了人民共和国道德生活发展史上光辉灿烂的一页，为后世奠定了可资借鉴的范本，成为之后人们无法忘怀的美好道德回忆。当然，这一时期的伦理学研究如同太阳有阴影一样，也存在着某些令人遗憾的因素。1953 年的高等院校院系调整将伦理学作为一门伪科学予以取缔，剩下的只是对共产主义道德的宣传和提倡。这一时期的伦理思想和学术研究同批判各种旧道德、提倡共产主义新道德有着非常密切的关系，既取得了不少可喜的成绩，也留下了一些值得深度总结的经验和教训。

一、对旧的伦理文化和思想的清算与批判

新中国成立初期，在社会道德、学术文化和意识形态领域面临着除旧布新的任务。中央人民政府在 20 世纪 50 年代初伦理道德战线上反对一切封建主义和资本主义的旧道德，对旧中国遗留下来的腐朽道德现象和道德风习进行了严厉的打击与清除，移风易俗，激浊扬清，为中国人民新道德的建设铺平了道路。就道德改造和伦理思想建设而言，50 年代初期开展了大规模的清除旧社会遗留下来的丑恶现象和移风易俗的运动，并开展了对梁漱溟、胡適等人伦理思想的批判，同时在批判电影《武训传》的过程中也对其伦理价值观展开了批判。这些批判旨在为马克思主义道德科学的确立开辟道路和为无产阶级新道德的确立奠定基础。

（一）旧伦理学研究被取缔及对《武训传》的批判

新中国成立后，为了建立民族的、科学的、大众的新文化，党和政府加强了对马克思列宁主义、毛泽东思想的宣传和学习，并主张用马克思列宁主义、毛泽东思想的原则在全国范围内和全体规模上教育人民，同时开展了对旧学校旧文化事业的批判与革新。中国共产党七届三中全会以后，全国掀起了学习社会发展史和历史唯物论的高潮，党中央确定了知识分子思想改造运动的原则方法和措施，并将其与土地改革、抗美援朝和镇压反革命三大运动结合起来，构成新中国成立初期我国政权建设和经济文化建设除旧布新的重要组成部分。

旧中国的高等教育因袭了帝国主义国家的教育制度，成为封建、买办、法西斯主义的反动政权的一种工具，广大教育工作者普遍存在着浓厚的崇美思想，学科设置、课程设置和教学方法都存在着严重的脱离实际、脱离工农大众等问题。新中国成立后，为使高等教育破除买办教育和奴化教育的性质，建立人民的教育体系和教育制度，更加适应国家建设的需要，教育部主管部门参照苏联经验，从 1951 年底开始，对全国高等学校及其所属各院系进行了一次全面的调整。1952 年的院系调整和课程改革，

受苏联的影响，将伦理学作为资产阶级的伪科学予以取缔。十月革命以后，苏联的社会主义教育家们从列宁的马克思主义没有丝毫伦理学的意味的认识出发，将伦理学视为一门伪科学，并因此在高等学校和国家的科学研究机构中取消了伦理学的教学与科学研究。正因为如此，在长达 40 多年的时间里，苏联的高等学校只讲授和研究共产主义道德，而不讲授和研究伦理学。直到 70 年代末，苏联才开始恢复伦理学的教学与研究工作，认为无产阶级也可以有而且应该有自己的伦理学。由于受苏联教育模式和课程设置的影响，新中国成立初期的院系调整和课程改革，将伦理学作为一门资产阶级的伪科学予以取缔。新中国成立以前在各高等学校和科研机关从事伦理学教学与研究的人员大批进入知识分子思想改造运动的课堂，开始清算自己过去的伦理思想，并表示愿意接受马克思列宁主义、毛泽东思想的改造，同旧的伦理学彻底决裂。

1951 年至 1952 年在全国范围内开展的知识分子思想改造运动，是一次以“克服旧思想，接受新思想，树立为人民服务的观点”为主要内容的，以知识分子的批评和自我批评为主要方式的大规模的思想文化运动。当时知识分子思想改造运动所要批判的旧思想，归纳起来主要有：(1) 崇拜欧美资产阶级生活方式的奴化主义或西化主义思想；(2) 仅仅关心个人利益和个人前途的个人主义思想；(3) 理论脱离实际的教条主义思想。知识分子思想改造运动着重批判了资产阶级的个人主义和利己主义，许多知识分子都在改造过程中深刻地认识到个人主义和利己主义的危害性，纷纷展开了对成名成家、自高自大、个人英雄主义和思想自由主义的批判。一些人甚至把个人主义视为要打垮的三大敌人中的第一大敌人，表示愿意与个人主义彻底决裂。经过知识分子思想改造运动的知识分子，大多表示愿意抛弃资产阶级的思想和价值观，接受马克思列宁主义、毛泽东思想的科学世界观和革命理论。知识分子思想改造运动为新中国的思想文化建设和伦理道德建设扫清了思想认识上的许多障碍，取得了很大的成绩，使广大知识分子受到了一次深刻的马克思列宁主义、毛泽东思想的教育，为确立正确的为人民服务的思想和集体主义的道德观念铺平了道路。

对电影《武训传》的批判是新中国成立初期意识形态领域的一次大规

模的批判运动。1950 年初，上海的文化局领导和艺术界人士举行讨论，认为拍摄《武训传》有助于迎接文化建设的高潮，有助于铲除封建残余、配合土地改革，有助于歌颂忘我的服务精神，于是决定正式拍摄《武训传》，由孙瑜编导，赵丹主演，1950 年底摄制完成。电影《武训传》在上海、北京、天津等地上映后，反响热烈，这三个城市的报刊上发表的歌颂影片和武训本人的文章就有 40 余篇。在肯定《武训传》积极作用的同时，也有一些文章对其不足之处展开了批评。1951 年 5 月 20 日，《人民日报》发表毛泽东的《应当重视电影〈武训传〉的讨论》一文。毛泽东的文章严厉批评了前段时期对武训和电影《武训传》的歌颂，认为这些歌颂说明我国文化界的思想混乱达到了非常严重的地步。为了贯彻毛泽东文章中所指示的精神，《人民日报》5 月 20 日在《党内生活》专栏刊登了《共产党员应参加关于〈武训传〉的批判》的文章，号召每个看过这部电影或看过歌颂武训的论文的共产党员都应该积极进行批判斗争。此后，关于《武训传》的学术讨论发展为政治批判，在短短 8 个月的时间里，先后有 1 000 多篇文章和 20 多部专著发表，从各个方面批判武训和《武训传》。

诸野在《谈武训兴学的动机与效果》一文中，针对一些人认为的武训兴学的效果虽然不好但动机上总是好的观点展开了批判，指出武训兴学的动机一开始就是不纯的，有着明显的个人野心。诸野认为，武训兴学的动机并不是纯洁善良或好的，而是充满个人野心和功利目的的。“从武训兴学的效果去检验他的动机，我们更没有理由去强调他的动机好。”① 在诸野看来，武训兴学的效果是帮助了封建地主阶级的统治而损害了人民的斗争，武训兴学未触动封建经济基础及其上层建筑的一根毫毛，反而狂热地宣传封建文化，对封建统治者极尽奴颜婢膝，其效果是极端恶劣的。冯凡在《关于武训的“利他主义”》短文中，针对一些人为武训的“利他主义”所迷惑，觉得武训在这一点上有可取之处的观点，指出：“‘利他主义’是一个很含混的名词。我们要考察武训的‘利他’，首先就要看‘他’是谁？是反动统治阶级呢？还是人民群众呢？后者是为了人民所欢迎的，前者却一文不值。”②

---

① 诸野．谈武训兴学的动机与效果．中国青年，1951（68/69）：62.

② 冯凡．关于武训的“利他主义”．中国青年，1951（68/69）：64.

该文还指出，武训的兴学绝不仅仅是为了利他，同时也是为了利己。武训说："亲戚朋友断个净，临死落个义学正。"① 这也就表明，武训兴学是为了获得个人的荣誉，企图得到统治阶级的青睐，甚至想爬到统治阶级的地位。他终生为此努力着，"而且集中一切最丑恶、最下流的手段（如高利贷、吃蝎子……）来骗取人民的钱财，到后来成为拥有三百三十亩田的大地主，而且得到了'乐善好施'的旌奖，这不是为了他自己还是什么?"②

在对电影《武训传》的严厉批判面前，编导孙瑜 1951 年 5 月 26 日在《人民日报》发表了《我对〈武训传〉所犯错误的初步认识》一文，做出公开检讨。郭沫若、夏衍、戴白韬、赵丹等都做了自我批评，至此，关于电影《武训传》的讨论告一段落。

（二）对胡適、梁漱溟伦理思想的批判

20 世纪 50 年代初，出于当时的国际环境及国内斗争的实际情况，需要开展清除帝国主义和封建主义文化意识渗透与影响的工作。而对胡適、梁漱溟伦理思想的批判则是其中的一部分。

1. 对胡適资产阶级伦理思想的批判

对胡適资产阶级文艺和哲学伦理思想的批判，是继批判电影《武训传》之后又一次大规模的思想批判运动。三联书店出版的《胡適思想批判（论文汇编）》，共出 8 册，收入有代表性的文章 150 篇，计 200 万字。艾思奇、孙定国、张心如等人在人民出版社出版了批判胡適哲学思想的著作。李达、胡绳、葛力、周谷城等人均在《新建设》上发表了批判胡適实用主义哲学思想和人生哲学思想的文章。

在众多批判胡適思想的论著中，胡绳撰写的《论胡適派腐朽的资产阶级人生观》③ 一文，从伦理思想和人生哲学方面批判了胡適的资产阶级人生观和价值观，揭露了胡適所宣扬的资产阶级个人主义的反动实质。胡绳

---

① 冯凡．关于武训的"利他主义"．中国青年，1951（68/69）：64.

② 同①.

③ 胡绳．论胡適派腐朽的资产阶级人生观．人民日报，1955-01-07.

指出，胡適派人生观的本质是资产阶级个人主义的人生观。资产阶级的个人主义总是和卑鄙的利己主义不可分的。但胡適不愿意承认这一点，他曾特别辩解说，个人主义有真的和假的之分。假的个人主义是为我主义，一味地追求自私自利。真的个人主义是敢于对自己负责任、自己解救自己的个人主义。胡绳指出，胡適真是反对自私自利吗？不是。胡適从根子上是崇尚自私自利的，并把“生命、妻子、产业、功名”当作“最高的义理”，把为自己当作人生的真义，宣扬个人不朽论。胡绳还批判了胡適把个人主义当作五四运动以来的新思想的错误观点，认为这种观点是不符合历史实际的。社会主义的集体主义观念是同胡適所宣扬的个人主义根本对立的。个人主义是胡適人生观思想的主体，胡適提出的自然主义人生观是和他的个人主义人生观密切结合着的，本质上是为资产阶级及其走狗服务的。胡適还是资产阶级实用主义人生观的忠实信徒和宣传者，他借口反对抽象的道德而把道德实用主义化，宣称善与美德无非是方便人生的工具。可见，胡適宣扬的人生观正是资产阶级的腐朽人生观，需要我们应用马克思主义的立场、观点和方法予以坚决而深入的批判。

此外，夏照滨写的《批判胡適的“易卜生主义”》① 一文，也对胡適的伦理思想展开了批判，指出胡適宣扬易卜生主义，实质上是在兜售资产阶级的个人主义和利己主义，它和无产阶级集体主义道德是背道而驰的。

2. 对梁漱溟唯心主义哲学和伦理观的批判

1954 年我国文化界在对胡適思想开展大规模批判的同时，展开了对梁漱溟唯心主义哲学和伦理观及文化观、历史观的批判。梁漱溟是现代新孔学的代表人物，主张复兴孔子学说，弘扬儒家伦理的真精神，并认为世界未来文化就是中国文化亦即儒家伦理文化的复兴。梁漱溟的伦理思想问世不久，就掀起了轩然大波，受到来自马克思主义和自由主义西化派的批判。

对梁漱溟思想进行公开的批判，始于冯友兰的《批判梁漱溟先生的文化观和村治理论》② 一文。冯友兰的文章拉开批判梁漱溟思想的序幕之

① 夏照滨．批判胡適的“易卜生主义”．新建设，1956（6）．

② 冯友兰．批判梁漱溟先生的文化观和村治理论．人民日报，1955－05－11．

后，哲学界和理论界的人士纷纷发表文章，批判梁漱溟的文化理论、村治理论和哲学思想及其他思想。汤用彤、任继愈在《批判梁漱溟的生命主义哲学》① 一文中，结合批判梁漱溟的世界观批判了他的人生观和伦理观。该文指出，梁漱溟从生命主义出发，宣扬奴化的、反革命的人生态度，把劳动人民改善物质生活条件的要求视为不思创造、不讲奉献的“占有冲动”，认为只有死心塌地地为剥削阶级谋利益、为剥削阶级做牛马才是创造的冲动，才是善的和合乎道德的。梁漱溟坚决反对劳动人民追求和谈论利益，并对农民向地主阶级争取利益的行为持否定和贬斥的态度，认为这样便丧失了生命活动的根本，要求和发动农民去向地主阶级争取利益无异于使农民变成流氓。在梁漱溟看来，只有给地主和资本家拼命做工，孝悌勤俭，才能领略人生真趣，并以此为人生的精义，宣扬“工作中的乐趣是生命活动的源泉”。汤用彤、任继愈在文中批评了梁漱溟的这一观点，指出劳动人民从来就是一切财富的创造者，从来不回避工作，也能从劳动中发现创造的快乐。但是今天觉悟了的劳动人民有马克思主义的理论指导和人民当家做主的意识，首先要问清楚为什么而工作，为谁而工作。梁漱溟为了反对农民革命，为了维护地主阶级的利益，大力宣传为剥削阶级工作会“领略人生真趣”，这是十分有毒的、彻底反动的人生理论。梁漱溟大肆宣扬反对算账和不计功利的人生态度，认为一旦算账和谋求功利就会使人生索然无味。汤用彤、任继愈指出，梁漱溟就是要人民对敌人不计较利害，不算账，不要分别谁是压迫者谁是被压迫者，因此梁漱溟人生态度的实质内容就是要人民对敌人无私。“他教人反求诸己，也无非教人不要清算敌人的罪恶，首先要检查自己是否已经使敌人满意。这种奴才式的道德，对敌人奴颜婢膝的人生态度，是我们每一个中国人所要反对的。”②汤用彤、任继愈还在文中揭露了梁漱溟所谈论的“仁”或孔子仁学的反动实质，认为梁漱溟的生命主义和直觉主义的伦理学，就是教劳动人民永远安于现状，不要去反抗反动阶级的反动统治，并以此为他的反对中国革命

① 汤用彤，任继愈．批判梁漱溟的生命主义哲学//梁漱溟思想批判：第2辑．北京：三联书店，1956.

② 同①.

的村治理论寻找借口。

此外，李达、王若水、艾思奇、侯外庐等人也在自己的著作和文章中批判了梁漱溟的反动伦理思想。梁漱溟的生命主义和直觉主义的伦理思想包含着不少的理论矛盾或错误，对梁漱溟的新儒家伦理思想做出马克思主义的批判分析，对于新中国成立初期树立马克思列宁主义、毛泽东思想的指导地位，对于强化广大知识分子的阶级斗争和人民群众观念，推动全国范围内的文化道德建设，无疑是具有一定积极意义的。

20 世纪 50 年代初期的知识分子思想改造运动和中期的思想大批判运动，在当时的历史条件下是必要的，也是富有成效的，它对于大多数知识分子“克服旧思想，接受新思想，树立为人民服务的观点”，对于当时有效地反击美蒋反动派、巩固新生的人民共和国政权都起了相当积极的作用。但是在具体的操作和实践中存在着一些过激的做法，对资产阶级思想的批判既有概念不清、任意扩大外延的弊病，比如把正当的个人利益、个人追求一律视作资产阶级思想等，又在相当程度上代替了对其他非无产阶级意识形态的批判。经验和教训都值得认真总结。

二、共产主义主流伦理思想的确立与弘扬

自中华人民共和国成立到 1956 年社会主义改造基本完成的伦理学研究，总体上是在“除旧布新”的过程中展开的，一方面是对封建主义、帝国主义和资本主义道德的无情摒弃与批判，另一方面则是对新道德即共产主义道德的宣传与提倡，确立马克思列宁主义、毛泽东思想在意识形态领域的主导和支配地位，树立集体主义和爱国主义的思想。

（一）对共产主义道德及人生观的研究

自中华人民共和国成立到 1956 年社会主义改造基本完成，这一时期的伦理学研究由于旧的伦理学研究被取缔，所以它主要是对共产主义道德观和革命人生观的研究。共产主义道德是人类历史上的一种崭新的道德类型。中华人民共和国成立后，毛泽东、刘少奇等人十分关注共产主义道德

在中国的进一步发展，在多次讲话和报告中均主张发扬共产主义道德，对全国人民尤其是广大青年进行共产主义道德的宣传教育。一些理论工作者、宣传工作者响应党和政府的号召，积极开展对共产主义道德的研究，探讨共产主义道德的基本内容和主要特征，论述在广大人民和青年中进行共产主义道德教育的必要性与可能性，掀起了一股研究、学习和宣传共产主义道德的热潮。

1955 年至 1956 年，中国青年出版社编著的《培养青年的共产主义道德反对资产阶级思想的侵蚀》、周原冰著的《培养青年的共产主义道德》和吴江著的《共产主义道德问题》出版，掀起了学习、宣传和培养共产主义道德的高潮。① 《培养青年的共产主义道德反对资产阶级思想的侵蚀》一书，阐述了培养青年共产主义道德的重要性，分析了一小部分青年道德败坏、腐化堕落的原因，指出了应当怎样培养青年具有社会主义的劳动观点和态度，教育青年使之成为具有共产主义道德的积极建设者和优秀分子。周原冰的《培养青年的共产主义道德》一书，认为共产主义道德是以马克思主义的世界观作为思想基础并与共产主义事业紧密联系在一起的新型道德。共产主义道德的基本原则主要有忠于共产主义理想、力行集体主义、劳动的主动创造精神，以及以事实为基础的忠诚老实。培养青年的共产主义道德需要全社会高度重视，学校、家庭、社会与青年团组织应密切配合，在党的领导下有步骤有计划地进行。吴江的《共产主义道德问题》一书，系统地阐明了什么是道德、什么是共产主义道德、道德的社会作用等问题，批判了剥削阶级的旧道德，论述了培养共产主义道德的方法与途径，认为共产主义道德超越了一切剥削阶级道德的局限和狭隘性，它以全心全意为人民服务、大公无私和集体主义为基本内容和特征，是我们建设社会主义、实现共产主义的重要精神力量。

江陵在《新建设》1955 年第 5 期上发表的《论共产主义道德教育》一文，是当时一篇较有分量的理论性文章，对共产主义道德的产生及基本内容，特别是共产主义道德的性质与社会作用、共产主义道德教育的原则

① 中国青年出版社．培养青年的共产主义道德反对资产阶级思想的侵蚀．北京：中国青年出版社，1955；周原冰．培养青年的共产主义道德．北京：中国青年出版社，1956；吴江．共产主义道德问题．北京：工人出版社，1955.

和方法做了全面系统的论述分析。首先，该文阐释了共产主义道德的社会根源和产生的社会物质生活条件，认为以生产资料的资本主义所有制为基础的资本主义经济关系产生资产阶级道德，资本主义经济的职能是榨取和掠夺工人创造的剩余价值，资产阶级的本性是唯利是图、巧取豪夺，所以自私自利、损人利己，把自己的幸福建筑在使别人受苦的基础之上，一味地崇拜金钱货币的价值，就成了资产阶级道德的特色。无产阶级的道德则不同，无产阶级是丧失了生产资料、被迫出卖劳动力的雇佣劳动者，他们一无所有，同时又同大工业组织相联，是社会上进步生产力的代表；无产阶级的历史使命是消灭私有制，解放全人类，建立生产资料的社会主义公有制，为解放最大多数劳动人民和解放自己而斗争。由于无产阶级的这种经济、阶级地位，由于社会主义意识之灌输于无产阶级的行为，忠于共产主义事业并为此而英勇奋斗，维护劳动者的公共集体利益，反对损人利己，把自己的幸福建筑在使别人"同享幸福"的基础上，热爱劳动和科学，等等，也就成了共产主义道德的特色。其次，该文论述了共产主义道德教育的重要性。它从回顾列宁对共产主义道德教育的重要性的论述出发，指出列宁的论述对于当时同样处于过渡时期的我们是完全适用的。列宁认为，社会主义革命把人民的道德提升到了更高的阶级，共产主义道德随着社会主义革命的胜利已变成占统治地位的道德体系。但是这并不等于说全体人民都已经掌握了共产主义道德的原则。由于过渡时期处于社会经济关系的急剧变革阶段，资产阶级只是在被消灭的过程中而并未被完全消灭，旧社会的残余还未肃清，阶级斗争还空前尖锐，这一切必然要反映到人们的意识包括道德方面来，而现实生活中人们的道德意识往往落后于社会经济生活的变化，每每表现为受习惯势力的支配，"这时候不仅行将被消灭的资产阶级决不放松以自己的腐朽的思想和道德观来腐蚀人民，竭力和共产主义道德争夺地盘，而且人民群众中相当多数的人，尤其在小私有制下生活的人具有易于接受资产阶级影响的基础，不可能一下子摆脱掉那种由地主资产阶级千百年来的统治所熏陶的精神、习惯和风俗，也就是不可能一下子领会共产主义道德原则"①。而这就需要进行共产主义道德教

① 江陵．论共产主义道德教育．新建设，1955 (5)：2.

育。在列宁看来，共产主义道德阵地的扩展，不是随着社会物质基础的社会主义改造而自发地得以进行，而是必须不断地向人民群众进行共产主义道德的宣传教育工作，以便使人民群众的意识适合于社会主义改造的需要。江陵依据列宁的论述强调指出，无产阶级就其阶级地位来说是自发地倾向于共产主义的，但无产阶级意识中真正科学的共产主义道德观点的产生和形成，只有随着共产主义意识之灌输于无产阶级的队伍中，在阶级斗争发展的过程中，斗争不是自发地进行而是自觉地进行的时候，才有可能。因此，共产主义道德的集中体现者和传播者完全依赖于以马克思列宁主义思想武装起来的无产阶级政党。只有在马克思列宁主义的指导下，在无产阶级先锋队的教育下，无产阶级的道德才能由自发地产生的观点变成以科学共产主义思想为依据的观点和规范。无产阶级取得革命胜利以后，在共产党和无产阶级领导下建立起来的新的国家政治、经济制度，成为进一步扩展共产主义道德的基础。再次，该文紧密结合共产主义道德教育的实际需要，回答了共产主义道德的性质、标准和主要要求等问题，并认为回答这些问题在当时开展共产主义道德教育的实践中具有重大意义。共产主义道德向人们提出的具体要求有：在长期艰难的阶级斗争中立场坚定，坚韧不拔，英勇果敢，确信胜利前途，不被困难打倒，具有自我牺牲精神和高度的革命纪律性；忠于人民，忠于祖国，忠于劳动人民的国际团结，把高度的爱国主义精神和高度的国际主义精神结合起来，对于阻碍社会进步和人类进步的邪恶势力进行不调和的斗争，憎恨国内外一切反动派和敌人，时刻保持革命警惕性；经得起困难环境的考验，也经得起胜利环境的考验；等等。共产主义道德在个人利益与社会公共利益的关系问题上（这个问题历来是伦理学的基本问题之一），要求根据公共利益第一的原则把公共利益与个人利益正确地结合起来，反对利己主义，提倡集体主义。最后，该文谈到了共产主义道德教育的方法和具体措施，指出在过渡时期进行共产主义道德教育要同当时各种实际斗争任务紧密地结合起来，要把共产主义道德教育建筑在实际获得阶级斗争的知识和经验的基础之上，避免做一般的抽象的道德说教。该文还谈到，进行共产主义道德教育的方法是多种多样的，需要动员各方面的力量来进行工作。例如，切实改善学校开展共产主义道德教育活动的条件并提高学校道德教育水平，向青年一代进行共产主义道德教育的人应当是具有共产主义道德觉悟和品质并对共产主义道德认识深刻的人，同时还要铲除当时依然存在着的忽视共产主义道德教育，甚至有意无意地以资产阶级思想和观点来影响青年品德的现象。

结合共产主义道德观的教育，一些著作和文章也探讨了共产主义人生观或革命人生观的问题。1950 年 5 月，由中国青年出版社编辑并出版的《论革命人生观》一书，是专为广大青年而写的学习修养读物，书中收入了冯文彬、彭真等人的九篇文章，主要讨论了青年人最关心的几个问题，如个人与集体的关系、个人英雄主义与革命英雄主义等。1953 年 5 月，丁大年著的《共产主义人生观》一书由华东人民出版社出版。该书是一本宣传共产主义人生观的通俗读物，在当时对开展人生观教育起到了一定的宣传教育作用。

在众多研究论文中，尤以听樵的《论革命人生观》① 具有代表性。听樵在《论革命人生观》一文中首先对人生观给出了自己的定义或界说。革命的人生观就是革命者对人生的看法。要培养革命的人生观，必须学习辩证唯物论和历史唯物论，然后才能有正确的人生观和世界观。该文还具体探讨了有关革命人生观所需正确认识和解决的五个问题：为什么要为人民服务？可以无立场、无斗争、不参加组织吗？我们需要什么样的友谊、自由和个性？知识分子怎样去革命，怎样去为人民服务？在革命中，为什么发生困难，有缺点，有错误呢？谈到为什么要为人民服务时，该文指出，从前国民党也讲服务，说“人生以服务为目的”，但国民党所讲的服务是为四大家族服务，而我们共产党人所讲的服务是为人民服务。为什么要为人民服务呢？有人认为，我们要为人民服务，是因为人民给了我们很多东西，给我们衣服穿，给我们饭吃，给我们房子住，如果不为人民服务，那就是忘恩负义。这种说法的出发点是报恩，本质上并没有真正认识为人民服务的道理。报恩的想法含有将自己和人民分离开来的因素，因而是不对的。共产党人和一切革命者之所以要确立为人民服务的人生观，不是为了报人民之恩，而是因为人民是历史的主人，要推动人民历史前进，唯一的办法就是依靠人民，到人民中间去，为人民做工作，同人民在一起，懂得

---

① 听樵．论革命人生观．中国青年，1950 (36).

他们所需要的，按照他们的要求去做。人民是力量之源、信心之源。革命者只有同人民紧密地结合在一起，才能获得前进的力量和信心。谈及立场、斗争和组织时，该文指出，每个人都有自己的立场，差别在于有的人立场正确有的人立场不正确，有的人立场坚定有的人立场不坚定。人是不能没有立场的，问题是站在什么立场。革命者的立场是马克思主义的立场和共产主义的立场，主张为消灭私有制、解放全人类而奋斗。有立场，是不是一定要斗争呢？斗争是到处存在的，基本上有革命与反革命、进步与落后、正确与不正确之间的斗争。有立场就会有斗争，所谓立场是对于斗争的关系，斗争有好的也有不好的。要判断斗争的好坏，关键看为什么而斗争，为人民利益而斗争就是好的，为少数反革命分子剥削阶级而斗争则是不好的。革命者要卓有成效地开展斗争，就必须形成组织和有组织地进行斗争，共产党即是革命者的坚强组织。针对有人说的共产党领导下没有那么多的友谊、自由和个性的说法，该文指出，共产党最讲有利于人民的感情，共产党对于人民利益无限忠诚，没有其他任何组织能像共产党一样对人民有如此深厚的感情，在人民内部充满着真正的友谊，这种友谊是建立在共同原则和共同利益基础上的。至于自由和个性，共产党人主张分清什么样的自由和个性，认为凡是符合革命利益的自由和个性，都理应得到尊重与保护，凡是违反革命利益的自由和个性，共产党及其领导的革命团体就要反对。此外，该文还谈到知识分子应加强思想改造，真正与人民群众打成一片，在革命的实践中提高自己的觉悟和人生境界。对困难和缺点应有正确的认识，一切共产党人和真正的革命者绝不会因困难、错误、缺点而灰心丧气，“不在困难面前低头，不在错误中迷失方向，对革命有持久的热情，才能把革命事业完成，建立新的国家，新的社会”①。听樵的《论革命人生观》是新中国成立初期对革命人生观主要内容及特征做了深入论证的代表性论文，并对当时青年们关于革命人生观的种种误解给予了应有的澄清、批判与分析，是当时一篇不可多得的伦理学论文。

（二）对集体主义道德原则的研究

集体主义这一概念是斯大林第一次正式提出来的，中国共产党人毛泽

---

① 听樵．论革命人生观．中国青年，1950（36）：16.

东、刘少奇等也在新民主主义革命时期多次谈到和探讨过有关集体主义的问题。新中国成立后，党和政府注重用爱国主义、国际主义和集体主义教育全国人民，一些理论工作者、宣传工作者也积极开展对集体主义的宣传和研究，取得了一些研究成果。在 20 世纪 50 年代初期对集体主义的研究和宣传中，杨述和冯文彬等人做出了一定的贡献。

杨述 1950 年 7 月在北京大学青年团员大会上专门做了《关于集体主义的几个问题》的演讲，同年在《中国青年》第 53、54 合期上摘要发表，该文是新中国成立后第一篇比较系统地论及集体主义道德原则及其作用的文章。该文揭示了集体主义与个人主义的本质差别，认为集体主义与个人主义是根本不同的。个人主义把个人利益放在第一位，看一切问题都是从个人出发，一切围绕着个人利益去做，甚至为了个人利益不惜牺牲集体利益。集体主义不同于个人主义的地方在于，它把革命的集体利益放在第一位，看一切问题都是从人民群众的根本利益出发，根据人民群众的根本利益办事，并且在必要的时候不惜牺牲自己个人的利益以成全集体利益或人民利益。集体主义的口号是“为人民服务”，并且是真诚地按照这个口号去实践去行为的。新中国的成立为全国人民的个人幸福与利益的实现提供了政权的依托和保障。在人民当家做主的新中国，个人与集体、个人利益与集体利益实现了高度的统一。我们所说的集体是人民的集体，所说的个人是人民中的个人。个人与集体、个人利益与集体利益的高度一致，并不否认个人和个性的存在。它们之间有时也会发生矛盾，一旦发生矛盾，集体主义就要求个人主动服从集体，个人利益自觉服从集体利益，必要的时候为了集体利益无条件地牺牲个人利益。集体主义认为，为集体利益而牺牲的人是光荣的、伟大的，他的死重于泰山，自会受到人们的敬仰与崇敬。该文反对无谓的牺牲，认为无谓的牺牲轻于鸿毛。那种随便牺牲自己，自暴自弃，不把自己看成人民的一分子，以为自己的身体只是自己一个人的，自己愿意怎样糟蹋就怎样糟蹋的想法和做法，是极端错误的。一个革命者爱护自己的身体，珍重自己的生命，不做无谓的牺牲，因为他懂得他是革命中的一分子，他的身体是属于革命和集体的。最后，该文谈到了自觉地履行集体主义的问题，认为自觉是测量我们思想进步的重要尺度。革命者的自觉要求在正确认识个人与集体关系的基础上明确地认清自己是劳动人民中的一员，并且在革命实践中努力做到。一个革命青年只有自觉地意识到为人民服务是自己的本分和义务，才能真正成为自觉的革命者。集体主义需要自觉的行为。一个革命青年只有对集体主义有了自觉的了解，才能按集体主义原则办事，对集体主义原则有高度的认同性，形成应该做的不管有多少困难，也不管人家看得见看不见都去做，不应该做的不管有多少方便条件，也不管人家看得见看不见都不去做的行为习惯。一个革命青年对集体主义的认识与行为从不自觉到自觉是一个自我斗争的过程。“这种斗争是必然的，是正常的现象，不要以为这是反常的现象。因为，没有经过这种斗争，就不可能成为自觉的革命者。当这个人的集体主义思想占上风的时候，处理问题就正确。个人主义思想占上风的时候，处理问题就错了。”① 集体主义观念的培养和行为实践，是一个思想斗争和道德修养的过程，而且最主要的是要靠积极的自我思想斗争。一个革命青年要善于使自己的正确思想占上风，以自己的正确思想去克服自己的不正确思想，最后达到在任何条件下总是尽心尽力全心全意地为人民服务，按照人民最高的利益和集体主义原则办事，即使无人监管，也能做到“暗室不欺”。

冯文彬在《个人与集体》② 一文中，探讨了与集体主义有关的几个问题，即个人与社会的关系、自由与必然的关系、个人自由与集体自由的关系等。首先，该文指出“除了父母兄弟外，自己和其他人毫无关系”的观点是不对的，因为任何人都是社会中的一员，同整个社会或他人不可分离，大家都紧紧地互相联系在一起，互相依靠，“世界上无论哪个人，离开了社会，离开了别人的劳动创造，是无法生活下去的”③。人的生活离不开他人和社会，而在阶级社会里，人又总是属于一定的阶级，因此人的社会生活不得不表现为阶级的生活。其次，该文探讨了人类社会生活中自由与必然的关系，认为自由是对必然的认识和改造，我们了解了人类社会发展的规律性，行为就有了自由。在中国实现新民主主义社会，这是根据中国社会的内在条件发展的必然规律。社会发展的客观规律和劳动人民的

① 杨述．关于集体主义的几个问题．中国青年，1950（53/54）：18.

② 冯文彬．个人与集体．中国青年，1950（36）.

③ 同②10.

意愿要求是一致的，但和反动阶级的主观愿望则完全相反。因为反动阶级受其阶级性的局限，无法认识社会发展的客观规律。而劳动人民依据其阶级性，不仅能够认识人类社会发展的客观规律，而且能够掌握和驾驭这种客观规律，所以能够得到自由解放。可见，自由不在于摆脱必然而存在，而在于正确地认识和把握必然。再次，该文对个人自由与集体自由的关系也做出了自己的探讨，并由此区分出个人主义的自由观和集体主义的自由观。个人主义的自由观是只要自己一个人的自由或少数人的自由，却不管大多数人的自由；与个人主义的自由观相反，集体主义的自由观不是要大多数人的自由服从某一个人或少数人的自由，而是要个人或少数人的自由服从大多数人的自由，只有在集体中才可能有个人的自由。最后，该文基于对个人与社会的关系、自由与必然的关系、个人自由与集体自由的关系等的分析，提出了“团结就是力量”的结论，指出我们应该知道，团结是力量之源，团结是结成集体的必要条件和保证。当代青年只有把自己个人的力量投身于集体中，才能把新民主主义的中国建设好，才能争取到更加美好、幸福的未来。

在实施过渡时期的总路线、实现三大改造的过程中，集体主义原则成为与社会主义革命和建设事业密切联系在一起的重要原则，并在全国推行了集体化运动，使集体主义成为全国人民心中的一面光辉旗帜，党的事业、集体的利益成了光荣神圣的象征。

（三）对新中国的新爱国主义的研究

新中国的成立，结束了中华民族任人宰割和受人侮辱的历史，同时也使人民成为国家的主人，广大人民群众产生了空前的爱国主义热情。勤劳勇敢的中国人民用自己的双手迅速地涤荡旧社会的污泥浊水，进行着一系列社会改革和卓有成效的经济文化建设活动。新中国成立后的一年间，17个国家同我国建立了外交关系，内政外交均取得了辉煌的成绩。20世纪50年代初期，全国人民精神振奋、斗志昂扬，对新中国的热爱溢于言表，爱国主义成为国家道德生活的主旋律。

20世纪50年代初期，伴随着对《中国人民政治协商会议共同纲领》国民公德的倡导和学习，思想界和学术界以极大的热情探讨中国人民的新爱国主义，萧德、于光远等人竞相撰文，畅谈自己对新中国的新爱国主义的认识，其致思成果构成新中国成立初期伦理学研究的有机组成部分。

萧德在《论中国人民的新爱国主义》① 一文中，探讨了新中国的新爱国主义的性质、内涵与基本特征。他首先指出，我们今天所说的爱国主义，是要大家爱人民自己组建起来的国家主权，爱人民的历史传统、人民的文化、人民的领土和财富。在萧德看来，爱人民的国家主权，也就是要爱人民的国家机构，爱人民民主专政的政权。我国人民经过多年的革命斗争，终于把国家权力夺回到自己手中，建立了人民民主专政的国家机构。今天讲爱国主义，首先就是要爱中华人民共和国这个国家政权，大家都要努力拥护和巩固这个政权。因为这个政权只有巩固了，才能有力地保护人民的利益不受侵犯，也才能压倒国内反动派的反抗，抵抗帝国主义的侵略。

新中国的新爱国主义要求爱我国人民的斗争历史。萧德在文中指出，我国人民是有悠久的斗争传统的。在我国历史上有无数次农民战争和反抗异族侵略的战斗，产生了无数人民的领袖和民族的英雄。共产党成立以后，发动了二七大罢工、五卅运动、北伐战争、土地革命战争、抗日战争等争取民族独立和解放的斗争，无数烈士的鲜血为今天的胜利铺平了道路。真正的中国历史绝不是帝王家谱，而是由人民斗争的鲜血写成的。因此，新中国的新爱国主义要求我们珍爱我们民族斗争的历史，珍爱中国历史上由无数人民领袖、民族英雄汇成的优秀传统。中国共产党领导的人民革命斗争就是中华民族富于斗争的优秀传统的继续。

新中国的新爱国主义要求爱我国人民创造的光辉灿烂的文化。萧德在文中指出，中国是一个具有五千年悠久文明的国家，在中华民族的发展史上，产生过许多伟大的思想家、科学家、文学家、政治家、军事家。五四新文化运动以来，马克思列宁主义输入中国，中国产生了鲁迅、瞿秋白、李大钊等许多伟大的思想家，并在此基础上形成了把马克思列宁主义普遍真理与中国革命实践相结合的毛泽东思想。我们爱我们祖国的优秀文化传统，爱我们祖国的语言文字、科学艺术、哲学思想，更要爱作为我国思想文化集中体现的毛泽东思想，并努力去学习它。

① 萧德．论中国人民的新爱国主义．中国青年，1950（30）．

此外，新中国的新爱国主义还要求爱我们人民的疆土，爱人民的财富。中华人民共和国既有广阔肥沃的田野、庄严美丽的城市和乡村，又有丰富的特产，东北的森林、大豆和煤铁，华北的棉、麦和煤，新疆与陕甘的石油，内蒙古的畜产，江南的鱼米丝茶，都为我们人民的休养生息和经济建设提供了便利。我们要爱自己生活于其上的这片美丽自由的国土，决不允许帝国主义及其走狗来践踏。我们要爱惜祖国的一切财富，勤劳节俭，准备长期建设，使人民群众过上幸福美好的新生活。

最后，萧德在文中谈到，新中国的新爱国主义并不是狭隘的民族主义，而是和国际主义紧密结合的。只有广交朋友，才能制止帝国主义对我国的侵略，使我国的各项建设事业得到应有的恢复和发展。

正当全世界人民都在庆祝朝鲜人民军和中国人民志愿军在朝鲜战场上取得伟大胜利和期待着新的胜利之时，中国人民读着从朝鲜战场传回来的捷报以及著名作家魏巍的散文《谁是最可爱的人》等文章，爱国主义、国际主义和革命英雄主义被极大地激发出来，全国上下出现了支援朝鲜战争、为保卫祖国和建设祖国出力效忠的风尚。在这样的背景下，于光远撰写了《新中国与新爱国主义》一文①，此文由他对北京青年的报告修改而成。于光远论述了新爱国主义和反动的狭隘爱国主义的区别，新爱国主义和过去新中国成立以前的革命的爱国主义的区别，优越的新民主主义社会制度是新爱国主义的基础，新爱国主义是新中国向前发展的伟大动力，新爱国主义与国际主义是一致的五个问题，概括地回答了新爱国主义的基本特征、社会基础和功能作用等问题。

新爱国主义既与过去的爱国主义有着根本的区别，也与中国新民主主义革命时期的爱国主义不同，它是一种全新的爱国主义，是一种摆脱了狭隘性和反动性、同广大人民群众建设新中国的热情密切相关的人民的爱国主义，是一种同国际主义有机结合的爱国主义。于光远指出，所谓狭隘的爱国主义就是被反动阶级歪曲了的爱国主义。狭隘的爱国主义的根本标志就是把爱自己的祖国与尊重别国民族的利益错误地对立起来，错误地用自己的爱国主义来否定别国民族的爱国主义。这种狭隘的爱国主义在一个强

① 于光远．新中国与新爱国主义．中国青年，1951（56）．

国主要表现为对别的民族、别的国家实行侵略的思想，在一个弱国则主要表现为反对别国人民、反对别的国家的排外或仇外态度。因此，狭隘的爱国主义并不是真正的爱国主义。新爱国主义主要是一种人民的爱国主义，是人民对自己当家做主的国家的深厚热爱情感的一种理性升华。同时，新爱国主义还是与无产阶级的国际主义密切相连的爱国主义。对中国人来说，把我们祖国建设好，就是支援了全世界人民的革命斗争。为了使我们的国际主义不变成一句空话，必须首先大大发扬我们的爱国主义。由此可见，新爱国主义与国际主义是一致的。

于光远认为，新爱国主义与五四运动以来的革命的爱国主义也有一定的区别。五四运动以来的革命的爱国主义是极其伟大的，它对党所领导的新民主主义革命有极其伟大的积极作用。但是我们今天要讲的新中国诞生后这个新的历史条件下的新爱国主义比革命的爱国主义还要伟大得多，其组织群众、动员群众的作用也要伟大得多。为什么这么说呢？于光远指出，我们只要回想一下五四运动、“一二·九”运动、“一二·一”运动的情形，就可以明白新中国的新爱国主义和那时革命的爱国主义的区别。革命的爱国主义所产生的情形是外国帝国主义加紧对我们中国的侵略，本国的卖国政府无耻地出卖我们的主权，使祖国的利益遭受重大损失，使祖国的安全遭受严重威胁，所以激起全中国一切爱国人士和爱国青年的无比愤怒，爆发了空前的反帝反封建的爱国民主运动。

论及新爱国主义的社会基础，于光远说，今天我们的国家已经不再是帝国主义和本国反动阶级统治的国家，中国人民革命终于取得了全国的胜利，人民当家做主，成了国家的主人，中国的工人阶级通过其政党领导了这个国家的政权，并建立起了新民主主义的社会制度。这个社会制度虽然还有待向社会主义制度发展，但比起过去旧中国的社会制度和今天西方的资本主义制度来不知要好多少倍。我们现在的祖国是一个已经建立起新民主主义社会制度、国家制度的祖国，这样就使我们的爱国主义有了一个崭新的基础，形成了不同于从前历史条件下革命的爱国主义的新爱国主义。

于光远的《新中国与新爱国主义》一文，比较详细地阐述了新爱国主义的基本特征、社会基础和功能作用，并主张在全国人民当中大力弘扬这种新爱国主义精神，用最热烈的心情在行动中把这种新爱国主义的力量发挥出来，在当时的青年朋友中和理论界均产生了一定的影响。

此外，20 世纪 50 年代初关于爱国主义的研究，还涉及一些具体人物的爱国主义思想和实践，涉及如何在中国人民特别是广大青少年中广泛深入地开展爱国主义教育等问题。张仲实的《学习列宁的爱国主义榜样》①一文，对列宁的爱国主义思想和行为做了较为全面的介绍与评析。杨晦的《鲁迅的爱国主义》② 一文，探讨了鲁迅爱国主义的内涵与特质。萧德的《和学生们谈爱国主义的实践》③ 一文，就如何在学校开展爱国主义教育、培育学生的爱国主义精神和品质谈了自己的看法。同时，艾思奇、荣孟源等人还就岳飞和历史上的爱国主义及其认识、评价问题发表了自己的看法。《新建设》1951 年第 1 期刊发了《学术工作者在爱国主义旗帜下的伟大任务》的社论文章，号召新中国的广大学术工作者以爱国主义为动力，繁荣新中国的学术文化研究。

(四) 对以“五爱”为主要内容的国民公德的研究

《中国人民政治协商会议共同纲领》(下文简称《共同纲领》) 对新中国的道德建设做了新的规定，主张在全国范围内提倡新道德，反对旧道德。其第 42 条写道：“提倡爱祖国、爱人民、爱劳动、爱科学、爱护公共财物为中华人民共和国全体国民的公德。”这“五爱”，就是中国人民的新道德。杨甫、徐特立等人先后撰文，对《共同纲领》中提倡的国民公德做出解释和论证。

杨甫在《人民的新道德观》④ 一文中，对中华人民共和国国民公德的具体内涵予以探讨。他谈到爱祖国与爱人民的关系，指出中华人民共和国是人民自己的国家，劳动人民是历史的创造者，人类历史就是劳动人民的历史。中国人民自己亲手武装起来组建了自己的军队，打败了世界上最凶恶的敌人，亲手创建了自己的国家。这个国家以维护人民的利益不受侵犯为宗旨，使人民再也不会受到帝国主义、封建主义和官僚资本主义的掠

---

① 张仲实．学习列宁的爱国主义榜样．中国青年，1951 (56).
② 杨晦．鲁迅的爱国主义．中国青年，1950 (49).
③ 萧德．和学生们谈爱国主义的实践．中国青年，1951 (70).
④ 杨甫．人民的新道德观．中国青年，1950 (30).

夺。因此，爱祖国就是爱人民，世界上再也没有什么能比热爱自己的祖国和热爱自己的人民更崇高、更光荣的了。在杨甫看来，今天的国家是劳动人民自己的国家，爱祖国就是爱劳动人民的国家。杨甫还谈到了爱人民与爱劳动的关系，指出在新民主主义的国家里，劳动是光荣愉快的工作，因此理应形成高度积极性和创造性的新的劳动态度。这种新的劳动态度就是国家主人翁精神的具体表现，就是爱祖国、爱人民的具体表现，是革命的新道德的具体表现。杨甫接着谈到爱劳动与爱护公共财物的关系，认为爱劳动与爱人民的劳动成果即国家的公共财物是密切相关的。热爱劳动和劳动成果，还必须同一切损害公共财物的现象和行为做斗争。我们应认识到任何有危害人民国家财产的行为的人，都已丧失中华人民共和国国民的公德。同时，爱祖国、爱人民、爱劳动、爱护公共财物同爱科学也是高度一致的。杨甫指出，全国的工厂、机关、学校都在普遍地开展学习社会发展史和历史唯物主义的活动，以建立劳动观点、群众观点、阶级观点以及全心全意为人民服务的革命人生观为目的。我们应该把这种科学世界观同培养人民的新道德观有机地结合起来。总之，爱祖国、爱人民、爱劳动、爱科学、爱护公共财物，就是全心全意为人民服务的最具体的表现，也是革命的英雄主义和人民的新道德观的表现。

杨甫的《人民的新道德观》一文，以《共同纲领》中的国民公德为依据，将爱祖国、爱人民、爱劳动、爱科学、爱护公共财物作为一个有机联系的整体来看待，不仅较为深刻地论述了它们之间的内在联系，而且揭示了它们深刻的伦理内涵；同时把爱祖国、爱人民、爱劳动、爱科学、爱护公共财物同全心全意为人民服务结合起来，认为人民的新道德即是全心全意为人民服务，全心全意为人民服务必然要求爱祖国、爱人民、爱劳动、爱科学、爱护公共财物。因此，做中华人民共和国的国民，就必须遵守以爱祖国、爱人民、爱劳动、爱科学、爱护公共财物为主要内容的国民公德。

徐特立 1950 年撰写的《论国民公德》① 一文，系统地论述了《共同纲领》中规定的“爱祖国、爱人民、爱劳动、爱科学、爱护公共财物”的

① 徐特立．论国民公德：上．人民教育，1950（3）；徐特立．论国民公德：中．人民教育，1950（4）；徐特立．论国民公德：下．人民教育，1950（5）.

国民公德，及其对人民特别是对青年的教育意义。在徐特立看来，道德是社会关系的产物，并随着社会关系的发展变化而变化。新中国的成立，使社会关系发生了巨大的变化，这种变化了的社会关系必然产生新的道德。《共同纲领》规定的国民公德是一种崭新的社会道德。接着，他依次论述了这种崭新的社会道德。徐特立指出，爱祖国是国民道德的重要规范，是“人民最高的公德”，是“公共道德的第一位”；爱人民是国民道德的又一重要规范，它要求国民热爱人民，关心人民，自觉地为全国人民谋利益，把人民的利益置于个人利益之上；爱劳动是新中国国民道德的重要规范和内容，它要求人们把劳动看作一种光荣、豪迈而又神圣的事情，自觉地“把劳动的道德、权利和义务三者结合起来”，使“劳动成为每个人重要的道德标志”①；爱科学就是要求国民努力学习科学技术，为科学事业而献身；爱护公共财物是与爱祖国、爱人民、爱劳动分不开的，这一道德规范要求国民厉行节约，反对浪费，珍惜和维护社会的公共财产，同一切破坏与浪费社会公共财产的行为和现象做斗争，从而为“扩大人民的福利”做出贡献。徐特立的《论国民公德》一文，是新中国伦理思想史上一篇重要的伦理学文献，它较早地论述了国民公德的主要内容及其对伦理道德建设的重要意义，在新中国成立初期乃至相当长的一段时间里都有深远的影响。

20 世纪 50 年代初期对共产主义道德、集体主义、爱国主义和国民公德的研究与宣扬，虽然还不够全面和深入，有些提法和观点还存在着不够规范、不够科学等偏弊，但历史地看，它却为 50 年代初期新的道德风尚、广大人民新道德和革命人生观的形成发挥了积极的理论指导与理论激励作用，在新中国伦理学发展史上占有重要的位置，并为以后对共产主义道德的系统研究和全面研究奠定了基础。

三、冯定、冯友兰、张岱年的伦理学研究

1956 年以后，随着马克思主义在意识形态领域指导地位的确立，经

① 徐特立．论国民公德：中．人民教育，1950（4）：8.

常性的、全面持久的社会主义、共产主义宣传教育被提到意识形态领域工作的中心主导地位，繁荣学术理论研究、发展文化教育事业以提高全体人民的文化素质也受到应有的重视。1956年以后，恢复伦理学研究的工作逐渐被提了出来，张岱年、李奇、周原冰、周辅成等人亦在从事自己的伦理学研究。1959年莫斯科大学成立了苏联的第一个伦理学教研室，开始用马克思主义的观点来研究伦理学，认识到伦理学是一门研究道德的科学，资产阶级有自己的伦理学，无产阶级也可以有自己的伦理学。消息传到国内，一些单位如中国人民大学、北京大学、中国科学院哲学研究所等开始着手恢复伦理学的研究工作。中国人民大学于1960年2月正式成立了由罗国杰任副主任的伦理学教研室（成员有许启贤、郑文林、姜法增、李光耀、周立升等），并编写了《马克思主义伦理学的教学大纲》和《马克思主义伦理学讲义》，开设了伦理学课程。张岱年专门推出了《中国伦理思想发展规律的初步研究》一书，冯友兰撰写了数篇专门论及伦理学问题的学术论文，冯定出版了《共产主义人生观》，周原冰出版了《道德问题论集》，周辅成编辑出版了《西方伦理学名著选辑》（上卷）和《从文艺复兴到十九世纪资产阶级哲学家政治思想家有关人道主义人性论言论选辑》等著作。① 北京大学哲学系和中国科学院哲学研究所也相继恢复或组建了伦理学研究室，并开始招收伦理学专业的研究生。上海的周原冰及全国各地都有一些同志在为恢复伦理学的研究热情地工作。与此同时，伦理学的教学与研究工作也在逐步展开，并相继展开了关于人性论和人道主义，关于道德遗产的批判继承，关于幸福观、荣辱观、生死观等的讨论。但是，由于受中苏论战和国内阶级斗争不断升级的影响，“刚上新伦理学阵地的少数同志，都被推到了理论斗争的前线”②。国内学术界对伦理学讨论中一些带有人道主义因素的学术观点展开批判，而且学术批判常常与

---

① 张岱年．中国伦理思想发展规律的初步研究．北京：科学出版社，1957；冯定．共产主义人生观．北京：中国青年出版社，1956；周原冰．道德问题论集．上海：上海人民出版社，1964；周辅成．西方伦理学名著选辑：上卷．北京：商务印书馆，1964；周辅成．从文艺复兴到十九世纪资产阶级哲学家政治思想家有关人道主义人性论言论选辑．北京：商务印书馆，1966.

② 周辅成．论人和人的解放．上海：华东师范大学出版社，1997：6.

政治斗争结合在一起，对持不同学术观点者实行打棍子、扣帽子，甚至人身攻击，这种现象在 20 世纪 60 年代中期发展到顶峰。

（一）冯定对共产主义人生哲学的探讨

冯定（1902—1983），现代中国著名哲学家和伦理学家。冯定的《共产主义人生观》1956 年 11 月由中国青年出版社出版。冯定认为，当代中国青年应该有积极的人生观，但积极还不就是正确，既积极又正确的人生观，是而且也只能是共产主义人生观。共产主义人生观告诉我们最正确的积极做人的道理。选择积极又正确的人生道路，培养积极又正确的共产主义人生观，就必须以正确的世界观和历史观为指导，积极地投入到实践中去认识世界，了解人类历史发展规律，认识到历史是人民群众创造的，正确处理领袖和人民群众的关系。共产主义人生观要求实践、为众、民主、科学、热情、乐观、克己。所以，我们在实践共产主义人生观的过程中必须脚踏实地，时刻考虑大众利益，不谋一己私利，同时尊重别人，注意集体作用，和上下左右搞好团结，在人生的旅途中，尤其在困难中保持革命的乐观主义精神，去克服和战胜人生道路上的各种困难。冯定的《共产主义人生观》一书，是新中国成立后第一本比较系统的共产主义人生观读物，受到了广大青年读者的欢迎，对广大青年树立正确的人生观也有很大的帮助。

1964 年 10 月，冯定又在中国青年出版社出版了《人生漫谈》一书，对《共产主义人生观》中提出的问题做了进一步的发挥。该书作为《共产主义人生观》的姐妹篇，方法上以辩证唯物主义的世界观和历史观为经，以有关人生的具体问题为纬，采取漫谈的形式，对自由、实践、真理、工作、意志、情感、道德、生死等问题进行了分析和阐述。

冯定的《共产主义人生观》和《人生漫谈》两书，结合社会主义革命和建设时期的具体情况，探讨了共产主义人生观和人生哲学的诸多问题，并对共产主义道德观的内容做了较为全面的阐述。冯定主张以无产阶级集体主义去批判、克服资产阶级个人主义，用无产阶级集体主义去规划、指导自己的人生。虽然共产主义人生观和道德观强调集体利益高于个人利益，但集体利益并不总是要求个人利益做出牺牲，在一般情况下，个人如果不能首先让自己活着，使自己有一定的发展，也谈不上进一步为大众服务。

在新中国伦理学发展史上，冯定注重把马克思主义哲学自觉应用于人生哲学的研究中，提出了许多颇具真知灼见的理论观点或命题，为中国马克思主义伦理学的建设做出了一定的贡献。

（二）冯友兰对伦理学基本问题的论述

新中国成立初期，冯友兰（1895—1990）为新中国的建立所鼓舞，因参加土地改革而思想受到很大震动，在知识分子思想改造运动中开始用马克思主义做指导，分析批判自己以往的思想学说。20 世纪 50 年代末期，在发展学术文化和贯彻“双百”方针的感召下，冯友兰投身于对中国哲学与伦理学问题的研究，提出“抽象继承法”和思想的普遍性形式等观点，强调批判地继承中国传统哲学遗产，并在此基础上阐述了他对道德遗产批判继承和伦理学基本问题的观点。

20 世纪 50 年代末 60 年代初，冯友兰除了对道德遗产批判继承问题做过研究外，还对孔子的仁学和伦理学的基本问题做过探讨，其中尤以伦理学的基本问题最具有代表性，也许可以说这是冯友兰对伦理学原理的经典性思考。1961 年冯友兰撰写了《关于伦理学的基本问题》，发表在此年的《新建设》第 4 期上。在该文中，冯友兰指出，伦理学也有一个根本问题。那么，伦理学的根本问题究竟是什么呢？冯友兰认为它就是究竟什么是善的问题。“所谓善就是道德方面的好；所谓恶就是道德方面的坏。”① 紧接着，冯友兰分析了判断善恶的根据或标准问题。究竟以什么作为判断善恶的根据呢？中外伦理思想史上形成了以行为者的主观意图为善恶根据的动机论和以行为的客观效果为善恶根据的效果论两大派。冯友兰以《墨子·鲁问》中鲁国国君与墨子的对话为例，说明墨子所说的“合其志功而观”中的志即是指行为的动机，功即是指行为的效果。冯友兰指出，在中国伦理思想史上，注重“志”的人强调“义”，亦即动机的应该或不应该，而注重“功”的人强调“利”，亦即效果的有利或有害。他还以毛泽东《在延安文艺座谈会上的讲话》中论述动机与效果的一段话为例来论证在

① 冯友兰．关于伦理学的基本问题．新建设，1961（4）：40.

中国伦理思想史上，大凡唯心主义的哲学家，从孔子、孟子、董仲舒到宋明道学家，关于伦理学根本问题的认识，都是主张动机而反对效果，“都主张所谓‘义’，反对所谓‘利’”①。大凡唯物主义或有唯物主义倾向的哲学家，例如墨子以及后来宋明道学的反对派陈亮、叶適和李贽等，在伦理学根本问题上，都是注重利而反对所谓义的，他们的思想对于当时的社会制度和道德标准都持批判或反抗的态度，因而具有一定的人民性。冯友兰还对唯心主义的动机论和唯物主义的效果论之理论上的缺失进行了分析，认为对于某一具体行为做道德判断，必须兼顾动机与效果两个方面，不能截头去尾。在对道德判断的根据做出一番论述后，冯友兰对好坏究竟以什么为标准即善恶标准问题也做出了分析，并认为这是伦理学根本问题的一个重要方面。冯友兰以毛泽东关于无产阶级革命功利主义的论述来分析动机论和效果论，认为唯心主义伦理学家的抽象人性论是错误的，他们所谓判断善恶的标准实际上根本不可能成其为标准，效果论以快乐苦痛或幸福不幸作为判断善恶的标准同样也是不能成立的，只有马克思主义所说的无产阶级革命功利主义才有可能真正成为判断善恶的标准。无产阶级道德是为解放全人类的革命事业服务的，所以它是革命的功利主义。无产阶级革命的功利主义，要求人民全心全意地为最广大人民群众的目前利益和将来利益奋斗，所以能够成为无产阶级和广大劳动人民判断善恶是非的道德标准。

冯友兰对伦理学基本问题的认识与论述，以毛泽东的辩证唯物主义的动机与效果的统一论和无产阶级的革命功利主义为指导，阐释了无产阶级在解决善恶的根据和判断善恶的标准方面的基本立场，从而比较好地论述了什么是善或什么是道德等方面的问题。这是冯友兰对伦理学基本理论做出的一大贡献，在20世纪60年代初的中国伦理学界具有较大的影响，同时也成为20世纪80年代人们探讨伦理学基本问题的一种思想渊源。

（三）张岱年对中国伦理思想发展规律的研究

张岱年（1909—2004），中国当代著名哲学家、伦理学家，著有《中

① 冯友兰．关于伦理学的基本问题．新建设，1964（4）：41.

国哲学大纲》《中国伦理思想研究》等。新中国成立后，张岱年致力于中国唯物论传统的研究，同时潜心于中国伦理思想发展规律的研究。1957年张岱年出版了《中国伦理思想发展规律的初步研究》一书，深入考察了中国历史上伦理学说范围内进步思想与保守或反动思想的界限，以及伦理学说范围内的思想斗争和宇宙观认识论方面的唯物主义与唯心主义斗争的联系。张岱年认为，马克思主义以前的唯物主义在宇宙观和认识论的领域有充分的表现，而在历史观和伦理学说中却是初步的或片断的，许多唯物主义的思想家都不能在历史观和伦理学说中贯彻唯物主义的观点。那么，在历史观和伦理学说方面，是否也有思想斗争呢？如果有，那又是什么呢？张岱年的回答是肯定的，并将这种斗争界定为先进的伦理思想与落后或反动的伦理思想的斗争。

在该书中，张岱年研究了中国伦理思想的历史演变和基本类型，在对中国历史上的宗教道德和人本主义倾向道德以及一些基本的道德观念做出了自己的分析之后，张岱年概括总结了中国伦理思想发展的基本规律。他总结的第一条规律是："在中国历史上，在伦理思想范围内，有旨在巩固当时占统治地位的生产关系的学说，也有包含批评性因素即要求统治阶级减轻剥削放松阶级压迫的学说。前者是保守的或反动的，后者符合当时社会发展的需求，因而是进步的。这是伦理思想的保守与进步的主要界限。"① 这一条规律把维护占统治地位的生产关系的伦理思想视为保守的，把批评占统治地位的生产关系的伦理思想视为进步的，体现了马克思主义生产关系不断适应生产力发展的要求，体现了把马克思主义生产关系一定要适应生产力发展状况规律运用于中国伦理思想发展规律分析的要求。他总结的第二条规律是："在中国伦理学说的长期演变过程中，有宗教道德的思想与非宗教道德学说之间的斗争。宗教道德思想的实践作用是加强封建统治阶级的统治力量，非宗教道德学说的实际意义是要求统治阶级减轻阶级压迫而对人民作一定的让步。前者是保守的或反动的，后者是进步的。"②

① 张岱年．中国伦理思想发展规律的初步研究//中国哲学发微．太原：山西人民出版社，1985：193-194.

② 同①194.

这一条规律体现了马克思主义关于宗教道德和反宗教道德本质属性及其作用的认识，反映了中国历史上人本主义对神本主义的斗争以及神本主义对人本主义阻抑的状况，亦即启蒙性的伦理思想对蒙昧性的伦理思想的斗争与批判和蒙昧性的伦理思想对启蒙性的伦理思想的压迫与控制的状况。在中国过去的伦理思想的范围内，基本上是两种伦理思想在那里斗争即宗教道德观念与人本主义思想斗争，前者是辩护性的、蒙昧性的，表现为保守或反动的伦理思想，后者是批评性的、启蒙性的，表现为进步或革命的伦理思想。他总结的第三条规律是："在伦理思想中保守与进步的对立，和在宇宙观中的唯心主义与唯物主义的对立，基本上是对应的。宇宙观方面的唯物主义者在伦理学说方面宣扬进步的观念；而多数的在宇宙观方面的唯心主义者在伦理学说方面宣扬了保守的观念。"① 这一条规律体现了唯物主义与唯心主义在伦理思想领域的斗争。一般看来，劳动人民大多持唯物主义的思想观点，故此总是能够着眼于现实的道德生活，将道德视为经济关系特别是利益关系的集中反映，能够看到道德生活背后的利益关系及其对现实道德生活的决定性影响；而剥削阶级总是要掩盖自己阶级利益和剥削的本质，将其神化为公平正义或代表社会公共利益的化身。当然这只是就一般和普遍而言，不能绝对地认为唯心主义者在伦理思想方面必定和总是保守的。比如有些在宇宙观方面保留唯心主义观点的思想家，如孔子、墨子、孟子、李贽等，则在伦理思想方面提出了进步的学说。他总结的第四条规律是："在封建社会所有的伦理思想中，处在最进步与最反动的两极端地位的，是人民的道德观念（在一方面）与腐朽的统治集团的反道德主义（在另方面）。"② 这一条规律是对劳动人民与腐朽的统治阶级在道德生活领域的斗争的反映，虽然人民自己阐发其道德要求的伦理思想是很少的，而豪强权贵的反道德主义一般是没有什么理论的，但是我们可以运用马克思主义伦理思想分析这两种类型的阶级利益诉求和在伦理思想发展史上的地位。

---

① 张岱年．中国伦理思想发展规律的初步研究//中国哲学发微．太原：山西人民出版社，1985：194.

② 同①196.

张岱年的《中国伦理思想发展规律的初步研究》是立足于宏观整体的概括性研究，肯定还存在一些不够确切、不够周延和值得商榷的地方，但它却树立了用马克思主义的唯物史观研究中国古代伦理思想发展规律的范例，为我们建构马克思主义的中国伦理思想史学科奠定了基础。

(四) 对冯定、冯友兰和张岱年伦理思想的批判

当冯定、冯友兰、张岱年等人响应党的号召，致力于“百花齐放，百家争鸣”的学术研究和伦理学的恢复性研究之时，由于他们的学术观点与当时的政治气氛有某种不协调，所以他们的伦理思想受到了非常严厉的学术批判和一定意义的政治批判。对他们伦理思想的过火批判，后来演变为对吴晗“清官论”“道德论”的猛烈批判和无情斗争。

1. 对冯定伦理思想的批判

对冯定《共产主义人生观》等著作的批判，最先是由一位名叫张启勋的青年发起的。1964 年，张启勋给《红旗》杂志写信，《红旗》第 17、18 期合刊发表了张启勋的通讯《评冯定的〈共产主义人生观〉》。《红旗》杂志在发表张启勋通讯所加的“编者按”中说：“张启勋同志给本刊的一封来信，对冯定同志的《共产主义人生观》(中国青年出版社一九五六年十一月初版，一九五七年六月第二版，一九五八年八月第七次印刷，前后共印八十六万多册) 的一些重要观点，提出了原则性的批评，这是一件很好的事情。”随即掀起了一场在全国批判冯定人生哲学的运动。不久，《人民日报》《中国青年报》《中国青年》《解放日报》《新建设》《光明日报》《文汇报》《河北日报》《南方日报》《大众日报》《北京日报》《吉林日报》《前线》《四川日报》等多家报刊纷纷发表批判文章，对冯定《共产主义人生观》等著作中的错误观点展开了猛烈批判。《人民日报》在 1965 年 1 月 25 日“破资产阶级世界观，立无产阶级世界观”的通栏标题下发表了编者按：“全国报刊，对于冯定同志在《共产主义人生观》《平凡的真理》《工人阶级的历史任务》等几本书中散布的大量资产阶级思想，展开了严肃的批判。”

邵星璐在《是共产主义人生观，还是个人主义人生观？——评冯定同

志的〈共产主义人生观〉》① 一文中认为，冯定的《共产主义人生观》宣扬的不是共产主义人生观，而是资产阶级个人主义人生观。丁祯彦的《〈共产主义人生观〉宣扬资产阶级个人主义》②，李福的《与共产主义人生观背道而驰——评冯定同志的〈共产主义人生观〉》③ 等文，均认为冯定《共产主义人生观》打着宣扬共产主义人生观的旗号，实质上贩卖的是资产阶级个人主义，它为资产阶级个人主义辩护，宣扬资产阶级性质的个人自由与个人奋斗，对广大革命青年是严重的毒害。齐成文的《坚决反对冯定同志用资产阶级个人主义毒害青年》④ 一文，认为冯定的《共产主义人生观》是一株毒草，它的实质是宣扬和鼓励资产阶级个人主义，并以此诱惑和麻痹广大青年，提出一定要认清冯定《共产主义人生观》的反动实质，决不允许冯定用资产阶级个人主义毒害青年。

若衡《是共产主义人生观，还是资产阶级的人生观——评冯定的〈共产主义人生观〉》⑤ 一文，分两部分批判了冯定的人生哲学。文章的第一部分批判了冯定的人性论，认为冯定讲的人性是用人的自然属性来掩盖人的社会属性，本质上是一种抽象的自然人性论。第二部分批判了冯定的人生观，认为冯定的所谓共产主义人生观，实质是资产阶级人生观。理由是：(1) 冯定认为“共产主义人生观，告诉我们最正确做人的道理”，这种观点否定了共产主义人生观的阶级性；(2) 冯定认为“共产主义的目的，就是求得社会生存得更好，于是社会的成员也就生存得更好”，这种观点宣扬的是资产阶级享乐主义，完全抛弃了共产主义的伟大理想。陈筠泉在《评冯定同志的“争取生存”的哲学》⑥ 一文中指出，冯定大肆宣扬超阶级的生物学意义上的生活，并认为它支配着人们的一切思想、言论和

---

① 邵星璐．是共产主义人生观，还是个人主义人生观?：评冯定同志的《共产主义人生观》．解放日报，1964-10-25.

② 丁祯彦．《共产主义人生观》宣扬资产阶级个人主义．文汇报，1964-11-07.

③ 李福．与共产主义人生观背道而驰：评冯定同志的《共产主义人生观》．四川日报，1964-11-12.

④ 齐成文．坚决反对冯定同志用资产阶级个人主义毒害青年．解放军报，1964-10-30.

⑤ 若衡．是共产主义人生观，还是资产阶级的人生观：评冯定的《共产主义人生观》．新建设，1964 (10/11).

⑥ 陈筠泉．评冯定同志的“争取生存”的哲学．哲学研究，1964 (6).

行动，从而抹杀了人的阶级性，混淆了阶级界限，实际上是在替资产阶级的利己主义和反动统治阶级的腐朽生活做掩护。

上述这些批评冯定《共产主义人生观》的文章，有些是从学术领域展开的，且不乏一定的学术深度和理论意义，对推动共产主义人生哲学的研究也不无积极作用，但大多数是从政治层面展开的，一些文章甚至不顾冯定的原意，采用断章取义的方式加以曲解，无限地上纲上线，其消极后果是不容忽视的。

2. 对冯友兰伦理思想的批判

冯友兰关于哲学和道德遗产抽象继承的观点问世后，引起了学术界的轩然大波，一部分人对他的观点表示赞同，许多人则对其予以批评。杨正典、燕鸣轩等人认为，哲学命题的抽象意义与具体意义是统一的，两者不能绝对分开。若把两者加以割裂，就等于承认有脱离具体和特殊而独立存在的抽象的、普遍的东西，这只能导致形而上学。关锋认为，冯友兰提出的抽象继承法，不能从根本上解决如何继承哲学遗产的问题。还有一些人指出，冯友兰的抽象继承法在运用中不免有主观随意性的错误。而对来自各方面的批评，冯友兰写了《批判我底“抽象继承法”》①一文，认为抽象继承法是新理学幽灵的再现，是一种唯心主义的修正主义，是用割裂个别与一般的诡辩术来说明道德的超阶级、超时代的永恒性，是对马克思主义的公开挑战。1959 年《红旗》杂志第 13 期发表了陈伯达《批判的继承和新的探索》一文，对冯友兰的抽象继承法做了实质上是定性、定调的发言，指出冯友兰提出的抽象继承法蕴藏着一种具体的复古主义，即企图经过某种形式保留中国历史上的唯心论体系，企图把中国封建时代统治阶级的那套道德当作永恒不变的道德。

针对冯友兰思想的普遍性形式是真实的以及统治阶级与被统治阶级之间存在共同利益等观点，昭父、杨超、关锋、方克立等人均对之展开了批评。方克立批判了冯友兰的孔子仁爱观，指出：冯友兰一方面把孔子的仁、仁爱的本来意义抽掉，把它们说成是适应于一切历史时代、一切民族

---

① 冯友兰．批判我底“抽象继承法”．哲学研究，1958 (5).

和一切阶级的抽象原则，另一方面又把资本主义条件下人与人之间的关系，把资产阶级平等的实际内容填加给它，把孔子的思想资产阶级化。①冯友兰在新中国成立后的相当长的一段时期，试图运用马克思主义理论来研究中国古代的哲学和伦理思想，既勇于批评自己过去宣扬的非马克思主义的伦理思想，又严厉批评别人对马克思主义哲学和伦理思想的背离，如对梁漱溟伦理思想和对章伯钧、罗隆基道德观的猛烈批判，同时他自己宣扬的马克思主义的哲学和伦理思想也常常成为别人批判的对象。冯友兰自新中国成立至改革开放前以批评与自我批评为主线的哲学和伦理思想具有相当的代表性，反映了冯友兰思想的深刻矛盾，被称为“冯友兰现象”。从对冯友兰道德遗产抽象继承观点的批判来看，有些观点确实是击中要害和不乏深刻性的，但也充满着相当的误解和歪曲；冯友兰本人的自我批评在当时的情况下固然情有可原，但也使人颇感遗憾。

3. 对张岱年伦理思想的批判

张岱年于1957年出版的《中国伦理思想发展规律的初步研究》不久即受到严厉的批判。1957年7月后，中国大地上政治风云的急剧变化，将张岱年打入“资产阶级右派”的另册中。在北京大学哲学系的教授中，张岱年第一个被揪了出来，并立即成为批判的重点对象。《北京大学学报》发表多篇批判文章，公开点名批判张岱年的“反动言论”。汤一介、陈孟麟、李奇等人纷纷撰文批判张岱年的道德观。

李奇、亦让、德安三人合撰的《〈中国伦理思想发展规律的初步研究〉批判》一文认为，张岱年的《中国伦理思想发展规律的初步研究》“贯串着一系列的反马克思列宁主义的修正主义观点，洋溢着反社会主义的思想情绪”，“它是国际修正主义思潮在国内的反应，是国内右派分子向党向社会主义进攻中，涂着学术色彩的一支毒箭”②。在进行了这种定性的批判后，该文从内容上批判了张岱年的《中国伦理思想发展规律的初步研究》

① 方克立．关于孔子“仁”的研究中的一个方法论问题：与冯友兰先生商榷．哲学研究，1963 (4).

② 李奇，亦让，德安．《中国伦理思想发展规律的初步研究》批判．新建设，1958 (9)：40.

一书，指出张岱年在这本小册子里反对马克思列宁主义的基本观点主要表现在以下三个方面：第一，关于研究中国伦理思想发展规律的目的和立场问题。从什么范围去考察或研究中国伦理思想的发展规律，进而划清伦理思想的进步与保守的界限？张岱年的《中国伦理思想发展规律的初步研究》一书认为，劳动人民只能提出“简单的观念”或“简单的口号”，将其排斥在研究的范围之外，这样他对中国伦理思想发展规律的研究就限制在统治阶级知识分子所提出的维护统治阶级利益的“完整思想体系”里面。张岱年考察中国伦理学说范围内进步思想与保守或反动思想的界限，因将劳动人民排除在中国伦理思想的研究范围之外，实质上只是统治阶级内部的所谓进步与保守的思想界限，“其目的就是企图以统治阶级内部的矛盾来代替阶级矛盾，从而否定马克思列宁主义关于思想领域里也有阶级斗争的根本原则”①。判断伦理思想的进步的标准是什么？张岱年认为，“就在于那个学说与社会发展趋势或社会物质生活发展的需要之间的关系。假如那个学说是符合社会发展的趋势的，它就是进步的，反之，就是反动的”②。张岱年还对社会发展趋势做出了自己的解释：假如旧的生产关系已经成为新的生产力发展不堪忍受的束缚，非突破不可，那就应该有革命的变革；而在生产力还没有充分提高到必须打破生产关系才能进一步发展的地步，生产关系的范围内还有生产力发展的余地，此时就应该对生产关系加以调整，而不是加以推翻。对于张岱年的这些观点，李奇等人指出：“张岱年在研究中国伦理思想的掩盖下，提出所谓‘生产力充分发展论’，是有其超出学术范围之外的政治阴谋的。那就是公开宣扬资产阶级反对社会主义革命的政治立场，用学术研究的形式，进行反社会主义的政治宣传。”③ 历史上革命的进步的伦理学说究竟是谁提出的？张岱年在《中国伦理思想发展规律的初步研究》一书中认为，在阶级社会里，革命的进步的道德学说都是统治阶级的知识分子提出的，而劳动人民不可能提出彻底

---

① 李奇，亦让，德安．《中国伦理思想发展规律的初步研究》批判．新建设，1958(9)：40.

② 张岱年．中国伦理思想发展规律的初步研究//中国哲学发微．太原：山西人民出版社，1985：166.

③ 同①41.

的革命的伦理思想体系；当然，劳动人民之所以不能提出彻底的革命的伦理思想体系，并不是由于劳动人民低能，而是由于阶级社会里的统治阶级剥夺了他们从事思想研究的物质条件。李奇等人尖锐地指出，张岱年的这一观点本质上贬低劳动人民的作用而过分夸大统治阶级的知识分子的作用，含有反对当时的知识分子思想改造的现实意义。他们认为，张岱年企图以道德有共同因素来否定道德的阶级性，以共同因素是历史延续的根据来否定道德的变革性，以生产力充分发展论来否定社会革命的理论，因此“是和马克思列宁主义根本对立的”①。

第二，关于道德的阶级性与继承性。张岱年的《中国伦理思想发展规律的初步研究》承认，不同时代不同阶级的不同道德之间有其共同联系，也有一些共同的范畴或共同原则。他以恩格斯和列宁的话来加以论证，指出：“事实上，没有完全脱离实质的形式。既然不同时代不同阶级的道德之间，有其共同的形式，那么其内容也就有共同之点了。”② 由此出发，张岱年提出了道德的延续性与继承性问题，认为古今或新旧道德之间具有一定的继承关系。李奇等人认为，张岱年这种逻辑上的混乱，并不是出于他的无知，也不是他的独创，而是一切修正主义的共同特色。“张岱年这种既反动又荒谬的观点，是毫无根据的。”“张岱年的‘共同因素’，在道德历史的延续性上的重要意义，即在于反对马克思列宁主义的根本原则，否定人类社会的进步。”③ 在李奇等人看来，在阶级社会里，道德总是带有阶级性的，因为道德是一种上层建筑，在敌对阶级存在的社会里，没有抽象的超阶级的道德，更不可能存在和谐一致的道德因素。

第三，关于中国伦理思想发展的基本规律问题。李奇等人指出，张岱年的《中国伦理思想发展规律的初步研究》以伦理思想的共同因素否定道德的阶级性、变革性之后，接着分析了中国伦理思想的发展规律。在这里，只要看一下他的第一条发展规律，就足以看出他的反动性了。他的第

---

① 李奇，亦让，德安．《中国伦理思想发展规律的初步研究》批判．新建设，1958（9）：41.

② 张岱年．中国伦理思想发展规律的初步研究//中国哲学发微．太原：山西人民出版社，1985：160.

③ 同①42.

一条基本规律是：中国历史上的伦理思想只有进步与保守的对立，而没有什么革命与反动的斗争。他将减轻剥削视为进步的伦理学说，并认为“只有完全反对占统治地位的道德的伦理学说才是进步的”的观点非历史主义的。虽然张岱年在表面上也提到人民的反抗思想的道德类型，但总是以“比较罕见”“不占主要地位”等说法予以根本性的否定，所以他说的“一切具有批评因素”的伦理思想是不包括历史上劳动人民的道德学说的。李奇等人最后强调指出，关于张岱年《中国伦理思想发展规律的初步研究》的基本观点和结论，找不出它的科学根据和伦理思想发展的规律性，他的所谓基本规律也看不出对继承我国文化遗产有什么意义，更看不出对当时的社会主义建设有什么正面意义。

李奇等人的《〈中国伦理思想发展规律的初步研究〉批判》一文，在理论上有一定的学术推动意义，其中的一些观点确实击中了张岱年观点的薄弱之处，但总体上看，是一篇受当时反右斗争政治影响的学术文章，有将学术问题政治化的思想倾向。

四、人道主义和道德遗产批判继承的讨论

20 世纪 50 年代末至 60 年代中期，我国学术界掀起了关于人道主义和道德遗产批判继承问题的讨论，涉及伦理学研究的一些基本理论问题，并对如何建构伦理学思想体系和学科体系影响深远。

（一）人道主义的讨论和对抽象人道主义的批判

人道主义总是一定道德观念和道德理论的基础与重要内容。人性论是关于人性认识和界说的理论，它反映着一定社会的人们对人之所以为人的精神属性的理解与把握。人道主义既指一种运动和社会实践，又指一种思潮和观念体系。作为一种思想体系的人道主义，因人们的认识不同而有种种不同的界定，从而呈现多种意蕴。从时代上讲，有古代的人道主义，也有近代和现当代的人道主义；从含义上讲，有广义的人道主义，也有狭义的人道主义，有具体的人道主义，也有抽象的人道主义。20 世纪中国伦

理学对人性论和人道主义的讨论，就其大体来看，主要有三次：第一次是五四运动前后关于人性论和人道主义的讨论，鲁迅、胡適、陈独秀、李大钊、杜亚泉、梁漱溟、章士钊、周作人等人均就此发表了自己的看法；第二次是 20 世纪 50 年代末 60 年代初关于人道主义问题的讨论；第三次是在改革开放后的 20 世纪 70 年代末 80 年代初。

就 20 世纪 50 年代末 60 年代初的人道主义讨论来看，在当时特定的情况下，虽谈不上很深入全面，但的确是一次引起了整个社会的强烈关注并对社会意识形态多有影响的大讨论，在新中国伦理学发展史上占有重要的一席。

1. 巴人、刘节等人的人道主义观点

巴人（1901—1972），原名王任叔，1938 年起开始使用“巴人”这个笔名，取“下里巴人”之义。1956 年巴人在《新港》杂志第 1 期发表《论人情》一文，宣扬“人情文艺”，认为“人情也就是人道主义”。在巴人看来，人情是人和人之间共同相通的东西。饮食男女，这是人所共同要求的。花香、鸟语，这是人所共同喜爱的。一要生存，二要温饱，三要发展，这是普通人的共同希望。① 巴人针对当时文学艺术作品缺乏人情味的状况，主张文学艺术作品应以反映人人所能共同感应的东西为主，弘扬人类本性的人道主义。太过政治化的文学缺乏文学的味道，往往有悖于人之常情。巴人认为人性、人情和人道主义并不是资产阶级独有的，无产阶级和广大劳动人民同样有对共同人性、人情和人道主义的追求。

巴人的《论人情》中所表现出来的对共同人性和人类本性的人道主义的肯定，早在他的《文学论稿》② 中即已形成。在巴人看来，文学艺术作品只有表现伟大人类之爱的人类本性的人道主义，才能感动不同时代不同社会阶级的人们，也才能真正地流传后世。与巴人的人类本性的人道主义观点类似，卢平、钱谷融等人也主张共同人性论，认为文学即是人学，应以描写共同人性、揭示人情、阐发人道主义为主。钱谷融的《论“文学是

---

① 巴人．论人情．新港，1956（1）.

② 巴人．文学论稿：上下册．上海：上海新文艺出版社，1954.

人学"》① 认为，人道主义是文学发展的动力，也是文学永远应当高举的旗帜；非人学的文学注定是没有生命力的；真正有生命力的文学就应当关注有生命力的人性和人情，使人追求属于人的幸福和快乐。

与文学艺术界的一些人士谈论共同人性论和人道主义相表里，哲学社会科学界的一些人士也主张共同人性论，提倡人道主义。刘节在提交山东孔子座谈会的论文《孔子的"唯仁论"》中认为，孔子的"仁之本质就是情，也就是人情"，"孝悌是人情的基础，到我们现在人就要讲阶级友爱是仁的基础了"②。高赞非把人道主义说成孔子思想中的精华，他指出："把'仁'的思想全部内容联系起来看，无疑这是我国历史上一种伟大的思想。它的人道主义精神，它的忘我的、无私的积极奋发的表现，它的自强不息的现实态度，以及由此而产生的爱护人民的主张，可以说都是孔子思想中最精华的部分。"③ "仁"的最一般的意义是爱人，是封建的人道主义。封建的人道主义是反对奴隶制，主张把农奴当人看的人道主义，它对于摧毁奴隶制度，促进封建生产关系的发展，起到了一定的作用。

20 世纪 50 年代末 60 年代初对人性和人道主义持相对肯定的态度与观点，从巴人的人类共同本性的人道主义，钱谷融的"文学即是人学"到刘节社会主义是人性的必然趋势，再到冯友兰"孔子的仁学""资产阶级的自由平等博爱"均是一种"思想的普遍性形式"，"反映着全社会的共同利益"等观点，本质上都是强调普遍的人性和人道主义在文学与人类社会生活中的重要意义和价值，凸显的是统治阶级和被统治阶级在具有阶级对抗性的同时还具有共同的人性。这些观点在当时的提出是对急风暴雨式的阶级斗争理论的一种修正，和对封资修伦理文化全面批判的一种学术商榷，但是由于它们与当时主流意识形态观念和伦理文化思潮的不相适应，所以均受到了猛烈的批判和尖锐的抨击。

2. 胡经之、李希凡等人对人道主义思想的批判

针对巴人、钱谷融、刘节等人宣扬的人性论和人道主义观点，文学艺

---

① 钱谷融．论"文学是人学"．文艺日报，1957-05-05.

② 刘节．孔子的"唯仁论"．学术研究，1962（3）：42.

③ 高赞非．孔子思想的核心：仁．文史哲，1962（5）：10.

术界和社会科学界均组织了批评，不仅发表了一批批判性的文章，还组织了多次专门性的批判会。这些批判性的文章和会议大多将共同人道主义的宣扬看作对共产党领导的社会主义制度的不满，并认为是和马克思主义阶级斗争理论背道而驰的，将其视为封建主义和资本主义的意识形态与价值观念。

对巴人《论人情》所宣扬的人道主义的批判。胡经之认为，巴人把人道主义抽象化，抽去它的具体的历史内容和阶级内容，把它变作没有历史性和阶级性的抽象。我们如果用历史唯物主义的观点去看人道主义，就会得出一系列与巴人根本不同的看法。胡经之对无产阶级人道主义的基本特征和具体内容做了较为全面的论述，认为无产阶级人道主义是一种具体的阶级的人道主义，它以集体主义为基本特征，并始终服务于无产阶级革命和社会主义建设事业。① 李希凡指出，所谓人道主义并非像巴人、钱谷融所说的是一种贯穿古今的人类本性的观点，而是有着它的历史的、阶级的内容的，而且应该说人道主义主要是资产阶级意识形态的产物。巴人“人类本性的人道主义”“人情文艺”的贩运，并非仅仅是老调重弹，而是有为地主、为资产阶级招魂的现实的政治内容的。巴人等人对人道主义文学的贩运，是想在无产阶级消灭资产阶级的尖锐斗争中，重新打起“人道主义”这破烂不堪的旗子，使文艺成为毒害无产阶级和广大人民的武器，从而为资产阶级的复辟开辟道路。② 此外，曾奕禅、刘传桂在《巴人对无产阶级战士光辉形象的歪曲》③ 一文中，对巴人提出的人道主义亦提出了尖锐的批评。

对刘节历史哲学中人性论的批评。关锋、林聿时在山东孔子讨论会上发言，批评了刘节的人性论思想，认为刘节的文章贯穿了超阶级的错误观点。关锋、林聿时指出，孔子“己所不欲，勿施于人”的公式，不可能推及全社会，地主阶级及其思想家不能推出“我不愿意做农奴，也不叫人家做农奴”这个公式，也不是各种社会共行的秩序，它对于我们是不适用

① 胡经之．论人道主义：批判巴人的人道主义论．学术月刊，1960（11）．

② 李希凡．驳“人类本性的人道主义”：从巴人的《论人情》谈起．新建设，1960（4）．

③ 曾奕禅，刘传桂．巴人对无产阶级战士光辉形象的歪曲．新建设，1960（5）．

的。在中国科学院历史研究所召开的批判刘节唯仁论的座谈会上，有人发言，认为刘节从资产阶级人性论观点出发，把孔子的仁解释为超阶级的、抽象的“人情”“人类感情”。刘节的唯仁论实质上“无非是一种要求取消阶级斗争和泯灭敌我界限的超阶级的政治论，这种理论……只不过企图把僵死的封建道德教条和资产阶级的反动的人道主义思想嫁接起来”[①]。还有人指出，刘节的人性论是与马克思主义阶级性根本对立的。

对高赞非人道主义观点的批评。李青田、赵一民在《人道主义是资本主义关系的产物》[②] 一文中，批评了高赞非封建主义人道主义的观点，认为人道主义从本质上说是资本主义经济关系和社会关系的产物，是巩固资本主义经济关系和社会关系的思想武器。它绝不是什么古已有之的东西。从来没有封建主义的人道主义，只有资产阶级的人道主义。对于封建地主阶级的意识形态来说，只有神道，没有人道；只有神权、君权，没有人权；只有赤裸裸的等级制度，没有平等的外观；只有人身依附，没有所谓自由。而资产阶级的人道主义则是封建地主阶级的神道和王道的对立物。该文指出，宣扬超阶级的人道主义是错误的，认为人道主义“道贯古今”的说法是尤为有害的；对于无产阶级和社会主义革命来说，资产阶级人道主义是完全反动的东西；无产阶级的阶级斗争观点，同资产阶级人道主义思想是根本对立的。

（二）道德遗产批判继承的讨论及其思想交锋

道德遗产批判继承是鸦片战争以来古今中西之争的重要内容，在 20 世纪的中国先后有过辛亥革命运动时期、新文化运动时期、抗日战争时期和解放初期、50 年代末 60 年代初期、70 年代末 80 年代初期等几次大的论争或讨论。新中国成立后，史学界开展了有关岳飞的爱国主义问题的讨论，讨论的中心问题是：岳飞是不是民族英雄？民族英雄是岳飞的主要方面还是君主奴才是岳飞的主要方面？如果是民族英雄，他的爱国主义就具

---

① 历史研究所批判刘节先生错误的历史观和方法论座谈会纪要．光明日报，1963-08-20.

② 李青田，赵一民．人道主义是资本主义关系的产物．哲学研究，1964（3）.

有可继承性；如果不是民族英雄，他的爱国主义就不值得继承。经过讨论，大多数人认为，岳飞是统治阶级抗敌派的代表人物，是与统治阶级中卖国投降派正相反对的人物。因此，应该将其视为民族英雄，而不能笼统地说他是封建君主的奴才。

1957 年，哲学界开展了关于中国哲学遗产的讨论，并就道德遗产的继承问题发表了看法，冯友兰在讨论中提出了抽象继承法，认为孔子提倡的"仁者爱人""己所不欲，勿施于人"等道德命题，具体意义是不可以继承的，但其抽象意义是可以继承的，因为它有为一切阶级服务的成分。冯友兰的观点一问世就引起轩然大波，受到很多人的批判。1957 年 4 月 10 日和 6 月 20 日，《光明日报》先后发表了窦重光的《从儒家的伦理学说中看道德的继承问题》和严清於的《关于道德的继承问题》的文章，使道德的继承问题受到学术界的关注。当然，将 20 世纪 50 年代末 60 年代初关于道德遗产的批判继承问题真正推向高潮的是 1962 年吴晗在《前线》杂志发表的《说道德》和《再说道德》两篇文章。吴晗的文章发表后，许启贤发表了不同意吴晗有关道德观点的文章，吴晗立即写了《三说道德》予以答复。接着李之畦、石梁人、阎长贵、冯其庸、江峰、高仲元、艾真、步近智、唐宇元等人纷纷撰文，发表自己对道德的阶级性和继承性的看法，使关于道德阶级性与继承性问题的讨论高潮迭起。这场讨论最后由于当时的政治氛围而演变为一场政治斗争，留下了许多需要总结和清理的经验教训。

1. 吴晗《说道德》《再说道德》《三说道德》等文的发表

吴晗（1909—1969，曾用名吴南星），1909 年出生于浙江义乌吴店乡苦竹塘村，1929 年考入上海吴淞的中国公学；1930 年去北平，先在燕京大学图书馆中日文编考部做馆员，后考入清华大学史学系，专攻明史，曾担任《清华周刊》文史栏的编辑主任；1934 年毕业后留校任教；1948 年去石家庄解放区，成为无产阶级的先锋战士，回到北平后参与了和平解放的工作；1949 年 11 月当选为北京市副市长，分管文教卫生工作；著有《朱元璋传》《海瑞罢官》等史学著作。吴晗在研究历史人物的思想时比较注重历史遗产的批判继承。受自己历史文化观的影响，吴晗研究了道德遗产的批判继承问题，并先后在北京市委的理论刊物《前线》杂志上发表了《说道德》和《再说道德》等文。

在《说道德》一文中，吴晗总体上肯定了道德是阶级的道德，阶级的道德随阶级的统治而失去意义和作用，同时又肯定阶级道德的某些部分有值得令人批判继承的地方，并具体列举了封建道德的忠与孝，资产阶级道德的精打细算、多方赚钱等来加以论证，认为它们除了具有阶级道德的因素外，还具有某些超阶级的人类共同性，这就决定了我们无产阶级也可以批判地继承。

吴晗的《说道德》一文发表后，好几位读者给编辑部写信，提出了一些意见，为此吴晗写了《再说道德》一文对自己的观点做了进一步的论证和发挥。吴晗在《再说道德》一文中公开提出了"批判的继承"的命题，并以孟子和文天祥两个历史人物的思想为例，认为封建地主阶级的道德具有批判继承的因素。吴晗写道："我们所说的继承，应该是批判的继承，是继承其中好的部分，决不可以认为连地主阶级的剥削、压迫也继承下来。"[①] 在对"批判的继承"做出解释或界定后，吴晗论证了"批判的继承"的必要性，并以孟子的"富贵不能淫，贫贱不能移，威武不能屈"等思想和文天祥的《正气歌》为例，认为无产阶级可以从这些封建时代的道德思想中批判地继承于自己有益的东西。

吴晗《再说道德》的发表，引发了一场大规模的学术论战，许启贤、阎长贵、周原冰、李奇等人纷纷撰文对吴晗的观点予以批判。针对许启贤等人的批评，吴晗写了《三说道德——敬答许启贤同志》一文，对自己在《说道德》和《再说道德》等文中提出的观点做进一步的引申与捍卫，并对其批评意见做出回应。在《三说道德》一文中，吴晗承认统治阶级忠君敬上的道德与广大劳动人民反抗压迫奋起斗争的道德具有鲜明的对抗性，但毋庸讳言，这两种道德在相互对立的同时也相互影响、相互作用。[②] 由此可见，统治阶级的道德论在一般情况下对被统治阶级的道德观的形成和稳固是起过一定的毒害、欺骗作用的。与此对应，被统治阶级的道德对统

① 吴南星．再说道德．前线，1962（16）：14.

② 吴晗．三说道德：敬答许启贤同志．光明日报，1963－08－19.

治阶级的道德也起过一定程度的作用。吴晗对历史上的封建统治阶级做出了不同层次的区分，认为在统治阶级内部有大、中、小之分，也有左、中、右之分，有在朝与在野之分，也有被信任与不被信任之分，这就决定了统治阶级的道德并不是铁板一块。统治阶级内部因地位的不同而必然有不同的思想感情和道德，统治阶级内部也有少数人比较接近、了解和同情劳动人民。在《三说道德》一文的后一部分，吴晗重申了统治阶级道德的某些因素还是可以批判地继承的，理由有三。第一，道德不是永恒的、终极的、不变的、万古一致的，而是当时社会经济状况的产物，社会经济状况改变了，道德的内容就会相应地发生变化。例如民主、自由等概念，资产阶级要讲，无产阶级也要讲。无产阶级应批判地继承资产阶级的民主、自由等概念。第二，历史是不可以切断的，学习历史是为了向前看，而不是为了向后看，是为了教育今天的人民，从我们某些伟大前人的某些道德品质中批判地吸收、继承、发展其精华部分，也是必要的。第三，过去历史上被统治阶级的某些美德不同程度地受到统治阶级道德的影响，反过来说也是一样。① 此外，针对许启贤说吴文并未考虑到历史上劳动人民的道德和道德遗产的继承问题等诘难，吴晗对自己所用的被统治阶级或广大人民做了界定，认为劳动人民这个名词具有今天的现实内容，把这一今天的名词用来泛指过去两千年间的被统治阶级或广大人民，恐怕不妥。

总之，吴晗认为，统治阶级道德的某些因素或方面是可以批判地继承的。《三说道德》发表后，受到了来自各方面的批评，斗争不断升级，吴晗陷入十分被动和难堪的局面，并于 1966 年 1 月违心地写了《是革命，还是继承？——关于道德讨论的自我批评》② 一文，对自己主张的道德论做出了纠正和批评。

2. 许启贤、李奇、周原冰等人对吴晗道德论的批判

许启贤（1934—2004），陕西扶风县人，1960 年毕业于中国人民大学国际政治系，后留校任哲学系教师，从事伦理学的教学与研究工作。20

① 吴晗．三说道德：敬答许启贤同志．光明日报，1963-08-19.

② 吴晗．是革命，还是继承?：关于道德讨论的自我批评．前线，1966 (1).

世纪60年代初，先后发表了《马克思主义伦理学的对象、任务和方法》《批判冯定同志的“幸福观”》[1] 等文。吴晗的《说道德》和《再说道德》等文发表后，许启贤专门写了《关于道德的阶级性与继承性的一些问题——与吴晗同志商榷》一文，向吴晗提出“阶级的道德是否等于统治阶级的道德?”和“被统治阶级有没有自己的道德?”等问题，并从总体上认为，“吴晗同志的看法是不对的”[2]。首先，许启贤指出，吴晗“阶级的道德也就是统治阶级的道德”的论断是不能成立的，犯了把一般和个别混同起来的错误。其次，许启贤指出，吴晗援引恩格斯《反杜林论》关于道德的阶级性的一段话而得出“所谓阶级的道德也就是统治阶级的道德”的结论，不仅与经典作家的原意不符，而且与历史实际不符。再次，许启贤批判了吴晗封建地主阶级具有诚实、勤劳、勇敢等美德的论断，直截了当地认为“封建地主阶级是没有诚实、勤劳、勇敢、刻苦耐劳、雄心壮志等美德的”[3]。在许启贤看来，封建地主阶级是不劳而获的、剥削农民剩余劳动的阶级，要不然，人们为什么称其为剥削阶级。封建地主阶级及其思想家，从来不是把诚实、勤劳、刻苦耐劳等作为自己的美德的，相反总是把“劳心者治人，劳力者治于人，治于人者食人，治人者食于人”看作天下的通义。[4] 只有劳动人民才真正地具有诚实、勤劳、勇敢、刻苦耐劳等美德。不能把劳动人民的美德视为封建地主阶级的美德。最后，许启贤批判了吴晗封建道德的忠、孝和资产阶级道德的精打细算、多方赚钱是可以继承的观点，认为“封建道德的‘忠’和‘孝’是不能继承的，对资产阶级道德的‘精打细算，多方赚钱’，也不能一般地讲继承”[5]。许启贤总结道，不论封建地主阶级道德还是资产阶级道德，都不能笼统地谈批判继承，因为那样会混淆无产阶级道德和剥削阶级道德的界限，甚至会把剥削阶级道德的反动毒素带给社会主义的人民，而这对我们社会主义革命和社

① 许启贤．马克思主义伦理学的对象、任务和方法．江汉学报，1963（10）；许启贤．批判冯定同志的“幸福观”．前线，1965（4）.

② 许启贤．关于道德的阶级性与继承性的一些问题：与吴晗同志商榷．光明日报，1963-08-15.

③ 同②.

④ 同②.

⑤ 同②.

会主义建设是极为有害的。

许启贤对吴晗道德论的批评，有些吴晗赞成，但从根本点上说吴晗是不能接受的，为此吴晗写了《三说道德——敬答许启贤同志》一文，对自己的观点进行辩护与论证，并对许文提出的批评意见做出回应。1965 年，许启贤又写了《对立阶级道德相互“接受”论的实质何在》[①] 一文，认为吴晗的对立阶级道德相互接受论就是鼓吹全人类永恒的道德论，吴晗宣扬剥削阶级道德值得继承的观点实际是在宣扬道德上的“合二而一论”，吴晗赞扬封建道德必然走向道德上的封建复古主义。在许启贤看来，只有与一切旧道德决裂才能培养共产主义道德品质。

吴晗的《三说道德》一文发表后，李奇（1913—2009，曾用名李之畦）专门撰文予以批评。针对吴晗的《三说道德》一文，李奇发表了《〈三说道德〉一文提出了什么问题》[②] 一文，对吴晗的道德论进行了深刻而尖锐的批评。首先，李奇在文中区分了吴晗《三说道德》一文的表面含义和实质含义，认为：从表面来看，《三说道德》提出的问题有两种对立阶级的道德的相互关系问题，统治阶级道德是否有两面性问题，统治阶级道德是否可以继承问题，怎样才算批判地继承问题，对某些道德概念的理解问题，等等；但从实质来看，《三说道德》还隐藏着一些更重要的理论问题，比如两种对立阶级道德是否可以在一个阶级道德体系中和平共处的问题，究竟是阶级道德论还是超阶级的全人类道德论的问题，等等。在李奇看来，这些实质性的理论问题涉及马克思列宁主义道德观的根本，所以有必要展开深入讨论。其次，李奇批判了《三说道德》所提出的理论原则，即统治阶级道德和被统治阶级道德有相互影响、相互作用的原则，认为这一原则混淆了对立阶级的道德体系之间的关系，和道德体系对人们思想行动之间的关系的界限。最后，李奇批判了统治阶级道德可以继承的观点，指出吴晗认为统治阶级道德可以继承的三个理由是不能成立的。总之，在李奇看来，统治阶级道德是无产阶级无法继承也不能继承的；无产阶级能够继承的道德遗产只能是历史上被统治阶级的带有民主性的、革命

① 许启贤．对立阶级道德相互“接受”论的实质何在．光明日报，1965－12－24.

② 李之畦．《三说道德》一文提出了什么问题．光明日报，1963－09－21.

性的优秀的人民道德，而不能继承和人民道德对立的统治阶级的腐朽道德。

周原冰（1915—1995）以石梁人的笔名在《哲学研究》《光明日报》等报刊上先后发表了《试论道德的阶级性——读书笔记之二》《试论道德的阶级性和继承性》《提几个有关道德阶级性和继承性的问题》等文章①，认为在道德的阶级性与继承性问题上，阶级性是第一位的，我们必须在肯定道德阶级性的前提下来谈道德的继承性，必须坚持阶级分析的方法。在周原冰看来，道德是社会经济关系的产物，敌对阶级的道德是相互对立、相互斗争的，对于剥削阶级道德，无产阶级不可以继承。

3. 王煦华、以东、江峰等人对道德阶级性和继承性的研究

在 20 世纪 50 年代末 60 年代初关于道德阶级性和继承性问题的讨论中，除了上述论及的几位人物外，还有很多人参与了这次讨论。他们对冯友兰和吴晗的观点，或赞同，或批评，或部分赞同、部分批评，形成了多种关于道德阶级性和继承性的观点。

王煦华在讨论中提出了对立阶级道德互相包含的理论，并因此受到了以东、子木等人的批评，王煦华撰文对他们的批评做出了回应，以东等人又撰文予以反驳，掀起了继吴晗《三说道德》后的又一次讨论高潮。针对一些人用全盘否定的方法批判吴晗道德论的错误倾向，王煦华于 1964 年 4 月 6 日在《光明日报》上发表了《统治阶级道德的批判继承问题——与李之畦同志商榷》一文，就李奇对吴晗《三说道德》的批评发表自己的意见，认为李奇把"对立阶级的道德观对彼此阶级的成员个人的影响"和"对立阶级道德观之间的影响"区分开来，只能说明吴晗所用的论据与论题缺乏内在的必然联系，不足以说明统治阶级道德可以批判地继承的论题一定是错误的。王煦华认为统治阶级道德是可以批判地继承的。首先，王煦华提出了对立阶级道德具有同一性的命题，认为两种对立阶级的道德是

① 石梁人．试论道德的阶极性：读书笔记之二．学术月刊，1962（4）；石梁人．试论道德的阶级性和继承性．哲学研究，1963（6）．石梁人．提几个有关道德阶级性和继承性的问题．光明日报，1963－12－01.

对立的统一体，既有对立的一面，又有同一的一面。对立阶级道德的对立并不排斥它们之间的同一，相反正是因为具有了同一性，两者才是对立的。其次，王煦华探讨了统治阶级道德的两面性，指出统治阶级道德既具有剥削、压迫人民的一面，也包含对人民有利的一面。最后，王煦华探讨了统治阶级道德的批判继承问题，认为统治阶级道德具有两面性，所以统治阶级道德是可以批判地继承的。

王煦华的文章发表后，引起较大的社会反响，批评的文章不少，其中以东撰有《试论道德继承问题的立场、观点和方法——评王煦华〈统治阶级道德的批判继承问题〉》①，李奇撰有《从道德这一社会意识形态的基本特点谈道德的继承问题》②，黄宣民撰有《评封建社会"对立阶级道德互相包含"论》③，子林撰有《地主阶级道德和农民阶级道德互相包含论的实质是什么?》④ 等。以东在《试论道德继承问题的立场、观点和方法——评王煦华〈统治阶级道德的批判继承问题〉》一文中尖锐地指出，王煦华关于统治阶级道德可以批判继承的论点和论据都是错误的，违背了马克思列宁主义的阶级观点和阶级分析，不符合历史实际。以东从三个方面批判了王煦华的观点。第一，他指出王煦华关于批判继承历史上一切统治阶级道德的提法是一种复古主义观点，这种观点在理论上违背了马克思列宁主义经典作家的指示，在实践上是有害的。第二，他指出王煦华关于统治阶级道德和被统治阶级道德相互包含的观点是形而上学的诡辩论。第三，他指出王煦华封建地主阶级道德保护农民的说法从根本歪曲了封建社会的事实，无端地美化了封建社会，盲目地颂扬了封建地主阶级的道德。

以东对王煦华文章的批评，王煦华读了不能接受，为此他写了《关于道德批判继承讨论中的立场、观点和方法问题——重新学习〈矛盾论〉，

---

① 以东．试论道德继承问题的立场、观点和方法：评王煦华《统治阶级道德的批判继承问题》．光明日报，1964-04-09.

② 李之畦．从道德这一社会意识形态的基本特点谈道德的继承问题．光明日报，1964-05-27.

③ 黄宣民．评封建社会"对立阶级道德互相包含"论．哲学研究，1965 (2).

④ 子林．地主阶级道德和农民阶级道德互相包含论的实质是什么?．哲学研究，1965 (1).

答以东同志的批评》[1] 一文。王煦华指出，无产阶级要对历史上一切统治阶级的道德实行最彻底的决裂和摒弃，这是毫无疑问的，但问题是这种最彻底的决裂和摒弃，是辩证的否定还是形而上学的否定？这就是他和一些持统治阶级道德不能批判继承的人的根本分歧点。辩证的否定是指发展中新旧事物之间的辩证联系，新的东西既否定了旧的东西，又肯定了旧的东西中一切有积极意义的东西。王煦华认为，他所讲的统治阶级道德与被统治阶级道德具有同一性是矛盾的同一，而以东理解的同一不是能互相包含的绝对的同一。那种认为封建地主阶级道德只有封建性没有民主性、只是糟粕没有精华的观点并不是马克思主义的阶级分析观点。在该文中，王煦华逐条对以东的论点和论据进行了反驳，强调他所主张的统治阶级道德可以批判继承的理论是站得住脚的。

读了王煦华发表在《哲学研究》上的文章，以东又写了《再评王煦华同志的无产阶级应当继承历史上统治阶级道德的观点》[2] 一文，理直气壮地认为，王煦华关于统治阶级道德可以批判继承的观点是违背马克思列宁主义的，是不符合历史实际的。以东认为，无产阶级不彻底清理历史上的统治阶级道德，就不可能很好地建立自己的道德；共产主义道德不立，也不能彻底破坏历史上统治阶级的道德。

在道德遗产批判继承的讨论中，江峰对统治阶级道德批判继承问题进行了较为具体的分析。在他看来，统治阶级道德的基本原则、主要道德规范是不可以继承的，无产阶级应当予以全盘否定和彻底抛弃；但是，统治阶级道德中的某些为数很少的、占着十分次要地位的、临时起作用的个别道德因素（命题、原则），可以批判地吸收。

许多人不同意江峰的观点，并对其展开批评。冯其庸在《封建道德不能批判继承——与江峰同志商榷》[3] 一文中，对江峰提出的统治阶级的个别道德原则可以批判继承的观点进行了尖锐的批评，指出把统治阶级及其

① 王煦华．关于道德批判继承讨论中的立场、观点和方法问题：重新学习《矛盾论》，答以东同志的批评．哲学研究，1965（1）.

② 以东．再评王煦华同志的无产阶级应当继承历史上统治阶级道德的观点．哲学研究，1965（4）.

③ 冯其庸．封建道德不能批判继承：与江峰同志商榷．哲学研究，1964（1）.

道德在历史上的进步性，作为统治阶级的所谓个别道德原则可以批判继承的根据，是站不住脚的。与冯其庸的观点类似，阎长贵的《必须坚持摒弃封建道德——从忠孝说起》①、汪子嵩的《从〈水浒传〉说道德问题》②、李凡夫的《革命的道德观》③、刘蔚华的《纲常礼教不可继——也谈必须摒弃封建道德》④ 等文，均认为共产主义道德的形成是和清理旧道德的影响分不开的。批判剥削阶级的道德，肃清它的影响，是马克思主义伦理学工作者的一项责无旁贷的历史使命。如果不把封建旧道德彻底打破，社会主义新道德就不能更快更好地建立起来。

关于道德遗产批判继承问题的讨论，1965 年以后开始出现一边倒的倾向，学术讨论迅速上升为人身攻击与政治批斗。1965 年 12 月 12 日，《北京日报》发表了市委书记邓拓以“向阳生”的笔名写的《从〈海瑞罢官〉谈到“道德继承论”——与吴晗同志商榷》，文中称吴晗的道德继承论是《海瑞罢官》的错误的思想基础，希望吴晗按照辩证唯物主义和历史唯物主义原则，实事求是地进行分析研究。不久，吴晗先后发表了《关于〈海瑞罢官〉的自我批评》⑤ 和《是革命，还是继承？——关于道德讨论的自我批评》⑥ 两文，承认了自己的错误。署名严问的《评吴晗同志关于道德问题的“自我批评”》⑦ 一文，指责吴晗“在自我批评的形式中保护自己的错误观点”，认为吴晗的道德继承论的实质在于反对阶级斗争学说，是具有严重政治意义的、带有系统性的资产阶级理论。

20 世纪 50 年代末 60 年代初的伦理学研究，除以上几个方面的问题外，还广泛开展了关于幸福观、荣辱观、生死观等问题的争鸣，《南方日报》《河北日报》《解放军报》等报纸和《学术月刊》等刊物相继开展了关于“怎样生活才是幸福的”“应该有什么样的荣辱观”等的讨论，发表了不少关于幸福观、荣辱观、生死观的论文，大大深化了当时的伦理道德问

① 阎长贵．必须坚持摒弃封建道德：从忠孝说起．哲学研究，1963（6）.

② 汪子嵩．从《水浒传》说道德问题．光明日报，1963－10－25.

③ 李凡夫．革命的道德观．江淮学刊，1963（6）.

④ 刘蔚华．纲常礼教不可继：也谈必须摒弃封建道德．新建设，1964（7）.

⑤ 吴晗．关于《海瑞罢官》的自我批评．人民日报，1965－12－30.

⑥ 吴晗．是革命，还是继承?：关于道德讨论的自我批评．前线，1966（1）.

⑦ 严问．评吴晗同志关于道德问题的“自我批评”．前线，1966（1）.

题研究，也为当时社会道德风气的改善、青少年道德品质的培养提供了一定的理论支持和价值参照。当然，受当时道德理想主义和阶级斗争学说的影响，存在着不少否定个人正当的物质利益和生活享受并将其视为资产阶级腐朽道德的表现的错误言论，出现了一些贬低脑力劳动工作者如教师、科技工作者等的言语，人为地在卑贱者与高贵者之间划出一条鸿沟，带有把艰苦奋斗同个人幸福生活对立起来的偏激化倾向，价值引导上留下了一些需要理性反思和科学总结的教训。

第二章　改革开放和社会主义现代化建设新时期伦理学的恢复研究与初步发展

从“文化大革命”结束至党的十八大召开，中国社会发生了一次历史性的巨变，正式开启了改革开放和社会主义现代化建设新时期。1978 年 12 月，中国共产党召开十一届三中全会，果断结束“以阶级斗争为纲”，做出了把全党的工作重心转移到社会主义现代化建设上来的战略部署，实现了新中国成立以来党的历史上具有深远意义的伟大转折。以邓小平、江泽民、胡锦涛为代表的几代中国共产党人围绕什么是社会主义、怎样建设社会主义，建设什么样的党、怎样建设党，实现什么样的发展、怎样发展等重大战略问题，创立了邓小平理论、“三个代表”重要思想和科学发展观，形成了中国特色社会主义思想体系。习近平在庆祝改革开放 40 周年大会上的讲话中指出：“改革开放是党和人民大踏步赶上时代的重要法宝，是坚持和发展中国特色社会主义的必由之路，是决定当代中国命运的关键一招，也是决定实现‘两个一百年’奋斗目标、实现中华民族伟大复兴的关键一招”①；“建立中国共产党、成立中华人民共和国、推进改革开放和中国特色社会主义事业，是五四运动以来我国发生的三大历史性事件，是近代以来实现中华民族伟大复兴的三大里程碑”②；“改革开放极大改变了中国的面貌、中华民族的面貌、中国人民的面貌、中国共产党的面貌”③。伦理

① 习近平．在庆祝改革开放 40 周年大会上的讲话．北京：人民出版社，2018：21.

② 同①4.

③ 同①19.

学界在邓小平理论、“三个代表”重要思想和科学发展观的指导下，认真研究社会主义现代化建设中的系列伦理道德问题，以面向现代化、面向世界、面向未来的视野，从事着马克思主义伦理思想中国化和中国特色社会主义伦理思想的研究工作，并以自己特有的理论反思、精神追求和价值引领等功能投身于社会主义精神文明和公民道德建设的过程中，发挥着“化理论为德性”“化哲思为人格”的功用。“道德哲学在开放之时代尤要”①成为这一时期伦理学发展的现实。奠基于现实主义的精神文明建设和公民道德建设成为时代的主基调，助推着伦理学在关心现实物质利益的过程中向前发展。马克思主义伦理学基本原理的研究，社会主义市场经济条件下道德原则规范及其公民道德建设的研究，中国伦理思想史、外国伦理思想史和应用伦理学研究，得到全面系统的推进，伦理学从一个相对弱小的学科日益发展成为哲学社会科学领域中的重要学科。

一、围绕经济改革和市场经济生发的义利之辨

改革开放以贫穷不是社会主义，社会主义的本质就是要消灭贫穷，进而肯定人们追求富裕和向往物质生活极大丰富作为价值原动力，尊重和满足人们的物质利益需求，实行按劳分配原则成为释放社会活力和促进社会生产力发展的重要内容，由此引发了价值观念的深刻变革。

义利之辨成为20世纪80年代至90年代乃至21世纪前十年经久不息的价值观论争之枢纽。80年代以来的义利之辨大体上可以分为三大阶段，每一阶段都围绕不同的问题和重点而展开。一是80年代初的义利之辨，以潘晓致《中国青年》杂志的来信引发的人生观讨论为契机，发展为“主观为自己，客观为别人”的大辩论，并深化为对“合理利己主义”是否具有合理性的评价与批判。二是80年代中期关于商品经济与道德进步的关系的讨论，包含了对“向钱看”和“向前看”的学术争论。三是90年代

---

① 中共中央文献研究室，中共湖南省委《毛泽东早期文稿》编辑室．毛泽东早期文稿．长沙：湖南人民出版社，2013：116.

以后关于市场经济与道德建设的关系的讨论，产生了“滑坡论”、“爬坡论”和“划界论”等观点。这三次大的义利之辨，涉及如何处理功利与道义的关系，如何处理个人利益与社会公共利益的关系，推进着整个社会义利观的多样化和正确义利观的形成。

（一）关于合理利己主义是否合理的讨论

改革开放伴随着对“文化大革命”道德理想主义和对个人正当利益的否定的批判性反思开始起步；与“伤痕文学”的大量问世相呼应，思想文化界开展的人生观讨论揭开了注重个人生存发展和物质利益的大幕。1980年第5期《中国青年》杂志刊发了署名“潘晓”的读者来信《人生的路呵，怎么越走越窄……》，该来信以第一人称自述：“人毕竟都是人啊！谁也逃不脱它本身的规律。在利害攸关的时刻。谁都是按照人的本能进行选择。没有一个真正虔诚地服从那平日挂在嘴头上的崇高的道德和信念。人都是自私的。不可能有什么忘我高尚的人。过去那些宣传，要么就是虚伪，要么就是大大夸大了事实本身”①，并由此提出“任何人，不管是生存还是创造，都是主观为自我，客观为别人”② 的命题，由此引发了一场“人生的意义究竟是什么”的大讨论。讨论最先在青年朋友中展开，全国数以万计的青年踊跃参加讨论，各种信件雪片般地飞向《中国青年》杂志，讨论持续了半年之久，有为潘晓来信叫好的，有猛烈批判潘晓来信中的人生观主张的，也有既对潘晓人生观做出一定肯定也对其主张给予一定批评的观点。1980年第8期《中国青年》以《胡乔木同志关心人生意义的讨论》为题，发表了他的几段讲话。乔木讲话发表后，《中国青年》杂志发文专门对讨论予以总结，认为青年们和整个民族一样，在经过痛苦的时代反省之后，终于唾弃了现代迷信和它衍生的“最大的‘公’就是‘忠’”一类的人生教义。噩梦初醒的思考，要求在实践检验的基础上重建人生信念，这是促使青年重新探索人生意义的第一个原因。现实社会的客观矛盾，实际生活中的种种难题，这是促使青年重新探索人生意义的第二

① 潘晓．人身的路呵，为什么越走越窄……．中国青年，1980（5）：4.

② 同①5.

个原因。面对变革，怎样选择正确的人生道路，这是促使青年重新探索人生意义的第三个原因。该文最后指出，人生意义的讨论是思想解放运动激起的浪花。以真理标准的讨论为起点的思想解放运动，对青年一代是重要的马克思主义哲学理论的启蒙，它推动着青年一代去寻求人生意义的科学答案。这种探索，虽然以回顾的形式出现，但却是向前的寻求；回顾，虽然包含着创伤与痛苦，但却是痛苦中求奋起的呐喊。1980 年之后，人生观讨论继续在哲学和伦理学界展开，一些伦理学人参加了对“主观为自己，客观为别人”及“合理利己主义”的讨论，并形成了“合理利己主义有合理性”和“合理利己主义有明显的不合理性”等观点。

一种观点认为合理利己主义有合理性。人们的所有行为按道德准则进行评价，无外乎利他、利己、损人三类，一般地说“纯粹利他”是最高道德准则，是至善；“不损人”是最低道德准则和对人们的起码道德要求，是非善非恶；“利己与利他相统一”是一般道德准则和对人们道德的一般要求，是一般的善。由此出发，王海明探讨了科学的道德观，认为利己主义与利他主义都是绝对化的片面真理，“真理既非利己主义，也非利他主义，但又既是利己主义，又是利他主义，真理是二者的辩证统一”①。胡平在《道德问题随感录》一文中指出，“大锅饭”的经济政策一味要求人们为他人、为集体而不明确个人应得与个人正当利益，其弊病用一句话来概括，那就是：苛求君子，放纵小人。有人赞美《人到中年》里的陆文婷任劳任怨，吃的是草，挤出的是奶，殊不知这还是她的大弱点。要说献出的多、索取的少就是至善至德，今人谁能比得上古代的奴隶？只有当一个人能够得到他所应该得到的东西，只有当他能够自由自主地而非被迫或未经本人许可地处置这些东西，这才开拓了完整地实践道德的前景。当争的而不知争是愚昧，不敢争是软弱，不能争是无权。②

另一种观点则认为，“主观为自己，客观为别人”是不能成立的，合理利己主义有明显的不合理性。魏英敏撰文认为，合理利己主义是资产阶级革命时代的产物，是资产阶级利益的反映，在资产阶级革命时期有一定的合理性，但是当资产阶级夺取政权以后，合理利己主义的伦理观便逐渐

---

① 王海明，赵杰健，何包钢，等．利己与利他．青年论坛，1985（1）：34.

② 胡平．道德问题随感录．青年论坛，1985（3）.

地丧失了它的进步性和革命性，而成为保守的、反动的东西了。[①] 整体上说，合理利己主义是资产阶级伦理观、价值观的反映，具有明显的不合理性。

关于合理利己主义的讨论涉及怎样正确认识人的价值和怎样正确看待公与私的关系，取得了一定的成果，但对利己与利他及合理利己的关系问题尚缺乏科学的探讨和深入的研究，对个人正当利益与利己等问题亦缺乏科学的界定与论证。而这些问题在后来关于商品经济与道德进步的关系、市场经济与道德建设的关系的讨论中进一步表现出来，需要学术界对之做出深度的思考和研究。

（二）关于商品经济与道德进步关系的讨论

1984 年 10 月，中国共产党第十二届三中全会通过《中共中央关于经济体制改革的决定》，提出社会主义经济是公有制基础上的有计划的商品经济，和大力发展社会主义商品经济的观点和任务。不久，哲学界、伦理学界掀起了讨论商品经济与道德进步的关系的高潮，陈瑛、王锐生、朱勇辉、张博树、李奇等人纷纷发表文章，阐发自己关于商品经济与道德进步的关系的理论，并因此展开了热烈的讨论。

陈瑛、王锐生等人认为商品经济与道德进步是一致的，商品经济促进人类道德的进步，作为生产方式的商品生产必然产生平等、自由、开放、竞争等要求，促进独立人格的形成。[②] 在社会主义条件下，由于所有制与资本主义的本质区别，商品生产不仅会导致巨大的经济进步，而且会导致巨大的道德进步。至于目前伴随商品经济而出现的消极道德现象，则是由旧社会的道德遗毒和沉渣泛起引起的。[③] 这些消极道德现象不但与商品生产的发展无关，反倒是商品生产不发达造成的结果。

与陈瑛、王锐生等人的“促进论”不同，张博树持“背反论”的观点，认为道德进步并不直接就是社会物质进步的函数，随着商品经济的发展，经济与伦理的冲突是不可避免的。[④] 也就是说，商品经济助长了人们的自

---

① 魏英敏．略论“合理利己主义”的不合理性．东岳论丛，1982（2）.

② 陈瑛，朱勇辉．商品生产与道德进步之我见：兼与张博树同志商榷．哲学研究，1987（9）.

③ 王锐生．商品经济和道德进步．哲学研究，1986（5）.

④ 张博树．也谈商品生产与道德进步：兼与王锐生同志商榷．哲学研究，1986（11）.

私自利之心和贪欲，从而造成道德水平的下降或道德危机。

在关于商品经济与道德进步的关系的讨论中，更多的人倾向于矛盾论或双效论，认为商品经济在总体上带来道德进步的同时也会带来某些道德上的消极现象。邓伟志在《商品经济与道德的层次性》[①] 一文中认为，商品经济与道德水准既有一致性也有矛盾性。就其一致性来讲，商品经济能够直接促进平等意识、服务意识、信用意识和交往意识的增强，同时还会间接促进人们道德水准的提高。不过，商品经济与道德水准的关系，除了一致的一面，还有冲突的另一面。邓伟志把冲突分为两类：第一类是“破坏性冲突”，它们破坏传统美德，严重败坏社会风气，降低道德水准，大多来自“简单商品经济”；第二类是“革命性的冲突”，即合乎时代精神、合乎道德运动规律的冲突。依据这种分析，邓伟志得出结论：在商品经济与道德水准的冲突面前，必须更新观念，用新道德代替旧道德；在发展商品经济的同时，必须加强整个社会的道德建设。

（三）关于市场经济与道德建设关系的讨论

随着党的十四大确立建立社会主义市场经济体制以来，市场经济与道德建设的关系备受重视，伦理学界展开了关于市场经济与道德建设的关系的讨论。[②] 讨论主要围绕着“滑坡”与“爬坡”、“内引”与“外灌”等几个中心论点展开，并产生了所谓“滑坡论”与“爬坡论”、“内引说”与“外灌说”的争论。围绕市场经济导致的道德现象究竟是“滑坡”还是“爬坡”，学术界有不同的评价标准，用既有的道德标准和道德化的社会理想来衡量现实，往往比较多地看到道德“滑坡”的方面，进而产生相应的伦理危机和忧患意识；而用经济的和社会历史的标准来看待道德，则往往更重视“爬坡”的意义，从而抱有对市场经济与道德建设的关系较乐观的信念。

滑坡论者认为，市场经济必然导致社会道德的滑坡，这在社会主义初级阶段是不可避免的。市场经济崇尚利润与金钱，鼓励竞争与冒险，必然导致一些社会消极现象的滋生与蔓延，必然导致一切向钱看和利己主义的

① 邓伟志．商品经济与道德的层次性．求索，1988（2）．

② 李德顺．“滑坡”与“爬坡”：道德转型期的观念与现实．中国社会科学，1994（3）．

泛滥。市场经济崇尚的等价交换也必然消减乐于奉献的人生观和道德观。如果不能采取有效的措施防范，市场经济必将导致道德水平的大滑坡，乃至跌入谷底，产生严重的道德危机。

爬坡论者认为，市场经济能够促进道德的发展和进步。市场经济能够促进生产力的发展和社会进步，因而最终有助于道德的发展和进步。市场经济的建立在总体上推动了道德水平的上升，表现为市场配置资源比政府或官员配置资源更具公正性，市场机制有助于建立独立人格，形成自由与权利、平等与互助等观念。

介于滑坡论和爬坡论之间的第三种观点认为，市场经济会对道德产生积极和消极双重影响，但积极影响是主要的。市场经济对道德的消极影响是客观存在的，不可忽视，也不可低估；但是，只要采取有力措施，完善市场立法，加强对权力的制约和监督，市场经济对道德带来的消极影响就可被降到最低。同样，市场经济不会自然而然地促进道德进步，只有用制度安排的形式来保护和鼓励市场经济发展并由此形成积极的道德价值，市场经济对道德的促进作用最终才能得到实现。

在滑坡论与爬坡论争论的同时，出现了一种主张为市场经济与道德划分界限，认为两者本质上是不同的“划界论”。以何中华为代表的划界论者认为，市场经济以追求功利为目的，利益驱动构成市场经济行为最原始的动因和最直接的动力。因此，他律性、功利性是市场经济的重要特点。而道德的本质特征在于自律性、超功利性，主要表现为“动机的自定性、决定的自主性、行为的目的性、后果的利他性”，市场经济与道德，一为他律，一为自律，一为功利，一为超功利，两者在本质上是互斥的，从而构成二律背反关系。

王淑芹、李奇、廖申白、鲁鹏等人对以何中华为代表的划界说提出了批评，认为市场经济与道德既有区别又有联系，需要我们运用唯物辩证法做出科学的分析与论证。市场经济行为具有道德行为的特征，道德也能够促进市场经济的发展和完善。

进入 21 世纪以来，市场经济与道德进步的关系进一步受到关注。特别是随着 2001 年《公民道德建设实施纲要》的颁布，建设与市场经济相适应的社会主义道德成为公民道德建设的重要内容，伦理学界开始在整个社会公民道德建设层面探讨市场经济与道德进步的关系问题，并由此探讨了效率与公平、先富与共富、竞争与协作、经济效益与社会效益等问题，极大地促进了社会主义义利观的形成和发展。

二、关于道德主体性和人道主义问题的讨论

改革开放以来，伴随着对“文化大革命”的批判与反思，又基于探讨如何最大限度地调动与发挥人的积极性、创造性和潜能，伦理学界掀起了关于道德主体性和人道主义问题的讨论。整体上看，主体性和人道主义的讨论，最先源于哲学和文学艺术领域的讨论，传到伦理学领域，同时引发了伦理学人的思考和辩论。而伦理学领域的讨论又在思想解放和为人的主体性与人文精神辩护方面起到了后来居上甚至引领潮流的作用。

（一）关于道德主体性问题的讨论

道德主体性问题是 20 世纪 80 年代中国伦理学界讨论的一个热点问题。讨论主要围绕三个问题展开：一是道德主体性的含义，二是道德的本质是规范性还是主体性，三是人与道德主体的关系。围绕这些问题，伦理学界开展了积极的讨论与争鸣，并在一定程度上推进了当代中国的道德观念变革和人们道德生活的发展。

1. 道德主体性的含义

如何界说道德主体性，当时的讨论中出现了三种不同的观点：

第一种观点将道德主体性界定为道德的个体性，并认为只有个人才是最真实、最根本的主体，道德的主体性就是道德的个体性，是个体从自我出发的、基于利己的自然必然性，是个体自我满足、自我追求、自我发展和自我完善的道德肯定性。①

第二种观点认为，所谓道德的主体性，是指人对道德准则和行为规范

---

① 肖雪慧．人的主体性是一切道德活动的原动力．光明日报，1986－02－03.

的自主的、积极能动的、创造的关系，作为道德主体的人能够把外在的道德准则转化为内在的要求，把抽象的行为规范转化为具体的行为指令，并在无所遵循的情况下创造道德准则。

第三种观点认为，道德主体性是人成为道德活动主体的规定性，包括人的群体道德主体性和个体道德主体性。在道德生活中，个体是道德的主体，群体也是道德的主体。这两种主体存在一种相互依存、相互作用的关系。

2. 主体性是否构成道德的本质

在关于主体性的讨论中，围绕着主体性与道德的关系，学人们也展开了争鸣，出现了将个人主体性视为道德的本质和将群体对个体的规范约束视为道德的本质等多种观点。1986 年 2 月，肖雪慧在《光明日报》上发表了题为《人的主体性是一切道德活动的原动力》的文章；半年后，夏伟东在《哲学研究》刊文与肖雪慧进行商榷；次年，肖雪慧在《哲学研究》发文作答。① 此后，我国伦理学界在一系列全国性或地方性的学术会议中，也将肖雪慧、夏伟东所争论的问题作为研讨的重要内容之一，并先后写了不少文章。肖雪慧、夏伟东之争主要是围绕着道德的功能与本质问题展开的，可以将他们的观点分别称为道德主体性说和道德规范性说。

第三种观点认为，道德的本质在于它是主体性和规范性的统一。道德的主体性和规范性，各自以对方为自己存在的条件。如果说道德的主体性更多地体现了个人精神完善的方面的话，那么道德的规范性则更多地体现出道德是社会的一种特殊的调控力量。道德的主体性代表着主体在道德活动中的自我肯定方面，道德的规范性代表着主体在道德活动中的自我否定方面，两者的有机统一是道德的功能得以实现的重要保证，是道德的本质充分表现因而得以发展的内在根据。②

---

① 肖雪慧．人的主体性是一切道德活动的原动力．光明日报，1986－02－03；夏伟东．略论道德的本质：兼与肖雪慧同志商榷．哲学研究，1986（8）；肖雪慧．“道德本质在于约束性”驳论：答夏伟东同志．哲学研究，1987（3）．

② 肖群忠．也论道德本质：兼与某些同志商榷．道德与文明，1987（4）；王泽应．道德本质之我见．哲学动态，1988（8）；黄伟合．道德本质新探．学术界，1989（3）；罗若山．浅谈道德的规范性和主体性．哲学研究，1987（3）．

主体性是否构成道德的本质以及如何认识主体性与规范性或约束性之间的关系，是 20 世纪 80 年代中后期伦理学界讨论的一个热点，对 90 年代乃至 21 世纪伦理学的发展和理论体系的建立都产生了深刻的影响。

3. 人与道德主体的关系

在关于主体性及其与道德的关系的讨论中，都涉及了人与道德主体的关系，亦即究竟是人为了道德还是道德为了人的问题。这不仅是伦理学的一般理论问题，也事关改革开放时代个人积极性、能动性和创造性的发挥。

一种观点认为，道德的主体是人（包括个体的人和群体的人），然而并非人人皆可为道德主体，只有那些有着自我意识和自觉能动性，从而具备道德认识能力和道德实践能力的人，才能成为道德活动的主体。

另一种观点认为，主体是自主活动构建的，自主活动是主体进行的。因此，个体自主与个体成为主体、个体作为主体活动是同一的。个体自主即是个体成为主体的过程，个体成为主体即是成为道德上的自己。

（二）关于人性与道德的关系的讨论

人性与道德的关系问题，是一个颇具挑战性的难题。20 世纪 80 年代以来，中国伦理学界对人性与道德的关系展开了热烈的讨论。一种观点认为，人性是道德的本质属性，道德是建立在人性的基础上并为健康合理的人性服务的。有人甚至认为，道德不只是人的社会属性和精神属性的表现与确证，还是人的自然属性的表现与确证。另一种观点认为，道德与人性既有联系又有区别。并不是所有的人性都是符合道德或与道德契合的，人性包含了人的天性和德性，天性大多是自然的、原初的属性，它与道德多是冲突的，只有德性才是与道德要求相吻合的。有人提出人性是道德的第二土壤；也有人借助于中国古代的人性善恶之辨来加以论述，坚持认为有些人性是善的，也有些人性是恶的，有些人性是有善有恶的，有些人性是无善无恶的，所以对待人性与道德的关系必须做出具体的分析和说明，从而采取不同的对策。肖群忠在《人性与道德关系新探》一文中认为，人性理论对于伦理学的特殊意义表现为它是伦理学说的理论前提，人性对道德的特殊意义表现为三个层次与方面：第一，人道主义意义；第二，道德价值意义；第三，道德理想意义。人性是道德的主体基础。人的本性即人的需要（利益，包括物质的和精神的）是道德发生和实践的最初动力，不断地人化自己与动物相同的自然本能，丰富人的社会性，弘扬人的主体性，不断使德性超越天性，理性指导约束本能，社会性超越一己偏私、丰富个性，这正是人不断走向完善的必由之路。①

在关于人性与道德的关系的讨论中，人们已经认识到，人性与德性是既相互区别又相互联系的，并不是一切人性都是德性，德性是人性中能够比较好地把自我与他人、自我利益与他人利益、自我利益与社会公共利益有机关联起来的较为成熟、较为崇高的人性，意味着人要对自己的天性做出某种社会性的改造与提升。应该说，这是关于人性与道德的关系的讨论中比较理性、比较全面的认识和观点，对于促进对人性论和德性论的深入研究有重要的指导与启迪意义。

(三) 关于人道主义问题的讨论

"文化大革命"结束后，伴随着真理标准问题的讨论以及解放思想、实事求是的深入推进，学术界重新开始了对人性、人道主义等问题的关注，探索人性、人道主义的系列文章和作品随之应运而生。构成 20 世纪 70 年代末 80 年代中期关于人道主义论争主潮的，是对人道主义的部分肯定论和全面肯定论，前者以黄楠森、邢贲思、胡乔木等人为代表，后者以王若水、高尔泰等人为代表。

1. 人道主义的含义

如何理解人道主义的含义，始终是 20 世纪 80 年代初期至中期关于人道主义问题的讨论中的关节点。争论集中在有没有广义的人道主义上。

以王若水、高尔泰等人为代表的一方认为，人道主义不是资产阶级的意识形态，它最初是指文艺复兴的思想主题，后来泛指一切以人、人的价值、人的尊严、人的利益或幸福、人的发展或自由为主旨的观念或哲学思想。② 因此，人道主义有广义和狭义之分：狭义是对文艺复兴精神的概括；广义是

① 肖群忠．人性与道德关系新探．甘肃社会科学，2001（5）．

② 王若水．为人道主义辩护．文汇报，1983－01－17．

指把人放在优先地位，尊重人、关心人，以人的解放和全面发展为出发点与目的的一切理论、学派、社会思潮或社会意识形态。①

以黄楠森、邢贲思、李奇等人为代表的一方则认为，人道主义有其特定的历史含义和明显的阶级属性，没有什么广义的人道主义，所以不能把某些貌似相同的思想、观点都放到人道主义的范畴中。② 广义人道主义的理论内容并不广义，它们正是资产阶级人道主义的基本内容，人道主义是资产阶级革命时期的一种运动。③

胡乔木在《关于人道主义和异化问题》④ 一文中，把人道主义区分为作为世界观和历史观的人道主义与作为伦理原则和道德规范的人道主义两个方面，认为作为世界观和历史观的人道主义本质上是唯心主义的与资产阶级的，它不能对社会历史做出科学解释。而作为伦理原则和道德规范的人道主义则具有一定的继承性，可以成为社会主义道德规范体系的一部分。

2. 马克思主义与人道主义的关系

马克思主义与人道主义到底是一种什么样的关系，也是20世纪80年代初中期关于人道主义讨论的热点甚至焦点问题。王若水、高尔泰等人认为，马克思主义与人道主义并不是对立的，而是相互包含的。马克思主义有自己的人道主义。马克思主义的共产主义学说是人道主义原则的彻底表现，而人道主义则是马克思主义的必然归宿。⑤

黄楠森、李奇、辛敬良等人认为应区别不同形式的人道主义，抽象人道主义同马克思主义是两种不同的思想体系，它们根本上是对立的。抽象人道主义不可能被改造成科学的马克思主义人道主义思想体系。如果一定要把两者捏合在一起，那只能使马克思主义的科学主义倒退到空想社会主义或伦理社会主义。⑥

---

① 高尔泰．人道主义：当代争论的备忘录．四川师范大学学报（社会科学版），1986（4）.

② 邢贲思．怎样识别人道主义．百科知识，1980（1）.

③ 王锐生．我对“马克思主义的人道主义”的几点看法．文汇报，1983-04-11.

④ 胡乔木．关于人道主义和异化问题．科学社会主义，1984（1）.

⑤ 唐坤．也为人道主义辩护：一种批判的批判．青年论坛，1985（2）.

⑥ 黄楠森．关于人的理论的若干问题．哲学研究，1983（3）；李奇．人道主义不能成为科学历史观的基础．哲学研究，1983（11）；辛敬良．人道主义、人本主义和历史唯物主义．哲学研究，1983（10）.

魏英敏在《论两种对立的人道主义》① 一文中，针对马克思主义不仅包含人道主义的一般内容，而且是最“彻底的人道主义”“最高的人道主义”的观点做出了自己的批判性分析，指出这种观点显然是不正确的，它混淆了马克思主义与资产阶级人道主义的界限，把马克思主义降低为一种人道主义，把它看成人道主义发展的一个环节或一个派别。与此同时，魏英敏也对马克思主义同人道主义是两种根本对立的不同思想体系等观点做出了批判性分析，指出马克思主义反对的是抽象的人道主义而不是具体的人道主义，是作为历史观的人道主义而不是作为伦理观的人道主义。

3. 什么是社会主义人道主义

20 世纪 80 年代初中期的人道主义讨论，还涉及有没有社会主义人道主义，以及如何认识社会主义人道主义等问题。

一种观点认为，社会主义人道主义在本质上不同于资本主义人道主义，社会主义人道主义是马克思主义体系中的一个道德原则或规范，是以马克思主义世界观和历史观为基础的，本身并不构成一个独立的思想体系，因此不能把马克思主义和社会主义人道主义对立起来，更不能用抽象的人道主义来取代马克思主义。② 另一种观点认为，社会主义人道主义也就是马克思主义的人道主义，它既是一种世界观、历史观，也是一种伦理原则、道德规范。不能把作为世界观、历史观的人道主义同作为伦理原则、道德规范的人道主义割裂开来。③

关于社会主义人道主义同共产主义道德的关系，也有两种观点。一种观点认为，社会主义人道主义在社会生活中属于低层次，而共产主义道德则属于最高层次。④ 另一种观点认为，人道主义原则不是外在于共产主义道德要求的总体而从外部来补充共产主义道德的东西，它本身就被内在地

---

① 魏英敏．论两种对立的人道主义．北京大学学报（哲学社会科学版），1984（2）．

② 胡乔木．关于人道主义和异化问题．科学社会主义，1984（1）；罗国杰．社会主义人道主义和抽象人道主义的对立．高教战线，1984（2）．

③ 高尔泰．人道主义：当代争论的备忘录．四川师范大学学报（社会科学版），1986（4）．

④ 许启贤．简论社会主义人道主义在社会主义社会伦理道德要求总体中的地位问题．伦理学与精神文明，1984（6）．

包含于共产主义道德之中。社会主义人道主义不是一种低层次的道德要求，而是一种中高层次的道德原则和规范。①

20 世纪 70 年代末 80 年代中期关于人道主义的讨论，涉及的范围之广，论及的问题之多，延续的时间之长，产生的影响之深，是空前的。据不完全统计，从 1979 年至 1985 年共发表相关文章近千篇，出版各类著作和文集数十种，仅人民出版社就先后出版了《人是马克思主义的出发点——人性、人道主义问题论集》（1981）、《关于人的学说的哲学探讨》（1982）、《人性、人道主义问题讨论集》（1983）等著作。北京大学出版社出版了《马克思主义与人》（1983）、《人道主义和异化问题研究》（1985）等文集。

关于这场争论的重要意义，人们一致认为它有助于正确总结过去理论工作的经验教训，进一步形成和增强自由讨论的学术氛围；有助于加强马克思主义理论研究中的薄弱环节和发展马克思主义理论。当然，在当时特定的情势下，出现把一些宣扬人道主义的文章当作精神污染来对待的错误做法，胡乔木的文章也带有从政治意识形态的态度来总结这次讨论的意蕴。但与 20 世纪 60 年代的论争相比，它并未上升到或提升到阶级斗争的高度，并没有演化成大规模的政治斗争。这也反映了改革开放后中国社会的进步，反映了人们思想的解放和观念的更新。经由 20 世纪 70 年代末 80 年代中期关于人道主义的讨论，中国社会普遍产生了尊重人的利益、人格、价值和尊严的风气，自由、平等、互助的新型人际关系日趋形成，至 90 年代末形成了马克思主义的人学学科，社会主义人道主义被人们广泛接受，中国社会的人权状况也发生了天翻地覆的变化，人们的生存权、发展权得到了法律和道德的维护。

三、关于伦理学的研究对象、学科性质和基本问题的讨论

伦理学的研究对象该如何确定，学科性质该如何概括，基本问题该如何界说，这些都是研究伦理学必须首先予以弄清的一般理论问题，同时也

---

① 肖雪慧．对社会主义人道主义几个理论问题的思考．社会科学研究，1985（5）．

涉及伦理学理论体系的建构。

（一）关于伦理学的研究对象和学科性质的认识

关于伦理学的研究对象和学科性质的界定与认识，属于伦理学最为基础的理论问题。20 世纪 80 年代初，罗国杰在自己主编的《马克思主义伦理学》一书中认为，马克思主义伦理学，就是研究道德的本质和发展规律，特别是共产主义道德形成和发展的规律的科学，道德现象特别是共产主义道德现象就成为马克思主义伦理学的研究对象。随着伦理学研究的深入，人们开始探讨伦理学的研究对象、学科性质、研究方法等事关伦理学建构与发展方向的一系列本源性和基础性的理论问题，并为此发表了不少探讨性的文章。钱广荣在《伦理学的对象问题审思》一文中指出，学界一直基于“伦理就是道德”的认识将伦理学的对象仅归于道德，致使伦理学学科体系一直存在一种结构性的缺陷。实际上，伦理与道德是两个有着内在逻辑关联的不同概念。伦理学应以伦理与道德及其相互关系为对象，为此，需要在历史唯物主义的视野里丰富和发展伦理学的基本原理，这是当代道德哲学和伦理学研究与建设的一个重要学术话题。① 窦炎国在《伦理学的对象问题》一文中认为，伦理学必须不断地依据历史的进程和社会生活的实际状况来探寻道德的意志自由的实质，以及意志自由的道德的规律性。② 肖群忠在《伦理学的对象与性质新探》一文中认为，“伦理学是一门关于道德的价值哲学与人生、社会哲学学说。它是科学理论（历史主义）、哲学观点与价值学说（人本主义）的内在统一”③。伦理学的研究范围是：探讨人生、社会、道德现象的状态和规律；反思建构人生、社会、道德的价值基础和价值目标；探讨确立人和社会实践的行为法则；研究道德实践的机制和广泛运用。③ 韩东屏对科学主义的研究方法予以质疑，坚持认为伦理学从来不是一门纯科学。通过分析伦理学所研究的道德问题的性质可以得知，伦理学是哲学性为主、科学性为辅的哲学分支学科。④ 朱

① 钱广荣．伦理学的对象问题审思．道德与文明，2015（2）.

② 窦炎国．伦理学的对象问题．南京政治学院学报，2000（2）.

③ 肖群忠．伦理学的对象与性质新探．西北师大学报（社会科学版），2001（3）：58.

④ 韩东屏．关于伦理学性质与方法的辨正．华中科技大学学报（哲学社会科学版），2010（5）.

海林撰文坚持认为伦理学是研究道德和道德现象的科学，也是研究伦理关系及其调整的学问。伦理关系是一种具有普遍性的特殊社会关系，主要存在于“善”的领域，以伦理权利与义务关系为实质和核心内容，以非强制性的道德调整为主要调整手段。从伦理学的历史和现实来看，伦理关系都是伦理学的重要对象，不仅在伦理学理论体系的建构中具有基础性意义，而且在实践中也是完成伦理学使命的关键所在。①

廖申白在《论伦理学研究的基本性质》② 一文中坚持认为，伦理学着眼于人的特有的生活活动，以人的总体生活的善来面对和研究人的问题，它内含一种生活者的观点。把伦理学的研究仅仅建立在评价者的观点上是不恰当的，它是一种实践性的研究。一种生活活动仅当发生了对生活者而言的内在善时，才成为伦理学研究的恰当题材。伦理学也是规范性的研究，它研究伦理与道德是怎样的规范，以及它们怎样成为这类规范。伦理学是一种哲学的、有系统性的研究，这种研究更接近人的生活或问题的真实。

（二）关于伦理学基本问题的讨论

伦理学的基本问题是指纵贯人类伦理思想史全过程、横贯伦理学原理的各个方面，并在其中起主导和支配作用的根本问题或最一般的问题。我国伦理学界对伦理学基本问题的探讨与论争，就其对基本问题的界说而言，大体有一个问题说和多个问题说两大类。一个问题说认为，伦理学的基本问题是一个问题，诸如道德与利益的关系问题、善与恶的矛盾关系问题、道德与社会物质生活条件的关系问题、现有与应有的关系问题，等等。多个问题说认为，伦理学的基本问题不是一个而是多个。而对多个是什么的认识也有不同的说法：有学者认为，伦理学的基本问题有两个，即“作为人，我们应当做什么”和“对于人什么是有价值的”问题；也有学者认为，伦理学的基本问题实际为三个，即道与德、义与利、群与己的关系问题；等等。

一个问题说主要有以下四种观点：

第一种观点是由罗国杰主编的《马克思主义伦理学》提出，并由其学

---

① 朱海林．对伦理学的对象的再认识：兼与韩东屏教授商榷．伦理学研究，2012（1）.

② 廖申白．论伦理学研究的基本性质．中州学刊，2009（2）.

生谭维克、陈平在《试论伦理学的基本问题》① 一文中所系统发挥的，即“道德与利益的关系问题”。

第二种观点是由魏英敏在《伦理学基本问题之我见》② 一文中提出的“善与恶的矛盾问题”。魏英敏认为，善恶问题是道德生活领域的特殊矛盾，也是伦理学的基本问题。因为善与恶的矛盾是道德生活中的特有现象，只有伦理学才研究善与恶。

第三种观点是由王兴洲在《论伦理学的基本问题》③ 一文中提出的，即“道德与社会历史条件的关系问题”。道德与社会历史条件的关系问题有两个方面：一方面，社会历史条件决定道德，是道德的基础；另一方面，道德对社会历史条件具有反作用。如果说，道德与社会历史条件的决定与被决定的关系表明伦理学中的唯物论，那么道德对社会历史条件的反作用则表明伦理学中的辩证法。

第四种观点认为，伦理学的基本问题是人的道德责任问题。人对国家、对社会、对他人、对自己应该承担什么样的道德责任，是伦理学的基本问题。从伦理学研究的对象来看，伦理学研究的四种道德现象——道德理论、道德规范、道德行为、道德心理，都可以被人的道德责任覆盖。道德理论研究道德责任的善恶问题，道德规范研究道德责任的准则问题，道德行为研究道德责任的对错问题，道德心理研究道德责任的心理发生机制问题。④

多个问题说主要有以下两种观点：

第一种观点认为，伦理学的基本问题就是道德观的根本问题，即道与德、义与利、群与己的关系问题；简单合在一起说就是，伦理学的基本问题就是道德义利群己关系问题。伦理学的核心对象是道德，道德观的根本问题就是如何看待道与德、义与利、群与己的价值优先性问题，从而做出价值选择。这三个问题中的第一个问题是道德观的形式性问题，是道即规范优先还是德即品德优先，这会影响不同的伦理学家的思考方式，形成规

---

① 谭维克，陈平．试论伦理学的基本问题．哲学研究，1985 (1).

② 魏英敏．伦理学基本问题之我见．伦理学与精神文明，1984 (4).

③ 王兴洲．论伦理学的基本问题．哲学研究，1983 (6).

④ 马进．伦理学基本问题商榷．光明日报，2007-02-13.

范伦理学与美德伦理学的不同理论类型；后两个问题则不仅是伦理学家要思考的道德观的实质价值问题，也是每一个道德主体在人生道德实践中必须面临和选择的问题。这三个问题从形式和内容的统一上回答了道德观的根本问题，无论是对于人们的伦理思考和道德选择来说，还是对于伦理学的理论类型、学术流派划分、道德原则确立、科学体系建立来说，都具有根本性的意义，因此，成为伦理学的基本问题。① 孔润年的观点与以上观点类似，他把伦理学的基本问题分为善与恶的关系的道德理论问题、义与利的关系的道德规范问题、知与行的关系的道德活动问题、荣与辱的关系的道德心理问题四个部分。②

第二种观点认为，伦理学的基本问题是"作为人，我们应当做什么"和"对于人什么是有价值的"两个问题的有机统一。伦理学首要的基本问题是"作为人，我们应当做什么"，这一基本问题重在确立人之所以为人应当遵循的伦理法则。"对于人什么是有价值的"是伦理学的第二个基本问题，这一基本问题重在确立人应当追求的价值目标。

上述观点都有自己的创建，但未必是不可探讨和争鸣的。这体现了伦理学问题的丰富性和开放性，也说明伦理学基本问题的确定并非易事。关于伦理学基本问题的讨论还在深入，21 世纪以来，一些学者对伦理学的基本问题又提出了自己的看法，这些看法为推进对伦理学基本问题的讨论、促进伦理学的发展创造了条件，使人们对伦理学的学科性质及理论特质有了更为深入而全面的认识。

此外，改革开放和社会主义现代化建设新时期所探讨的伦理道德问题还体现在关于社会主义义利观、社会主义荣辱观、社会主义幸福观、社会主义和谐观以及效率与公平、先富与后富、竞争与协作等问题的讨论中，体现在关于应用伦理学的性质、特点以及究竟该如何认识应用伦理学与理论伦理学的关系的讨论中。这些讨论连同关于中国特色社会主义伦理文化建设和公民道德建设等的讨论一起，构成这一时期伦理学研究的重要内容，整体上促进了伦理学研究视野的拓展、研究方法的改善和研究水平的

---

① 肖群忠．伦理学基本问题新论．道德与文明，2007 (1).

② 孔润年．试论伦理学的基本问题．光明日报，2007－01－09.

提高，使伦理学日益成为哲学社会科学中一门受到广泛关注、作用更加明显的学科。

四、张岱年、周原冰、李奇、罗国杰的伦理学研究

进入改革开放和社会主义现代化建设新时期以后，随着伦理学学科的恢复，张岱年、周原冰、李奇、罗国杰等人以时不我待的使命感致力于伦理学研究，不仅发表了系列学术论文，而且推出了相关学术著作或教材，不断助推改革开放和社会主义现代化建设新时期的伦理学研究。

（一）张岱年著《中国伦理思想研究》

改革开放以后，张岱年以“壮心不已”的使命感从事着中国哲学和伦理学的研究，先后发表了数十篇学术论文，推出了多部学术专著。就伦理学而言，《中国伦理思想研究》① 可以说是张岱年关于中国伦理思想研究的代表性成果。该著作对中国伦理思想史领域的许多理论问题做了较为全面且言简意赅的论述，其中涉及中国伦理思想的基本特征、主要内容及对纲常、仁爱等问题的分析。在张岱年看来，中国古代伦理思想的第一个基本特征是肯定人在天地之间的重要地位，具有人类中心论的特质；中国古代伦理思想的第二个基本特征是承认人与自然的统一关系，既肯定人与天地的区别，又强调人与天地的不可分割的密切联系，具有天人合一的特质；中国古代伦理思想的第三个基本特征是重视伦理问题的言行相符，主张知行合一。在中国古代的思想家看来，伦理思想必须表现为一定的行为或者说见之于生活行动，在身体上表现出来。“躬行实践”意味着将道德原则在生活中实现出来。道德认识和道德原则，如果不能化为具体的行动，就是欺人之谈，毫无价值。张岱年关于中国古代伦理思想基本特征的论述，可谓极深研几，阐幽发微，抓住了中国古代伦理思想的根本，不失为一家之言。

---

① 张岱年．中国伦理思想研究．上海：上海人民出版社，1989.

基于对中国古代伦理思想基本特征的探讨，张岱年研究了中国古代伦理学说的主要内容或讨论的理论问题。张岱年认为，中国古代的伦理学说，从周秦以至明清，经历了两千多年，内容比较丰富而复杂，所讨论的问题很多，涉及道德生活的方方面面，但概括说来主要可以分为以下八个问题：（1）人性问题，它涉及道德意识和道德情感的起源问题。在中国古代，大多数思想家都认为道德源于人的生活，并着重研究了道德与人性的关系。性善论宣扬人有善良的本性，道德源于这种善良的人类本性；性恶论认为善非本性而是出自后天的培养；性有善有恶论认为善良出于本性而邪恶也出于本性，故此对善性要培育，恶性则应驱除；性无善无不善论则认为善恶皆非本性而都是本性的改变。中国历史上的人性问题总是同道德情感和道德意识的起源问题相关，构成伦理学研究的一个主要内容。（2）道德的最高原则和道德规范的问题，如孔子的仁爱、墨子的兼爱，即是关于道德的最高原则。（3）礼义与衣食的关系问题，即道德与社会经济的关系问题。（4）义利理欲问题，即公利与私利的关系以及道德理想与物质利益的关系问题。（5）“力命”“义命”问题，即客观必然性与主观意志自由的问题。（6）“志功”问题，即动机与效果的关系问题。（7）道德在天地之间的意义，即伦理学与本体论的关系问题。（8）修养方法问题，即道德修养及其最高境界的问题。近代以来，中国伦理思想所讨论的重点问题有所改变。①

20 世纪 80 年代以后，张岱年相继撰写了《简评中国哲学史上关于人的价值的学说》②、《中国哲学的道德价值论》③、《人伦与人格独立》④ 等学术论文，对人生哲学问题和人学伦理学做出了精湛而独到的理论思考，提出了一系列发人深省的理论化命题与学说，促进着新时期中国伦理学的发展和进步。

---

① 张岱年．中国伦理思想研究．上海：上海人民出版社，1989：70－228.

② 张岱年．简评中国哲学史上关于人的价值的学说//北京大学哲学系．马克思主义与人．北京：北京大学出版社，1983.

③ 张岱年．中国哲学的道德价值论．社会科学辑刊，1989（1）.

④ 张岱年．人伦与人格独立．北京大学学报（哲学社会科学版），1990（4）.

(二)周原冰著《共产主义道德通论》

周原冰1986年推出的《共产主义道德通论》[①] 一书，对道德的内涵、历史发展、共产主义道德的实质和实践等一系列道德学科的重要问题，进行了系统论述。该著作可谓周原冰伦理思想的代表作，对研究周原冰伦理思想具有重大意义。

第一，关于道德的外部联系与内部结构问题的论述。周原冰在《共产主义道德通论》中坚持用恩格斯晚年合力论的思想去考察道德的社会制约性与社会功能的问题。他认为研究道德的社会制约性问题，不仅要看到它具有客观基础，还要看到它受其他上层建筑意识形态的影响，比如说政治、法律、宗教、文艺等的影响；研究道德的社会功能和反作用，也必须看到道德不单独地、孤立地发挥其功能与作用，而是同政治、法律等密切相关地联系在一起去发挥它所特有的功能与作用。

关于道德的内部结构问题，该著作将其区分为道德意识、道德选择、道德实践三个方面，并认为一定的道德意识制约着人们的道德选择，而道德选择又构成道德实践的起点，道德就是一个由道德意识经过道德选择而至道德实践的系统，其中道德选择是连接道德意识与道德实践的中介环节。[②]

第二，关于共产主义道德的实质及其发展阶段问题的论述。共产主义道德是相对于人类历史上其他道德类型（如封建主义道德、资产阶级道德）而言的一种新型的社会道德体系。共产主义道德不仅有着一般道德的共同性质，而且有着自己特有的性质。共产主义道德是以在资本主义社会就已形成的工人阶级道德为基础，用马克思主义的科学共产主义理论武装起来，通过工人阶级自己的政党——共产党的领导和教育，通过所有为共产主义事业而牺牲奋斗的先进人物的示范作用，而逐步丰富、完善和发展起来的；共产主义道德是共产主义事业的一个组成部分，又是实现共产主义事业每一斗争过程中不可缺少的精神武器，因而它始终都随着共产主义事业的发展而发展；共产主义道德的基本任务是树立新的科学的道德评价标

---

① 周原冰．共产主义道德通论．上海：上海人民出版社，1986.

② 周原冰．试论道德的内部结构．中国社会科学，1984（6）.

准并以此去调节人民内部的各种关系，鼓舞人们为共产主义事业而奋斗。

关于共产主义道德发展的阶段问题，周原冰认为，共产主义道德的发展大体上可分成三个基本阶段：(1) 无产阶级道德时期的共产主义道德，这是共产主义道德产生、形成和作为无产阶级革命精神武器与行为规范的阶段；(2) 统治阶级或领导阶级时期的共产主义道德，这是共产主义道德得以普遍发展，并且逐步在全社会取得领导和支配地位的阶段；(3) 未来的全社会最广大的成员都能自觉遵守、成为共同行为准则时期的共产主义道德，这时的共产主义道德已逐步摆脱阶级道德的性质，成为全社会进步人类共同的道德。这三个基本阶段的共产主义道德，就其本质属性和基本原则来说，从头到尾都是一以贯之的，否则它就不能构成一种完整的道德体系；从作用和影响的范围来讲，后一阶段比前一阶段更深广。周原冰关于共产主义道德经历三个基本发展阶段的思想，从理论上澄清了人们对共产主义道德的种种误解，具有深化人们对共产主义道德的认识、强化共产主义道德教育的作用，这是他对中国马克思主义伦理学发展做出的一个重要贡献。①

第三，关于共产主义道德基本原则问题的论述。周原冰认为，共产主义道德基本原则的确立，应当反映调节人们与共产主义事业的关系的要求，应当反映调节人们与社会集体的关系的要求，应当反映调节人们与生产劳动的关系的要求，应当反映人们立身处世、律己待人的要求。据此，周原冰提出四条共产主义道德的基本原则：(1) 忠于共产主义事业，这是共产主义道德最根本的原则。(2) 集体主义原则，这是区分共产主义道德和一切非共产主义道德的根本标志。(3) 热爱劳动，要求以崭新的共产主义劳动态度对待工作，自觉地为创造新的高度的劳动生产率而斗争。共产主义劳动态度，从根本上说，就是要自觉地为创造新的高度的劳动生产率而斗争，以社会主人翁的主动负责精神对待劳动；把劳动和提高劳动生产率看作共产主义事业的物质基础；高度自觉地遵守劳动纪律和社会秩序；等等。(4) 以实事求是为基础的忠诚老实。②

---

① 周原冰．共产主义道德发展的三个基本阶段．哲学研究，1984 (9).

② 周原冰．共产主义道德通论．上海：上海人民出版社，1986：第七章．

周原冰关于共产主义道德基本原则的理论，是他共产主义道德理论研究中的一个十分重要的组成部分。他自己也认为，真正能够代表他共产主义道德理论研究的基本思想的，是关于共产主义道德发展三阶段说和关于共产主义道德基本原则的理论。应该说，周原冰关于共产主义道德基本原则的理论，既不同于苏联施什金和季塔连科的观点，又不同于国内关于共产主义道德基本原则的一些理论，具有自己的独到特色。

（三）李奇主编《道德学说》

20世纪80年代，当马克思主义伦理学形成一个初步的理论体系之后，李奇写出了《道德与社会生活》① 等著作和文章，探索道德与经济、政治、文化、教育、科学等的关系，研究道德如何在各个社会生活领域发挥作用。20世纪80年代末，她主编了《道德学说》②，该著作深入系统地论述了马克思主义伦理学，为马克思主义道德学说的发展做出了较大贡献。

第一，关于道德学说的中心问题。李奇认为，道德的根源所涉及的道德意识和社会存在的关系，是道德学说作为哲学的一个分支学科的最根本的中心问题。道德作为一种社会意识形态，产生的根源是什么，这从哲学上来说，关系道德的本源问题，也就是道德意识和社会存在的关系问题。道德意识的本源是超自然、超现实的“天”或上帝，还是现实世俗的社会存在或其他意识？道德意识的本源是先验的本性还是后天的经验？回答这一问题是道德学说的思想路线和出发点问题，制约着它对一系列理论问题的解决，任何阶级和社会的道德学家都不能回避这一问题。“各种道德学说的理论分歧，主要就是从这里开始的。”③ 在李奇看来，社会存在与社会意识的关系问题是社会历史观或历史唯物主义的基本问题。社会历史观作为道德学说的理论基础，其基本问题也制约和规定着道德学说的中心问题。社会历史观中的社会存在与社会意识的关系同个人与社会的关系是紧密联系在一起的，两者的结合便是具有道德理论特性的道德学说的中心问

① 李奇．道德与社会生活．上海：上海人民出版社，1984.

② 李奇．道德学说．北京：中国社会科学出版社，1989.

③ 同②10.

题。因为社会历史观的基本问题是社会存在与社会意识谁决定谁的问题，而社会存在中包含着经济关系和经济关系所决定的个人与社会的关系。那么，道德这一社会意识形态，便是由社会经济关系所决定的个人与社会的关系的直接反映；表现在道德的社会作用上，就是调整个人与社会（包括他人）之间的利益关系。所以，个人与社会的关系正是社会存在这一概念的深一层的具体内涵，是社会经济关系与道德这一社会意识形态之间的中介环节。个人与社会的关系作为道德学说的中心问题，不但可以显示出道德理论问题的特殊性，而且贯穿在关于道德根源和本质、道德准则和规范、道德品质和修养以及价值观念等的一系列道德理论问题中。道德是调整人与人之间、个人与社会之间关系的社会意识形态和上层建筑，道德的这种基本特质及其社会职能反映着道德学说的中心问题。李奇对道德学说中心问题的概括与论证，是紧密联系历史唯物主义学说来进行的，体现了她以唯物史观为指导来探讨道德学说中心问题的基本思路。

第二，关于个人与社会的相互关系问题。既然个人与社会的关系问题是构成道德学说的中心问题的主要方面，那么揭示个人与社会的本质以及两者的辩证关系就成为马克思主义道德学说的理论起点。马克思主义把人的本质概括为一切社会关系的总和，揭示了人的现实性与实践性、社会的本质及其与个人的辩证关系，从而科学地解决了伦理思想史上长期争论而不得其解的关于个人与社会的理论问题。马克思主义认为，个人与社会是同时诞生的，人是在社会劳动中形成的，社会是在许多人的合作劳动生产中产生的，社会是人们交互作用的产物，是许多人按一定方式的合作，而不是孤立的个人集合体。李奇指出，马克思主义在揭示了个人与社会的本质的基础上科学地解决了个人与社会的关系，认为个人与社会的关系是社会的一种内在的有机联系，个人是社会中的个人，社会是由无数个人组成的社会，个人生活在一定的社会形态中，一定的社会形态构成个人生存的基本事实和基本特点。个人是一定的社会关系的体现，是在社会实践中产生和发展的；同时社会又是个人在劳动生产活动中相互交往和相互作用的产物。个人与社会相比较，社会起着主导的、决定的作用。个人一生下来就被历史地注定在一定的社会中生活着，他不可能超越历史而自由地选择社会，他只能在既定的社会中进行生产活动和过自己的生活。当然，个人在社会中具有能动的创造性作用，但是这种能动的创造性作用又必须在一定的客观的社会物质条件的制约下才能实现，所以个人总是社会的存在物。个人与社会的关系，本质上是相互依存、相互影响的关系。从个人与社会辩证统一关系的原理出发，李奇对个人意识与社会意识的关系以及个人利益与社会利益的关系做了辩证唯物主义的阐释和论述，丰富和发展了马克思主义的道德学说。

第三，关于道德进步及其发展的规律性问题。李奇认为，人类社会是不断发展的，道德作为人类社会的一种特殊精神现象，和人类社会的其他现象一样，总的来看是进步的。道德进步的含义主要是指，从道德体系来看，道德发展的历史过程中，后一种社会形态的道德体系要比前一种社会形态的道德体系先进些，包含着更多的较长久因素。道德的发展和进步的规律性主要表现在：（1）道德是在人类社会的劳动生产过程中产生的，并且随着生产方式的发展变革而发展；（2）道德是随着阶级斗争的发展而发展的；（3）道德是在善与恶的矛盾运动中发展的；（4）道德的发展也随着科学文化的发展而发展，在文明和粗野的斗争过程中前进。

除此以外，李奇的《道德学说》还探讨了道德的本质及社会作用、道德意识的结构和内容、道德认识的过程及规律、道德评价及其依据、道德继承的途径和方法等问题，阐发了马克思主义道德学说的性质、特征与主要内容，建构了一个颇有中国特色的马克思主义道德学说理论体系。

（四）罗国杰主编《马克思主义伦理学》和《伦理学》

“文化大革命”结束后，罗国杰（1928—2015）着手恢复伦理学教研室和开展伦理学学科建设的工作，受命领衔编写《马克思主义伦理学》教科书。罗国杰自述，从20世纪60年代初编写的《马克思主义伦理学教学大纲》和《马克思主义伦理学讲义》，到80年代主编的《马克思主义伦理学》、《伦理学教程》和《伦理学》，大体上反映了其对马克思主义伦理学理论体系探索的思想轨迹。

罗国杰认为，马克思主义伦理学是一门全面研究道德现象的哲学理论科学。道德现象包含的内容很多，大体上可以区分为道德意识现象、道德规范现象和道德活动现象三大类。与伦理学研究对象即道德现象的三个方面相适应，马克思主义伦理学的体系结构亦应由道德基本理论、共产主义道德规范体系和共产主义道德活动体系三大部分构成。马克思主义伦理学是一门哲学理论科学，应当全面地考察人类历史上各种道德类型的演变，揭示出道德发生发展的社会根源、社会本质与社会作用，探索出道德发展变化的规律性。道德规范部分包括道德的原则、规范、范畴等方面的内容，是伦理学的核心内容，也可以称之为伦理学的规范伦理学或准则伦理学部分。① 道德活动部分包括道德行为、道德选择、道德评价、道德品质及道德修养、人生观与道德理想诸问题，是伦理学的实践伦理学或品行伦理学部分。总之，马克思主义伦理学体系是由道德的基本理论部分、共产主义道德规范部分、道德活动部分有机构成的科学的理论体系，是理论伦理学、规范伦理学、实践伦理学三者的有机统一。

罗国杰研究马克思主义伦理学的一大特点和杰出贡献表现为，始终将集体主义视为社会主义道德的基本原则。集体主义道德原则包含三个方面的内容：（1）集体利益高于个人利益；（2）在集体利益高于个人利益的原则下，切实保障个人的正当利益，促进个人价值的实现；（3）集体主义强调个人利益与集体利益的辩证统一。② 罗国杰认为，社会主义道德建设要加强集体主义的价值导向，同时要坚持为人民服务的核心和精神，在《社会主义道德建设的核心》③ 一文中，罗国杰全面系统地阐释了为人民服务的本质内涵，及其与集体主义原则的关系。

罗国杰的马克思主义伦理学研究在20世纪80—90年代的中国学术界占据着重要的地位，影响较为深远。20世纪80—90年代中国马克思主义伦理学的迅速发展以及各种教科书的大量问世，都这样那样地受到罗国杰的伦理思想的影响，或者说是以罗国杰的马克思主义伦理学研究作为起点并在此基础上开拓前进的。

此外，魏英敏、唐凯麟、宋希仁、许启贤、朱贻庭、章海山、陈瑛、徐惟诚、刘启林、甘葆露、张锡勤、唐能赋、臧乐源、魏道履、陈楚佳、

① 罗国杰．马克思主义伦理学．北京：人民出版社，1982：206.

② 同①226.

③ 罗国杰．社会主义道德建设的核心//罗国杰．道德建设论．长沙：湖南人民出版社，1997.

张善城、王育殊、徐少锦、王兴洲等一批伦理学人，也在改革开放和社会主义现代化建设新时期对伦理学的恢复与发展做出了自己的贡献。一大批在改革开放和社会主义现代化建设新时期成长起来的中青年学人，以自己敢于探索、善于创新的学术研究，拓宽了伦理学的研究领域和研究空间，在一些比较重大的理论和现实问题的探讨上问鼎学术前沿，助推着新中国伦理学的快速发展。

整体上看，党的十一届三中全会至十八大这一时期的伦理学研究，凸显了解放思想、实事求是、团结一致向前看的伦理精神，有着对前 30 年道德理想主义和否认个人正当利益的诸多批判，并在社会主义功利主义和道德现实主义方面多有比较系统的论述，对商品经济和市场经济也做出了比较多的肯定。与此相关，伦理思想在回归现实道德生活中得到更多的阐发，中外伦理思想和应用伦理学研究也在冲破教条主义与权威主义中获得了自己的生长空间，进步是第一位的。但是，由于一度放松了思想政治教育和精神文明建设，道德生活领域出现了过分世俗化和为个人利益争地位的状况，伦理思想研究中的复古主义和西化主义倾向得以不断传播，导致了思想政治教育和精神文明建设的一些严重问题。适应新形势新时期道德建设的实际需要，中国共产党十二届六中全会通过了《中共中央关于社会主义精神文明建设指导方针的决议》，十四届六中全会又通过了《中共中央关于加强社会主义精神文明建设若干重要问题的决议》，特别是 2001 年中共中央印发了《公民道德建设实施纲要》，强化了社会主义精神文明建设和公民道德建设的重要性。由于中国特色社会主义是前无古人的伟大探索，改革开放和社会主义现代化建设新时期的精神文明建设和公民道德建设绝非一朝一夕之功，如何建设与社会主义市场经济相适应，与现代法律规范相协调，与传统美德相承接的思想道德体系，需要理论上的深入研究与实践上的久久为功。这一时期最大的理论成就是邓小平伦理思想、“三个代表”重要思想的伦理思想和科学发展观伦理思想的确立，形成了中国特色社会主义伦理思想体系。这是马克思主义伦理思想中国化继毛泽东伦理思想之后的又一重要成果，对于引领中国新时期社会主义伦理道德现代化建设方向，促进社会主义精神文明建设和公民道德建设发展，具有极其重要的理论指导和价值引领意义。

第三章　中国特色社会主义新时代伦理学的研究进展和发展状况

中国共产党第十八次全国代表大会的胜利召开，标志着中国特色社会主义进入新时代。“中国特色社会主义进入新时代，意味着近代以来久经磨难的中华民族迎来了从站起来、富起来到强起来的伟大飞跃，迎来了实现中华民族伟大复兴的光明前景；意味着科学社会主义在二十一世纪的中国焕发出强大生机活力，在世界上高高举起了中国特色社会主义伟大旗帜；意味着中国特色社会主义道路、理论、制度、文化不断发展，拓展了发展中国家走向现代化的途径，给世界上那些既希望加快发展又希望保持自身独立性的国家和民族提供了全新选择，为解决人类问题贡献了中国智慧和中国方案。”① 以习近平同志为主要代表的中国共产党人顺应时代发展，从理论和实践结合上系统阐发了“新时代坚持和发展什么样的中国特色社会主义、怎样坚持和发展中国特色社会主义，建设什么样的社会主义现代化强国、怎样建设社会主义现代化强国，建设什么样的长期执政的马克思主义政党、怎样建设长期执政的马克思主义政党”等重大时代课题，创立了习近平新时代中国特色社会主义思想。伦理学界围绕新时代中国特色社会主义伦理文化和道德建设诸问题开展积极的学术研究与实践调研，深入研究中华民族伟大复兴的中国梦、社会主义核心价值观、以爱国主义为核心的民族精神和以改革创新为核心的时代精神等重大理论与现实问

---

① 习近平．决胜全面建成小康社会　夺取新时代中国特色社会主义伟大胜利：在中国共产党第十九次全国代表大会上的报告．北京：人民出版社，2017：10.

题，致力于建构中国特色、中国风格、中国气派的伦理学学科体系、理论体系、教材体系、话语体系和传播传承体系，将伦理学理论研究和实践研究推进到一个崭新的发展阶段。

一、中国梦、中国精神和中国爱国主义研究

新时代是以奋力实现中华民族伟大复兴的中国梦、弘扬和培铸中国精神开启大幕的，中国梦、中国精神、中国品质、中国价值、中国力量、中国形象，成为时代的热词和流行语，也成为中国人民和中华民族精气神或精神风貌的集中呈现。生逢这一伟大时代和国度的伦理学人深情地讴歌与礼赞中国梦、中国精神、中国品质、中国价值、中国力量、中国形象，并展开了自己的理论运思和智慧创造，推出了一大批立时代之潮头、发时代之先声的学术著作和学术论文，拱立着新时代伦理学术和伦理文化的精神大厦，向世界展示出一个有着五千年悠久文明历史的东方大国在和平崛起征途上的伦理气象和精神风骨。

（一）中华民族伟大复兴的中国梦研究

2012年11月29日，习近平与十八届中央政治局常委集体参观《复兴之路》陈列展时首次公开谈论，实现中华民族伟大复兴是中华民族近代以来最伟大的梦想，并认为这个梦想凝聚了几代中国人的夙愿，体现了中华民族和中国人民的整体利益，是每一个中华儿女的共同期盼。[①] 习近平提出中华民族伟大复兴的中国梦之后，中国梦在社会上产生了广泛的影响，成为引领全国各族人民共同奋斗的价值追求。中国梦以个人梦与国家梦相结合，以马克思主义的人本思想为出发点，凝聚和寄托了几代中国人的夙愿，体现了中华民族和中国人民的整体利益，它是所有中华儿女的共同期盼。中国梦的核心内涵是实现中华民族的伟大复兴，本质是国家富强、民族振兴、人民幸福。中国梦蕴含传统智慧、价值逻辑、世界影响，

① 习近平谈治国理政：第1卷．北京：外文出版社，2018：36.

包括国家层面的价值向度即家国情怀的时代表达，是辉煌文明和近代国情的传承与催生；包括个人层面的价值向度即以人为本的核心要求，主张人民是中国梦的实践者与中国梦成果的分享者；包括世界层面的价值向度即天下大同的价值追求，旨在阐释中国与世界和合共生、相连相通、休戚与共。

中国梦从本质上说，是中华民族近代以来民族梦想的延续与发展，也是中国人民单个具体梦想的凝练与提升，其在本质上是国家梦、民族梦与人民梦的有机统一。就中国梦的整体性维度与历史性归宿而言，实现共产主义远大理想是最伟大的中国梦，而全面建成小康社会与实现社会主义现代化是中国梦在社会主义初级阶段历史条件下的具体性、阶段性目标。①中国梦是中国人的民族集体记忆与中国历史特别是中国近代苦难史和民族解放史的集中表述，是全体人民当下生存实践、生活现实、发展状况和社会变革的生动写照，是中国发展目标、民族共识和中国道路的新规划蓝图，体现了中国政治、中国哲学、中国文化、中国社会的当代关切。中国梦的时代价值主要体现在：开辟了马克思主义中国化的新境界，扩展了党的执政理念，增进了人民的价值共识，为实现民族复兴凝聚了力量，为世界和谐发展注入了新活力。中国梦具有理论和实践的双重意义，它一方面拓展了马克思主义的社会发展理论，丰富了马克思主义中国化的成果，超越了以往中国人民对理想社会的追求；另一方面指导中国人民取得了中国特色社会主义建设的一系列重要成就，勾勒了习近平强国战略的愿景，同时为破解世界难题，带动全球经济发展提供了中国智慧和中国方案。

蒙慧主编的《中华民族伟大复兴的“中国梦”》②，从中华民族的逐梦历程、中国共产党的追梦之路、“中国梦”概念的提出、“中国梦”提出的意义、实现“中国梦”的有利环境、实现“中国梦”的现实困境、“中国梦”的实现路径等七个方面，论述了党的十八大以来习近平有关“中国

① 张明．中国梦的特征、价值导向与实现路径．新疆师范大学学报（哲学社会科学版），2013（4）．

② 蒙慧．中华民族伟大复兴的“中国梦”．北京：人民出版社，2017．

梦”的战略思想和创新理论，并对中国共产党人实现中华民族伟大复兴中国梦的理论建树和实际功勋做出了精当的评述。赵朝峰等著的《民族复兴与强国之路》①，深刻阐释了近代以来中国人民实现伟大复兴和强国之路的历史缘起，生动诠释了中国人民探索中华民族伟大复兴艰辛历程中的新陈代谢、曲折转圜、层层递进，尤其是重点展现了中华民族在中国共产党领导下迎来的从站起来、富起来到强起来的伟大飞跃，迎来的实现中华民族伟大复兴的光明前景。

苗成斌著的《现代化与民族复兴研究》②，植根历史、立足现实、探究未来，系统研究中国现代化与民族复兴的历史脉络、实践探索、发展趋势、价值启示，力求体现现代化和民族复兴历史性与前瞻性的统一、理论性与实践性的统一、时代性与开放性的统一、创新性与规律性的统一，努力从历史的、现实的、未来的逻辑关系中探寻答案，从理论、实践和价值的层面探求基本原理。该著作认为，从中国特色社会主义的伟大实践来看，民族复兴中国梦是建立在改革开放与推进全面建设小康社会和社会主义现代化实践基础上的，蕴含着对当代中国怎样坚持与发展中国特色社会主义和实现怎样的民族复兴等时代课题、根本问题的回答，体现了党的创新理论形成的实践逻辑和现实逻辑。

（二）民族精神和时代精神有机结合的中国精神研究

习近平在第十二届全国人民代表大会第一次会议上指出，实现中华民族伟大复兴的中国梦，必须大力弘扬中国精神。中国精神是凝心聚力的兴国之魂、强国之魂。中国精神包括以爱国主义为核心的民族精神和以改革创新为核心的时代精神。爱国主义始终是把中华民族坚强团结在一起的精神力量，改革创新始终是鞭策我们在改革开放中与时俱进的精神力量。③之后，学术界围绕如何锻造和弘扬中国精神展开研究，推出了一批学术论文，出版了多部学术专著，掀起了一个研究中国精神的高潮。习近平不仅

---

① 赵朝峰，等．民族复兴与强国之路．北京：民主与建设出版社，2021.

② 苗成斌．现代化与民族复兴研究．北京：人民出版社，2018.

③ 习近平谈治国理政：第1卷．北京：外文出版社，2018：40.

明确提出了中国精神的概念，而且不断丰富和充实中国精神的内涵，使其与中华民族伟大复兴的中国梦有机地关联起来。中国精神对提振当代中国人的精神状态，构筑中国道路的精神支撑，调动中国力量的内在源泉，提供世界发展的中国智慧，具有重要的现实意义。在《深刻理解中国精神在当代中国的特定内涵》一文中，佘双好指出，中国精神是习近平新时代中国特色社会主义思想中的重要概念。狭义的中国精神即是指以爱国主义为核心的民族精神和以改革创新为核心的时代精神，构成中国精神的主干。而要完整地理解中国精神，还必须把中国精神与中国特色社会主义实践活动联系起来，同中国特色社会主义先进文化建设结合起来，从中国特色社会主义的精神支撑角度理解中国精神，赋予中国精神更为丰富的内涵，处理好中国精神与民族精神和时代精神、中华优秀传统文化、社会主义核心价值体系、社会主义核心价值观等的关系，更好地把握中国精神的内涵和各种关系。①

董振华主编的《中国梦与中国精神》②，从中国的古代、近代、现代、新时代的历史中探索中国精神，从人物精神中探索中国精神；从多个维度探索中国精神的深刻内涵，并强调指出中国精神是实现中国梦的强大动力。魏泳安著的《中国精神的时代内涵及培育研究》③，首先分析和厘清中国精神的内涵、价值，及其在五千年中华文明发展历程中形成的源流精要和内在规律，并在清晰界定中国精神的基础上，对中国精神的教育进行系统完整的研究。因此，该著作以中国精神的界定和梳理为研究前提，在明确中国精神的基础上，对培育中国精神的理论性、历史性、现实性、基本思路和实施路径展开研究，以期对当前坚定文化自信提供有益的思路。

中国共产党在100多年的非凡奋斗历程中形成了一系列伟大精神，为立党兴党强党提供了丰厚滋养，是中国共产党百年风华正茂的基因密码。袁国柱编著的《看万山红遍——中国共产党人的精神谱系》④，首次系统

---

① 佘双好．深刻理解中国精神在当代中国的特定内涵．思想理论教育，2019（5）．

② 董振华．中国梦与中国精神．北京：人民出版社，2015．

③ 魏泳安．中国精神的时代内涵及培育研究．北京：中国社会科学出版社，2018．

④ 袁国柱．看万山红遍：中国共产党人的精神谱系．北京：中共中央党校出版社，2021．

梳理了28种中国共产党人的伟大精神，其中革命斗争篇阐释和论述了五四精神、红船精神、井冈山精神、苏区精神、长征精神、遵义会议精神、东北抗联精神、延安精神、红岩精神、太行精神、吕梁精神、抗战精神、沂蒙精神、西柏坡精神共14种精神，艰苦创业篇阐释和论述了抗美援朝精神、北大荒精神、大庆精神、铁人精神、红旗渠精神、焦裕禄精神、雷锋精神、王杰精神共8种精神，改革开放篇阐释和论述了劳模精神、劳动精神、工匠精神、塞罕坝精神共4种精神，新时代伟大奋斗篇阐释和论述了抗疫精神、脱贫攻坚精神共2种精神，每种精神由“学习一番话”“重温一段史”“讲好一堂课”三个部分组成，旨在红色基因的薪火相传中赓续中国共产党人的百年精神谱系。

陈雪、王永贵在《中国精神：战“疫”斗争中的强大精神力量》一文中，揭示了在抗击新冠肺炎疫情的斗争中中国精神所展现的强大精神力量。文章指出，在战“疫”斗争中，中国精神实现了对爱国主义、人民情怀以及革命精神的赓续创新，重新注解了“四个伟大精神”，即中国精神是激励中华民族创新的“加速器”，是助推中华民族奋进的“强心针”，是凝聚中华民族力量的“黏合剂”，是指引中华民族前行的“指明灯”。在抗击新冠肺炎疫情中培育和弘扬中国精神，更需要党员先行、青年发声，借助新型媒体多管齐下，在国内、国外两个场域同时发力，方能真正彰显中国精神在战“疫”斗争中的强大精神力量。①

（三）当代中国爱国主义研究

爱国主义作为中华民族的“民族心”和“民族魂”，既是一个永恒主题，也是一个动态的历史范畴。在当代中国，爱国主义的本质特征就是培育和践行社会主义核心价值观，在中国特色社会主义发展道路上实现国家富强、民族振兴、人民幸福的中华民族伟大复兴的中国梦。社会主义核心价值观的三个层面都与爱国主义密切相关，国家层面是社会主义现代化建设的奋斗目标，社会层面是社会主义国家人际关系遵循的基本准则，个人

① 陈雪，王永贵．中国精神：战“疫”斗争中的强大精神力量．思想政治教育，2020(4).

层面是爱国的基本道德要求。当代中国的爱国主义既是中华民族爱国主义传统的延续，也有其自身的特点。当代中国爱国主义的主题是实现中国梦，其时代内涵是坚持爱国和爱党、爱社会主义相统一。当代中国的爱国主义区别于狭隘的民族主义，是与社会主义相统一的爱国主义，是与国际主义紧密相连的爱国主义，具体表现在爱国和爱党、爱社会主义的统一上。我国爱国主义始终围绕着实现民族富强、人民幸福而发展，最终汇流于中国特色社会主义。祖国的命运和党的命运、社会主义的命运是密不可分的。只有坚持爱国和爱党、爱社会主义相统一，爱国主义才是鲜活的、真实的，这是当代中国爱国主义最核心的内容和最本质的特征。新时代爱国主义精神通过红色基因的传承、公共理性的培育、报国之行的实践，打造了具有中国特色的根植路径，成为流淌在中国人民血液中的无坚不摧的奋斗意志。

当代中国爱国主义教育要引导人们深入思考为什么要坚持中国共产党领导的多党合作和政治协商制度，而不能搞西方的多党制，引导人们自觉把爱国和爱党、爱社会主义统一起来；要深入开展反腐倡廉建设，切实改进党的作风；要加强广大党员和领导干部的理想信念教育；要加强党的基本理论、基本路线、基本纲领和基本经验的教育。当代中国，爱国主义的鲜明主题就是建设中国特色社会主义，推动实现中华民族的伟大复兴。加强新时代爱国主义教育，是实现中华民族伟大复兴中国梦及着力于“举旗帜、聚民心、育新人、兴文化、展形象”与固本培元、凝心铸魂的伟大工程。面对国内形势和国际环境的新变化，新时代弘扬爱国主义精神必须准确把握时代本质内涵、融通中华古今优秀文化、胸怀世界构建命运共同体、厚植青少年爱国主义情怀、唱响网络爱国主义主旋律等，促使中华儿女心中最自然朴素的爱国情感转化为实现中华民族伟大复兴的中国梦的强大力量。

二、“再写中国伦理学”的深度思考和积极尝试

2016 年 5 月 17 日，在全国哲学社会科学工作座谈会上，习近平发表

了重要讲话，并向全国哲学社会科学工作者提出了构建具有中国特色、中国风格、中国气派的哲学社会科学学科体系、学术体系、话语体系的要求，为增强我国哲学社会科学国际影响力做出新的更大的贡献。伦理学界围绕如何构建具有中国特色、中国风格、中国气派的伦理学学科体系、理论体系、教材体系、话语体系展开了思考和讨论，主张“再写中国伦理学”的声音此起彼伏，力求写出水平、写出特色、写出创新性的伦理学教材体系和理论体系，是大家共同的学术价值追求。李建华撰文认为，新时代不仅是一个描述当代中国客观实际的概念，而且蕴含了深刻的伦理价值，体现为强国、利民、自信、担当、共享等。由于现代科技与社会变迁的特殊性，我们也应该看到新时代所面临的伦理挑战，如伦理主体日益被解构、伦理关系日益复杂化、伦理整合日益弱化、伦理预期日益模糊等。这就需要在新时代构建一种适应社会全面转型发展的伦理大思路，完善中国特色社会主义的伦理道德规范体系，提供中国伦理精神和中国伦理价值，构建具有中国特色、中国风格、中国气派的伦理学。① 建设中国伦理学无疑是我国当代伦理学者们应担负的历史使命。之所以要提出建设中国伦理学，是因为现有的伦理学表现出时代的滞后性，没有体现中国特色，缺乏中国态度。中国伦理学必须植根于中国道德土壤，立足于当代中国实践，着眼于中国重大问题。构建中国伦理学，必须以中国特色社会主义理论为指导，以传统伦理和西方伦理为参照，以学科、学术、话语三体系为抓手。②

赵修义在《伦理学就是道德科学吗?》一文中，对伦理学能否等同于“道德科学”做出了自己的批判性思考，认为这一问题不仅涉及伦理学的学科归属和地位，而且是“再写中国伦理学”绕不开的问题。伦理学界的三位前辈，在这一问题上有不同意见，周原冰明确坚持“道德科学”说，周辅成、冯契则对此说持“保留态度”，并且就如何理解伦理学与哲学的关系、如何构建中国特色的伦理学等重大问题提出了独到的见解。通过对

① 李建华．新时代的中国伦理学使命．中南大学学报（哲学社会科学版），2018（1）.

② 李建华．中国伦理学：意义、内涵与构建．中州学刊，2016（7）.

这一争论的梳理，期望对今天我们“再写中国伦理学”有所裨益。① 朱贻庭在《“伦理”与“道德之变”——关于“再写中国伦理学”的一点思考》一文中指出，辨析“伦理”与“道德”的区别与联系，具有重要的理论价值和实践意义，既是总结古典中国伦理学的前提和切入点，又为论述“天人合一”“义利之辨”“和同之辨”等道德哲学提供逻辑的和经验的根据；通过批判地继承，又能为当代中国伦理学找准研究的对象，因而也是“再写中国伦理学”的一个不可或缺的理论前提，从而可为道德建设提供学理性的理论依据。②

樊和平（别名樊浩）在《中国伦理学研究如何迈入“不惑”之境》一文中，对改革开放以来的伦理学研究状况予以反思，就中国伦理学研究如何伴随它的时代迈入“不惑”之境发表自己的看法，认为中国伦理学必须回应具有前沿意义的三大追问，即“道德哲学”如何“成哲学”，“伦理学”如何“有伦理”，“中国伦理”如何“是中国”。在樊和平看来，“不惑”之境的要义，是以认同与被认同为核心的现代中国伦理学的安身立命。“成哲学”“有伦理”是在现代学科体系、学术体系中的“安身”，核心是中国理论、中国话语；“是中国”是在现代文明体系中的“立命”，核心是中国气派。作为哲学的一个分支，现代伦理学面临“哲学认同”的危机，危机源于两大学术误读：对中国传统伦理学的哲学气质的误读；对马克思主义哲学与伦理学的关系的误读。现代中国伦理学必须回归“精神”的家园，透过伦理道德的精神哲学体系的建构而“成哲学”。“无伦理”是现代伦理学研究最明显也是最具标志意义的“惑”，“道德”的话语独白导致“无伦理的伦理学”，它根源于中国伦理学传统的断裂和康德主义的影响。“是中国”不仅是中国理论体系、中国话语体系、中国问题意识，而且是伦理道德和伦理学研究在现代文明体系中的文化天命；不仅关乎伦理学研究的文化自觉和文化自信，而且关乎全球化背景下中华民族在现代文明体系中的文化自立。迈入“不惑”之境必须完成三个学术推进：由概念

---

① 赵修义．伦理学就是道德科学吗？．华东师范大学学报（哲学社会科学版），2018（6）.

② 朱贻庭．“伦理”与“道德之变”：关于“再写中国伦理学”的一点思考．华东师范大学学报（哲学社会科学版），2018（1）.

诠释系统到伦理道德一体的问题意识的推进；由学术气派到学术使命的推进；由“礼义之邦”到“伦理学故乡”的推进。①

李建华在《当代中国伦理学构建的“人学”维度——关于“再写中国伦理学”的一种可能性进路》一文中指出，重塑或构建中的当代中国伦理学向人学的回归，是伦理学研究或道德哲学研究的内在要求。伦理学与人学在研究内容上的部分一致，既使前者向后者的回归成为可能，又使后者对前者的进步产生巨大推动力。人作为生物性与社会性的双重性存在以及人的个体差异性，使伦理学成为必要。与此同时，伦理学历来存在的两类理想假设，即圣人假设和全人假设，是伦理学的应然性追求，但在现实生活中难以实现。伦理学的现实困境是，凡人与圣人、异化人与全面人之间的距离制约着个体人的道德能力发挥，进而使道德理想“悬空”。实现伦理学由过度理想主义向现实主义的转型发展，不失为一种较为明智的选择。② 20世纪初，中国伦理学开启了从传统到现代转换的进程，其间经历了从坚守传统转向就教于西方、后转向就教于苏联、再转向就教于西方、最后又回头就教于中国传统的四次转向，从而走向繁荣和强大。经过百余年尤其是改革开放以来的发展，中国伦理学已经成为“显学”，结出了累累硕果，形成了全国性的研究基地和学术平台，实现了一系列重大的理论和方法的突破与创新。伦理学在现代转换的过程中也有一些影响学科发展的未引起人们注意的隐性问题，如伦理学学科性质的定位、应用伦理学的性质、伦理学的相对学术独立性等问题。中国伦理学的现代化不仅需要努力解决这些问题，还需要加大传统伦理学创造性转化和创新性发展的力度，促进“中西马”伦理思想深度融合，提升和提炼时代道德精神，通过打造具有原创性的伦理学体系推出饮誉世界的伦理学大师。③

当代中国伦理学面临广度拓展和深度发掘两大理论任务，前者属于问题域的开显，后者属于伦理学自身的深化。为摆脱成果多、质量低的窘

① 樊浩．中国伦理学研究如何迈入“不惑”之境．东南大学学报（哲学社会科学版），2019（1）.

② 李建华．当代中国伦理学构建的“人学”维度：关于“再写中国伦理学”的一种可能性进路．华东师范大学学报（哲学社会科学版），2019（1）.

③ 江畅．中国伦理学现代转换的百年历史审思．社会科学战线，2021（2）.

境，当代中国伦理学必须在“不再是”“正在是”“尚未是”三个维度上拓展和深化。在“不再是”的框架内，从发生学视角深化道德观念史与道德实践史、文化史的伦理性的研究；在“正在是”的视域中，公共性危机的伦理省思、制度与体制伦理学、德性论困境与规范论难题、不同道德范型之间的冲突与通约，将成为亟待深入分析和论证的问题与难题；朝向“尚未是”的当代中国伦理学，必须关注现代技术的二重性、基于构建人类命运共同体之上的人类伦理学的滥觞和走向心灵深处的道德哲学。而完成以上理论任务的思维能力正是判断力、思索和意愿，而这些能力只有在“实际性”生活的体验和沉思中才能培养起来。①

三、道德治理与食品、药品安全伦理道德问题的研究

改革开放以来，随着社会发展，我国在政治、经济、文化等领域取得了巨大成就，但不可否认的是，我国在国民素质、社会风气、道德素养等方面依然存在许多问题，亟须通过社会道德治理加以解决，从而提升国家发展软实力。党的十八大报告强调，要继续深入开展道德领域突出问题治理，积极培育社会主义核心价值观。道德治理的全面展开和推进，能够扶正祛邪、扬善抑恶，重新焕发我国社会道德的生机，对社会主义核心价值观的践行和价值实现，亦有非常重要的意义。

（一）道德领域专项突出问题的道德治理

道德治理是由治理引申出的新概念，它是指我国党政等公权力机构联合各类社会组织及全体公民，通过制定方案和采取有效措施对当前我国社会出现的突出道德问题加以遏制和消除的活动。道德治理的主体是执政党和政府、社会组织以及公民个人。唯有多元化的主体广泛参与和协商共治，才能解决公共规则被破坏和公共利益受损等问题。多元共治是保证道德治理取得成效的重要前提。龙静云发表了多篇论述道德治理意义和内涵

① 晏辉．反思的、批判的、重构的当代中国伦理学．伦理学研究，2021（2）．

的文章，揭示出了现代道德治理不同于古代道德治理的基本特征。① 张溢木撰文探讨了道德治理的难题，认为道德治理作为一种社会治理活动，在一般意义上包含着主体与客体的相互作用。社会作为道德治理主体的能动性，并不是在虚幻中摆脱道德关系规律的制约，而是在认识人伦关系的规律并逐步地将道德关系规律的制约置于主体的治理之下。另外，组成道德关系的人首先有生理差别，其他差别更是千人千面。在这样的差别中既需要形成共识，依据客观规律制定相应的道德规范体系加以对人伦关系的处理进行引导，同时又要求有超越常规的精神，实现道德治理的不断优化和最佳化。更确切地说，就是要解决好道德治理主体的历史性、价值性、选择性等三个根本性的问题。②

道德治理对形成良好的社会风尚与促进道德主体的自我完善，具有重要的价值。它往往是社会共同利益和集体意志的反映，内在地包含着主体需要的普遍诉求和共同特性。既定社会的价值规范和道德原则，只有转化成道德治理主体的道德情感和内在道德诉求，才能将道德治理的目标贯彻落实。同时，个人道德品质和道德境界的提升，亦有赖于积极的社会道德氛围和共同的道德理性与价值信念。外在的价值规范和道德原则与内在的主体情感和信念意志之间互相作用，才使得道德治理具有现实的必要性与可能性。

（二）安全伦理和药品安全伦理道德问题研究

安全伦理学是伦理学的重要基础。现代安全伦理道德基础原理，主要有人本价值取向原理、安全的公共性原理和安全健康信仰与事故可预防信念原理。林国志著的《人类安全观的演变及其伦理建构》③，从人类安全观的演变及其伦理建构入手，深入研究了“族群”安全及其伦理观的产生与基本特性，传统安全及其伦理观的形成与发展、基本特性与主要困境，非传统安全及其伦理观的基本特性与现实困境，“类安全”的内涵、伦理

---

① 龙静云．道德治理：国家治理的重要维度．华中师范大学学报（哲学社会科学版），2015（3）；龙静云．道德问题的症候与治理．光明日报，2014－06－04.

② 张溢木．道德治理的实现难题．理论视野，2015（10）.

③ 林国志．人类安全观的演变及其伦理建构．北京：中国社会科学出版社，2015.

意蕴、文化底蕴和现实基础及其伦理观的践行与挑战人类安全及其伦理观的现实“挑战”，中国安全战略的形成与发展、机遇、挑战与定位、主要特性与基本范式等问题，以揭示人类安全观演变的内在逻辑性及规律性，探索人类安全伦理观的自我生长运动、发展与建构的规律性，凸显安全价值和安全伦理在人类安全的维护与发展中具有不可替代的重要作用，并以此作为我们未来解决安全问题的重要抓手。

颜江瑛撰写的博士学位论文《中国药品安全的伦理学研究》①，结合药学伦理、科研伦理和商业伦理三个方面来研究我国药品安全存在的伦理问题，并提出解决的对策和措施，为保障我国药品安全提供参考意见。该论文认为，药品是关系到公众身体健康的一种特殊商品。药品安全监管贯穿药品的研制与开发、生产与销售、使用与管理的全过程。药品特殊性被忽视必然伴随着各种药品安全事件的出现，而药品安全事件对人类的生存与发展构成重大的危害。因此，药品研制、生产、流通和使用各环节漠视药品特殊性，折射的是对生命的漠视和伦理的践踏。药学事业的发展是药学伦理与商业伦理形成的基础，反过来药学伦理与商业伦理会指导人类药学事业进一步发展。违背药学伦理与商业伦理必然导致各类药品安全事件的发生，严重阻碍药学事业的正常发展，因此，我们在药学事业的发展中必须注意药学伦理与商业伦理问题。药品临床试验是新药上市前最重要的研究环节之一，有必要从科研伦理角度探讨找出我国药品临床试验中可能出现的伦理问题，如知情同意不规范、侵犯受试者生命和健康利益、伦理委员会成员伦理相关培训不足等。制药企业生产的药品承载着维护和促进人类健康的重要使命。随着公众主体意识和对公平、正义、健康、幸福、环保等的渴求的增强，制药企业要想在新的竞争环境下获得持续发展，就不能忽视与人们生活密切相关的自然环境、健康、生存环境等问题。一方面，制药企业作为追求经济效益最大化的利益载体，存在着利益诉求的正当性；另一方面，药品作为特殊商品与公共健康密切相关的属性，又决定了制药企业承担社会责任的必然性和特殊性。

---

① 颜江瑛．中国药品安全的伦理学研究．博士学位论文，中南大学，2013.

(三)食品安全伦理道德问题研究

食品是人类生存和发展的物质基础，食品安全问题是关乎人类生命健康与国家经济发展、社会稳定的重大问题。食品安全涉及千家万户，与人民群众身体健康和生命安全息息相关。构建食品安全伦理是确保人民群众“舌尖上的安全”以及千家万户生命健康、生活幸福的内在要求。唐凯麟的《食品安全伦理引论：现状、范围、任务与意义》①，喻文德的《论食品安全伦理的基本价值诉求》②，王伟的《食品安全伦理秩序的现代建构》③，彭长华的《构建我国食品安全的伦理意义与理路——基于马克思道德观的论述》和《大数据时代我国食品安全的伦理考量》④，以及唐凯麟主编的“食品安全伦理问题研究丛书”即《餐桌上的民生：食品安全伦理责任》《“上帝”的尊严：食品消费安全伦理》《舌尖上的文化：道德文化视阈下的中国食品安全》《生命之殇：食源性疾病的伦理审视》《十字路口的困惑：转基因食品安全的伦理问题》⑤，等等，掀起了食品安全伦理学研究的高潮。

徐越如著的《马克思技术批判和技术伦理思想与食品安全的研究》⑥，主要从马克思技术批判思想、马克思技术批判思想的发展、马克思技术伦理思想、马克思技术批判与食品技术的反思、马克思技术伦理与食品安全伦理、食品安全伦理的研究与实践等六个方面着手，对马克思技术批判和技术伦理思想与食品安全问题展开了系统研究。徐越如在对马克思技术批

---

① 唐凯麟．食品安全伦理引论：现状、范围、任务与意义．伦理学研究，2012（2）.

② 喻文德．论食品安全伦理的基本价值诉求．中南大学学报（社会科学版），2012（5）.

③ 王伟．食品安全伦理秩序的现代建构．求实，2012（11）.

④ 彭长华．构建我国食品安全的伦理意义与理路：基于马克思道德观的论述．江西社会科学，2019（11）；彭长华．大数据时代我国食品安全的伦理考量．青海社会科学，2019（6）.

⑤ 喻文德．餐桌上的民生：食品安全伦理责任．长沙：湖南师范大学出版社，2017；徐新．“上帝”的尊严：食品消费安全伦理．长沙：湖南师范大学出版社，2017；曾鹰．舌尖上的文化：道德文化视阈下的中国食品安全．长沙：湖南师范大学出版社，2017；孙雯波．生命之殇：食源性疾病的伦理审视．长沙：湖南师范大学出版社，2017；朱俊林．十字路口的困惑：转基因食品安全的伦理问题．长沙：湖南师范大学出版社，2017.

⑥ 徐越如．马克思技术批判和技术伦理思想与食品安全的研究．天津：天津社会科学院出版社，2015.

判思想与食品技术的反思中探讨了安全视角下食品技术批判的伦理意义，新食品技术及其应用的伦理争论，对新食品技术引起的伦理难题的应对措施，转基因食品技术安全性批判，食品添加剂技术安全性批判等方面，并依据马克思技术伦理思想探讨了食品安全伦理，探讨了马克思关于技术的道德非中立性的思想对食品安全的指导意义，马克思人道主义的技术思想对食品安全的指导意义，马克思自然主义的技术思想对食品安全的指导意义，并在此基础上探讨了食品技术的生态伦理困境及其解决之道、陌生人社会视野中食品安全的道德问题及其解决之道。

赵士辉等主编的《食品安全伦理、法律与技术》①，对食品安全伦理做出了初步的探索，内容涉及食品行业道德的形成和发展，食品行业道德的性质与特征，食品行业道德的主要功能，食品安全法与食品行业道德，食品生产与经营的基本道德规范要求，食品生产与经营者竞争的基本道德规范要求，食品行业道德规范建设的重点，食品行业道德教育的途径和方法，食品行业的耻感伦理文化教育等方面，并就如何确保食品安全伦理提出了一些对策性的建议。王伟著的《中国食品安全道德治理研究》② 指出，明知故犯的食品安全败德事件表露出食品生产与经营者的无耻无德，也在某种程度上折射出其他食品利益相关者的道德供给不足。加强食品安全道德治理方面的研究，为食品安全治理注入伦理元素，是实施食品安全治理的重要内容。该著作以伦理学的视角为切入点，以食品安全问题为着眼点，以广大人民群众的立场为立足点，对当前我国食品安全道德状况进行历史的纵向审视和国际的横向比较，提出食品安全道德治理的理念原则，为治理食品安全问题提供价值坐标和伦理方案。朱步楼主编的《食品安全伦理建构》③ 一书，从食品安全的风险分析和伦理反思，到食品安全的伦理构建和路径选择，做了比较全面的阐述。黄儒强、黄继红编著的《食品伦理学》④ 认为，随着食品加工技术的发展和管理水平的提升，食

① 赵士辉，侯丽华，白云岗．食品安全伦理、法律与技术．天津：南开大学出版社，2012.

② 王伟．中国食品安全道德治理研究．北京：人民出版社，2019.

③ 朱步楼．食品安全伦理建构．南京：江苏凤凰科学技术出版社，2016.

④ 黄儒强，黄继红．食品伦理学．北京：科学出版社，2018.

品风险的控制由无意识逐步转变为有意识，其贯穿食品供应链的过程控制。对于食品生产者而言，意识很重要，而这个意识的表现形态就是对他人的尊重，也是暗含在食品行业里的伦理道德。伦理是人的意识形态体现，是文明和历史文化的沉淀，也是对生命、对他人、对事物甚至对我们生存的环境——地球的态度的客观体现。中国是一个拥有五千年历史的国家，想要建立健全的伦理标准和规范的操作程序，增强生产者对食品、对人的伦理意识，必须执行食品伦理管理。

转基因食品是指利用基因工程（转基因）技术在物种基因组中嵌入了（非同种）外源基因的食品。转基因食品对人类健康的影响主要包括营养、毒性、过敏、耐药和环境问题。毛新志在《转基因食品的伦理问题与公共政策》① 一书和相关学术文章中，对转基因食品安全伦理问题做出了比较全面的分析论述，并提出了如何应对转基因食品安全伦理问题的行动方案和思路对策。

四、中华传统美德和中华伦理文化的阐释与弘扬

党的十八大以来，习近平围绕“中华传统美德的创造性转化、创新性发展”发表的系列重要论述，成为推动中华传统美德新时代现代转型与中华民族道德共同体建构的根本遵循。其关于中华传统美德的“双创”思想是蕴含时代逻辑、理论逻辑、实践逻辑的内在体系，要求“双创”立足时代，把握时代内涵、时代价值、时代问题的内在统一；厘定方向，恪守马克思主义道德观、革命道德观、社会主义道德观的内在统一；开阔视野，坚持历史性与现实性、民族性与世界性的内在统一。

中华传统美德凝聚着以爱国主义为核心的团结统一、爱好和平、勤劳勇敢、自强不息的民族精神，不仅为以爱国主义为核心的民族精神提供价值支撑，也为以改革创新为核心的时代精神提供有益滋养，可为新时代人们认识道德现象提供智慧启迪，为社会道德建设提供历史借鉴，为人们道

① 毛新志．转基因食品的伦理问题与公共政策．武汉：湖北人民出版社，2010.

德教育和道德修养提供有益参照。[①] 肖群忠、王苏、杨建强合著的《中华传统美德的时代价值》[②] 指出，中华传统美德是中华优秀传统文化的核心与灵魂，在实现中华民族伟大复兴的过程中，其所能发挥的精神动力和保障作用受到高度重视。在传统中国，传统道德塑造与深刻影响了民众的生活方式和价值趋向、人格特点和心灵秩序，成为中国人内在的文化基因。该著作分别从传统美德对于民族复兴、当代文化建设、核心价值观培育、当代道德建设的意义与价值四个方面展开分析论述，指出中华民族作为多元一体的复合性民族，不仅有其共同生活的自然地理条件和政治认同，更重要的是有传统道德作为中华民族凝聚力的核心和灵魂。中国梦是中华民族的时代新使命，传统美德是实现中国梦的强大精神动力。中华传统文化是一种伦理型文化，价值观-道德观建设亦是当代文化建设的核心和灵魂。培育核心价值观是当代社会文化建设的重要使命，价值观与道德构成一种种属关系，道德以一定的价值观为思想观念基础，道德把价值观加以实践落实。该著作还阐发了核心价值观与传统道德的区别和联系，分析了传统美德对当代核心价值观的基础作用，探究了传统美德如何得以传承、创新、实践等相关问题。许建良著的《中华传统美德的现代传扬》[③] 认为，中华传统美德的传扬实践必须在有所获得的轨道上进行，不能违背实功的规则来实现真正的传扬。中华民族是“礼仪之邦”，“礼仪”的“仪”是单人旁，说明这需要人通过具体的行为做出来，一个民族的道德水准正是民众在具体践履的过程中不断积累厚实起来的，通过“群”的教育来提高个人的各种应对能力，为人际关系的和谐打下扎实的基础；在个人的层面，在日常生活中，通过礼貌、感恩、习惯等手段来提炼自己的人格素质，锻铸自己的文明素养，就显得非常重要，这是本着文化的规律来运思传扬传统美德实践的答案，也是一个中国人对实现中国梦的责任体现。许建良的另一部著作《中华传统美德德目论要》[④]，简要地审视了勤劳、俭约、自强、务实、诚信、公正、慈孝、仁爱、互助、谦下、贵和等中华传统美德

---

① 沈永福．新时代中华传统美德的传承与发展．红旗文稿，2020（10）．

② 肖群忠，王苏，杨建强．中华传统美德的时代价值．北京：人民出版社，2020．

③ 许建良．中华传统美德的现代传扬．南京：东南大学出版社，2021．

④ 许建良．中华传统美德德目论要．南京：东南大学出版社，2019．

德目，并对之做出了初步的总结与评价。

中华伦理文化或伦理文明积淀着中华民族最深层的精神追求，代表着中华民族独特的精神标识。中华伦理文明是拥有多元经典的民族，这相对于世界上其他一神教、一神论民族只有一本经典来说，在伦理精神结构的形式方面就具有鲜明的开放性、强大的包容性。中华上古贤达之人，从生活中的五味调和、礼乐实践中的五音协和诸现象，总结出包容杂多、尊重差异，“以他平他谓之和”的“和谐”思想，在处理上古多部落、族群的政治实践中提炼出“协和万邦”的政治智慧，成就了一种“和为贵”“保和太和”的和平主义伦理气质。中华伦理文明的经典以人间世俗生活的经验理性为主要内容，不排除对无限无形世界之天、幽隐而不见的鬼神世界的某种敬畏。[①] 以儒家伦理思想为主要内容的敬天法祖、慎终追远、仁礼并举、忠孝节义的礼乐文明，既构成中华伦理文明现实主义的精神风骨，又彰显出中华伦理文明对大自然和浩渺宇宙保持着一种敬畏之情，《周易・系辞下》所言的“仰则观象于天，俯则观法于地，观鸟兽之文与地之宜，近取诸身，远取诸物……以通神明之德，以类万物之情”的“上下求索”，较为深刻地揭示出中华伦理文明精神建构的广大高明性。中华伦理文明面对频繁的自然灾害、人类社会自身的各种矛盾和问题，形成了一种“哀民生之多艰”“安而不忘危，存而不忘亡，治而不忘乱”“先天下之忧而忧，后天下之乐而乐”的深刻忧患意识、政治理性、责任伦理，发展出一种“君子忧道不忧贫”“朝闻道，夕死可矣”的高迈而深刻的人文理性和信念理论。中华伦理文明在殷商之际便着眼于家国关系的同构，建构起一种“纳上下于道德，合天子、诸侯、卿、大夫、士、庶民以成一道德之团体”[②] 的制度伦理和制度伦理文明。此后，这种制度伦理文明的精神不断地在历史的发展递嬗中新故相推，成就出一种“周虽旧邦，其命维新”的制度伦理品质，既保持了“道德之团体”的统一与绵延，又在伦理精神方面体现出承前启后、继往开来的价值禀赋，从而助推着中华伦理文明的不断发展。

---

① 吴根友．中华文明对人类文明的重要贡献．人民论坛，2021（11）．

② 王国维．王国维儒学论集．彭华，选编．成都：四川大学出版社，2010：242．

伦理道德领域呈现出老传统与新传统、现代性与后现代性之间相互冲突、融合、激荡的局面。因此，在新的时代，制定适应新的社会结构、新的国家治理体系的伦理道德文化发展战略，需要更新已有的理论框架，更改寻常的思维惯性，从现实出发，与各学科广泛交流对话，并把这一战略放在全球化进程中加以考虑。有学者从适应性来看待道德的变化，认为道德是一种“隐秩序”，是一种嵌入性适应。道德适应以关心人的道德需求为第一要义，以寻找新的社会共同德性为目标，以形成统一的道德默契为关键，冀望寻求自我与他者的平衡点，使道德主体完成陌生人社会与熟人社会之间的身份转换和价值重建。有学者从“学科危机感”、伦理道德与文化的关系及新文明构建与文化自觉三个方面来分析中国伦理学的危机和生机。面对新的变化，有学者则对伦理学的学科定位进行了反思，指出伦理学不仅是关于“道德”的学问，更是关于“情理”的学问。通情理，而后可以立规；有规，而后人有可循；人有可循，而后有德；人人有德，而后社会有序；社会有序，而后人群有和。

此外，中国伦理学界还研究了许多涉及伦理学基础理论、马克思主义规范伦理学、美德伦理学、实践伦理学及中外伦理思想史学的问题，提出了一系列颇具创新性的理论命题和观点，并对中国当代现实的道德生活做出了实证研究，出版了多种版本的“当代中国伦理道德状况”或“当代中国伦理道德调研报告”，将建设具有中国特色、中国风格、中国气派的伦理学学科体系、理论体系、教材体系、话语体系和传播传承体系推向一个新的阶段。

整体上看，这一时期的伦理学研究在“守正创新”中发展，对此前的伦理学研究成果既有一定程度的继承和弘扬，又能结合新时代新任务新要求，予以创造性的开掘和深度系统的总结与阐发，体现了面向现代化、面向世界、面向未来的闳阔视域和精神品质，“密涅瓦的猫头鹰”的反思功能和“高卢的雄鸡”的报晓功能得到比较好的体现，伦理学中集大成的研究成果和创新性成果不断推出，新造着民族的精神慧命和伦理品质。特别是随着《关于培育和践行社会主义核心价值观的意见》、《新时代爱国主义教育实施纲要》和《新时代公民道德建设实施纲要》等重要文件的颁布，中国特色社会主义伦理文明和马克思主义伦理思想中国化取得系列新的原创性成就，道路自信、制度自信、理论自信、文化自信日益增强，中国人的骨气、志气、底气及与之相关的精气神得到进一步的强化和升华。当然，随着中国特色社会主义进入新时代，中国社会和人们道德生活面临的新矛盾、新问题纷至沓来，伦理学界攻坚克难的能力、自我革命的禀赋以及培本固元、凝心铸魂的学者品质都需要进一步强化、培育与锻造，立足中华民族伟大复兴的伦理立场尤须得到更加坚定的培育，立足本国而又面向世界，立足传统而又面向未来，在尊重道德现实主义基础上重建道德理想主义的价值系统亦成为中国伦理学界必须去攀越的学术山峰。“装点此关山，今朝更好看。”我们对新时代以来的伦理学研究已经取得的成就感到欢欣鼓舞，同时又为其任重道远的使命职责深觉不敢懈怠，唯有扎根于五千年中华伦理文明的丰厚土壤，把坚持马克思主义伦理思想与发展马克思主义伦理思想有机地结合起来，以我们正在做的事为研究导向，才能推出不忘本来、吸收外来、面向未来的理论研究成果，以服务于中华民族伟大复兴的神圣事业！

理论编

新中国伦理学走过了70多年筚路蓝缕的发展历程，中国共产党几代领导人和几代伦理学人上下求索、勠力同心，致力于探讨社会主义革命和建设时期、改革开放和社会主义现代化建设新时期、中国特色社会主义新时代所需要的伦理精神、价值品质和道德智慧，整体上取得了同中华民族从站起来、富起来到强起来相适应的伦理学研究成果，书写了人类伦理文明史发展的崭新篇章。新中国伦理学在理论上取得的成果本质上确证着马克思主义伦理思想中国化和中国社会主义先进伦理文化的研究成就，构成新中国伦理文明的研究骨架和新中国道德文化的理论基础。新中国伦理学不仅开辟了马克思主义伦理思想中国化发展的新局面，形成了毛泽东伦理思想，以邓小平伦理思想、“三个代表”重要思想的伦理思想和科学发展观伦理思想为主要内容的中国特色社会主义伦理思想，习近平新时代中国特色社会主义伦理思想三大杰出理论成果，而且在伦理学基础理论和道德哲学研究，规范伦理学和社会主义规范伦理学研究，以马克思主义为指导的实践伦理学和应用伦理学研究，中外伦理思想史研究等领域，都取得了一批重要的理论成果，初步建构起颇具中国特色、中国风格、中国气派的伦理学学科体系、理论体系、教材体系和话语体系。几代伦理学人以立足本国而又放眼世界、扎根传统而又面向未来的开放视野，潜心研究具有中国特色的伦理学基础理论、规范伦理学、实践伦理学、应用伦理学、中外伦理思想史诸学科及其重大理论和现实问题，使新中国伦理学研究不断地由浅入深、由表及里、由粗到精，成为时代伦理精神和民族伦理精神的重要载体与繁荣发展我国哲学社会科学的重要契机，对促进和推动中国特色社会主义精神文明建设和公民道德建设做出了重要的理论贡献。

第四章 伦理学基础理论和道德哲学研究

伦理学原理研究即一般认为的道德哲学和伦理学基础理论研究，涵盖了理论伦理学和规范伦理学研究的诸多重要内容，本质上有别于伦理文化史和应用伦理学等的研究，并为伦理文化史和应用伦理学等的研究提供理论基础与价值支撑。比较而言，道德哲学侧重于研究道德本原和对道德现象、道德问题做追根溯源式的探讨，凝结成道德形而上学原理或道德形上学理论，其重心落在道德本体论、道德认识论和道德知识论方面，理论伦理学除了道德哲学层面的内容以外，还有对一般伦理学基础理论、重要理论和创新理论等方面的研究，涉及与专注的伦理道德问题和伦理道德现象比道德哲学更为广泛、更为普遍。诸凡道德的内涵、定义、本质、功能、作用、起源、演变、发展形态、发展的规律性，以及道德与人、人性、人的本质、人的价值、人的尊严等的关系，还有如何认识道德、把握道德、评价道德，等等，都是理论伦理学研究的问题和论域。新中国成立以来的70多年特别是改革开放以来的40多年，我国伦理学原理的研究一步步地由浅入深，由表及里，由低级到高级，由片面到全面，无论是教材体系的建设还是专题性的研究探讨，都取得了明显的理论进步，凝结成新中国伦理学最为基础的重要研究成果。

一、伦理学教材体系和基础理论研究

伦理学原理和相关特色伦理学的独创性研究构成我国伦理学基础理

论或理论伦理学的主干部分。新中国成立以来特别是改革开放以来，我国伦理学人本着解放思想、实事求是、与时俱进、开拓创新的学术价值追求，对伦理学原理和一些既有伦理学基础性质又可做专门研究的伦理学学科开展了颇有成效的研究，取得了一批重要的研究成果，从而不断推动着伦理学基础理论或理论伦理学的研究和发展。

（一）伦理学教材体系的探索与创新

伦理学学科体系和理论体系同教材体系是密切相关的，伦理学教材体系建设上不去或者建构缺乏必要的深度和新意，伦理学学科体系和理论体系也会受到很大的影响。要繁荣发展中国特色伦理学学科，促进伦理学理论体系不断发展和完善，就必须在伦理学教材体系建设上下功夫，编写出体系严谨、结构合理、观点正确且能启人心智的好教材。新中国成立到改革开放前的30年间，我国除了零星的西方和苏联伦理学译介与教学外，几乎没有伦理学理论著作问世，伦理学教材的编写虽然在中国人民大学伦理学教研室被提上议事日程，但是后来又被迫中断。改革开放以来的40多年，我国伦理学基本理论的研究取得了历史性的发展和进步，表现为伦理学教材体系不仅得以建立，还能不断突破且有相当的发展与完善。罗国杰等学者在20世纪60年代初《马克思主义伦理学教学大纲》的基础上，主动向苏联学者学习借鉴，并结合中国改革开放之初伦理学学科建设的需要，创造性地编撰《马克思主义伦理学》① 教材，在中国伦理学从传统向现代转换的过程中发挥了重要的引领和示范作用。该部教材的出版从某种意义上说，意味着新中国伦理学有了自己的教材体系，并为伦理学学科体系和理论体系的建设奠定了基础。之后，罗国杰又相继主编《伦理学教程》②、《伦理学》③ 等教材，将伦理学教材体系建设推进到一个新的阶段。

受罗国杰教材体系建设的影响，唐凯麟主编的《简明马克思主义伦理学》④、编著的《伦理学教程》⑤ 和《伦理学》⑥，魏英敏主编的《新伦理

① 罗国杰．马克思主义伦理学．北京：人民出版社，1982.
② 罗国杰．伦理学教程．北京：中国人民大学出版社，1985.
③ 罗国杰．伦理学．北京：人民出版社，1989.
④ 唐凯麟．简明马克思主义伦理学．武汉：湖北人民出版社，1983.
⑤ 唐凯麟．伦理学教程．长沙：湖南师范大学出版社，1992.
⑥ 唐凯麟．伦理学．北京：高等教育出版社，2001.

学教程》[①]、郭广银主编的《伦理学原理》[②] 等教材，均对伦理学教材体系做出了自己的创造性探索，从而在一定程度上推进了伦理学教材体系的建设和发展。

马克思主义理论研究和建设工程重点教材《伦理学》[③]，以马克思主义、毛泽东思想和中国特色社会主义理论为指导，将社会主义核心价值体系贯穿于对伦理学基本原理和概念的阐述之中，全面总结并深入分析了中西伦理思想传统，论述了马克思主义伦理思想及其在中国的发展，对道德起源与发展、结构与功能、规范与范畴、道德建设、价值与修养，社会主义道德原则、规范和道德建设等内容做出了精当的阐释与论述，建构了一个融理论伦理学、规范伦理学和实践伦理学于一体的伦理学教材体系。该书第二版[④]在继承第一版的结构和主要内容的基础上，结合党的十八大以来培育和践行社会主义核心价值观和颁布的《新时代公民道德建设实施纲要》等文件精神予以修订完善。新版教材阐述并分析了伦理思想传统，凸显了“创造性转化”和“创新性发展”以及“古为今用”“洋为中用”等正确对待伦理思想传统方面的内容，在论述马克思主义伦理思想及其在中国的发展时增加了马克思主义伦理思想中国化的内在因由和习近平新时代中国特色社会主义思想对伦理学的贡献，在论述道德发展的规律性时增加了道德在社会实践活动中不断向前推进等内容，在探讨道德的本质特征时增加了关于道德与政治、法律、文艺、宗教、科学技术等的关系的论述，在论述社会主义道德原则规范时增加了社会主义核心价值观方面的内容，论述了社会主义核心价值观与社会主义道德的关系，在探讨社会主义道德建设内容时增加了抓好网络空间道德建设方面的内容；此外，删去了道德心理和道德情感一章，将道德教育和道德传播合并到道德理想和道德修养一章，形成十章的规模（比第一版减少了

---

① 魏英敏．新伦理学教程．北京：北京大学出版社，1993.

② 郭广银．伦理学原理．南京：南京大学出版社，1995.

③ 《伦理学》编写组．伦理学．北京：高等教育出版社，人民出版社，2012. 首席专家为万俊人、焦国成、王泽应。

④ 《伦理学》编写组．伦理学：第2版．北京：高等教育出版社，人民出版社，2021. 首席专家为郭广银、王泽应、王淑芹、王小锡。

两章）。整体上看，马克思主义理论研究和建设工程重点教材《伦理学》第一版和第二版是坚持以马克思主义为指导、凸显社会主义道德和社会主义核心价值观基本导向，以科学的理论武装人、以正确的舆论引导人的守正创新的伦理学教材，堪称新中国伦理学教材体系建设的标志性成果。

王海明的《新伦理学》、《伦理学原理》、《美德伦理学》（合著）[①] 等著作，阐述了一种功利主义的伦理学科学体系，明确将增加全社会和每个人的利益总量作为道德终极总标准，这种总标准显然是功利主义的。廖申白在《伦理学概论》[②] 中，以西方德性伦理思想为基础，构建了一个庞大而完整的德性主义伦理学体系，进一步引起了学界对德性问题的重视，并使德性论进入了中国伦理学教材体系。程炼著的《伦理学导论》[③]，旨在厘清人们以往对伦理学的误解，从学理和现实相结合的角度探讨何谓伦理学，何谓伦理的生活。该著作坚持认为，伦理学是提供关于如何做人和怎样行事的学说，它主要关注道德价值和正确的行动。一种伦理学理论需要系统地回答如下问题：什么样的生活是最好的？怎样判定行为的对错？哪些品格最值得拥有？该著作旨在回答这些问题，并试图为人类生活的意义做出哲学的说明。该著作的第一部分是分析和回应来自人都是自私的、决定论、上帝之死、相对主义、主观主义和科学主义的六种挑战，这些挑战从不同的角度质疑了伦理学的可能性。第二部分的内容是从事一些建设性的工作，看看在构思伦理理论时有哪些积极的资源供我们利用，内容涉及人类善、实践理性、理论与方法。功利主义、义务论、美德理论等。

此外，张善城编著的《伦理学基础》，张培强、陈楚佳主编的《伦理学概论》，周中之主编的《伦理学》，倪素香（别名倪愫襄）编著的《伦理学导论》，李萍主编的《伦理学基础》，张传有著的《伦理学引

---

① 王海明．新伦理学．北京：商务印书馆，2001；王海明．伦理学原理．北京：北京大学出版社，2001；王海明，孙英．美德伦理学．北京：北京大学出版社，2011.

② 廖申白．伦理学概论．北京：北京师范大学出版社，2009.

③ 程炼．伦理学导论．北京：北京大学出版社，2017.

论》，骆祖望、黄勇、莫家柱编著的《伦理学新编》[1]，等等，都在伦理学的教材体系和学科体系建设上做出了可贵的探索与贡献。

（二）伦理学基础理论的创新性研究

改革开放为中国伦理学的发展提供了前提、背景和依托。在改革开放时代推进伦理学基础理论的发展，必须有对中国伦理学现状的全面把握、理性分析以及对未来伦理学发展的前瞻或预制。万俊人著的《伦理学新论——走向现代伦理》[2]，提出了中国伦理学的现代构建问题，对中国伦理学的传统预制、现代生长及构建的当代尝试和现代伦理类型的综合性选择、现代伦理的基本原则及走向等问题进行了探讨。该著作深入地考察了中国现代伦理的生长背景、发展过程、理论困惑等问题，评述了当代人建构现代伦理的诸种尝试，并提出了自己关于建设现代化的中国伦理文化的基本设想。在该著作中，万俊人认为，现代化的伦理学至少包括五个基本层次：伦理学的本体理论（道德价值原理、道德主体性原理、道德理论的方法原理）、伦理学的实践理论（道德规范系统）、道德理想理论（伦理学的超越性系统）、伦理学的文化-心理原理或系统以及伦理学评价理论。该著作对当代伦理学的诸多问题及社会主义经济改革与道德建设的关系等做出了全新的探索。

当代中国伦理道德的认识和深度研究事关伦理学基础理论的研究格局。魏英敏著的《伦理、道德问题再认识》《当代中国伦理与道德》二书[3]，深入地探讨了伦理学的研究方法、道德的结构和伦理学的类型、伦理学的基本问题、社会主义初级阶段的伦理道德建设、马克思主义人性观与社会主义人道主义、经济改革与道德、职业道德建设的理论与实践等问

---

① 张善城．伦理学基础．哈尔滨：黑龙江人民出版社，1983；张培强，陈楚佳．伦理学概论．武汉：武汉大学出版社，1985；周中之．伦理学．北京：人民出版社，2004；倪素香．伦理学导论．武汉：武汉大学出版社，2002；李萍．伦理学基础．北京：首都经济贸易大学出版社，2004；张传有．伦理学引论．北京：人民出版社，2006；骆祖望，黄勇，莫家柱．伦理学新编．上海：上海财经大学出版社，1997.

② 万俊人．伦理学新论：走向现代伦理．北京：中国青年出版社，1994.

③ 魏英敏．伦理、道德问题再认识．北京：北京大学出版社，1990；魏英敏．当代中国伦理与道德．北京：昆仑出版社，2001.

题，并对 1978 年至 1988 年 10 年间中国伦理学的发生发展做了全面的回顾与总结。魏英敏把伦理学的基本问题界定为善恶关系问题，并认为道德的特殊性在于它是客观性与主观性的统一、他律与自律的统一、阶级性与全民性的统一、历史的暂时性与相对的永恒性的统一、现实性与理想性的统一、协调性与进取性的统一。魏英敏还就社会主义初级阶段道德规范体系做出了自己的论证，强调社会主义初级阶段道德建设必须体现中国传统文化自强不息、厚德载物的基本精神，必须体现商品经济快速发展、新技术革命突飞猛进、中外文化相互交流融合的时代精神，必须体现社会主义初级阶段的具体特点。魏英敏还对社会主义人道主义的本质特征和主要内容、社会主义职业道德建设的宗旨和机制诸问题做了颇具独创性的探论。

伦理学的发展必须有自己独特的理论审视和对当代中国伦理道德的理性观照。唐凯麟著的《伦理大思路——当代中国道德和伦理学发展的理论审视》①，系统而全面地回答了作为马克思主义伦理学当代形态的有中国特色的社会主义现代伦理学理论构建的一系列问题，深刻论述了当代中国道德和伦理学发展的应有视域、内在规律、主要内容、实践路径，对中国现代伦理学建设的原则、方法和基本思路做出了颇具创新性的论述。

江畅在《幸福之路——伦理学启示录》《理论伦理学》《走向优雅生存：21 世纪中国社会价值选择研究》《德性论》② 等著述中阐述了幸福主义伦理学体系，这一体系包括：五个基本范畴，即幸福、智慧、德性、和谐和优雅；五个基本命题，即幸福是人类追求的终极目的，智慧是实现幸福的最佳途径，德性是人格完善的可靠保证，和谐是生存环境的理想状态，优雅是当代人类的应有选择；五个基本主张，即走幸福之路，做智慧之人，修德性品质，创和谐环境，过优雅生活。应该说，江畅建构的理论伦理学在凸显幸福主义、优雅生活和高尚品质方面做出了自己的创造性探

① 唐凯麟．伦理大思路：当代中国道德和伦理学发展的理论审视．长沙：湖南人民出版社，2000.

② 江畅．幸福之路：伦理学启示录．武汉：湖北人民出版社，1999；江畅．理论伦理学. 武汉：湖北人民出版社，2000；江畅．走向优雅生存：21 世纪中国社会价值选择研究．北京：中国社会科学出版社，2004；江畅．德性论．北京：人民出版社，2011. 前三部著作整合为《幸福与和谐》(北京：人民出版社，2005)。

索与论述，促进了伦理学基础理论的向前发展。

李建华、周谨平、袁超合撰的《当代中国伦理学》[①]，着眼于社会主义伦理思想和伦理精神的时代表达与时代发展，从基本原则的提炼到伦理秩序的构筑，再到伦理目标的设立、道德规范的整合，无不彰显了社会主义伦理本质，将“五大发展理念”“人类命运共同体思想”“社会主义核心价值观”作为立论之基、活水之源，彰显了中国特色社会主义的伦理底色。该著作立足于民族伦理传统，注重民族伦理文化和伦理精神的传承与弘扬，坚持认为当代中国伦理学虽然需要西方伦理理论的参照，但本质上源自民族道德生活以及所积淀的民族伦理文化与伦理精神。该著作将新时代政治伦理、经济伦理、文化伦理、社会伦理、生态伦理纳入当代中国伦理学框架，极大地拓宽了伦理学的研究论域和研究空间。该著作构建了以两大基本伦理原则为基础，以三大伦理理念为依托，以四个基本伦理道德规范为核心的伦理体系：在规范体系建设上提出了“以人民为中心”和“集体主义”两大基本伦理原则；阐释了“发展”“公正”“和谐”三大伦理理念；确立了“爱国”“敬业”“诚信”“友善”四个基本伦理道德规范，展示了系统性与深刻性的统一。

何怀宏著的《伦理学是什么》[②]，关注“伦理学是什么”，不仅介绍了伦理学学科的基本概念和主要原理、中外哲学史上一些重要的伦理学流派和哲学家的观点，而且对一些最近现实生活中发生的材料和例证进行分析，探讨了道德判断的根据、道德原则的论证以及道德情感、德性、幸福与善等问题。在该著作看来，伦理学不是纯粹描述或分析性的，而是依赖于生活、依赖于世界的。因此，伦理学的研究对象、资源、解决问题的方式都是从生活实践中来的。伦理学不仅对行为规范有一定的论证作用，还试图解决人们安身立命的某些问题，比如生命的意义是什么，等等。

当代伦理学究竟应如何来更好地建构自己的理论体系，也是伦理学研究的前沿和重要问题。甘绍平著的《伦理学的当代建构》[③]，是一部对伦

---

① 李建华，周谨平，袁超．当代中国伦理学．北京：中国社会科学出版社，2019.

② 何怀宏．伦理学是什么．北京：北京大学出版社，2002.

③ 甘绍平．伦理学的当代建构．北京：中国发展出版社，2015.

理学基础理论做出创造性研究的成果。该著作展示了当代伦理学演进的新面向及道德发展的敏感触点，并以“再谈道德：在规则与德性之间”发表了自己关于伦理道德的基本见解，建构起了一个相对较新且问题意识比较突出的理论伦理学体系。自由与伦理的关系，自由在伦理学中的重要地位，是伦理学研究的基础性的核心课题。在《自由伦理学》①中，甘绍平从对意志自由与行为自由、形式自由与实质自由、消极自由与积极自由、一阶自由与二阶自由、个体自由与集体自决等的区分和辨识出发，对自由之伦理学中的自由概念的内涵进行全面深入的掘发，通过分析自由价值在政治、经济、科技、文化以及个体生活等广泛的社会实践领域所占据的主导地位以及所遭遇到的冲突与挑战，通过研究作为自由权利的道德思维的逻辑结构、以自由为基础的常人道德的基本尺度、个体自由与整体伦理、自由主体的伦理理性与伦理智慧、不容情境权衡的人的自主性尊严、个体自由与社会安全的伦理困境、市场自由的道德限度、知识与自由之间的伦理反思、信息自决的双重表现、数字社会的隐私诉求、人工智能与人的自由、人类增强与开放的未来、代际义务与后代人的权利以及逃避自由现象等，来阐释自由作为伦理规范价值依归以及支撑文明社会道德架构的核心作用，并揭示了自由与伦理的复杂关系。该著作得出了下列结论：所谓自由伦理学，既意味着基于自由的伦理学和为了自由的伦理学这双重含义，同时也意味着从自由到道德的理论自信与自觉。甘绍平《自由伦理学》的出版，积极地回应了作为核心价值观的自由理念对我们生活的意义，它构成了现代生活的一个重要基础性议题。该著作所呈现的现代伦理问题以及对其理论的逻辑分析，对于促进我们更深入地思考现代人的生活境遇与精神境遇及其背后的伦理问题，具有重要的启迪意义。

此外，高兆明著的《伦理学理论与方法》、唐代兴著的《伦理学原理》②，以及一批论及伦理学基础理论的学术论文，亦在伦理学基础理论的探究和创新方面有相当的表现，整体上促进着中国伦理学基础理论研究

---

① 甘绍平．自由伦理学．贵阳：贵州大学出版社，2020.

② 高兆明．伦理学理论与方法．北京：人民出版社，2005；唐代兴．伦理学原理．上海：上海三联书店，2018.

的深化、系统化和向前发展。

二、道德哲学和道德形而上学的研究

道德哲学和道德形而上学的研究，不仅具有全面提升伦理学研究层次、深化伦理学问题研究并使其获致深刻道德智慧的功能，而且具有探赜索隐、极深研几与彰显理论伦理学独特魅力和价值的功能。道德哲学是对道德做本源意义探讨的学说，重在探讨“人为什么要有道德”和道德的本质、起源、功能、作用等纯道德的问题，与理论伦理学或伦理学基础理论的关联十分密切。

道德哲学总是要以探讨道德的大本大源为要务，以建构道德本体论为基本的价值追求。司马云杰著的《大道哲学通书》第 5 卷《道德本体论》①，坚持认为中国文化所说的“道德”，并不是指强制性的外在规范，而是指对形而上学之“道”的体验与领悟，得之谓德，宜之谓义。仅仅把道德看成强制性的外在规范，不仅混淆了道德与法律的区别，也忽略了道德之精神修养的作用。因此，要加强道德修养，必须重建道德形而上学。故《道德本体论》副题为“道德形而上学与精神世界的研究”。该著作以中国文化的大道哲学为理论基础，以国家民族道德精神重建为使命，紧紧围绕道德本体与精神世界的关系，深入系统探讨了中国文化几千年道德本体论及其精神发展。田海平著的《走向伦理思维的道德哲学》②，是一部从道德哲学的思想进路上探究伦理学理论与实践问题的理论性学术著作。该著作从一种道德探究的范式出发，提出了从本体思维到伦理思维的转换，并围绕十大问题展开：何谓道德？谁是道德的敌人？我是我兄弟的看护人吗？如何理解道德与幸福的一致性？人为何要“以福论德”而不“以德论福”？伦理治理是什么，治理什么？环境如何进入伦理？如何以“伦理”看待生育？怎样让企业家“讲道德”？“水”伦理如何可能？这十大

---

① 司马云杰．大道哲学通书：第 5 卷 道德本体论．北京：华夏出版社，2012.

② 田海平．走向伦理思维的道德哲学．北京：中国社会科学出版社，2020.

“道德之问”是从理论向实践拓展，乃走向伦理思维的道德哲学之契机。它们从文明史或精神史的形态学勘测中厘定伦理学作为哲学，并由此寻找人类精神生活的实践性“地标”。

道德形而上学既是一种特定的道德哲学，同时又以自己对道德本体问题的高度关注而显现出比较纯粹的抽象理性或“玄览”。樊和平著的“道德形而上学”三部曲[①]，以“伦理精神”为聚点，以“精神哲学”为密钥，建构“道德形而上学”之理念、基础与形态三维度。樊和平直面当代伦理学研究的“形而上学”困境，围绕“伦理精神”的核心概念，在批判审视当代伦理学研究的形上努力的基础上提炼“价值生态”理念，继而在中国伦理精神与黑格尔精神哲学的对话互动中正式确立“精神哲学”的研究方法。该方法建构起“道德形而上学”的新理论形态，开辟出伦理学形上思辨范式的新视野与新境界。樊和平区分了伦理道德的三种精神形态。首先是伦理形态：居“伦”由“理”，主要有两种“伦”，即人伦和天伦；两种“理”，即伦理之理与理性之理。其次是道德形态：尊“道”贵“德”。在这里，樊和平抛出“老子出关去哪儿了?”这个问题，意在强调实践的重要性，告诫我们要知行合一。如果不把自己的思想付诸行动，那就会停留在对外部世界的虚假想象之中，从而遗弃自己的现在。最后是伦理-道德形态。樊和平提出庄子悖论：“相忘江湖”强调的是伦理认同不如道德自由，但中国人千百年来更热衷的却是“相濡以沫”，这也就反映了儒家思想是融化在我们的基因中被我们接受的。晏辉在《道德形而上学、道德哲学何以必要与如何可能?》一文中认为，伦理学是否需要道德形而上学和道德哲学为其奠基，源于伦理学自身的需求，更源于道德哲学的特殊地位。伦理学需要一个前哲学致思，即前提批判，其旨趣在于对德性与规范之何以可能、如何可能以及怎样可能做形上沉思，借以给出德性和规范之必然性、可能性、现实性的根据与条件的证明。道德形而上学作为一种致思方式，其富有成果的概念就是道德哲学，前者是思的过程，后者是

---

① 樊浩．伦理精神的价值生态．北京：中国社会科学出版社，2001；樊浩．道德形而上学体系的精神哲学基础．北京：中国社会科学出版社，2006；樊浩．伦理道德的精神哲学形态．北京：中国社会科学出版社，2019.

思的成果，由原则、观点、承诺和方法构成。这些原则和观点为伦理学得以成立提供了前提批判与根据证明。①

伦理学不仅是关于“道德”的学问，更是关于“情理”的学问。焦国成认为，世上的道理可以分为三类，一是物理，二是事理，三是情理。物理是自然事物之理，自然科学以其为认识对象。事理是人事之理，即有人参与其中的事务之理，社会科学以其为认识对象。情理是人类的情感发用之理，伦理学以其为认识对象。情理与物理和事理相较有其特殊性。清代思想家戴震指出：“理也者，情之不爽失也；未有情不得而理得者也。”②这是说情理之理是情发用流行得恰到好处、无过无不及。研究情理是伦理学的本分。不通情理，无道可讲，无德可言。通情理，而后可以立规；有规，而后人有可循；人有可循，而后有德；人人有德，而后社会有序；社会有序，而后人群有和。由此看来，面向全体人群的情理研究是培育个体或主体道德的前提。放弃情理研究，就会产生严重的后果。如何才能使全体人民的情感和心理不偏不失？如何使全体人民之间保持有序、和顺且相爱相助的关系？答案只有一个，那就是研究发现人的情感和心理发用流行的内在理路，然后根据这内在理路设立相应的规矩，并通过系统的辅助性机制使这些规矩成为人际相处的权威性依据。换言之，就是让所有人有道可循，有理可讲，有情可抒，有分可守。合情理而后人心安，人心安而后社会安。③

此外，杨国荣著的《伦理与存在——道德哲学研究》、高国希著的《道德哲学》、龚群著的《道德哲学的思考》、徐向东著的《道德哲学与实践理性》、朱金瑞主编的《道德哲学读本》④，以及一批研究中外伦理思想史上著名的人物或流派道德哲学的著作，如康德道德哲学研究著作、黑格尔道德哲学研究著作、先秦道德哲学研究著作、魏晋道德哲学与研究著

① 晏辉．道德形而上学、道德哲学何以必要与如何可能？．中州学刊，2016（2）.

② 戴震．孟子字义疏证．北京：中华书局，1982：1.

③ 焦国成．伦理学学科定位的时代反思．江海学刊，2020（4）.

④ 杨国荣．伦理与存在：道德哲学研究．上海：华东师范大学出版社，2020；高国希．道德哲学．上海：复旦大学出版社，2005；龚群．道德哲学的思考．郑州：河南人民出版社，2003；徐向东．道德哲学与实践理性．北京：商务印书馆，2006；朱金瑞．道德哲学读本．北京：金城出版社，2016.

作、牟宗三道德哲学研究著作，都在道德哲学研究方面做出了自己的创造性贡献，强化与深化着伦理学的理论品质和究根追源的学术底蕴，从而使伦理学在关注怎么做人或人际关系处理之道中透显出极深研几的理论魅力。

三、道德本质、道德功能和道德发展的规律性研究

道德的本质问题是伦理学的元问题，关涉伦理学理论体系架构和伦理学基本理论的确立。道德的本质是道德之为道德的内在规定性，是道德不同于其他事物的根本属性，它体现出道德各个组成部分之间的内在有机联系以及蕴藏于道德内部各要素之中的一系列规律性和必然性。改革开放以来，国内学术界对道德本质问题进行了深入的探讨和争鸣，肖雪慧、夏伟东、谢洪恩、肖群忠、马博宣等人竞相探讨道德的本质，基本形成了道德主体性说、道德规范论说和道德主体性与道德规范性辩证统一说三种观点。① 20 世纪 90 年代后，关于道德本质的讨论继续深化发展，并成为推进伦理学理论发展的重要动力。夏伟东的《道德本质论》一书②，从历史与现实、理论与实践相结合的多维视野，通过对道德的社会历史本质、道德的规范本质、道德的主体本质以及道德本质与集体主义的相互关系等重大理论问题的探讨与阐述，把道德本质论的研究推向一个新的层面，为关心道德本质问题的人们开拓出了一条新的思维路径。

道德是人的道德，道德的本质必然与人的本质存在某种意义的内在联系。人既是道德的主体，亦是道德的客体。道德产生于现实的社会生活又受制于现实的社会生活，随主体与现实生活而发展变化。同时，道德形成

---

① 夏伟东．略论道德的本质：兼与肖雪慧同志商榷．哲学研究，1986（8）；肖雪慧．“道德本质在于约束性”驳论：答夏伟东同志．哲学研究，1987（3）；谢洪恩．道德的功能和本质：兼评肖雪慧、夏伟东等同志的争论．哲学研究，1989（3）；肖群忠．也论道德本质：兼与某些同志商榷．道德与文明，1987（4）；马博宣．简论道德的社会本质：兼评抽象人性论的某些说法．东岳论丛，1985（2）．

② 夏伟东．道德本质论．北京：中国人民大学出版社，1991．

后亦是独立存在的实体，具有规范约束性，确证着人的自律自制，规范着人的行为。道德作为人类实践精神把握世界的独特方式，是通过建立主体与客体的价值联系，通过把行为分为善的和恶的、正义的和非正义的来引导与激励人们扬善弃恶、追求正义，从而不断向着理想的生活和合乎自己理想的社会迈进。道德既有工具和外在价值的一面，也有目的和内在价值的一面，是本体与工具、本体与主体的统一。可以说，道德的本质就在于这种本体与工具、本体与主体的统一中，是道德的主体本质与规范本质或者说既要求人又激励人的矛盾统一。

道德作为一种意识形态和价值体系，具有独特的功能和社会能动作用。在道德功能问题研究中，学人们揭示了道德的主要社会功能，分析了道德功能的特殊性，比较了中西伦理文化在道德功能问题认识上的差异，探讨了道德功能的实现问题，提出了许多独到的见解。道德具有认识功能，道德认识作为以道德活动和道德现象为对象、以道德价值为取向、以实践-精神的方式把握世界、发生在人类道德实践活动中的认识活动，具有理论和实践的双重功能。理论上具有反思的功能，建构道德知识体系和道德规范体系的功能，建立道德关系之理想模型的功能；实践上具有对道德实践的范导和评价功能，对道德教育的矫正和增效功能，对道德心理结构的优化和完善功能。① 道德作为一种社会意识形态，能够对社会运行方向产生导向功能。道德观念是引导社会运行的价值观念，道德活动是道德对社会运行产生影响功能的具体实施途径。道德的预测功能，是指通过未来道德价值目标的理性确证，指明社会道德发展的美好前景，促使人们的道德行为方式从“现有”向“应有”转化的能力。② 道德的激励功能表现在道德以实践精神的方式掌握世界，体现着主体对“应有”的追求，它具有直接启动实践的力量，它不会允许掌握对象毫无变化的存在，而要将之转化为符合主体要求的应有状态，或者将之否定。道德要实现“现有”向“应有”的转化，“自在之物”向“为我之物”的转化，离不开激励人们在

---

① 廖小平．论道德认识的功能．求索，2001 (6).

② 李建华．简论道德的预测功能．哲学动态，1992 (10).

道德上做出创造性的探索。[①] 道德作为一种社会意识形态和规范体系，除具有调节功能、认识功能、描述功能、评判功能和教育功能外，还具有保护功能。对社会共同体不同道德主体的平等保护，是道德的基本和重要功能之一。道德的保护功能在作为道德规范的道德义务和道德权利上都能得到充分的体现。正确理解和认识道德的保护功能，在当前具有重要的现实意义。[②] 张文杰著的《论道德模范的社会功能》[③]，着眼于历史与当下、传统与现代、理论与实践、宏观与微观、共性与个性的统一，遵循“理论探究-历史梳理-当下审视-实践升华”的逻辑路径，对道德模范做基本概念的界定，并明确其内涵、特征、社会功能及影响因素；以历史的视角对中国古代道德人物、新中国成立以来出现的道德模范及其社会功能发挥做系统的梳理，概括其历史演进基本模式、作用发挥以及对当代的启示；着眼于道德模范的时代性，对我国新时代道德模范及其社会功能发挥做系统的描述，分析其功能发挥的成效、原因以及面临的问题；在借鉴社会符号学、传播学、思想政治教育学等理论成果的基础上，提出充分发挥道德模范社会功能的路径；站在新时代的起点上展望道德模范社会功能发挥的广阔前景和提升社会道德水平的重要作用。

道德发展的规律性是贯穿与渗透在道德生活和社会道德类型中的必然的、本质的联系。虽然人类的道德生活充满着进步与倒退、善与恶的矛盾斗争，但道德生活的发展恰恰是在这种进步与倒退、善与恶的矛盾斗争中向前发展的。整体而言，道德是随社会历史条件的变化而变化的，道德的产生本质上是受一定社会经济关系以及体现经济关系的利益决定的。在阶级社会里，道德始终是阶级利益的表现，带有明显的阶级性。只有在消灭了阶级对立和私有制之后，才有可能产生普遍的真正的人的道德。如果说道德随社会历史条件特别是经济关系的变化而变化是道德发展的第一条规律，那么道德在善恶矛盾的辩证运动中发展则是道德发展的第二条规律。道德自形成起就存在着善与恶的矛盾斗争，善与恶总是相比较而存

---

① 李健．论道德的激励功能．社会科学，1988（6）.

② 余涌．论道德的保护功能．哲学动态，2019（9）.

③ 张文杰．论道德模范的社会功能．北京：中国书籍出版社，2019.

在、相斗争而发展。在善恶观念激烈碰撞的过程中，正确的道德观念不断地被认识和接受，从而促进着人类道德生活的发展和进步。与此相关，道德发展的第三条规律是道德在批判继承中不断发展，革故鼎新、除旧布新成为人类道德生活的重要标志。此外，道德在人们的社会实践中不断更新内容和形式并获得发展的动力，也是一条重要的道德规律。除这些基本的道德规律以外，伦理学界还研究了一些具体的道德规律。有学者认为，道德内化是贯穿于道德建设全过程的一个不以人的意志为转移的客观规律，它支配着公民道德的形成和发展。道德内化规律发生作用的过程是一个他律和自律、受动性和主动性有机统一的过程，并呈现出阶段性的特点。①道德建设只有在实践中遵循发展的客观规律性，才能实现道德利他对道德利己的超越，实现价值性道德对工具性道德的超越，实现道德自律对道德他律的超越。

此外，伦理学界还对道德的起源、发展演变以及结构、作用等基础理论问题做出了较为深入的研究，促使着理论伦理学的发展与深化。

四、善与恶、义务与权利、良心、幸福等道德范畴研究

道德范畴是指反映道德现象和道德生活的一些基本概念，体现了一定道德原则和规范的要求，标志着宏观的、外在的道德要求转化为主观的、内心的道德要求。广义的道德范畴泛指反映与概括道德现象和道德生活的特性、关系等的基本概念，既包括道德原则和规范方面的基本概念，又包括道德评价和教育等方面的基本概念。狭义的道德范畴仅指反映人们之间道德关系和道德生活方面的基本概念，如善与恶、义务与权利、良心、幸福，等等。这些概念互相关联，并呈现出不同的层次，构成一定的道德范畴体系。唐能赋著的《道德范畴论》② 一书，全面、系统地论述了十对道德范畴，即善与恶、道德义务与道德权利、良心与恶意、智慧与愚昧、勇

---

① 彭柏林，李兴．论公民道德建设的内在规律性．伦理学研究，2004（2）.

② 唐能赋．道德范畴论．重庆：重庆出版社，1994.

敢与怯懦、公正与偏私、诚实与虚伪、荣誉与耻辱、幸福与不幸、气节与变节，并对其在道德生活、道德行为实践中的作用和地位做出了比较全面的分析与评价，是一部从整体上论述道德生活基本范畴的学术专著。

(一) 关于善与恶的研究

善与恶是伦理学的基本范畴，有关道德的其他所有问题的解决无不与之相关。王海明认为，善是客体对于主体的需要、欲望、目的的效用性，是客体有利于满足主体需要、实现主体欲望、符合主体目的的属性，亦即善就是欲望的满足。善可以分为道德善与非道德善两大类。道德善是行为主体对于社会创造道德的需要、欲望、目的的效用性，是符合道德目的的行为。非道德善则是行为主体对于非道德的需要、欲望、目的的效用性，是符合个人目的的属性。恶也可以分为纯粹恶和必要恶。① 高恒天则从利他与利己的角度将善恶区分积极利他型、消极利他型、消极利己型和积极利己型四种类型。②

倪素香著的《善恶论》、李建华著的《趋善避恶论：道德价值的逆向研究》二书③，对善恶的概念、性质、类型以及矛盾关系做出了全面深入的分析与论述，探讨了为何从善比从恶更难的内在机理，对恶的多义性和蕴涵做出了比较全面的揭示，对根治罪恶的社会伦理机制做出了较为深入的探讨，对与人为善、兼善天下也提出了一些颇具实践性的主张。

宋希仁撰文探讨善与恶的辩证法，认为黑格尔对人性善恶的分析包含着合理的辩证法思想。黑格尔“人本性恶”论的意义在于，揭示出了善与恶的辩证关系，揭示出了恶在历史发展中所起的作用，并对行为责任的根据做出了探讨。抽象地肯定人性善或人性恶，都是肤浅的识见。正确理解黑格尔的善恶观，才能理解恩格斯在解释黑格尔的思想时所说“恶是历史发展的动力借以表现的形式”命题的意义。④

---

① 王海明．善与恶的解析．思想战线，2001 (6).

② 高恒天．人的四种善恶类型及其关系．贵州社会科学，2012 (5).

③ 倪愫襄．善恶论．武汉：武汉大学出版社，2001；李建华．趋善避恶论：道德价值的逆向研究．北京：北京大学出版社，2013.

④ 宋希仁．善与恶的辩证法．中国矿业大学学报（社会科学版），2001 (1).

还有很多文章对善与恶的类型、性质，以及人性善恶与行为善恶，善恶与义务、良心、荣辱等的关系做出了深入的探讨。

（二）道德义务与道德权利研究

道德义务是伦理学的一个基本范畴。道德义务具有自律性、非功利性、选择性与强制性、主观性与客观性等特征。相对于政治义务、法律义务可以由国家以政策、法律的形式强制实施而言，道德义务的实现必须依赖于个人强烈的道德责任感和高度的道德自觉性。撇开人的自主性或脱离社会生活条件，都无法解释道德义务产生的真正原因。

有学人主张区分道德上的完全义务与不完全义务，认为这种区分虽不像法律义务与道德义务的区分那样明确，但其间的差别还是显而易见的。正确认识这种差别，避免两者之间的混淆，把握道德义务的层次性，对于充分发挥道德的规范和引导功能具有重要意义。① 有人主张区分利他主义与道德义务，认为利他主义的行为在道德上是非常值得赞扬的，而道德义务是每个人必须履行的义务底线。但是，两者相比，无论在理论上还是在实践上，道德义务都是更重要的。②

在研究道德义务的过程中，学者们开始了对道德权利范畴的研究。道德权利是一种相对于实质性权利的形式性权利，即道德主体有选择和认同某种道德原则或价值标准的权利，道德主体有选择做或不做某种道德行为的权利，道德主体有要求对其做公正评价和适当对待的权利。道德权利与良性道德生态的建立和维护息息相关，道德权利观念的提倡和树立，是对道德的全面理解，有助于实现社会的公平正义。③ 魏长领撰文对道德权利的特征予以探讨，认为与法律权利相比较，道德权利在产生上具有多元性和自发性的特点，道德权利与道德义务之间的关系具有复杂性和非对应性的特点，道德权利的实现途径具有多重性以及道德权利主体具有自择性的特点。对道德权利和法律权利的区分，有利于正确理解道德权利的基本特

① 余涌．论道德上的完全义务与不完全义务．哲学动态，2017（8）．

② 姚大志．利他主义与道德义务．社会科学战线，2015（5）．

③ 杨建强．道德权利新探．理论导刊，2016（9）．

点，进而有利于促进对道德权利及其相关问题的准确把握。[1] 确立道德权利范畴具有重要的现实意义，不仅能够丰富与发展传统伦理学思想，而且有助于契合“走向权利的时代”，有利于树立正确的义利观，促进我国的道德建设。

（三）良心范畴的深度研究

良心既与义务、责任密切相关，也与荣辱、幸福有着十分密切的联系，是伦理学一个极为重要的范畴。良心，一般是指人们的善良之心或好心，是人们在履行对他人、对社会的义务的过程中形成的道德责任感和自我评价能力，是一定的道德认识、道德情感和道德意志在个人意识中的统一。何怀宏著的《良心论——传统良知的社会转化》[2]，承续了梁启超《新民说》的精神意绪，致力于使中国的传统伦理向现代伦理转化，希冀能对近代以来中国的道德及社会重建尽一点力量。何怀宏借助中国传统的思想资源，在将传统良知论进行思想转化的同时，从恻隐、仁爱、忠恕、敬义、明理、生生、为为等七个方面阐释并构建了一种强调底线与基本义务的、面向中国现代社会的个人伦理学。方朝晖撰文认为，何怀宏的《良心论——传统良知的社会转化》一书摆脱了传统心性儒学孤、高、深的路数，在借鉴儒学资源的基础上，试图开辟一条基于所有人而不是少数精英（或精英群体）的伦理重建之路。它以“底线伦理学”为特色，关心每一个现代公民都应履行的基本道德义务；它以良心为道德动力之源，试图开辟一条人人切实可行的道德建设途径。[3]

良心即是好心、善心，它是人性对心灵的本能觉悟。乔法容撰《对“良心”这一道德观念的分析》一文，用马克思主义伦理学的观点来批判种种将良心范畴神秘化的唯心主义观点，强调良心是义务观念的内化和自我认识，是个人道德责任感的集中体现。[4] 良心是个人在道德方面的总体性心理反应机制，是个人所有理性和非理性的道德意识的集成物，具有直

---

① 魏长领．道德权利的特点探析．中州学刊，2013（1）．

② 何怀宏．良心论：传统良知的社会转化．上海：上海三联书店，1994．

③ 方朝晖．良心、底线与当代伦理：读何怀宏《良心论》．东吴学术，2021（3）．

④ 乔法容．对“良心”这一道德观念的分析．河北学刊，1982（3）．

觉性、自律性和道义性的特点。良心在不同的人身上存在有无、强弱之差异，这一状况源自个人后天的社会阅历和所受教育的程度，因而良心基本上是个人后天社会化的结果。① 唐代兴在《良心·良知·良能的生成论思考——德性研究的另一视角》一文中认为，德性即是内在自我的彰显，它经历了道德他律向道德自律的转换，其内在运作机制却是良心通过良知而向良能的实现。良心的生成方式开启了它敞开自身的双重道路，即致良心的认知道路和诚证良心的行动道路。致良心，就是启动精神世界的意识的功能，对良心予以理性的致知而构建良知。诚证良心，就是以良知为武器和方法，来指导行动验证良心的力量，这即是良能的践行。② 此文对良知的生境化构成、生成的内在条件、升华的敞开状态和外化显现、良能超越的实在道路，做了颇富启迪性的论述。陈新汉在《评价论视阈中的良心机制》一文中探讨了良心的生成机制和作用，指出良心是社会规范作用于人而形成的一种心理机制。个体良心是社会基本规范的内化，亦即社会基本价值观念的内化。因此，良心是以个体形态存在着的社会基本规范或社会基本价值观念，也是社会“良心”的个体化形态或内在化形态。孟子提出的“恻隐之心”“羞恶之心”“辞让之心”“是非之心”，其实就是良心四个方面的体现。良心以意识、情感的方式发生作用。良心以安宁为愉悦，以不安宁为痛苦。良心在个体自我评价活动中常常以不安或谴责的形式发生作用，从而使个体沉浸在某种痛苦的情感中。发生在个体自身内的良心不安或谴责，实质上体现着社会主体对个体所作所为的不安或谴责。个体用良心作为标准所进行的评价活动是双重的，既是个体的自我评价活动，又是社会对个体的评价活动，是以个体的自我评价活动为独特形式的社会对个体的评价活动。③ 燕良轼在《论良心的教育价值》一文中认为，良心是一个极富教育价值的命题，受到古往今来一切有识思想家、教育家的关注。在当下时刻，最值得教育家们关注的良心要素是仁爱心（包括同情心

---

① 韩东屏．论道德教育的使命与良心的生成．武汉科技大学学报（社会科学版），2015(5).

② 唐代兴．良心·良知·良能的生存论思考：德性研究的另一视角．道德与文明，2015(2).

③ 陈新汉．评价论视阈中的良心机制．上海大学学报（社会科学版），2010(1).

和怜悯心)、是非心、羞耻心、感恩心、责任心和宽容心。而仁爱心、是非心、羞耻心、感恩心的教育对改造和重建国民心态具有不容忽略的价值。①

此外，还有许多文章探讨了中外伦理思想史上各家各派的良心论，并对之做出了深刻的反思和评价，整体上推动着良心范畴研究的深入发展。

（四）幸福范畴和幸福观的研究

幸福是人们在创造物质生活和精神生活的过程中，由于感受到了自己的理想目标得以实现而产生的精神上的愉悦和满足等的综合呈现。在中外伦理思想史上，无论是功利主义还是道义论，都有对幸福的关注和研究。幸福包含了快乐但不等同于快乐，某种意义上的痛苦也可以成为幸福生活的要素。幸福的达成和满足与物质生活需要相关，更与精神生活需要有着内在的联系。

李齐光著的《幸福论》②，分析了快乐的生理基础和来源，强调了需求的时间性，建立了脑生理状态函数和快乐强度之间的对应关系，总结出了快乐强度的主要特性，划分了情绪的三种状态，给出了幸福的主要特性，并论述了影响幸福的三类因素，分析了幸福的必要条件，给出了定量估计快乐量的计算方法，提出了测量脑生理量与心理量之间关系的实验原理和方法，并根据快乐特性和幸福特性等，提出了提高个人幸福和民众幸福的几点启示。陈瑛主编的《人生幸福论》③，较为全面地阐释了中外伦理思想史上的幸福观，并将关注的目光投向当代人的幸福，论述了幸福的含义、主要内容和本质特征，并就如何追求幸福、创造幸福、体验幸福和守护幸福发表了自己的看法，不失为一部研究人生幸福论的重要著作。

道德与人的幸福的关系，是中外伦理思想史上的一个十分古老而又永远年轻的问题，其中既有德福一致的问题，也有德福冲突或背反的问题。楼天宇撰文探讨了德福关系从相悖到一致的发展过程，坚持认为德福一致是人类道德生活的理想追求。道德与幸福是相互影响、互为前提的关系，

---

① 燕良轼．论良心的教育价值．湖南师范大学教育科学学报，2009 (4).

② 李齐光．幸福论．第3版．西安：西安交通大学出版社，2011.

③ 陈瑛．人生幸福论．北京：中国青年出版社，1996.

德福关系是并且应当是统一的。当然，在现实生活中，德福相悖的现象也不同程度地存在并为人们所关注。人性的弱点、社会条件不具备，均是道德与幸福相分离的原因；人类认识由不完善到完善的客观规律也决定了对德福一致观点的认同需要有其认识过程。克服矫正人性的弱点，规范完善社会制度，开展公民教育，是促进道德与幸福一致实现的路径。① 德福一致或德福合一是检验一个好社会、好制度的重要标准。一个公平正义的社会、一种健康合理的制度，就应该保证德福一致并顺利地实现德福一致。

江畅、潘从义撰文对当代中国各种幸福论予以检视与考察，认为中国当代幸福论有集体幸福论、和谐幸福论、德性幸福论和人民幸福论四种基本形态，其中人民幸福论已经成为中国当代幸福论的主流形态，其追求的全体人民幸福的理想亦正在变为现实。江畅、潘从义还就源自时代精神和实践需要的中国当代幸福论如何通过不断深化的理论创新，在世界面前展现出更强大、更有说服力的真理力量发表了看法，认为必须对全体人民幸福中的幸福差异、市场经济与共同富裕的关系、法律最高权威的确立、增强社会成员个人的幸福感、共产主义理想的图景、世界大同的制度安排与实现路径等问题予以正视并加以有效的解决。② 何云峰、王绍梁提出了劳动幸福论并对之做出了全面系统的论证。在他看来，劳动是幸福的源泉、动力和保障。劳动幸福符合历史唯物主义的基本原理，这表明保障劳动幸福权就是要使劳动与一定社会的生产力发展水平相一致地去确认人的本质，把劳动属人的属性还给人。唯有从马克思哲学的存在论高度，才能准确领会劳动幸福与劳动幸福权的哲学意蕴，同时也才能彻底地破除那种以现实劳动的不幸福来否定“劳动幸福”的资本意识形态。③ 邵雅利著的《以人民为中心的幸福：理论·测量·实践》④，以社会与个体良善互动的关系为出发点，以实践幸福中国梦为目标，对如何实现以人民为中心的幸福予以探讨研究。该著作认为，幸福是个体与社会之间的良善互动被感知

---

① 楼天宇．从相悖到一致：德福关系的哲学思考．浙江社会科学，2015（8）.

② 江畅，潘从义．中国当代幸福论检视．道德与文明，2018（4）.

③ 何云峰，王绍梁．论“劳动幸福”何以可能：兼对劳动幸福理论若干争议的回应．社会科学辑刊，2021（6）.

④ 邵雅利．以人民为中心的幸福：理论·测量·实践．厦门：厦门大学出版社，2019.

到，这将涉及以下五个方面：一是幸福的理论建构；二是幸福的来源；三是幸福的可获得性；四是幸福如何得以延续；五是幸福测评的关键指标。因此，必须而且应该对这五个方面的问题予以科学的考察和深入系统的研究，从而真正实现以人民为中心的幸福。

此外，还有相当多的研究美好生活的论文也涉及幸福问题。其实美好生活就是幸福生活，两者是相辅相成、相互促进的关系。从某种意义上说，幸福生活构成美好生活的根本内容，并起着支撑和保证美好生活发展的作用。

五、个体道德、道德情感和道德选择、道德运气和道德记忆研究

道德活动是指在一定的道德意识指导下有目的的社会活动，包括道德行为、道德评价、道德教育、道德修养和其他具有道德价值并应承担道德责任的活动，是一种人类主体改造自我、发展自我、完善自我的活动。姚新中著的《道德活动论》① 一书，是国内第一本对道德活动进行深入系统研究的学术专著。该著作以整个人类道德发展和当代道德实践为出发点，以道德主体及其活动为中轴，全面深刻地揭示了“道德活动”概念，阐释了道德活动的发生与发展，探讨了道德活动的结构与功能，并对道德活动的诸种表现形态做了比较科学的阐释，初步建构了一个关于道德活动的研究体系，体现了道德活动研究的逻辑与历史、理论与实践的有机统一。

（一）个体道德研究

个体道德是相对于社会道德而言的一种道德类型，指具有一定社会身份并起一定社会作用的个人，基于发展和完善自我的目的，在对社会道德予以认识、选择及内化的过程中所形成的个体道德素质与内心道德准则的

① 姚新中．道德活动论．北京：中国人民大学出版社，1990.

总和。唐凯麟在与龙兴海合著的《个体道德论》① 一书中，全面地探讨了个体道德的本质、结构和功能、发生和发展，个体道德的内在价值形态，个体道德行为及其模式，个体道德的社会调控，个体道德的自我修养及其人格完善诸问题。该书是一部系统地研究个体道德的学术专著，填补了伦理学原理研究中的空白。继唐凯麟与龙兴海合著的《个体道德论》一书之后，李肃东也推出了《个体道德论》② 专著，对个体道德进行了深入的研究。张伟著的《从分裂到融合的个体道德与公共伦理》③，探讨了个体道德与公共伦理从分裂到融合的发展过程和机理，论述了个体自我与社会角色之间相互融通的身份性质，从而为在新时期实现个体道德生活与群体道德生活之间的辩证统一奠定了理论基础。

个体道德实践具有多维性，可以从本然、实然和应然维度进行考察与分析。行为主体在道德实践中以原初善性为逻辑起点，在人的自然之感性和自由之理性两种视域中展现个体道德实践在功利与道义之间抉择的本然样态。个体在生活实践中由于面临物质欲望与责任担当的双重纠葛而陷入矛盾选择，从道德判断之动机与效果的二元认知体现个体道德实践的实然状态。在日常经验的博弈中，个体将理性地走向以至善和自由为诉求的终极关怀，彰显个体伦理行为的应然维度。④ 个体道德是在生活中建构和实践的，从个人生活的角度看，做人优先或者说学习做一个好人应该是个体道德建构的起点。这个起点既包含了个人人格锻铸的确定性，即人格独立和讲求诚实守信，也包含了个人品质的尊重和宽容。合理生存与合意义相统一的生活构成个体道德生长和完善的基础，在此基础上的个体自我意识推动个人完成从生存到生活的心路历程。对适意的生活方式的践履体现着对人生意义的开拓，追求物质生活和精神生活、肉体和灵魂的统一是个体道德生活的目标。⑤

---

① 唐凯麟，龙兴海．个体道德论．北京：中国青年出版社，1993.

② 李肃东．个体道德论．武汉：华中理工大学出版社，1994.

③ 张伟．从分裂到融合的个体道德与公共伦理．南京：南京大学出版社，2014.

④ 王增福．本然·实然·应然：个体道德实践的多维考察．太原理工大学学报（社会科学版），2017（2）.

⑤ 鲁芳，李彬．个人生活角度的个体道德建构．长沙理工大学学报（社会科学版），2010（3）.

（二）道德情感和道德选择研究

道德情感是指个体对一定的社会存在和道德认识的主观感受、体验及其偏好等的综合体现，是人们根据道德准则要求进行道德活动时所产生的爱慕、憎恶、信任、同情等比较持久而稳定的内心体验。李建华著的《道德情感论：当代中国道德建设的一种视角》①，阐释了道德情感的基本规定和特征，并对道德情感的心理关联，包括道德情感与道德认识、道德情感与道德意志、道德情感与道德人格、道德情感与审美情感等，予以深入探讨，在此基础上对道德情感的主要内容、结构、功能及培育做出了较为全面的论述分析，着重从理论的角度研究了人类道德情感的规范方面和历史发展，对中外道德情感概念的异同进行了比较分析，提出了反思传统道德、理解现代人性、注重道德建设的具有实践意义的学术主张。该著作对近代西方道德情感理论、中国伦理思想史上的情理之辨和马克思主义伦理学视野中的道德情感理论做出了比较系统的梳理与总结，并就道德情感与当代道德建设的关系展开深入论证，包含了许多颇具真知灼见的学术观点。

道德选择是指行为主体（个人或社会集团）在一定目的和道德意识的支配下，对某种道德行为做出的自觉抉择。当行为主体面临多种行为选择的可能性，而这些多种可能性又具有善恶对立性质或道德价值上的差别时，道德选择就是对这些可能性在善恶和道德价值程度上的选择。何建华著的《道德选择论》②，通过对道德选择理论的历史考察，就道德选择的自由与必然、心理机制、社会机制以及基础、尺度和方法论原则，现代人在面临种种道德冲突时如何进行道德选择等问题做了全新的研究与探讨。该著作认为，道德选择的本性是以道德主体的身份自己为自己立法，它使道德选择成为“我”的选择、主动的选择。道德选择不在于索取外物，而只是以自身的至善和幸福为目的的自我主宰的选择。道德选择具有善恶评

---

① 李建华．道德情感论：当代中国道德建设的一种视角．北京：北京大学出版社，2011.

② 何建华．道德选择论．杭州：浙江人民出版社，2000.

价性、内在超越性、自由意志性和自我约束性等特征，凸显着人类自由自觉的行为活动及其伦理价值。王敬华著的《道德选择研究：以价值论为视角》①，在对中国哲学和西方哲学中的道德选择思想做出介绍的基础上揭示了道德选择的实质与内涵，认为道德选择根源于人的存在的二重性，并对道德选择中的事实与价值予以论证，提出了道德选择是事实判断与价值判断的统一，是德行与智慧的统一等观点。该著作还对道德选择中的道德冲突、价值标准和方法予以关注，初步建构了一个关于道德选择的研究体系。

有选择就有冲突，从伦理学角度讲，道德冲突是指道德主体在道德行为选择中，由于不同价值体系或同一价值体系中不同道德原则之间的对立矛盾而产生的一种道德困境。李培超的《论道德冲突》一文认为，道德冲突丰富了个体的道德选择。道德冲突是人类道德选择过程中一个很重要的现象。道德冲突的发生大体是由三个方面的因素促成的。首先，现实利益要求的多样性和复杂性是道德冲突形成的最深层的社会根源。因此，从最根本上讲，道德冲突乃是对现实多种利益要求之间的相互碰撞所做出的一种伦理意义上的折射。其次，“境遇”因素是道德冲突发生的必要条件。任何道德冲突都发生在具体而特殊的“境遇”中。一般而论，这种“境遇”主要由如下三个方面的因素构成：第一，对选择者的特殊的角色限定；第二，实际可适用的道德原则、规范；第三，独特的时空条件。最后，道德冲突的发生离不开一定的心理基础。这种心理基础实际表现为，选择者能够对其所面临的境状做出真实的心理反应，并能够通过价值意识做出道德价值上的权衡、比较。② 道德冲突可以区分为内生型道德冲突、主体型道德冲突和社会环境型道德冲突三大类。化解道德冲突需要对各种不同类型道德冲突的诱因进行全面深入的探析。③ 解决道德冲突，应当遵循价值伦理学关于价值层级论和价值比较论的思路，“两利相权取其大”，“两害相权取其轻”。中国古代儒家提出的“杀身成仁”“舍生取义”，是解决道德冲突的方式或路径，值得我们好好加以继承和吸取。

---

① 王敬华．道德选择研究：以价值论为视角．北京：中国社会科学出版社，2008.

② 李培超．论道德冲突．道德与文明，1994（3）.

③ 王淑芹，夏纪森．道德冲突类型诱因探源．伦理学研究，2016（3）.

(三) 道德运气和道德记忆研究

道德运气是一个个体道德生活所碰到的行为效果和现象。针对康德关于“道德价值”的论述，内格尔、威廉姆斯等伦理学家提出并研究了“道德运气”问题，认为人的行为无法免受境遇和运气的影响，这些不受行为者控制的因素不仅在人们的伦理生活中发挥着重要作用，而且影响着道德责任和道德评价。威廉姆斯把运气分为内在运气和外在运气。内格尔把“道德运气”分为四种，分别是生成运气、环境运气、原因运气、结果运气，并从每一种情况出发，对康德的道德价值论进行了批评。在对“道德运气”的批评中，有的指向“道德运气”概念本身，有的指向“道德运气”的理论内涵。在我国，赵静波、李树艳撰文对西方几种不同的道德运气观予以介绍与评析，认为德性均衡论的运气观、理性至上论的运气观和经验学派的运气观分别代表了西方伦理思想史上道德运气观的三种理论表现形态。德性均衡论者既以开放和包容的胸怀直面与应对运气的变化无常给生活带来的刁难，又坚信德性自我的内在品质对不确定因素的调控和选择；理性至上论者视道德为纯粹理性的领域，将运气从具有普遍必然性的概念中剥离开来，剔除出去；经验学派学者将运气纳入伦理学范畴进行考虑，肯定了运气在人类生活中的重要角色。该文对三种不同的运气观在予以介绍的基础上做出了自己的评价。① 李义天认为，美德伦理学从一开始就正视运气和道德运气的存在，通过区分“道德”与“伦理”，将“道德运气”拓展为“伦理运气”，为人们理解伦理生活和伦理知识的实质提供了新的启发。②

道德记忆是人类运用其记忆能力对自身特有的道德生活经历的记忆。它是连接人类道德生活的过去和现在的桥梁或纽带。向玉乔的《道德记忆》③，是国内第一部专门论述道德记忆的学术专著。人类在漫长道德生

---

① 赵静波，李树艳．西方道德运气观的三种理论表现形态．海南大学学报（哲学社会科学版），2015 (5).

② 李义天．从道德运气到伦理运气：美德伦理学视野中的运气问题研究．伦理学研究，2012 (5).

③ 向玉乔．道德记忆．北京：中国人民大学出版社，2020.

活史中形成的道德记忆为当代人类向往、追求与践行道德提供了历史合法性和合理性资源。道德记忆是道德维持其生命力的重要手段、道德文化传统的建构者和推动人类承担道德责任的重要动因。只要道德不死，道德记忆的存在就是必要的。我们必须将自己的道德生活经历作为道德记忆的内容予以保留和传承，以确保自己的道德本性和道德生活能够不断得到巩固与延续。

新中国伦理学基础理论和道德哲学研究还在伦理学的一些研究论域进行深耕细作，推出了信仰伦理学、关怀伦理学、责任伦理学、制度伦理学、劳动伦理学、语言伦理学等专门性的研究成果，而且在对某一道德现象、道德问题方面做全面系统的考察论证，极大地深化了人们对道德起源、道德发展的规律性、伦理与道德的关系以及社会道德、个体道德、道德冲突、道德悖论、道德选择、道德价值等的认识和把握。杨国荣著的《伦理与存在——道德哲学研究》、赵汀阳著的《论可能生活——一种关于幸福和公正的理论》、高兆明著的《道德生活论》、魏长领著的《道德信仰与自我超越》、沈晓阳著的《关怀伦理研究》等[①]，都对伦理学基础理论和道德哲学研究做出了自己的贡献，深化与促进着新中国伦理学基础理论和道德哲学研究。

---

① 杨国荣．伦理与存在：道德哲学研究．上海：华东师范大学出版社，2009；赵汀阳．论可能生活：一种关于幸福和公正的理论．修订版．北京：中国人民大学出版社，2004；高兆明．道德生活论．南京：河海大学出版社，1993；魏长领．道德信仰与自我超越．郑州：河南人民出版社，2004；沈晓阳．关怀伦理研究．北京：人民出版社，2010.

第五章　马克思主义和中国化马克思主义伦理思想研究

“马克思主义是我们立党立国、兴党兴国的根本指导思想。”① 中国共产党为什么能，中国特色社会主义为什么好，归根到底是马克思主义行，是中国化时代化的马克思主义行。新中国伦理学在理论上所取得的成果不只是体现在以马克思主义为指导来开展伦理学基础理论或理论伦理学、道德哲学研究，更重要的是坚持将马克思主义伦理学基本原理与中国社会主义革命、建设和改革的具体道德生活实际相结合，与中华优秀传统伦理文化相结合，取得了马克思主义伦理思想中国化系列重要成果，学术界深入持久地开展了对马克思主义和中国化马克思主义伦理思想的研究。马克思主义伦理思想和中国化马克思主义伦理思想，是新中国成立以来一直所置重与倡扬的社会主流的伦理思想和占主导地位的伦理思想。对马克思主义伦理思想和中国化马克思主义伦理思想的研究在新中国成立前即已开始，艾思奇、张岱年、冯定、李达、胡绳等人较早地开展了对马克思主义伦理思想和毛泽东伦理思想的研究。新中国成立后，对毛泽东伦理思想的研究得以广泛地展开，并且取得了一些重要的研究成果。改革开放以来，适应马克思主义理论创新和实践创新以及繁荣发展中国化马克思主义伦理学的实际需要，中国伦理学界开始对马克思主义伦理思想和中国化马克思主义伦理思想予以系统全面研究，推出了数十部研究性著作，发表了数千篇学术论文，

---

①　习近平．高举中国特色社会主义伟大旗帜　为全面建设社会主义现代化国家而团结奋斗：在中国共产党第二十次全国代表大会上的报告．北京：人民出版社，2022：16.

整体上既促进着马克思主义伦理思想和中国化马克思主义伦理思想的研究，又对建构中国特色、中国风格、中国气派的伦理学学科体系、理论体系、教材体系、话语体系和传播传承体系起着重要的价值引领与理论导航的作用。

一、马克思恩格斯和马克思主义伦理思想研究

马克思主义伦理思想是以唯物史观为理论指导，运用唯物辩证法研究道德现象，分析道德问题，揭示道德发展规律，在对一般道德现象和问题进行研究的基础上，侧重研究无产阶级道德和社会主义道德、共产主义道德类型及其建设，并以人的自由全面发展为价值追求的伦理思想。马克思主义经典作家马克思恩格斯的伦理思想是马克思主义理论体系中非常重要的一部分，也是伦理学史上具有革命性影响的理论。

（一）马克思主义伦理思想的形成发展和革命变革

马克思主义伦理思想形成于19世纪40年代，本质上是马克思主义经典作家依据自己创立的唯物史观分析人类社会生活的诸种道德现象，特别是资本主义社会两大对立阶级道德生活的矛盾，揭露与批判资产阶级道德的虚伪性和欺骗性，肯定与颂扬无产阶级道德的真诚性和进步性，并在此基础上深入研究社会主义道德和共产主义道德及其发展前途、实现路径的产物。马克思恩格斯合著的《神圣家族》《德意志意识形态》《共产党宣言》，标志着马克思主义伦理思想的正式形成和确立。之后，马克思恩格斯结合无产阶级反对资产阶级的阶级斗争实践和国际共产主义运动的实际需要，不断发展马克思主义伦理思想，使马克思主义伦理思想成为人们道德生活实践的经验总结和无产阶级以及广大劳动人民追求幸福美好新生活的指路明灯。马克思主义伦理思想传到俄国后，产生了列宁主义伦理思想和斯大林伦理思想；传入中国后，又产生了中国化的马克思主义伦理思想。章海山著的《马克思主义伦理思想发展的历程》①，是国内第一部

① 章海山．马克思主义伦理思想发展的历程．上海：上海人民出版社，1991.

系统研究马克思主义伦理思想发展史的著作。该著作的第一编为马克思恩格斯的伦理思想，第二编为列宁、斯大林的伦理思想，第三编为毛泽东的伦理思想。该著作揭示出马克思主义伦理思想从德国到俄国最后到中国的发展演进历程，并对马克思恩格斯的伦理思想、列宁斯大林的伦理思想和毛泽东的伦理思想做出了比较全面的论述。

马克思主义伦理思想的创立，是人类伦理思想史上最伟大最深刻的革命变革。为什么说马克思主义伦理思想的创立是人类伦理思想史上最伟大最深刻的革命变革？根本原因在于，马克思主义经典作家马克思恩格斯坚持用唯物史观来分析人类社会的伦理道德现象，阐释伦理道德问题，从而比较科学地揭示了伦理道德的起源、本质、功能、作用和发展规律，建构起了科学的伦理学。不仅如此，马克思恩格斯还对资本主义社会受压迫受剥削的无产阶级和广大劳动人民的道德生活状况做出了客观的科学的分析，揭示了无产阶级和广大劳动人民道德要求的合理性，肯定了无产阶级道德的历史进步性和对人类道德进步所起的巨大作用，认为只有无产阶级道德才能代表人类社会发展的希望和未来。这种融科学性与人民性、真理性与价值性于一体的伦理思想，不仅为人类伦理思想指明了前进方向，而且揭示出一条达到理想道德境界的光明路径，受到全世界无产阶级和劳动人民发自内心的欢迎与拥戴。

曲红梅著的《马克思主义、道德和历史》① 一书，在深入研究马克思道德理论的主题和特质的基础上，对所谓的“马克思的道德悖论”予以批驳。在马克思之后的关于马克思道德理论研究的领域内，有一个长期存在的理论困难：人们发现马克思在其著作中，一方面认为道德是意识形态应被摒弃，另一方面又从道德上谴责资本家对工人的剥削和压榨。20 世纪初期的伯恩斯坦、考茨基以及奥地利的马克思主义者，20 世纪三四十年代的人道主义马克思主义者和科学主义马克思主义者都意识到这个问题并提出了解释路径。马克思主义进入中国后，李大钊和瞿秋白都注意到了这个问题。纵观马克思道德理论的阐释史，我们可以看到人们以不同的形式阐述所谓的“马克思道德悖论”：以人的类本质为基础的人道主义与后

① 曲红梅．马克思主义、道德和历史．北京：中国社会科学出版社，2016.

来的历史唯物主义的对立；对资本主义的道德谴责与道德被判定是意识形态之间的对立；阶级社会的道德与“共产主义道德”之间的矛盾。这是马克思主义伦理学研究中最为重要的理论问题，是任何一个马克思主义伦理学研究者都需要面对的理论难题。想要正确认识继而解决这一理论难题，除了回到马克思那里，具体分析其有关道德问题的不同文本的情境，揭示其中的内在关联，更为重要的是要从根本上明确马克思的伦理观。只有当我们充分地把握了马克思有关伦理道德问题的根本看法，对马克思的伦理观有了明确认识，我们才可以分析、解决或者批判这个所谓的“马克思的道德悖论”，为马克思主义伦理学正名。实际上，这个理论难题只存在于现代道德哲学的解释框架内。马克思为我们提供的是以历史唯物主义为哲学观和方法论来理解人之为人的生活方式与相互关系，在其中，原有的道德概念——“人道主义”“正义”“平等”“自由”等，都需要重新定义和理解，所谓的“马克思的道德悖论”也将瓦解。以非马克思主义的方式理解和重构马克思主义伦理理论是有问题的。西方学界在 20 世纪 70 年代兴起的分析的马克思主义，对马克思的道德理论做出了诸多阐释。分析的马克思主义者要求厘清功利主义与马克思主义的关系，要求正面回答“无产阶级道德是不是意识形态”这个问题，期望在马克思主义中探寻个人道德存在的可能性。这些问题的提出具有重大意义。我们在当代研究马克思主义伦理思想，必须面对并回答这些问题。但是，分析的马克思主义者是以分析的方法“重建”马克思的伦理思想。在“分析的马克思主义”这个术语中，“分析”是关键词，“马克思主义”是被分析的对象。在此，马克思主义只是一堆等待加工的材料，它有无伦理观都不重要。分析的马克思主义者以分析哲学的方法重新加工马克思主义伦理思想，使其具有“分析的精神”。但这种方式在理解马克思道德理论时表现出的片面性、肢解性和局部治疗，导致了马克思道德理论核心精神的丧失。[①] 对此，我们必须加以理性分析和批判，必须注重从整体上把握马克思伦理思想的精神特质和价值取向。

---

① 曲红梅．当代中国马克思主义伦理学研究的核心问题．光明日报，2018-09-10.

(二) 马克思恩格斯道德哲学和伦理思想研究

马克思主义伦理学的创立，是马克思主义经典作家马克思恩格斯共同完成的。马克思恩格斯作为无产阶级的革命领袖，创立了唯物史观和剩余价值学说，并以此来分析研究伦理道德问题，从而实现了伦理学的革命变革。宋惠昌编著的《马克思恩格斯的伦理学》①，是中国最早的一部系统研究马克思恩格斯伦理学的学术专著，不仅对马克思恩格斯伦理学的形成和发展做出了自己的探索，而且对马克思恩格斯伦理学的主要内容、基本特征和创造性贡献均做出了比较全面系统的阐释与论证，论述了马克思恩格斯作为无产阶级革命领袖的崇高风范和共产主义者的崇高品德。

宋希仁著的《马克思恩格斯道德哲学研究》② 一书，以马克思恩格斯的著作文本为依据，系统梳理和总结了马克思恩格斯道德哲学思想，对马克思恩格斯不同时期有关伦理道德的论述进行了具体分析并做出了深度的理论概括和总结评价。该著作从马克思恩格斯早期人道主义理想的阐释起步，对马克思恩格斯在批判道德专制主义基础上提出的人道主义道德观念以及道德良心、伦理意志的观念做出了深刻的分析，论述了马克思恩格斯关于资本主义异化劳动的观点、对真正社会主义道德观的批判和对现实性伦理关系特别是利益关系的思考，对马克思恩格斯合著的《神圣家族》《德意志意识形态》以及马克思撰写的《关于费尔巴哈的提纲》创立唯物主义历史观及其在伦理思想史上的革命变革做出系统论述，揭示了马克思恩格斯伦理思想从萌生、孕育到正式形成的发展历程。该著作用两章的篇幅对马克思《资本论》这一部工人阶级的"《圣经》"中的伦理思想做出全面总结和深度研究，揭示了资本对雇佣劳动的剥削关系、商品交换中的伦理关系、资本流通过程中的伦理秩序、商业资本的伦理形态等重大理论问题，称得上是关于《资本论》道德哲学和伦理思想的高度总结与概括。该著作对恩格斯的家庭伦理思想做出深刻的阐释和研究，探讨了两种生产和伦理的起源、前伦理时代的两性关系、家庭伦理关系的演变、家庭伦理关

---

① 宋惠昌．马克思恩格斯的伦理学．北京：红旗出版社，1986.

② 宋希仁．马克思恩格斯道德哲学研究．北京：中国社会科学出版社，2012.

系的调节，并对现代婚姻道德做出深刻论述。该著作对马克思恩格斯道德哲学思想体系予以全面系统的总结论述，重点论述了恩格斯《反杜林论》中的伦理思想，揭示了马克思恩格斯道德哲学思想体系的科学性、人民性和实践性。该著作被评选为“国家哲学社会科学成果文库”出版，获得了“内容厚重，论述充实，有说服力，有启发性”的赞誉，是一部关于马克思主义伦理思想的经典著作。

马克思恩格斯伦理思想有自己独特的展开维度和思维方式。它对封建主义道德和资产阶级道德都有深刻的批判，理论上对传统伦理学的各种观点都展开了深入系统的批判。于希勇著的《马克思恩格斯伦理思想的展开维度》①，通过马克思恩格斯文本阅读与范畴推演之间的互动，提炼出理性主义与非理性主义、义务论与功利论、契约论与德性论、个体主义与共同体主义等具有辩证关系的范畴，将其运用于马克思恩格斯伦理思想的具体阐释论述中，比较好地揭示了马克思恩格斯伦理思想从多向度展开的维度，揭示了马克思恩格斯伦理思想中超越个体主义与共同体主义两极对立的方法之维，具有既肯定个体价值又肯定共同体价值并将两者有机结合起来的因素和特质。

马克思恩格斯伦理思想，按照以往的解释，主要包括两个部分，一是以唯物史观为基础的道德理论，二是共产主义道德规范。这样一种解释虽然简约，但是并非全面科学。安启念著的《马克思恩格斯伦理思想研究》②，对这样一种简单式的解释方式做出了批评，主张从政治哲学转向去理解马克思恩格斯伦理思想，坚持认为从政治哲学转向去理解马克思恩格斯伦理思想，进而研究整个马克思主义伦理学，具有十分重要的意义和价值。该著作探讨了作为伦理思想家的马克思恩格斯的学术研究初衷和宗旨，重点分析了道德、唯物史观与马克思恩格斯人性理论的关系，论述了马克思恩格斯对旧世界道德批判及其所创立的新人道主义，揭示了马克思恩格斯的道德理想及其与共产主义的关系，高度肯定了伦理思想在马克思主义中的崇高地位，亦是对“马克思主义没有伦理学意味”观点的深刻批判。

---

① 于希勇．马克思恩格斯伦理思想的展开维度．北京：中国社会科学出版社，2015.

② 安启念．马克思恩格斯伦理思想研究．武汉：武汉大学出版社，2010.

对马克思恩格斯经典著作中的伦理思想进行梳理和分析具有重大意义，无论是对马克思主义伦理思想史的整体性研究，还是对马克思主义某个伦理学命题的研究，抑或是对马克思主义某个概念、范畴的研究，等等，都需要以解读、研究经典著作为基础和前提，即首先必须弄清楚马克思恩格斯的经典著作究竟敞开了怎样的伦理学论域。这一论域应当包括三个方面的问题：一是价值主题，二是方法要旨，三是思想特质。① 马克思恩格斯的经典著作贯穿着人的发展和完善这一价值主题。马克思恩格斯是在批判黑格尔思想、青年黑格尔派思想和其他各种唯心主义伦理思想体系的过程中来阐发自己的伦理思想的。马克思恩格斯强调，哲学是最懂生活的，伦理道德要具备现实生活的品格。马克思恩格斯伦理思想的理论特质就是，立足针对资本主义制度的批判，探寻人类解放的途径和条件。所以，马克思恩格斯的伦理思想是属于无产阶级的，也是属于全人类的。马克思恩格斯始终探索每个人自由全面发展的实现条件和方式。更重要的是，他们不仅将人的自由全面发展这样一个价值主题贯穿于思想发展的始终，而且进一步地赋予了这个价值命题丰富的现实内涵。

（三）马克思主义经济、民生伦理思想研究

马克思主义对劳动的价值和异化劳动的分析论述凸显了劳动伦理思想。黄云明著的《马克思劳动伦理思想的哲学研究》②，对马克思的劳动伦理思想做出了探本究源的哲学研究。该著作以劳动哲学为视域，将劳动作为分析社会问题的根本视角，将劳动问题上升到社会关系处理、社会基本制度设计和社会主体自我实现的哲学高度予以分析论证，将马克思劳动伦理思想概括为劳动关系伦理、劳动主体伦理和劳动制度伦理构成的思想体系。

马克思撰写了《资本论》和《〈政治经济学批判〉（1857—1858 年手稿）》《〈政治经济学批判〉（1861—1863 年手稿）》《〈资本论〉（1863—1865 年手稿）》几大手稿，还有早期的《1844 年经济学哲学手稿》《雇佣

---

① 李培超．马克思恩格斯经典著作中的伦理学论域．光明日报，2018－05－21.

② 黄云明．马克思劳动伦理思想的哲学研究．北京：人民出版社，2015.

劳动与资本》等著作，创立了马克思主义政治经济学。马克思主义政治经济学富含经济伦理思想。余达淮著的《马克思经济伦理思想研究》[1]，对马克思经济伦理思想的形成和发展历程做出了全面系统的梳理，阐释和论述了马克思经济伦理思想的主要内容和基本特征，涉及经济主体的伦理分析，所有制形式的伦理分析，对平等与自由、剥削与贫困、服务与信用等经济伦理范畴的理论分析，并依据马克思经济伦理思想对当代西方经济伦理思想予以批判性分析和评价，凸显了马克思经济伦理思想的科学性和进步性。刘琳著的《资本现代性的伦理批判——马克思〈资本论〉及手稿的伦理思想研究》[2]，通过对马克思《资本论》及其手稿等经典文献进行综合性和系统性的解读，从资本现代性的伦理批判视角开拓揭示出马克思对现代社会伦理批判的资本“病理学”批判的内容及当代价值，从理论上系统地完善了马克思主义伦理批判思想的经典内容，探索其中伦理思想发展的逻辑理路，并与时代和实践相结合，挖掘其中的当代价值，以推动马克思主义伦理思想的中国化、时代化、大众化。

马克思主义对无产阶级和人民大众生活状况予以高度关注，包含着深刻的民生伦理思想。李谧著的《马克思主义民生伦理思想研究》[3]，从哲学伦理学高度，深刻地论述了马克思主义民生伦理思想的主要内容及突出贡献。该著作认为，马克思主义民生观首先关切生活在最底层劳苦大众的生存、生计与生活；进而强调社会公正和平等人格，以便让每个人都生活得有尊严；最高层面的民生应当归旨于人的自由全面发展，即人的自我实现。为了实现民生幸福，必须深刻揭示并不断消灭现实中的各种异化现象，这正是马克思主义的批判性和科学性特征之所在。

此外，学人们还对马克思主义的政治伦理思想、生态伦理思想、教育伦理思想、公平正义思想、爱情婚姻家庭伦理思想、科学技术伦理思想以及幸福观、人生观、价值观等，做出了比较全面系统的研究，推出了一批重要的研究成果，为构建新中国的主流伦理学和建设马克思主义伦理学奠

① 余达淮．马克思经济伦理思想研究．南京：江苏人民出版社，2006.

② 刘琳．资本现代性的伦理批判：马克思《资本论》及手稿的伦理思想研究．北京：人民出版社，2015.

③ 李谧．马克思主义民生伦理思想研究．北京：中国社会科学出版社，2016.

定了坚实的理论基础。

二、列宁伦理思想和苏联马克思主义伦理思想研究

作为世界社会主义运动和马克思主义理论实践在20世纪初的革命者与思想者，列宁具体研究了马克思主义伦理学的理论范畴，现实推进了马克思主义伦理学的研究方法，科学阐释了共产主义道德原则，创新实施了共产主义道德教育，为马克思主义伦理学的发展做出了重要的理论贡献，构成了马克思主义伦理思想史上的重要一环。列宁遵循理论发生的逻辑，对道德本质、道德功能、道德价值、道德原则等伦理学基本范畴进行阐释，形成了独特的理论创建，并在实践中有所验证，为马克思主义伦理学的发展做出了重要贡献。我国学者苏玲的《列宁政治伦理思想研究》、伍卉昕的《列宁对马克思主义伦理学的发展》、乔法容和杨承训的《论列宁的社会主义市场伦理思想》等著述①，比较全面系统地研究了列宁伦理思想及其对马克思主义伦理思想的理论贡献。

苏联成立后，马克思主义伦理思想成为占主流地位的伦理思想，获得了前所未有的发展，并对中国马克思主义伦理学的形成和发展产生过特有的影响。伍卉昕著的《苏联马克思主义伦理学兴衰史》②，是目前我国唯一一部系统研究苏联马克思主义伦理思想史的成果。该著作以历史唯物主义方法，完整系统地解读了苏联马克思主义伦理学发生、发展和衰落的历史，论证了其内部的理论逻辑体系，并从伦理学的研究视角反映了从社会主义苏联向资本主义俄罗斯的根本转变，以马克思主义伦理学的终结和苏联解体这一事实证明了道德伦理和社会发展变迁之间的作用与反作用。该著作用七个部分（导论和第一至六章）的篇幅，逐一阐述了苏联马克思主义伦理学的萌芽（20世纪20年代中期之前）、形成（20世纪50年代）、

---

① 苏玲．列宁政治伦理思想研究．北京：东方出版社，2015；伍卉昕．列宁对马克思主义伦理学的发展．光明日报，2018-05-21；乔法容，杨承训．论列宁的社会主义市场伦理思想．伦理学研究，2013（5）.

② 伍卉昕．苏联马克思主义伦理学兴衰史．北京：人民出版社，2011.

发展（20 世纪 60 年代）、成熟（20 世纪 70 年代）、新变化（20 世纪 80 年代前期）、终结（20 世纪 80 年代中期至 1990 年），以及后苏联时代的伦理学与社会道德生活。该著作导论部分论述了 20 世纪苏俄伦理学的发展阶段和特点，认为伦理思想由“泛伦理观”向统一的伦理价值观转变，伦理思想的变迁大体走过了一个从起点又回到起点的路径，而贯穿其中的是马克思主义伦理思想在俄罗斯的萌芽、产生、发展、全盛、衰落和终结的全过程。该著作认为，马克思主义在俄罗斯的普及以及无产阶级运动在俄罗斯的开端都直接与对俄国民粹主义思想观念的吸纳、克服和批判密切相关，俄罗斯的伦理学生发于民粹主义者最初的道德激情之中，在社会革命中经历了从模糊感知到概括综合再到独立创建的过程。在俄罗斯伦理思想史上，克鲁泡特金的《互助论》《伦理学的起源和发展》以及拉夫罗夫的《道德及其历史的当代学说》《社会革命和道德学说》等，占有重要地位。“苏联马克思主义伦理学萌芽于 20 世纪初至 20 年代中期。马克思主义伦理学这一术语最初在俄罗斯是以对道德进行本体论否定的方式出现的。”① 该著作介绍了普列汉诺夫、列宁、斯大林、克鲁普斯卡娅、加里宁、马卡连科等人的伦理思想，并对卢那察尔斯基、阿克雪里罗德、施什金等人的伦理学思想做出了自己的介绍和评析，指出施什金的《共产主义道德原理》揭示了伦理学的重要概念，特别是共产主义道德的原则和标准，奠定了苏联当代伦理学的基础。20 世纪 70—80 年代，苏联伦理学推出了系列著作，包括阿尔汉格尔斯基著的《伦理学和道德学》、季塔连科主编的《马克思主义伦理学》、古谢伊诺夫著的《伦理学——关于道德的科学》以及主编的《伦理学说史》，表明了苏联马克思主义伦理学研究走向了多元化的发展态势。苏联解体后，马克思主义伦理学失去了主流伦理学的地位；后苏联时代，伦理学研究的基本立场朝着西方资本主义方向发展。该著作对后苏联时代的伦理学和社会道德生活予以批判性的总结与反思，提出了不少颇具启迪性的理论命题和观点。

王文东著的《俄苏马克思主义伦理思想史纲》② 一书，对俄苏马克思

---

① 伍卉昕．苏联马克思主义伦理学兴衰史．北京：人民出版社，2011：28.

② 王文东．俄苏马克思主义伦理思想史纲．重庆：重庆出版社，2020.

主义伦理思想史的发展予以全面系统的阐述。在对马克思主义道德观做出初步阐释的基础上集中探讨了列宁主义伦理思想，接着对布哈林、托洛茨基和斯大林伦理思想予以论述分析，然后对斯大林之后苏俄伦理思想的发展演变予以揭示。该著作较为完整地反映了俄苏马克思主义伦理思想的发展轨迹，对俄苏马克思主义伦理思想史的主要内容做出了比较全面的论述和探讨。此外，金可溪著的《苏俄伦理道德观演变》①，也对苏俄伦理思想的形成发展和演变做出了有益的探索。

三、马克思主义伦理思想中国化的杰出理论成果

新中国伦理学在理论上取得的标志性成果是毛泽东伦理思想、邓小平伦理思想、“三个代表”重要思想的伦理思想、科学发展观伦理思想和习近平新时代中国特色社会主义伦理思想等杰出理论成果，这是新中国伦理学发展史上最辉煌、最优秀而且影响了中国共产党100多年、中华人民共和国70多年道德生活实际和伦理文明发展构架的杰出理论成果，代表着马克思主义伦理思想在中国的创造性发展和现当代中华伦理文明发展的最高水平与最新成就，是中国共产党成立100多年和中华人民共和国成立70多年取得天翻地覆巨大成就的理论基因和精神密码。

（一）毛泽东伦理思想是马克思主义伦理思想中国化第一大杰出理论成果

毛泽东伦理思想是毛泽东思想的重要组成部分。毛泽东伦理思想博大精深、蕴含宏富，包含着十分广泛的内容，涉及道德的本质与特征、道德发展的规律、共产主义道德原则规范、道德评价和道德修养等问题。

毛泽东关于道德基础理论的深刻认识和科学论述，是建立在马克思主义基础之上并以唯物辩证法为主要方法来进行分析的，既坚持马克思主义伦理学的基本立场，又密切结合中国革命的具体道德生活实际，是对马克

① 金可溪．苏俄伦理道德观演变．北京：中国文史出版社，1997.

思主义伦理思想的重大发展。毛泽东运用辩证唯物论和历史唯物论的基本原理论述新民主主义的新文化建设，科学地阐发了文化遗产和道德遗产的批判继承问题。道德遗产的批判继承方针一是古为今用，二是洋为中用。向外国人学习是为了中国人，向古人学习是为了现在的人。对待道德文化遗产的正确态度是引导群众向前看而不是向后看，绝不能厚古薄今、崇洋媚外，应当自始至终着眼于新民主主义和社会主义道德文化的建设。

毛泽东结合中国革命实际和无产阶级道德培育的要求，深刻论述了无产阶级革命功利主义和为人民服务的价值宗旨，并对新中国成立后社会主义道德规范体系做出了科学的探讨和论述。无产阶级的革命的功利主义基于无产阶级解放全人类的历史使命和无产阶级政党为人民群众的最大利益而奋斗的宗旨，主张把广大群众的目前利益和未来利益统一起来，既考察照顾群众的目前利益，也不能损害群众的未来利益，必须给人民以看得见的物质福利，使人民群众得到真实的利益。为人民服务就是要使我们的一切言论行动“以合乎最广大人民群众的最大利益，为最广大人民群众所拥护为最高标准”①。为人民服务应当成为共产党人和一切革命战士的行为准则与人生座右铭。

毛泽东在总结我国新民主主义革命和社会主义革命与建设的实践经验的基础上，对集体主义原则予以科学的阐释和论述。集体主义是以个人利益与社会集体利益相结合为特征的社会主义精神和社会主义道德原则。集体主义既不是封建时代的整体主义和国家主义，也不是资本主义时代的个人主义和利己主义，它是对这两种道德原则的超越。集体主义是同利己主义对立的道德原则，集体主义反对的是利己主义而不是正当的个人利益，正当的个人利益恰恰是集体主义要保护的，并构成集体主义的主要内容。社会主义的集体主义既要反对自私自利的个人主义倾向，反对把个人利益看得高于一切或凌驾于集体利益之上的种种错误思想和行为，又要反对不关心个人利益、把个人利益置之度外的抽象道义论。当个人利益与集体利益、眼前利益与长远利益、局部利益与全局利益发生矛盾时，毛泽东主张个人利益服从集体利益、眼前利益服从长远利益、局部利益服从全局

① 毛泽东选集：第3卷．北京：人民出版社，1991：1096.

利益，以保证社会主义集体利益的发展壮大。毛泽东强调，个人利益服从集体利益和为集体利益做出牺牲从来就不是绝对的和至高无上的，各级党委和政府应采取有效措施保护人民群众的积极性，保护正当的个人利益，力戒不必要的牺牲。

勤俭建国是毛泽东伦理思想的一个重要方面，也是中国共产党和中国人民勤劳俭朴光荣传统与伦理美德的集中体现。勤俭建国要求用勤劳俭朴的精神来建设新中国。在毛泽东看来，勤劳俭朴的观念和精神是十分宝贵的，具有崇高的伦理道德价值，我们一定要在全国范围内大力提倡勤俭建国、勤俭持家和勤俭办一切事业的精神，努力克服各个领域内铺张浪费的现象，用有限的财力、物力创造出更多的物质财富。与勤俭建国和勤俭办一切事业的方针密切相关，毛泽东深刻论述了在社会主义时期艰苦奋斗的伦理价值。

毛泽东批评了动机和效果关系问题上的错误观点——动机论和效果论，主张动机和效果的辩证统一，强调在道德评价上既要看动机又要看效果，要联系效果去看动机，结合动机去看效果，并且认为动机和效果统一于为人民大众谋利益的基础之上，必须使为大众的动机与受大众欢迎的效果统一起来。

毛泽东伦理思想是马克思主义伦理思想与中国革命的具体道德实践和中华优秀传统伦理文化的密切结合，是中国化的马克思主义伦理思想或马克思主义伦理思想的中国化，这是毛泽东伦理思想最为根本的特点。毛泽东伦理思想是对马克思主义伦理思想的创造性发展，这种创造既在马克思主义伦理思想的发展史上赢得了特殊地位，使马克思主义伦理思想实现了从西方到中国的转变，又在中华伦理文化的发展史上赢得了特殊地位，揭示了中华伦理文化从传统到现代转变的一条有效途径。

（二）邓小平伦理思想奠定中国特色社会主义伦理思想的基石

邓小平伦理思想是邓小平有中国特色社会主义理论的重要组成部分，它在继承与发展马克思列宁主义和毛泽东伦理思想的基础上，揭示了中国特色社会主义现代化建设过程中伦理文明和伦理建设的发展规律，凸显了社会主义功利主义和关注物质利益原则的要求，同时强调培养“四有”新人和加强社会主义精神文明建设，为中国化马克思主义伦理思想的发展注入了新的活力，已经成为并将继续成为中国社会主义伦理文化建设的理论指南。

邓小平提出并论述了改革创新性道德观，强调贫穷不是社会主义，社会主义就是要消灭贫穷。改革就是要破除平均主义的束缚，调动起人们的生产积极性、主动性和创造性。为了打破平均主义，邓小平多次强调指出，“要允许一部分地区、一部分企业、一部分工人农民，由于辛勤努力成绩大而收入先多一些，生活先好起来”，并认为，一部分地区和一部分人先富起来，“就必然产生极大的示范力量，影响左邻右舍，带动其他地区、其他单位的人们向他们学习”①。为了更好地推进改革开放，邓小平提倡竞争和敢冒风险、奋力开拓、勇于创造的精神。在邓小平看来，竞争与敢冒风险是具有民族自尊心、自信心和自强不息精神的体现，中国人应当满怀信心地参与世界范围内的经济文化竞争，自立于世界民族之林，把自己的国家建设成世界经济文化强国。

针对改革开放和社会主义现代化建设新时期中国特色社会主义现代化建设的任务与要求，邓小平提出并论证了有中国特色社会主义伦理道德建设学说。邓小平指出，社会主义的伦理道德建设，既要注意针对不同道德觉悟的人们提出不同的行为要求，又要注意鼓励人们向更高的道德层次努力攀登；既要肯定人们在分配方面的合理差别，反对小生产者的平均主义道德观念，又要鼓励人们发扬国家利益、集体利益、个人利益相结合的社会主义集体主义精神，发扬顾全大局、诚实守信、互助友爱和扶贫济困的精神，在全社会形成一个以共产主义道德为指导，以社会主义道德为主体，坚持抵制和清除封建主义道德、资本主义道德的影响，强调社会主义道德教育和道德修养的道德建设体系。邓小平肯定社会主义的物质利益原则，明确地指出了在社会主义历史时期，国家要讲物质利益，追求国富，人民群众要讲物质利益，追求民富。同时，邓小平又主张克服狭隘的功利主义，反对任何形式的利己主义和个人主义。邓小平要求中国人民正确认识和解决个人利益与集体利益的关系，从总体上讲，个人利益与集体利益

---

① 邓小平文选：第2卷．北京：人民出版社，1994：152.

是统一的，但从一定时期和一定阶段来看，个人利益与集体利益又是存在矛盾的。当个人利益与集体利益发生矛盾的时候，个人利益要自觉服从集体利益，而不是违反集体利益去追求个人利益。邓小平主张弘扬中华民族爱国主义的优良传统，指出：“中国人民有自己的民族自尊心和自豪感，以热爱祖国、贡献全部力量建设社会主义祖国为最大光荣，以损害社会主义祖国利益、尊严和荣誉为最大耻辱。”① 新时期弘扬社会主义爱国主义，必须坚持中华各民族的团结，牢固树立汉族离不开少数民族、少数民族离不开汉族的思想，自觉克服大汉族主义和地方民族主义，反对民族分裂和一切干扰祖国统一的行为；同时也必须克服狭隘民族主义，认真学习世界各民族的长处，尊重一切与我们平等交往的外国政府和外国朋友，努力扩大同他们的友好合作。

邓小平特别强调加强对党员干部共产主义道德品质和道德观念的教育。他说：“没有共产主义思想，没有共产主义道德，怎么能建设社会主义？党和政府愈是实行各项经济改革和对外开放的政策，党员尤其是党的高级负责干部，就愈要高度重视、愈要身体力行共产主义思想和共产主义道德”，“要教育全党同志发扬大公无私、服从大局、艰苦奋斗、廉洁奉公的精神，坚持共产主义思想和共产主义道德”②。邓小平认识到，整个社会的道德教育是一个长期的连续的并需要不断努力的过程，社会风气的根本好转和人们道德品质的培养都有一个过程，因此“革命的理想，共产主义的品德，要从小开始培养”③，要从娃娃抓起，持之以恒，常抓不懈，才能抓出成效。邓小平根据社会主义初级阶段的历史任务及战略目标，创造性地提出了培养“四有”新人的理论，并以此作为社会主义道德教育和道德修养的目标。

邓小平伦理思想，第一次比较系统地论证了社会主义道德建设的客观环境和现实条件、指导方针和战略步骤、道德原则和主要任务等问题，为新中国伦理学的繁荣与振兴做出了历史性的贡献。邓小平伦理思想强调现

---

① 邓小平文选：第3卷．北京：人民出版社，1993：3.

② 邓小平文选：第2卷．北京：人民出版社，1994：367.

③ 同②105.

代化与民族化的有机结合，既反对伦理文化上的民族虚无主义和全盘西化论，又反对伦理文化上的复古主义和国粹主义，主张继承和发扬中华民族的优良伦理传统，努力寻找传统与现实的结合点。邓小平伦理思想主张结合我国社会主义道德建设的实际进行新的伦理文化创造，创造出一种既适应时代前进步伐又不失民族伦理文化特质的、既优于和高于资本主义伦理文明又适应现代伦理文明发展趋势的、既立足本国又面向全世界的高度文明的社会主义伦理文化体系。

（三）“三个代表”重要思想的伦理思想对中国特色社会主义伦理思想的继承和发展

“三个代表”重要思想的伦理思想，是其关于精神文明和道德建设思想的集中呈现，反映着以江泽民为主要代表的中国共产党人和马克思主义者建设社会主义精神文明和道德文明的伦理智慧。“三个代表”重要思想的伦理思想，十分注重把毛泽东伦理思想和邓小平伦理思想同社会主义市场经济条件下道德生活的实际有机地结合起来，强调社会主义道德建设要遵循集体主义基本原则。社会主义集体主义不同于封建时代的整体主义和资本主义时代的国家主义或民族主义，关键在于它是人民群众整体利益和根本利益的体现，是从为人民服务的精神出发并走向为人民服务的目标的。人民的整体利益和根本利益即是社会主义的集体利益和国家利益。以集体主义为原则进行社会主义道德建设，是社会主义基本制度的客观要求。社会主义集体主义精神是我们民族的精神支柱，也是我们民族具有强大凝聚力的内在源泉。

“三个代表”重要思想的伦理思想，强调社会主义道德建设就是要从社会主义初级阶段的具体实际出发，鼓励先进、团结多数，把先进性要求与广泛性要求统一起来，在全社会认真提倡社会主义道德和共产主义道德的同时，鼓励与支持一切有利于解放和发展社会主义社会生产力的思想道德，一切有利于国家统一、民族团结、社会进步的思想道德，一切有利于追求真善美、抵制假恶丑、弘扬正气的思想道德，一切有利于履行公民权利和义务、用诚实劳动争取美好生活的思想美德。社会主义道德建设的根本任务，是培养一代又一代有理想、有道德、有文化、有纪律的公民，提高全民族的思想道德和科学文化素质，促进人的全面发展。江泽民提出了“四自五慎”的个体道德教育和道德修养理论。“四自”即“自重、自省、自警、自励”，“五慎”即“慎初、慎微、慎欲、慎独、慎终”。“四自五慎”凸显了市场经济条件下人们特别是党员干部加强自身道德修养的极端重要性，是对马克思主义道德修养理论的发展。

“三个代表”重要思想的伦理思想，强调发展社会主义文化和思想道德必须继承与发扬一切优秀的伦理文化，必须充分体现时代精神和创造精神，必须具有世界眼光，具有精神价值的感召力。中华民族的优秀传统伦理文化，党和人民从五四运动以来形成的革命道德传统，人类社会创造的一切先进的伦理文明成果，我们都要进行积极的继承和发扬，同时必须结合新的社会实践和时代要求，结合人民群众道德生活的需要，积极进行伦理文化上的创新，努力发展和繁荣先进的社会主义伦理文化。中国特色社会主义伦理文化的建设，必须既继承与发扬中华民族的优秀传统伦理文化，又充分体现社会主义的时代伦理精神；必须既立足本国，又充分吸收世界伦理文化优秀成果；必须既同伦理文化上的民族虚无主义倾向做斗争，又坚决反对闭关自守和不思进取的国粹主义。

“三个代表”重要思想的伦理思想，深化了对中国特色社会主义伦理道德体系的认识，较为完整地论述了社会主义伦理道德体系的主要内容，认为中国特色社会主义伦理道德体系是一个以为人民服务为核心，以集体主义为基本原则，以爱祖国、爱人民、爱劳动、爱科学、爱社会主义为基本规范的科学体系，将爱国主义、集体主义、社会主义提升为时代的主旋律，主张唱响主旋律，以科学的理论武装人，以正确的舆论引导人，使人们树立马克思主义的世界观、人生观和价值观，在全社会形成普遍认同和自觉遵守的行为规范以及健康文明的人际关系。“三个代表”重要思想的伦理思想，阐述了在高科技革命和经济全球化、政治多极化时代的许多新的伦理道德问题，形成了自己颇具特色的经济伦理思想、政治伦理思想、科技伦理思想和国际关系伦理思想，其中的某些论述或观点还为当代应用伦理学的研究和发展指明了方向。

“三个代表”重要思想的伦理思想，始终同建设中国特色社会主义伦理道德体系密切相关，同我国各族人民加强社会主义市场经济条件下的道德建设密切相关，它既来源于实践又指导着我国人民的道德实践，对于克服市场经济的负面效应，推动我国经济、政治和文化的全面进步，造就一代有理想、有道德、有文化、有纪律的社会主义“四有”新人，已经发挥并将继续发挥其特有的作用，成为全国人民同心同德地建设中国特色社会主义伟大事业的行为指南，成为实现中华民族伟大复兴的伦理动因！

（四）科学发展观伦理思想对中国特色社会主义伦理思想的理论贡献

科学发展观伦理思想是以胡锦涛同志为主要代表的中国共产党人和马克思主义者在十六大以后全面推进社会主义经济建设、政治建设、文化建设、社会建设和党的建设的基础上而创立的主张以人为本，坚持科学发展全面发展协调发展持续发展的伦理思想，它总结改革开放以来的经验教训，强调把实现人的全面发展作为生产力发展和社会发展的根本目标与最终旨归，认为发展是为了促进全体中国人民的最大幸福，是对邓小平伦理思想、“三个代表”重要思想的伦理思想的全面继承和发展。科学发展观伦理思想是对当代中国发展实践的道德反思和价值前瞻，它的核心和精髓是以人为本，并具有“人、经济、政治、社会、生态”协同发展的属性。

科学发展观伦理思想重视发展，把发展作为第一要义，但这种发展是建立在全面、协调、可持续的基础上的，要求把长远利益和当前利益、根本利益和具体利益、整体利益和局部利益有机结合起来，推进人-社会-自然系统的协调发展。科学发展观伦理思想要求从只注重经济增长、单纯追求GDP转变为在保持经济快速增长基础上的注重经济社会和人的全面发展，把发展作为人类与自然协调发展的过程，把社会发展的目的性和规律性统一起来，尊重自然发展和社会发展的客观规律，从而实现人与自然的和谐统一。

科学发展观伦理思想主张超越“神本论”、“物本论”或者“权本论”，把人置于发展的核心并使发展从属于和服务于人，这是对古今中外人本主义精神的全面继承和弘扬，表征着中国马克思主义者对人与物、人与自然、人与经济建设等的关系的正确认识。科学发展观的核心是以人为本，人民主体思想则是以人为本的理论基础和精神实质。科学发展观伦理思想推崇的以人为本，实质上是以人民群众为根本、为目的、为动力，故而有着超越一般人本主义的崇高性与先进性。

科学发展观伦理思想坚持以人为本与尊重客观规律相统一，坚持以经济建设为中心与社会全面发展相统一，坚持各方面尽快发展与整体协调发展相统一，坚持人类社会发展与自然生态环境相统一，深化了对共产党执政规律、社会主义建设规律和人类社会发展规律的认识，体现了我们党领导人民在实现什么样的发展、怎样发展这个重大问题上的理论自觉和理论自信。科学发展观伦理思想强化了发展的人本性、协调性、持续性，凸显了统筹兼顾的伦理意义，赋予了马克思主义的发展伦理思想新的时代内涵和实践要求，构建了一种全新的马克思主义的发展伦理思想。

科学发展观伦理思想从根本上解决了“为谁发展”和“怎样发展”的重大问题；它强调的“以人为本”以及“权为民所用、情为民所系、利为民所谋”，不仅反映马克思主义伦理思想的人民性，也是马克思主义相信人民、服务人民思想的高度升华；它崇尚和重视的社会主义荣辱观，是对社会主义社会基本价值观、是非观、善恶观和美丑观的科学揭示，为社会主义公民道德建设提出了明确的行为规范和价值目标，已经成为并将继续成为社会主义伦理文化建设的价值指南。

（五）习近平新时代中国特色社会主义伦理思想及其卓越贡献

习近平新时代中国特色社会主义伦理思想，既是中国社会日新月异的发展的产物和不断丰富的社会实践的结晶，也凝聚着习近平作为大国领袖的政治勇气、责任担当和道德智慧，是当代中国马克思主义伦理思想、21世纪马克思主义伦理思想，是中国文化和中国精神的时代精华，是新时代坚持和发展中国特色社会主义伦理文化的行动指南。习近平新时代中国特色社会主义伦理思想，坚持马克思主义道德观和社会主义道德观的基本立场，遵循人类伦理文明发展规律、社会主义伦理文明建设规律和中国共产党执政伦理规律，科学总结自改革开放以来精神文明建设和公民道德建设的经验教训，根据时代要求和公民道德生活实践的发展变化，以崭新的思想内容丰富和发展了马克思主义伦理思想，是马克思主义伦理思想中国化的最新理论成果。

习近平新时代中国特色社会主义伦理思想，内容丰富，涉及中国特色社会主义伦理文明建议和公民道德建设的各个方面，以中华民族伟大复兴的中国梦为奋斗目标，以培育和践行社会主义核心价值观为精神引领，以继承中华传统美德并促进中华优秀传统伦理文化创造性转化和创新性发展、弘扬以爱国主义为核心的民族精神和以改革创新为核心的时代精神为主要任务，聚焦于新时代社会主义公民道德建设，要求持续不断地开展社会公德、职业道德、家庭美德和个人品德建设，整体上建设起与中华民族伟大复兴大业相契合并能促进中华民族为人类做出较大贡献的中国特色社会主义伦理文明。

习近平新时代中国特色社会主义伦理思想，把加强公民道德建设、提高全社会道德水平作为全面建成小康社会、全面建设社会主义现代化强国的战略任务，主张激发人们形成善良的道德意愿、道德情感，培育正确的道德判断和道德责任，提高道德实践能力尤其是践行能力，引导人们向往和追求讲道德、尊道德、守道德的生活，形成向上的力量、向善的力量。习近平新时代中国特色社会主义伦理思想，还对如何传承中华传统美德、中国革命道德以及弘扬中国精神等做出了创造性论述，对在新形势下构建新型国际关系和人类命运共同体做出了富于原创性的论述，构成一个有机联系的理论体系。

习近平新时代中国特色社会主义伦理思想，以一系列原创性观点极大地丰富了马克思主义伦理思想，把马克思主义伦理思想中国化推进到一个新的阶段，是马克思主义伦理思想中国化最新成果，是党和人民实践经验与集体智慧的结晶，是全党全国人民为实现中华民族伟大复兴而奋斗的行动指南。这一马克思主义伦理思想中国化最新成果讲了许多新话，以全新的视野深化了对人类伦理文明建设规律、社会主义伦理文明建设规律和中国特色社会主义伦理文明建设规律的认识，为发展马克思主义伦理思想做出了原创性或独创性的理论贡献。

习近平新时代中国特色社会主义伦理思想，对伦理学的贡献是深刻系统而又多方面的，不仅丰富发展了马克思主义和中国化马克思主义伦理思想，是马克思主义伦理思想中国化最新成果，而且是新时代中国特色社会主义道德生活经验的全面总结，为新时代我国社会主义道德建设实践提供了理论指引，为中国人民创造和追求美好生活提供了根本遵循。习近平新时代中国特色社会主义伦理思想，立足时代之基，回答时代之问，引领时代之变，体现了中国从“赶上时代”到“引领时代”的伟大跨越，体现了我们党始终站在时代前列，以先进理论引领时代发展的历史担当，实现了马克思主义伦理思想中国化时代化新的飞跃。习近平新时代中国特色社会主义伦理思想，反映的是时代伦理精神的精华，指引的是中国特色社会主义现代化建设、中华民族伟大复兴的前进方向，体现的是对中华民族、中国人民与世界各民族、各国人民共同命运的关怀，表达的是对人类命运共同体的价值追问和价值关切。

四、马克思主义伦理思想中国化杰出理论成果研究

马克思主义伦理思想中国化，在中国大地上结出了丰硕的理论成果。一批中国马克思主义者坚持将马克思主义伦理思想与中国革命、建设和改革的具体道德生活实际相结合，与中华民族优秀传统伦理文化相结合，形成了毛泽东伦理思想、邓小平伦理思想、“三个代表”重要思想的伦理思想、科学发展观伦理思想、习近平新时代中国特色社会主义伦理思想，不仅促进了马克思主义伦理思想的发展，而且推动了中国伦理文化的马克思主义发展，为建构具有中国特色、中国风格、中国气派的马克思主义伦理学和社会主义伦理学做出了历史性的伟大贡献。伦理学界围绕中国化马克思主义伦理思想展开深入的研究，推出了一批有影响的学术成果，极大地促进着中国化马克思主义伦理思想的理论传播、学术研究和创新性发展。吴潜涛著的《中国化马克思主义伦理思想研究》、王泽应著的《马克思主义伦理思想中国化研究》《马克思主义伦理思想中国化最新成果研究》以及马进、乔娟合著的《马克思主义伦理思想中国化若干重要问题研究》等①，从宏观整体的高度阐释和论述马克思主义伦理思想中国化发展的历

① 吴潜涛．中国化马克思主义伦理思想研究．北京：中国人民大学出版社，2015；王泽应．马克思主义伦理思想中国化研究．北京：中国社会科学出版社，2017；王泽应．马克思主义伦理思想中国化最新成果研究．北京：中国人民大学出版社，2018；马进，乔娟．马克思主义伦理思想中国化若干重要问题研究．北京：中国社会科学出版社，2015.

程、所取得的重要成就和对中国现当代伦理文化发展所具有的深刻意义与作用。

（一）毛泽东伦理思想研究

毛泽东伦理思想是中国化马克思主义伦理思想的第一大杰出理论成果，它的形成发展不仅使马克思主义伦理思想在中国获得新的发展，成为马克思主义伦理思想发展史上的一种新的提升，而且使中国伦理文化发生了根本性的变革，使中国伦理文化进化发展到中国马克思主义伦理文化发展阶段。刘广东著的《毛泽东伦理思想简论》①，是国内第一部全面系统阐释论述毛泽东伦理思想的学术著作。全书分上下两篇十章论述毛泽东伦理思想的形成发展和主要内容、基本特征和理论贡献，内容涉及毛泽东早期的伦理思想、成熟时期的伦理思想，阐述了毛泽东人生观、价值观和生死观的主要内容，毛泽东共产主义道德原则规范论、共产主义道德品质论和人格修养论、道德评价论和对待道德遗产的科学态度，并对毛泽东伦理思想的理论贡献和历史地位做出了自己的评价。魏英敏主编的《毛泽东伦理思想新论》②，对毛泽东伦理思想的形成发展和主要内容、基本特征和理论贡献做出了更深入的探讨。该著作探讨了毛泽东改造旧伦理、确立新伦理的过程，对毛泽东伦理思想的时代背景、哲学基础以及毛泽东伦理观的转变做出了科学的论述，在此基础上聚焦毛泽东伦理思想的主要内容，阐释论述了毛泽东关于道德遗产批判继承的理论，对道德遗产批判继承的可能性、必要性、方针、标准和方法做出了全面系统的分析与研究；阐释论述了毛泽东关于共产主义道德原则、规范和范畴的理论，对毛泽东的集体主义和革命功利主义、全心全意为人民服务的伦理精神做出了系统的介绍与深度的研究；阐释论述了毛泽东关于道德评价的理论，涉及道德评价的理论依据、标准和方法；阐释论述了毛泽东关于培养造就一代共产主义新人的理论，涉及毛泽东道德品质、道德人格、道德教育和道德修养论；最后对毛泽东日常生活和工作中的道德实践予以全面系统的介绍与阐释，

---

① 刘广东．毛泽东伦理思想简论．济南：山东人民出版社，1987.

② 魏英敏．毛泽东伦理思想新论．北京：北京大学出版社，1993.

论述了毛泽东伦理思想对马克思主义伦理思想的创造性贡献和对中国革命道德形成发展的巨大作用。

唐能赋著的《毛泽东的伦理思想》、王彩玲著的《毛泽东早期伦理思想研究》等著作①，也论述了毛泽东伦理思想的主要内容、基本特征和在马克思主义伦理思想中国化发展过程中的独特贡献，促进和繁荣了毛泽东伦理思想研究。

杨义芹撰文探讨了新中国成立后60年的毛泽东伦理思想研究状况，将其区分为三个阶段，认为所研究的问题主要集中在毛泽东伦理思想的来源、产生和发展，毛泽东早期伦理思想，毛泽东全心全意为人民服务的思想及其道德原则和道德规范体系，毛泽东的道德实践观和道德评价理论，毛泽东的人道主义和功利主义思想，毛泽东的人生价值观，以及毛泽东的道德教育和道德建设思想等方面。60年来，国内学术界对毛泽东伦理思想的研究是一个不断深化、不断发展的过程，取得了丰富的理论成果。②有学者对延安时期毛泽东劳动伦理思想所体现出来的美德伦理意蕴做出了探讨，强调毛泽东从“实践的唯物主义”出发所建构的劳动道德本体论，从根本上去除了传统士人文化中劳动歧视观念得以衍生的思想理据。毛泽东从“革命的功利主义”出发所得出的劳动道德价值论，从原则上超越了近现代的片面伦理主体论和抽象理性道德价值论的历史局限。毛泽东从“无产阶级化”出发所提出的道德修养论和道德教育论，在实践上促成了革命高尚人格的养成和提升。体悟延安时期毛泽东劳动伦理思想丰富的中国化创新性内涵和实践理性智慧，对于现代乃至新时代劳动道德教育理论和实践都具有重大意义。③此外，伦理学人对毛泽东早期伦理思想、政治伦理思想、经济伦理思想、生态伦理思想、教育伦理思想、军事伦理思想等，均做出了开拓性的研究，对毛泽东伦理思想的理论贡献、学术地位和社会影响予以创造性的总结与评价，从整体上推进和深化着中国化马克

---

① 唐能赋．毛泽东的伦理思想．重庆：西南师范大学出版社，1993；王彩玲．毛泽东早期伦理思想研究．北京：中国社会科学出版社，2006.

② 杨义芹．六十年来毛泽东伦理思想研究的回顾．齐鲁学刊，2010（1）.

③ 李建森．延安时期毛泽东劳动伦理思想的基本架构及其现代意义．西北大学学报（哲学社会科学版），2021（3）.

思主义伦理思想研究。

（二）邓小平伦理思想研究

邓小平伦理思想以人民利益为价值本位，以“三个有利于”为评价标准，以培养“四有”新人为根本目标和任务，以爱国主义、集体主义、社会主义、为人民服务等为主要内容，形成了一个较为完整的伦理学体系。廖小平著的《邓小平伦理思想研究》、李权时主编的《邓小平伦理思想研究》①，在对邓小平伦理思想的基本特征与贡献做出界说的基础上，探讨了邓小平伦理思想中的若干关系，内容涉及先富与共富、效率与公平、经济效益与社会效益、个人利益与社会公共利益等，集中论述了邓小平的价值观、功利观、公平观、善恶观、荣辱观、幸福观，并对其道德修养论和道德教育层次论做出了阐述。

温克勤撰的《邓小平的伦理思想体系及其时代特征》、李光耀撰的《简论邓小平伦理思想的理论特色》、王泽应撰的《邓小平伦理思想的独特地位——纪念邓小平诞辰100周年》及与唐凯麟合撰的《邓小平伦理思想新探》、黄大建撰的《邓小平伦理思想探析》、廖小平撰的《邓小平伦理思想若干问题略论》等学术论文②，对邓小平伦理思想形成的时代背景、理论渊源、主要内容、基本特征、理论贡献和历史意义均做出了比较深入的探讨，从整体上深化了对邓小平理论和中国特色社会主义理论的研究。

在邓小平伦理思想研究中，学人们还围绕邓小平经济伦理思想、政治伦理思想、教育伦理思想、制度伦理思想、军事伦理思想、外交伦理思想展开了深入研究，发表了一批有影响的学术成果。邓小平经济伦理思想，结合我国社会主义现代化建设的实际情况，提出并阐发了针对改革开放和市场经济条件下道德建设的重大理论问题与实际问题。张国均著的《邓小

---

① 廖小平．邓小平伦理思想研究．长沙：湖南师范大学出版社，1996；李权时．邓小平伦理思想研究．广州：广东人民出版社，1998.

② 温克勤．邓小平的伦理思想体系及其时代特征．高校理论战线，1995（1）；李光耀．简论邓小平伦理思想的理论特色．道德与文明，1994（6）；王泽应．邓小平伦理思想的独特地位：纪念邓小平诞辰100周年．伦理学研究，2004（4）；王泽应，唐凯麟．邓小平伦理思想新探．毛泽东思想论坛，1996（4）；黄大建．邓小平伦理思想探析．江西社会科学，2002（4）；廖小平．邓小平伦理思想若干问题略论．伦理学研究，2011（3）.

平的利益观》①，比较系统地探讨了邓小平关于什么是利益，利益原则在人们行为中的作用，如何正确处理社会主义时期的各种利益关系，培育社会主义利益观等问题的思想，并在全面阐发邓小平利益观的历史形成、主要内容、基本特征的基础上对其做出了全面的总结与评价。还有一批学术论文深刻论述了邓小平经济伦理思想的基本特征，认为邓小平经济伦理思想具有三大特征，即致富行为在伦理道德上具有合理性，生产的目的与伦理的目的相统一，功利原则与公正原则相统一；其价值诉求主要包括“三个有利于”的价值尺度、肯定物质利益的价值选择和坚持共同富裕的价值目标。邓小平“先富共富”思想经历了提出、发展、成熟三个阶段，包含了先富共富的对象、条件、方式和目标四个方面的科学内涵；不仅体现了公平与效率思想的辩证统一，还兼顾了经济道德理论方面的思想创新。邓小平经济伦理思想在理论上丰富和发展了马克思主义经济伦理学，提出并建构了新型的经济道德观，促进了中国特色经济伦理学的发展。邓小平经济伦理思想在现实上有助于坚持以义制利的财富伦理观，有助于经济建设与道德建设相互协调，有助于经济发展与环境保护相辅相成，有助于深化经济改革与促进社会公平，有助于缩小贫富差距与坚持共建共享。

邓小平政党伦理思想是马克思主义政党伦理理论与中国共产党政党伦理实践很好的结合，更是对我国传统伦理思想不断批判、继承的结果。以人民为本是邓小平政党伦理思想的核心，公正与民主是邓小平政党伦理思想的道德原则，“三个有利于”标准是邓小平政党伦理思想的评价原则，这些形成了具有时代特点的无产阶级政党伦理思想。

（三）“三个代表”重要思想的伦理思想研究

“三个代表”重要思想的伦理思想是以推进党的建设伟大工程、加强党的执政伦理建设为核心而形成和发展起来的，本质上是一种追求先进与崇高、始终以人民利益为最高价值取向的政党伦理，并贯穿在社会主义经济伦理和伦理文化建设等方面，是以江泽民为主要代表的第三代中国共产党人在实践中坚持、丰富和发展马克思主义伦理思想所做出的创造性成

① 张国均．邓小平的利益观．北京：北京出版社，1998.

就与历史性贡献的集中体现。刘镇江著的《江泽民伦理思想研究》[1]，是国内一部专门研究“三个代表”重要思想的伦理思想的学术专著。该著作比较全面系统地阐释和论述了江泽民伦理思想的形成发展、主要内容和基本特征，并在此基础上结合中国特色社会主义伦理文化建设的实际需要，探讨了其在中国特色社会主义伦理思想体系中的地位和贡献。

“三个代表”重要思想的伦理思想，时代特征鲜明突出，具有时代性、创新性、实践性和马克思主义宽广眼界等重要特征，具体表现在历史与现实的统一、继承与创新的统一、合规律性与合目的性的统一、观察当代中国与观察当今世界的统一等方面。“三个代表”重要思想的伦理思想，是马克思主义伦理思想中国化的新成果，是指导公民道德建设的旗帜，体现着既要促进经济文化发展，又要代表人民群众利益的工具合理性和价值合理性的辩证统一。“三个代表”重要思想的伦理思想，继承和发展了马克思主义伦理思想的人本情怀，进一步发展了邓小平伦理思想关于在发展中重视精神文明的论述，着力协调发展中国社会主义事业过程中的各种利益关系。

以德治国和依法治国相结合，是“三个代表”重要思想的伦理思想的重要组成部分。罗国杰、夏伟东主编的《以德治国论》[2]，是一部系统研究和阐述以德治国方略的理论专著。该著作努力将以德治国的历史、理论和实践有机地结合起来，既总结历史规律，又回答现实问题，从历史中获得启示，从现实中解读历史；从历史、理论和实践的综合高度，为科学解读以德治国思想，为澄清对以德治国思想的一些模糊看法，为深化对以德治国方略重大意义的认识，为把以德治国方略真正落到实处，寻求比较有说服力和比较有效的决策与治理方案。龚群主编的《以德治国论》[3]，是一部系统论述江泽民提出的“以德治国”思想的理论著作。该著作从历史、理论和现实的各个层面，全面阐述了“以德治国”思想，深刻揭示了“依法治国”和“以德治国”的关系；在分析中外德治理论与实践的基础上，

---

① 刘镇江．江泽民伦理思想研究．北京：中央文献出版社，2005.

② 罗国杰，夏伟东．以德治国论．北京：中国人民大学出版社，2004.

③ 龚群．以德治国论．沈阳：辽宁人民出版社，2002.

对治国必先治党、治国必重治政以及建立与社会主义市场经济相适应的道德体系等问题做了可贵的研究和探索。

此外，侯树栋主编的《以德治国概论》、漆玲主编的《“以德治国”理论与实践问题研究》、苏希胜主编的《论“以德治国”》等著作①，也对以德治国做出了自己的阐释与论述，将以德治国的理论研究和实践研究推进到一个新的阶段。

（四）科学发展观伦理思想研究

科学发展观伦理思想，是中国特色社会主义伦理思想体系的重要组成部分。徐铁光著的《科学发展观的伦理价值》②，对科学发展观的伦理价值予以比较深入的探讨分析，坚持认为科学发展观不仅在处理人与自然的关系时有助于促进人与自然和谐，在处理人与物的关系时有助于确立以人为本的思想价值取向，而且在处理人与人的关系时有助于坚持公平正义、利益兼顾以及促进每个人的自由全面发展。

科学发展观伦理思想内含着一种新的发展伦理。陈忠著的《发展伦理研究》入选 2012 年“国家哲学社会科学成果文库”，2013 年由北京师范大学出版社出版。该著作的研究对象是发展伦理学，主要从两个向度展开：一是范式与理论研究，对发展伦理学的范式与基本理论问题进行哲学反思，力图呈现、拓展发展伦理学的主要范式、基本构架、基本视域等的构成特点及创新可能；二是现实与问题反思，以经过反思的发展伦理学为视域，对一些重大现实与理论问题进行哲学反思，力图呈现、拓展发展伦理学关注现实、反思现实、切入现实的可能张力。黄守红著的《科学发展的道德之维》③，在对科学发展为何诉求道德的阐说中论述了科学发展观的伦理意蕴，坚持认为道德之维建构科学发展观的理论基础，并分析了历史演进中的科学发展思想及其道德内涵，力主将科学发展观升华为全社会

① 侯树栋．以德治国概论．北京：红旗出版社，2000；漆玲．“以德治国”理论与实践问题研究．天津：天津人民出版社，2005；苏希胜．论“以德治国”．北京：国防大学出版社，2000.

② 徐铁光．科学发展观的伦理价值．北京：中国社会科学出版社，2014.

③ 黄守红．科学发展的道德之维．湘潭：湘潭大学出版社，2011.

的道德共识，对科学发展实践的道德考量予以探讨论述，揭示了科学发展蕴含的丰富伦理道德意义。

科学发展观伦理思想是对当代中国发展实践的道德反思和价值前瞻，它通过对过去实践的分析达到对现存事实的道德审查，实现对未来的价值预瞻，从而以可期望的伦理愿景实现对实践主体在发展实践中的实践方式的道德归属。王泽应撰的《科学发展观伦理思想探论》以及与刘恒山合撰的《科学发展伦理思想的创造性建构》，陆昱撰的《科学发展观政治伦理思想探析》，王苏喜、张倩合撰的《论科学发展观中的经济伦理思想》等学术论文①，对科学发展观伦理思想的创立、主要内容、基本特征和理论贡献予以研究，揭示了科学发展观伦理思想对中国化马克思主义伦理思想的继承和发展。科学发展观建构起来的是以人为本，全面、协调、可持续的生态伦理观，这一生态伦理观致力于改善人与自然的道德关系，力图通过反思人类实践行为的负效应，确立起人类实践行为的伦理原则和规范。董玉宽著的《科学发展观与生态伦理》②，探讨了科学发展观的内涵及在其指导作用下的全面、协调、可持续的生态伦理观、自然观。该著作强调指出，生态平衡是当代经济社会和人的全面发展的基石，统筹兼顾是当代经济社会与生态环境协调发展的科学方法，生态文明是经济社会和人的全面发展的重要标志；发展循环经济，走新型工业化道路是贯彻落实科学发展观的战略选择，是以人为本、实现可持续发展的内在要求。

科学发展观伦理思想坚持"以人为本"的价值理念，在广阔的中华大地上开展了亘古未有的全面、协调、可持续的发展实践活动，为马克思主义发展伦理提供了理论试验的场地和价值提炼的熔炉。在此基础上，智慧的中国人又运用马克思主义科学的方法论和中华民族独特的中庸与和谐思维，不断地从当代中国伟大发展实践中为马克思主义发展伦理增添真理的和价值的光彩。

---

① 王泽应．科学发展观伦理思想探论．湖南师范大学社会科学学报，2011（6）；刘恒山，王泽应．科学发展伦理思想的创造性建构．华中科技大学学报（社会科学版），2013（5）；陆昱．科学发展观政治伦理思想探析．福建论坛（社科教育版），2009（12）；王苏喜，张倩．论科学发展观中的经济伦理思想．商业研究，2007（3）.

② 董玉宽．科学发展观与生态伦理．沈阳：辽宁人民出版社，2013.

（五）习近平新时代中国特色社会主义伦理思想研究

习近平新时代中国特色社会主义伦理思想内涵丰富，守正创新，是对马克思主义伦理思想和中国化马克思主义伦理思想的继承与发展，代表着马克思主义伦理思想发展的新境界和新阶段，已经成为并将继续成为中国特色社会主义伦理文化建设和实现中华民族伟大复兴的指路明灯。

习近平新时代中国特色社会主义伦理思想强调以人民为中心，这既是对马克思主义人民本位国家观的转换，对中国共产党立党宗旨的现实延续，同时也是对新时代背景下物质文明与精神文明建设需求的回应，对于促进新时代中国特色社会主义伦理文明建设和公民道德建设具有极其重要的意义与价值。金建萍著的《坚持以人民为中心的发展思想研究》①，在学理层面从理论品格、初心使命、群众路线、基本方略四个方面对以人民为中心的发展思想的深刻内涵做出理论解释，在实践层面从坚持人民主体地位的应有之义、创造人民美好生活的必由之路、一切为了人民的发展之本、一切依靠人民的力量之源等探究以人民为中心的发展思想的实践力量。坚持人民主体地位、创造人民美好生活，一切为了人民、一切依靠人民，是以人民为中心的题中之义。吴黎宏编著的《以人民为中心》② 认为，坚持以人民为中心的发展思想，鲜明回答了“为了谁发展”这一发展中的根本问题和原则问题，彰显了党的性质和宗旨，体现了人民至上的根本立场和感情，明确了发展的根本方向。牛先锋、杨磊合著的《人民至上：从〈共产党宣言〉到〈为人民服务〉》③，全面地阐述了“人民至上”的内涵与发展脉络，丰富了马克思主义中国化思想的内涵。该著作分为七章，以《共产党宣言》《为人民服务》两篇红色经典为基础，用丰富的案例、通俗的语言系统梳理中国共产党成立100年来，从《共产党宣言》到《为人民服务》到“人民至上”思想理论体系的发展脉络，向读者阐释中国共产党“人民至上”的本质及崇高理想；阐释新时代背景下，中国共产

---

① 金建萍．坚持以人民为中心的发展思想研究．北京：人民出版社，2020.

② 吴黎宏．以人民为中心．北京：中共中央党校出版社，2019.

③ 牛先锋，杨磊．人民至上：从《共产党宣言》到《为人民服务》．南宁：广西人民出版社，2021.

党在治国理政、担当时代使命过程中，如何实践和不断丰富发展“人民至上”的思想内涵，推动了马克思主义人民主体思想的新发展。

让全体中国人都过上更好的日子是坚持以人民为中心的价值追求，尊重人民主体地位和首创精神是坚持以人民为中心的逻辑前提，解决人民直接现实利益问题是坚持以人民为中心的实践归属。吴海江著的《以人民为中心的发展思想研究》① 认为，以人民为中心的发展思想的核心要义在于坚持人民是历史的主体，坚持发展为了人民、发展依靠人民、发展成果由人民共享，并要求以民生为重点，紧紧把握和解决广大人民群众现实而急迫的需求，完善社会治理，不断提升人民群众的获得感。以人民为中心就是让全体中国人都过上更好的日子，人民是我们党执政的最大底气，始终把人民放在心中的最高位置是中国共产党人不懈的价值追求。让广大人民群众共享改革发展成果，是社会主义的本质要求，是社会主义制度优越性的集中体现，是我们党坚持全心全意为人民服务根本宗旨的重要体现。只有赢得人民信任，得到人民支持，党才能够克服任何困难，才能够无往而不胜。把以人民为中心的发展思想落实到各项决策部署和实际工作中，一方面要站在维护人民利益的角度实施各项政策，突出工作实效；另一方面要把人民放在最高位置来谋划经济社会发展。

习近平以人民为中心的发展思想的现实逻辑是在不断应对现实问题的基础上形成的。习近平以人民为中心的发展思想的理论逻辑体现在继承和发展了马克思主义群众观，传承并发展了中华传统文化中的民本思想，接续发展了以往中国共产党人的群众观的基础上形成的；习近平以人民为中心的发展思想在深刻回答“发展为了谁、发展依靠谁和发展成果由谁共享”中展现了“本体论、认识论、价值论”清晰的逻辑结构。作为马克思主义历史观和价值观的集中表达，人民立场是马克思主义政党区别于其他政党的显著标志。坚持人民立场，就是要在理论上坚持人民主体观，在实践中尊重人民主体地位。人民主体性既是社会历史发展的结果，也是衡量社会历史进步的重要尺度。

实现中国梦，必须弘扬中国精神。这就是以爱国主义为核心的民族精

---

① 吴海江．以人民为中心的发展思想研究．北京：人民出版社，2019.

神和以改革创新为核心的时代精神。从战略定位来看，新时代弘扬爱国主义精神是构筑中国精神的核心要义、构筑中国价值的首要指向、构筑中国力量的关键路径。从战略任务来看，新时代弘扬爱国主义精神需要以实现中华民族伟大复兴的中国梦为鲜明主题，坚持爱国和爱党、爱社会主义高度统一，维护祖国统一和民族团结，传承和弘扬中华民族优良传统，立足民族又面向世界。从实践路径来看，新时代弘扬爱国主义精神需要夯实教育路径，厚植家国情怀，聚焦重点人群，拓展载体形式。[①] 李金和著的《中国梦的精神实质与社会主义核心价值观培育》[②]，立足中华民族的文明特质和中国特色社会主义的发展现实，深入探讨中国梦的生成历史、文化基因、精神实质、价值体认与社会主义核心价值观培育的内在关系，从多个维度阐明中国特色社会主义核心价值观的培育实践，深层解析中国共产党领导人民进行革命、建设、改革和民族复兴的发展历程，深入探讨中国是一个什么样的国家，将要变成一个什么样的国家，进而揭示出中华民族伟大复兴的精神实质。

习近平新时代中国特色社会主义伦理思想，崇尚德法兼治的治国之道，主张把以德治国与依法治国有机地结合起来，实现国家治理能力现代化。戴木才著的《中国共产党治国理政之道——坚持依法治国与以德治国相结合》[③]，在深刻把握“法治”与“德治”的发展历史和辩证关系的基础上，系统阐述了“法治与德治相结合”的基本内涵、理论支撑和重要途径，将“法治”与“德治”的历史、理论和实践有机地结合起来，既总结历史规律，又回答现实问题，积极从中华文明的传统治国智慧中汲取养分，从历史与现实的结合中升华理论，从而为深化对“法治与德治相结合”重大意义的认识、科学解读中国共产党治国之道、不断提高国家治理体系和治理能力的现代化水平，寻求有理论说服力和实际成效的教育与实践方案。习近平新时代中国特色社会主义伦理思想，主张治理国家、治理

---

① 阮博．大力弘扬伟大爱国主义精神，为实现中国梦提供精神支撑：学习习近平关于新时代弘扬爱国主义精神的重要论述．党的文献，2020（4）.

② 李金和．中国梦的精神实质与社会主义核心价值观培育．北京：人民出版社，2021.

③ 戴木才．中国共产党治国理政之道：坚持依法治国与以德治国相结合．南昌：江西教育出版社，2017.

社会必须一手抓法治、一手抓德治，实现法律和道德相辅相成、法治和德治相得益彰。

国家治理现代化是中国共产党作为使命型政党提出的一项政治任务，具有深刻的伦理意蕴。“国家治理与现代伦理丛书”（2018 年获得国家出版基金资助，湖南大学出版社出版，总计 160 万字），包括《国家治理与政治伦理》《国家治理与经济伦理》《国家治理与文化伦理》《国家治理与生态伦理》《国家治理与社会伦理》《国家治理与网络伦理》6 册。其中，李建华著的《国家治理与政治伦理》，立足于国家治理体系和治理能力现代化这一当代中国的大背景，深入分析国家治理从传统向现代的转型，以及在转型中遇到的主要政治伦理问题，具体分析政治伦理的基本类型及当代中国问题、国家治理中的中国智慧，同时对传统国家治理中的“政治人”进行了分析，对政治伦理与公共秩序、政治伦理与共识民主、政党伦理、领袖品质等问题进行了深刻的阐释和论述。向玉乔、周琳合著的《国家治理与经济伦理》，从国家治理的伦理意蕴、经济伦理的建构与发展、市场经济体制的道德合理性基础、市场经济主体的道德责任等方面展开分析，并在此基础上提出国家治理应该遵循的经济伦理原则。彭继红、向汉庆合著的《国家治理与文化伦理》，揭示“治理”与“文化”之间的伦理必然，并在国家治理的过程中不断追求“善”的本质，充分表达伦理自由，实现价值超越。廖小平、孙欢合著的《国家治理与生态伦理》，认为生态环境领域的现代治理是贯穿社会各个方面的系统工程，体现了当代中国国家治理理念的现代语境，彰显了国家治理现代化的生态价值取向，因而生态伦理学在从传统到现代、从西方到中国话语权建构的过程中，需要结合当代中国生态环境治理实践的具体情况，建构适应与推动国家治理现代化的发展要求的现代生态伦理，确立人与自然、人与社会、人与人之间公平正义的价值立场和标准，最终实现创新、协调、绿色、开放、共享的发展理念。周谨平著的《国家治理与社会伦理》，强调加大法治力度以构筑道德保障，加强舆论监督以弘扬道德正气，大幅度提高失信成本以营建诚信社会，深入批判消费主义以自觉践履消费正义。李伦著的《国家治理与网络伦理》在扼要介绍了国家治理的新领域——网络内容的基础上，重点阐述了网络隐私及其保护、网络色情及其治理、网络谣言及其治理、网络憎恨言论及其治理、网络商业言论及其治理、网络知识产权及其保护，深入探讨了网络内容治理的模式、网络内容主体的伦理责任、网络内容治理政策等内容。

中国特色社会主义进入新时代，人民对美好生活特别是美好道德生活有了新期待、新要求。新时代公民道德建设呈现出崭新的内涵与更高的价值追求，必须站在战略的高度，始终坚持公民道德建设的正确政治方向，始终坚持社会主义核心价值观的价值指引，始终坚持在继承传统中创新发展，始终坚持人民群众的主体地位，始终坚持法律支持与制度保障，始终坚持道德教育与道德治理并举，为培养担当民族复兴大任的时代新人奠定坚实的道德基础。①

此外，伦理学界还对习近平爱国主义思想，关于弘扬中华传统美德思想，关于传承中国革命道德思想，关于建设社会主义先进伦理道德文明思想和关于构建人类命运共同体思想等，也做出了比较深刻全面的论述，将习近平新时代中国特色社会主义伦理思想研究推向了一个新的发展阶段。

---

① 王维国．新时代加强公民道德建设的战略思考．思想理论教育，2019 (12).

第六章　社会主义道德原则规范和道德建设研究

新中国伦理学在理论上取得的最重要最突出的成果即是马克思主义和中国化马克思主义伦理思想，社会主义和中国特色社会主义伦理思想获得了主流意识形态、主流伦理思想和伦理文化主旋律的社会地位和价值认同，从而形成了当代中国伦理文化的核心竞争力和伦理思想品牌，锻铸了中华民族迎接和走向伟大复兴的精神魂魄。新中国伦理学在深入系统研究马克思主义和中国化马克思主义伦理思想的同时，也将思维的视角与关注的重点投向社会主义和中国特色社会主义伦理文明和伦理价值体系的研究，并在此领域和方向上取得了系列重要成果，使中国特色社会主义伦理文明的价值系统和伦理精神系统日趋完善，从而为中国特色社会主义现代化建设提供了强有力的伦理文明支撑和伦理价值引领，推进着中国人民、中华民族对社会主义和中国特色社会主义的价值认同、情感认同、道德认同。如果说，马克思主义和中国化马克思主义伦理思想的研究树立起新中国伦理学的理论旗帜，构成理论伦理学的主潮和主基调，那么，社会主义和中国特色社会主义伦理思想的研究则构成新中国伦理学的理论核心，构成规范伦理学的主体和枢纽。马克思主义和中国化马克思主义伦理思想的研究，社会主义和中国特色社会主义伦理思想的研究，这两大理论主题、主脉的相向而行及彼此之间的辩证结合，形成新中国伦理学的主旋律，并构成新中国伦理学的主流意识形态，也是新中国主流伦理学的集中体现，彰显了相对其他伦理思想和伦理文明的独特优势与价值魅力。

一、社会主义道德核心、原则和规范体系研究

新中国所建立起来的规范伦理学是社会主义规范伦理学，社会主义规范伦理学是建筑在社会主义本质要求、价值目标和道路、制度、理论、文化的发展之上的，是对社会主义伦理精神、道德原则规范等的系统总结和发展完善。新中国所建立起来的社会主义规范伦理学是具有中国特色并以符合中国国情为主要内容的规范伦理学，是一个以为人民服务为核心，以集体主义为基本原则，以爱祖国、爱人民、爱劳动、爱科学、爱社会主义为主要要求的规范伦理学体系。这是一个凝聚几代中国共产党领袖人物和众多伦理学人价值共识的规范伦理学体系，对于促进中国特色社会主义现代化建设，特别是促进伦理文明建设和公民道德建设，发挥了重要的理论指导和价值引领的作用。

（一）为人民服务是社会主义道德的核心

马克思主义创始人曾阐发过为人类的幸福和自身的完美而工作，为绝大多数人谋利益的思想，中国马克思主义者毛泽东将其与中国共产党人的奋斗宗旨和中国革命的具体道德生活实践相结合，创造性地提出了为人民服务思想。新中国成立后，为人民服务不仅成为中国共产党人和马克思主义者的行动纲领与价值信念，而且成为亿万人民群众的价值枢纽与价值核心。改革开放以来，以邓小平同志、江泽民同志、胡锦涛同志为主要代表的几代中国共产党人继承并发展了毛泽东提出的为人民服务思想，赋予“为人民服务”更多的时代特色、现实品质。邓小平将人民满意不满意、人民高兴不高兴、人民赞成不赞成视为检验我们一切工作的标准，要求在中国社会主义初级阶段大力弘扬为人民服务的精神，加强社会主义精神文明建设。江泽民提出了“立党为公，执政为民”的思想，将实现人民的愿望、满足人民的需要、维护人民的利益视为“三个代表”重要思想的根本出发点和落脚点。胡锦涛提出了“以人为本”的科学发展观，强调“权为民所用、情为民所系、利为民所谋”，始终把实现好、维护好、发展好最

广大人民的根本利益作为党和国家一切工作的出发点与落脚点。

党的十八大以来，以习近平同志为主要代表的中国共产党人针对新时代发展所面临的新矛盾新任务，进一步丰富了为人民服务的时代内涵，提出了新的实践要求，强调坚持党性就是坚持人民性，人民是阅卷人，我们是答卷人，必须坚持以人民为中心，把人民对美好生活的向往作为我们的奋斗目标，把人民摆在心中最高位置，形成了以人民为中心和“江山就是人民，人民就是江山”的思想，将为人民服务思想发展到一个新的阶段。中国共产党只有全心全意为人民服务，才能占据实现人类美好理想、推动人类社会进步的道义制高点。不仅中国共产党人要全心全意为人民服务，社会主义公民道德建设更要坚持以为人民服务为核心，为人民服务是社会主义社会所有公民或个人一切行动的准绳，它包含了“我为人人，人人为我”的一般要求和“全心全意为人民服务”的最高要求。

“为人民服务”像一根红线贯穿我们党100多年的历史，激励着一代代中国共产党人前赴后继、英勇奋斗。符国涛著的《中国共产党人的红色基因——为人民服务》①，分别从不忘初心、群众路线、求真务实、廉政建设、共筑中国梦等方面对为人民服务思想进行分析，深入阐述了中国共产党的红色基因。牛先锋、杨磊合著的《人民至上：从〈共产党宣言〉到〈为人民服务〉》②，深入阐发了习近平提出的“人民至上”理论的内涵和伦理价值，论述了中国共产党人对马克思主义人民群众创造历史和唯物史观的继承与发展，揭示了从马克思恩格斯合著的《共产党宣言》中的无产阶级运动是“为绝大多数人谋利益的独立的运动”到以毛泽东同志为主要代表的中国共产党人为人民服务思想的确立，阐释了“人民至上”理论有着对马克思主义和中国化马克思主义理论的既一脉相承又与时俱进的创造性发展。吴黎宏编著的《以人民为中心》③，回顾总结了党的十八大以来习近平“坚持以人民为中心”的重要思想和实践经验，系统梳理了党的

---

① 符国涛．中国共产党人的红色基因：为人民服务．北京：中共中央党校出版社，2021.

② 牛先锋，杨磊．人民至上：从《共产党宣言》到《为人民服务》．南宁：广西人民出版社，2021.

③ 吴黎宏．以人民为中心．北京：中共中央党校出版社，2019.

十九大报告和总书记系列重要讲话中关于“坚持以人民为中心”的新观点新要求，深入阐述了“坚持以人民为中心”的基本内涵、历史意义，全面论述了“坚持以人民为中心”的方法路径和实践要求。在中国共产党百年发展建设中，全心全意为人民服务，始终心系人民群众，一切为了人民、一切服务于人民，从人民群众的根本利益出发，为人民群众谋福祉，是中国共产党不变的初心和奋力前行创造丰功伟业的动力源泉。

为人民服务是社会主义道德的核心内容，其确立的依据有四个方面，即人民创造历史的原理、无产阶级的奋斗目标、社会主义道德的性质和方向、实现人生价值的途径；其基本要求是确立“人民本位”意识，全心全意为人民服务，同危害人民利益的现象做斗争。为人民服务的精神价值意义在于，为大多数人带来幸福所获得的精神享受，远远超越了单纯的物质追求，超越了以物质享受为主的那种“简单而自私的乐趣”。

为人民服务作为公民道德建设的核心，是社会主义道德区别和优越于其他社会形态道德的显著标志。它不仅是对共产党员和领导干部的要求，也是对广大群众的要求。罗国杰撰的《为人民服务——社会主义道德建设的核心》、唐凯麟撰的《论社会主义道德的核心：为人民服务》、魏英敏撰的《为人民服务伦理意义新探》、龙静云撰的《为人民服务——我国公民道德建设的核心》、陈勇撰的《为人民服务：社会主义道德建设的核心》等学术论文①，从多方面、多视角阐释了为人民服务何以能够成为社会主义道德和社会主义道德建设的核心，以及如何理解作为社会主义道德和社会主义道德建设的核心的为人民服务，并对其理论意义和现实意义做出了论证。新时代新征程，为人民服务具有职业性和事业性两重属性，但事业性高于职业性。对于普通群众，职业性是突出的；对于党员干部，事业性是主要的。只有把为人民服务当作一种事业追求，才能彰显共产党人的价值和魅力。为人民服务在政治上是根本标准，在经济上是基本条件，在道德上是核心枢纽。为人民服务既是至高道德标准，要求全心全意为人民服

---

① 罗国杰．为人民服务：社会主义道德建设的核心．党建，2002（2）；唐凯麟．论社会主义道德的核心：为人民服务．求索，1998（2）；魏英敏．为人民服务伦理意义新探．中州学刊，1997（3）；龙静云．为人民服务：我国公民道德建设的核心．理论月刊，2002（11）；陈勇．为人民服务：社会主义道德建设的核心．道德与文明，1997（3）．

务和大公无私的精神境界，也是人人都需要、人人能做到的基本要求，此即是“我为人人，人人为我”，凸显了互助互利与合作共赢的要求，是社会稳定最深层的维系力量，是人类的共同价值和人间的最大价值，因而必将赢得越来越多的人的认同、坚守和传承。为人民服务思想，对于人民群众中的每个成员，就是要坚持“我为人人，人人为我”的基本要求，提供真服务而不是假服务，提供全面的优质服务而不是片面的“门难进、脸难看、事难办”的劣质服务，提供微笑的真心服务而不是“门好进、脸好看、事难办”的假意服务，更不是狭隘的“为人民币服务”。真服务是体现本质的真心真实的服务，是以服务动机和服务态度为前提条件，以服务质量和效率为根本标准，而不是以个人利害为前提条件或以个人得失为权衡标尺。真服务是不讲价钱、不谈条件、不辞辛劳的，是全力以赴的，而不是挑肥拣瘦、斤斤计较、患得患失的。从运行机理来看，为人民服务的内在动力来自价值实现的需要，即人是大写的人而不是低级动物，不为别人服务就没有人的真正价值。而人的最大价值就在于全心全意为人民服务，为人民、为社会多做好事。

（二）集体主义是社会主义道德的基本原则

集体主义是马克思主义伦理学的基本主张，也是我国社会主义道德的基本原则，对于促进社会主义现代化建设，形成中国特色社会主义道德体系具有重要意义。集体主义价值观以功能性价值和自为性价值彰显着它的存在地位。在功能性方面，集体主义价值观是社会主义制度在价值观上的集中体现，是个人发展的政治性标准和道德性要求，并作为一种精神动力，促进了经济社会的发展。在自为性方面，集体主义价值观主动适应社会变革，展现出旺盛的生命力。面向未来，迎接新问题，应对新挑战，需要进一步拓展集体主义价值观的引导性价值，着力协调好社会进步与个人发展、集体精神与个性自我的关系问题，并以此为基础，积极引导新型集体的健康发展。

新中国成立以来，我国先后经历了改革前的计划经济和改革后的社会主义市场经济两种制度形态。不同经济基础的制度形态对当代中国集体主义产生了不同的作用和影响，而经济基础制度的变迁直接推动了当代中国集体主义的发展和变迁。在计划经济条件下，由于多种原因，我国传统的集体主义变为“片面的集体主义”，它强调集体和社会利益至上，忽略了个人的合理利益。而到了市场经济条件下，集体主义又经受着个人主义思潮的冲击和市场经济的洗礼。改革开放后，特别是在社会主义市场经济条件下，新中国成立以来在道德领域一贯强调和遵循的以集体主义为核心的价值观念受到了严重冲击。有的指责集体主义否定个人利益，集体主义扼杀个性创造；有的提出，既然我国的经济体制已由计划经济向市场经济转轨，在伦理道德原则上，也应由提倡集体主义转向提倡个人主义，因为个人主义伦理原则最适应现代市场经济的要求；等等。在社会主义市场经济条件下，是坚持集体主义还是提倡个人主义，这不仅是我国社会主义价值论争的重要内容，也是关乎中国式现代化发展方向和路线的大问题。集体主义是由社会主义生产资料公有制的性质决定的一种道德原则。在现阶段，应该大力提倡集体主义。它是发展社会主义市场经济的客观要求。那些反对集体主义的人，有的是不理解集体主义与个人利益之间的辩证关系；有的是用在实践中出现的各种问题来否定集体主义原则；有的是借口个人主义与利己主义不同或把个人利益等同于个人主义来反对集体主义。① 社会主义集体主义道德原则的内在规定性和本质特征是，坚持一切从国家、集体和个人利益和谐统一的观点出发，这是贯彻社会主义集体主义道德原则的出发点和“利益基准点”；自觉维护与发展国家和集体利益，同时重视与不断提高个人正当利益，促进人的全面发展和个性完美，这是其根本目的，是其“利益伸张点”；在个人利益与国家和集体利益发生矛盾时，提倡个人利益服从国家和集体利益，这是其“利益调节点”。② 有学者撰文探讨21世纪集体主义原则，针对集体主义道德原则理论阐释中存在的问题，深入分析我国集体主义理论的体系、特征、渊源和影响，指出以“服从”为特征的“个人利益服从集体利益”理论存在计划调节的不平等性，以“契约”为特征的“个人与集体形成权利与义务利益关系”理

① 王淑芹．论集体主义道德原则．北京师范学院学报（社会科学版），1992（3）．

② 王正平．集体主义道德原则的内在规定性．上海师范大学学报（自然科学版），1992（1）．

论具有制度文明的自由性，均不能成为社会主义市场经济的道德原则，论证以“互利”为特征的“个人利益与集体利益平等互利”理论体现了伦理道德的“应当”性，必将成为21世纪中国人民应该共同遵守的道德原则。[①] 还有学者认为当代集体主义有三重视域：作为经济制度的集体主义，遵循着“市场规则”，它的核心价值是“互助合作”；作为政治原则的集体主义，有着“政治规约”，它的核心内容是“公共价值”；作为道德原则的集体主义，遵循“道德法则”，它的核心价值是“无私奉献”。集体主义的这种存在架构，在其内部的运作和生成机理上有着一种经济自发、政治自觉、道德自由的逻辑上升演进趋势，以达至其终极价值目标，即同舟共济、互构共生、和谐进步、合作共赢。[②] 钟志凌著的《集体主义理论与实践研究》[③]，聚焦于集体主义理论与实践及在新时代的发展，从理论、实践和时代价值三个层面尝试破解集体主义的理论难题，丰富集体主义的理论内容，集中探寻了自中国共产党成立以来集体主义原则和精神的实践历程，探讨了在中国特色社会主义进入新时代如何坚持和发展集体主义的时代际遇、时代价值及理论研究、话语体系建构、实践路径及宣传教育等内容，可谓当代中国的一部集体主义研究力作。

韦冬主编的《比较与争锋——集体主义与个人主义的理论、问题与实践》[④]，是一部专门论述社会主义集体主义与资产阶级个人主义在意识形态和精神取向上相互斗争、比较争锋的学术专著，深刻阐释和论述了社会主义集体主义的道义性、进步性与合理性，揭示了资产阶级个人主义的虚伪性、欺骗性与荒谬性，有助于人们正确认识集体主义与个人主义的本质区别，以及在现实生活中弘扬集体主义和抵制个人主义的必要性。吴玲撰文探讨集体主义的历史内涵和现实基础，认为原始社会的平均主义、奴隶社会和封建社会的整体主义、资本主义社会的个人主义、社会主义社会的集体主义，是人类历史发展至今所依次存在的几种不同类型的道德基本原

---

① 王京跃．论21世纪集体主义道德原则．求实，2001（6）．

② 邵士庆．当代集体主义的三重视域．学术论坛，2005（12）．

③ 钟志凌．集体主义理论与实践研究．北京：学习出版社，2021．

④ 韦冬．比较与争锋：集体主义与个人主义的理论、问题与实践．北京：中国人民大学出版社，2015．

则。集体主义是对以往道德基本原则的批判性继承和历史性跨越，它是社会主义社会制度在伦理道德上的集中反映，坚持社会主义道路和发展方向，就必须坚持集体主义道德原则。[①] 王岩在《道德与文明》上发表文章，认为社会主义集体主义是对资产阶级个人主义和封建社会整体主义的双重扬弃与超越，体现着社会主义利益原则与道义原则、外在功利价值与内在精神价值以及道德的工具性与目的性的统一。[②]

（三）"五爱"是社会主义道德的主要规范

爱祖国、爱人民、爱劳动、爱科学、爱社会主义，是社会主义道德的主要规范和基本要求，也是每个公民都应当承担的法律义务和道德责任。

爱祖国是社会主义道德的第一条规范，要求每一个公民将自己的前途命运与祖国的前途命运有机地联系起来，不仅在信念上忠诚于自己的祖国，在情感上热爱自己的祖国，而且在行动上为祖国的发展而奋斗，具有强烈的爱国情、报国志和效国行。爱国主义是中华民族的民族心和民族魂。庞士让著的《论爱国主义》[③]，阐述了我国近代爱国主义发展的曲折历程，并对这一历程的历史经验进行了深刻总结，内容涉及中国近代爱国主义与爱国主义教育，中国近代爱国主义的基本特点，中国近代以来爱国主义的基本结论，中国近代爱国思想史的历史定位与研究对象，中国共产党与中国近代爱国主义等论域，强调在学习中国近代史中培育爱国主义精神。社会主义爱国主义是中华民族爱国主义在新的历史条件下的发展，是建立在社会主义基本制度基础上的爱国主义，因而也是爱国主义发展的最高阶段，代表着人类爱国主义发展的新境界和新水平。徐家文主编的《爱国主义与社会主义》[④]，对爱国主义与社会主义的关系做出了全面系统的探讨，论述了只有社会主义才能救中国和发展中国的历史必然性。爱国主义与社会主义紧密结合，是当今爱国主义的核心内容。社会主义道路是近百年来中国爱国者做出的最终选择，也是被中国近代以来的历史事实充分

---

① 吴玲．论集体主义的历史内涵与现实基础．当代世界与社会主义，2005（3）.

② 王岩．再论社会主义市场经济条件下的道德原则．道德与文明，2010（5）.

③ 庞士让．论爱国主义．北京：人民出版社，2018.

④ 徐家文．爱国主义与社会主义．合肥：中国科学技术大学出版社，1992.

检验了的真理，爱国主义与社会主义的统一是历史的必然。袁德成等主编的《爱国主义教育思想研究》①，对马克思、恩格斯、列宁、斯大林、毛泽东、邓小平、江泽民以及老一辈无产阶级革命家著作中的爱国主义教育思想和他们伟大的爱国主义实践做了全面系统的归纳与研究，并结合中国的历史与现实，把中华民族优秀儿女的爱国主义思想和实践从理论的高度进行了总结，从而揭示了伟大的爱国主义者酷爱自己的祖国和民族，赞颂本民族的勤劳勇敢和革命传统，珍视自己祖国的悠久历史和灿烂文化，热忱报效祖国和民族的精神实质。

爱人民是"为人民服务"道德核心的必然要求，是指每一个公民在具体的道德生活中能够充满对人民的热爱、关心和忠诚，全心全意地为人民的利益而奋斗，把人民的急愁难盼装在心中，想方设法为人民做好事，不做坏事。爱人民包含了情感上的热爱和行动上的关心，以及信念上的忠诚，始终把人民当亲人，当主人，当家人，以为人民谋幸福为自己的光荣，自觉地为人民的利益而献身。围绕着爱人民与以人民为中心、人民至上等价值命题，伦理学界开展了关于爱人民、敬人民、学人民、为人民以及满足人民对美好生活的追求等的探讨，极大地凸显了人民在社会主义和中国特色社会主义精神文明建设中的重要地位，形成了人民中心论、人民至上论、人民主体论的人民伦理思想。

爱劳动是社会主义道德的又一重要规范，要求社会主义的公民应当树立劳动光荣、不劳动可耻的思想观念，树立劳动最崇高、劳动最伟大、劳动最美丽的思想观念，积极投身于社会主义的劳动过程或生产实践中，以为社会主义建设贡献自己的力量为人生的最大价值。劳动是推动人类社会进步的根本力量，社会主义是奋斗和创造出来的，只有依靠每一个人的辛勤劳动、诚实劳动和创造性劳动，才能把中国特色社会主义事业推向前进，每一个人的价值都需要去奋斗和创造。劳动不仅创造价值，而且创造幸福，创造真善美。只有爱劳动，才能树立正确的劳动观、价值观，通过劳动创造更加美好的生活，促进社会主义现代化建设。围绕爱劳动的规范

① 袁德成，邹建达，杨德华，等．爱国主义教育思想研究．昆明：云南人民出版社，2002.

和要求，伦理学界深入开展了劳动伦理和劳动伦理学的研究，王昕杰、乔法容合著的《劳动伦理学》、夏明月著的《劳动伦理研究——和谐劳动关系与和谐社会构建》、何云峰著的《劳动幸福论》等①，可谓这一方面的代表性成果。还有一些学者围绕保护劳动、敬重劳动、维护劳动者尊严和体面劳动推出了一批掷地有声的研究成果，凸显了劳动光荣、劳动人民伟大和以勤劳勇敢、实干兴邦为荣的伦理氛围。诚如习近平在二十大报告中指出的，“新时代的伟大成就是党和人民一道拼出来、干出来、奋斗出来的”②，我们必须牢记崇尚劳动、崇尚奋斗、崇尚实干的精神，撸起袖子加油干，夺取中国特色社会主义现代化建设新胜利。

爱科学要求社会主义公民热爱科学，按照科学规律办事，培育科学精神，讲求科学方法。科学包括自然科学、社会科学和思维科学等，本质上是人类认识世界、改造世界包括认识自己和改造自己的思想武器与智慧结晶。爱科学包含了尊重科学、相信科学、应用科学和为科学献身等方面的内容，自觉地同一切非科学、反科学和伪科学做斗争，维护科学的权威，并在具体的社会实践中创新科学，推动科学的发展。伦理学界围绕爱科学、信科学、用科学、讲科学以及培养科学精神、尊重科学规律等开展研究，并将其与科学伦理、科学道德有机地结合起来，发表了一系列理论成果，极大地助推了爱科学的伦理氛围的形成，使科学精神、科学价值在神州大地上得到普遍性彰显和尊重。

爱社会主义作为社会主义的重要规范，既是整体性的又是具体性的，要求每一个公民认识社会主义制度的优越性，认识中国走社会主义道路的必然性，从而在心灵深处认可社会主义制度，接受社会主义思想理论和文化，培育和增进社会主义道路自信、制度自信、理论自信、文化自信。爱社会主义是同爱中国共产党、爱社会主义国家、爱社会主义国家的人民密切联系在一起的。“中国特色社会主义是党和人民历经千辛万苦、付出巨

---

① 王昕杰，乔法容．劳动伦理学．开封：河南大学出版社，1989；夏明月．劳动伦理研究：和谐劳动关系与和谐社会构建．北京：人民出版社，2012；何云峰．劳动幸福论．上海：上海教育出版社，2018.

② 习近平．高举中国特色社会主义伟大旗帜　为全面建设社会主义现代化国家而团结奋斗：在中国共产党第二十次全国代表大会上的报告．北京：人民出版社，2022：15.

大代价取得的根本成就，是实现中华民族伟大复兴的正确道路。”① 坚持和发展中国特色社会主义，使我们“创造了中国式现代化新道路，创造了人类文明新形态”②。中国特色社会主义道路是实现社会主义现代化、创造人民美好生活的必由之路，它从根本上改变了中国人民的前途命运，也为解决人类共同面临的问题提供了更多更好的中国智慧和中国方案。伦理学界围绕为什么要爱社会主义、怎样爱社会主义以及如何坚定道路自信、理论自信、制度自信、文化自信展开了深入的研究，推出了一批代表性成果，极大地助推了人们中国特色社会主义共同理想和信念的形成，激发起了中国人民建设社会主义现代化国家的壮志和热情，使科学社会主义在21世纪的中国焕发出了蓬勃的发展生机。

此外，我国学术界还对社会主义人道主义、社会主义公平正义、社会主义共同富裕以及诚信友善、勤俭自强、敬业奉献等道德规范或道德准则进行了颇有成效的研究，从而使社会主义道德规范体系更加圆融和完善。

二、社会主义核心价值体系和核心价值观研究

社会主义规范伦理学既要注目于社会主义道德原则规范研究，更要注目于社会主义核心价值体系和社会主义核心价值观研究。社会主义核心价值体系和核心价值观，是社会主义道德原则规范体系中最为核心、最为重要的内容，凝聚着为人民服务的道德核心，集体主义道德原则，爱祖国、爱人民、爱劳动、爱科学、爱社会主义的道德规范，同时又以自己的价值观念等表达出来，构成社会主义意识形态和文化软实力的核心。整体上看，我国关于社会主义核心价值体系和核心价值观的研究是在党的十六大以后逐步兴起的，表征着改革开放和社会主义现代化建设新时期对社会主义精神文明建设和公民道德建设的新要求，对社会主义大德的新期待；也是对在社会主义市场经济条件下如何建设社会主义伦理道德和先进文化

① 习近平谈治国理政：第4卷．北京：外文出版社，2022：10.

② 同①.

的新思考，有着以社会主义核心价值体系和核心价值观统领经济社会发展全局，推动中国特色社会主义现代化建设行稳致远和促进国家治理能力现代化的重要作用。

（一）社会主义核心价值体系研究

社会主义核心价值体系是立足于社会主义经济基础的价值认同系统，它涉及经济、政治、文化、思想等社会生活的方方面面，集中体现了社会主义意识形态的本质属性。社会主义核心价值体系所包含的四个方面的基本内容，既相互联系，又彼此区别，构成一个逻辑严谨、层次分明、由理论到实践、由思想到行为的框架结构。周家荣著的《社会主义核心价值体系研究：马克思主义价值哲学视角》①，将价值哲学研究的基本方法融入社会主义核心价值体系研究中，形成了以精神客体为主要研究对象的价值哲学研究范式，从价值哲学维度构建了社会主义核心价值体系研究的整体框架，将价值的发展与人的发展统一起来，将价值的发展与人的实践统一起来，将价值的发展与人的认识统一起来，试图为核心价值的实现寻找到一条科学、合理的道路。龙静云等著的《社会主义核心价值体系引领道德建设研究》②，从社会主义核心价值体系的统摄地位和作用阐释了它对社会主义道德建设的引领作用，还从不同群体面临的道德问题、道德困境等实践视角有力证明了社会主义道德建设需要核心价值体系的引领，同时，通过实证分析也得出了这一结论；同时，对当代社会整体道德状况、道德理念建构、道德体系构建、道德教育方法等问题有详尽的分析和探讨，并对不同群体的道德实践如何取得实效提出了诸多有建设性意义的对策。

龙雪津著的《社会主义核心价值体系建设之道德路径研究》③，从深入分析我国社会主义核心价值体系建设的现状开始，从中国政治模式、国家社会资本和社会主义和谐社会三个视角，阐述了以道德路径促进社会主

① 周家荣．社会主义核心价值体系研究：马克思主义价值哲学视角．北京：人民出版社，2014.

② 龙静云，等．社会主义核心价值体系引领道德建设研究．北京：中国社会科学出版社，2016.

③ 龙雪津．社会主义核心价值体系建设之道德路径研究．北京：民族出版社，2015.

义核心价值体系建设的重大意义、主要机制和基本途径等，并在此基础上深入探讨了如何以我国传统文化中蕴含的丰富道德资源来深化与促进社会主义核心价值体系的建设和传播，提出了以道德实践教育来提高社会主义核心价值体系建设的实效性的维度、评价标准、特色方法以及内化模式。

（二）社会主义核心价值观研究

党的十八大报告指出："倡导富强、民主、文明、和谐，倡导自由、平等、公正、法治，倡导爱国、敬业、诚信、友善，积极培育和践行社会主义核心价值观。"① 这是第一次在全国范围内提出培育和践行社会主义核心价值观的命题，深刻阐明了培育和践行社会主义核心价值观的基本原则、总体要求，习近平结合社会主义精神文明建设和道德文化建设的实际对培育和践行做出了科学的阐发与全面系统的论述，为我们在社会主义核心价值体系的基础上着力培育和践行与中国特色社会主义建设实际相适应、相吻合的社会主义核心价值观指明了目标方向。

伦理学界研究阐释习近平总书记关于社会主义核心价值观的重要论述，推出了一批高质量的研究成果，为丰富和发展科学社会主义的价值观贡献了力量。方爱东著的《社会主义核心价值观研究》、谢晓娟著的《社会主义核心价值观研究》②，围绕社会主义核心价值观问题展开论述，分析了价值、价值观和核心价值观的内涵及主要特征，以及价值观对社会与个人发展的意义和作用；论述了社会主义核心价值观与主流意识形态的关系，从历史角度进行分析，指出中国价值观实现从传统到现代、从封建到民主的转型还需要走很长的路，实现核心价值观现代转型的任务依然艰巨；从应然的角度提出了核心价值观的内涵。从现实的角度看，构建核心价值观需要实现价值认知的转变，经济、政治、文化等为核心价值观的构建提供支持系统；同时，经济发展、政治进步、文化繁荣的过程也就是核

---

① 胡锦涛．坚定不移沿着中国特色社会主义道路前进　为全面建成小康社会而奋斗：在中国共产党第十八次全国代表大会上的报告．北京：人民出版社，2012：31－32.

② 方爱东．社会主义核心价值观研究．合肥：中国科学技术大学出版社，2013；谢晓娟．社会主义核心价值观研究．北京：中国社会科学出版社，2012.

心价值观形成的过程。江苏人民出版社 2015 年出版的《社会主义核心价值观研究丛书》共 14 册①，在对社会主义核心价值观做出整体性论述和实践性论述的基础上，就社会主义核心价值观三个层面 12 个范畴独立分篇研究，是国内一套比较宏大且又对社会主义核心价值观具体内容做出专门论述的系列著作。孙伟平等著的《最大公约数：社会主义核心价值观研究》②，为 2013 年度国家社科基金重大项目“社会主义核心价值观研究”的总结性著作，全书主要聚焦三个相互关联的重点问题，即“社会主义核心价值观的理论基础”“社会主义核心价值观的基本内容和内在逻辑关系”“如何培育和践行社会主义核心价值观”。这三个重点问题构成一个具有逻辑关系、层层递进、不可分割的统一整体。

社会主义核心价值观需要培育和践行。只有将社会主义核心价值观贯穿到社会生活的方方面面，内化为全体人民的精神追求，外化为全体人民的自觉行动，才能发挥其凝魂聚气、强基固本的功能效用。崔志胜等著的《社会主义核心价值观融入精神文明建设问题研究》③，坚持辩证唯物主义和历史唯物主义的方法论，坚持历史和逻辑、理论和实际相统一的根本方法，本着积极推进理论创新的根本原则，对社会主义核心价值观融入精神文明建设的基本问题进行了深入研究，不仅详细考察了社会主义精神文明建设发展的历史进程，并对基本经验进行了深刻总结，对我国的文化政策与方针进行了系统梳理，而且详细解读了对社会主义核心价值观融入精神文明建设全过程的必然性、两者的统一性及融入的方法论等基本理论问题，并从国民教育、群众性精神文明创建活动、精神文化产品创作生产、思想政治教育等方面深入探讨了社会主义核心价值观的融入和培育问题，

---

① 包括王燕文主编的《总论》、双传学主编的《实践篇》、王明生主编的《富强篇》、刘旺洪主编的《民主篇》、叶南客主编的《文明篇》、管向群主编的《和谐篇》、袁久红主编的《自由篇》、王庆五主编的《平等篇》、桑学成主编的《公正篇》、公丕祥主编的《法治篇》、郭广银主编的《爱国篇》、杨明主编的《敬业篇》、王小锡主编的《诚信篇》、黄明理主编的《友善篇》。

② 孙伟平，等．最大公约数：社会主义核心价值观研究．南宁：广西人民出版社，2021.

③ 崔志胜，等．社会主义核心价值观融入精神文明建设问题研究．北京：中国社会科学出版社，2015.

对以社会主义核心价值观引领多样化社会思潮的发展问题进行了详细论述。袁银传等著的《培育和践行社会主义核心价值观研究》①，以马克思主义经典作家、中国共产党人关于培育和践行社会主义核心价值观的经典文献为文本依据，以对现阶段中国不同地区、不同民族、不同社会阶层的人们对社会主义核心价值观的认知认同现状的社会调查为现实根据，运用辩证唯物主义和历史唯物主义的根本研究方法以及文献研究法、历史研究法、比较研究法、调查研究法，从理论、历史与现实三者的结合上，系统梳理和深入研究马克思主义经典作家、中国共产党人关于培育和践行社会主义核心价值观的基本思想，探讨培育和践行社会主义核心价值观的中国优秀传统资源和对当代西方的合理借鉴，总结社会主义核心价值观建设的历史经验教训，探讨凝聚与整合当代中国价值共识的基本原则和主要机制，以及培育和践行社会主义核心价值观的途径、载体、方法。

社会主义核心价值观的根基研究主要涉及基础理论根基、传统文化根基、社会实践根基、人类文明根基等方面。一方面，要深化中华优秀传统文化如何为社会主义核心价值观提供涵养的研究，进一步推动传统文化的创造性转化和创新性发展；另一方面，要系统总结改革开放 40 多年来的实践经验，以实践为根基推动社会主义核心价值观的发展，深化文明交流互鉴，促进人类共同价值研究。

整体上看，社会主义核心价值观研究已成亮点，伦理学界发表了数以千计的学术论文，推出了数百部学术专著和宣传性著作，同时由中宣部指导，中国伦理学会与中国人民大学、光明日报联合推出了全国性的社会主义核心价值观百场讲坛活动，在全国产生了重要且深刻的影响。

（三）社会主义义利观和社会主义荣辱观研究

社会主义义利观由社会主义义利概念、义利关系和义利取向三部分构成，其中义利概念是基础，义利关系是核心，义利取向是根本。三者都显现出义利的相互渗透和相互影响，本质上是一种义利合一、义利并重的伦

① 袁银传，郭强，杨业华，等．培育和践行社会主义核心价值观研究．北京：人民出版社，2019.

理价值观。王泽应著的《义利并重与义利统一——社会主义义利观研究》①，在对中国历史上的义利学说、西方历史上的义利学说、马克思主义经典作家和中国马克思主义的义利学说予以全面系统阐释的基础上，深刻揭示出了社会主义义利观的科学确立，对中国共产党第十四届六中全会通过的《关于加强社会主义精神文明建设若干重要问题的决议》论述的社会主义义利观的本质内涵、类型范式和基本特征做出了比较深入的分析，坚持认为社会主义义利观不仅主张破除重义轻利论的消极影响，强调充分尊重公民个人合法利益，同时又反对重利轻义论的泛滥蔓延，强调把国家人民利益放在首位，把国家人民利益放在首位凸显的即是社会主义的道义精神，最后社会主义义利观又是主张把国家人民利益与公民个人合法利益亦即道义与功利有机结合起来的义利观，内含把竞争与协作、效益与公平、先富与后富等辩证统一起来的义利统一与义利并重的价值特质。培育和弘扬社会主义义利观，有助于建设起与社会主义市场经济相适应的社会主义伦理价值观和社会主义精神文明。社会主义义利观是对中国传统义利观的创新与发展，它坚持贵义重利、义利并重以反对重义轻利、轻义重利，主张取利于义、见利思义以反对见利忘义、唯利是图，倡导义利兼顾、义利协调以反对以义去利、因利废义。社会主义义利观是把国家人民利益放在首位而又充分尊重公民个人合法利益的义利观，是价值理性导向一元化与价值取向多元化相统一的义利观。

张思军著的《中国特色社会主义利益观研究》②，对社会主义利益观做出了自己的研究，坚持认为中国特色社会主义利益观是新中国成立以来经过多年的实践探索与经验积累而形成的有关利益范畴和利益关系的总体看法与观点。它是数代中国共产党人始终对马克思主义与中国具体实际进行科学结合的成果；是中国人民不断开拓创新与努力奋斗的实践和理论的成果；是中国共产党带领中国人民在社会主义实践中所呈现出来的既不同于传统利益思想，也有别于西方功利主义的观点；更是一种汇集了马克思主义利益观、中国传统利益理论和具体社会实践经验的结晶。中国特色

① 王泽应．义利并重与义利统一：社会主义义利观研究．长沙：湖南人民出版社，2001.

② 张思军．中国特色社会主义利益观研究．北京：中央文献出版社，2011.

社会主义利益观具有显著的时代特点与历史特征，其中的思想实质、内涵、属性都有着特定的内容。它和中国特色社会主义理论体系一样，内容丰富，继承和发扬了马克思主义利益观，并有着浓厚的中国传统文化色彩。中国特色社会主义利益观，不仅是马克思主义利益观的当代体现，同时也是对中国传统文化的传承与对中国具体实际情况、实践经验的科学结合，它对于更加深刻地理解中国特色社会主义利益关系及其实质，更进一步理解社会主义核心价值观的价值导向，都具有科学的理论价值与实践意义。

党的十八大以来，习近平总书记从国际关系和中国外交思想的角度提出了正确义利观的思想，从而将马克思主义国际战略思想和中国国家利益观与世界各国利益关系处理有机地联系起来，对社会主义义利观予以新的发展。“义”反映的是共产党人、社会主义国家的正确的道德理念，指明了正确义利观之“义”的价值追求；“利”就是要恪守互利共赢原则，阐明了追求“利”的正义原则；义利兼顾才能义利兼得，只有义利平衡才能义利共赢，是处理义利冲突、树立正确义利观应当坚持的原则。正确义利观是对国家主权原则的尊重、维护和有益补充，也是对霸权稳定论的修正，对西方现实主义国际关系理论狭隘的国家利益观的超越，更是对见利忘义、损人利己的国家行为的反对和鞭挞。① 正确义利观把国家利益与国际道义、中国发展与世界共同发展、中国人民利益与人类共同利益统筹起来，倡导以义为先、义利兼顾，维护国际公平正义，展现了中国外交的国际主义胸怀和负责任的大国担当。② 正确义利观是对和平、发展、公平、正义、民主、自由的全人类共同价值的坚守，它践行马克思主义的价值追求，促进人类共享和平与发展，符合全人类的发展利益，应该成为全人类共同的价值追求。正确义利观是构建人类命运共同体的价值追求和积极践行，因而具有重要的现实意义和深远的历史意义。

社会主义荣辱观与马克思主义荣辱观一脉相承，既继承了马克思主义的伦理道德观，又发展了马克思主义的伦理道德观；既是建设社会主义精

① 尚伟．正确义利观的科学内涵与积极践行．马克思主义研究，2021（8）．

② 吴志成，李佳轩．习近平外交思想中的正确义利观．国际问题研究，2021（3）．

神文明的强大思想武器，又是引领社会风尚的一面旗帜。吴潜涛主持的国家社科基金重大项目“社会主义荣辱观研究”的主要成果《社会主义荣辱观研究》①，是一部专门研究社会主义荣辱观的学术专著。该著作以马克思列宁主义、毛泽东思想、邓小平理论、“三个代表”重要思想和科学发展观为指导，对社会主义荣辱观进行了较为全面深入的研究，梳理了中国、西方的传统荣辱思想以及马克思恩格斯列宁荣辱思想的基本内容和主要特点，论述了社会主义荣辱观的形成发展、主要内容、逻辑结构，揭示了社会主义荣辱观的精神实质和功能特征，对社会主义荣辱观建设的原则、途径和方法做出了系统探索。张博颖著的《社会主义荣辱观研究：知荣明辱他律机制建设的思考》②，从八个方面对知荣明辱他律机制进行了研究，内容涉及知荣明辱法制约束机制、知荣明辱评价与监督机制、知荣明辱奖惩机制、知荣明辱他律机制的内在联系和系统化以及建设等方面，较为深入地探讨了知荣明辱他律机制与人的道德主体性发挥的内在关系。

三、中国特色社会主义道德建设研究

新中国成立以来，我国社会主义道德建设经历了社会主义革命和建设时期、改革开放和社会主义现代化建设新时期、中国特色社会主义新时代三个历史阶段，总体呈现出一种蒸蒸日上的状态。道德是文明的重要标识，我们党始终高度重视公民道德建设，特别是在近20年里先后颁布了两个公民道德建设实施纲要，其中体现了社会主义道德建设的重大理论创新和实践指导价值。

（一）两个公民道德建设实施纲要的道德建设战略部署

2001年9月中共中央印发了《公民道德建设实施纲要》。2019年10

---

① 吴潜涛，等．社会主义荣辱观研究．北京：中国人民大学出版社，2014.

② 张博颖．社会主义荣辱观研究：知荣明辱他律机制建设的思考．北京：中国社会科学出版社，2009.

月中共中央、国务院印发了《新时代公民道德建设实施纲要》。两个公民道德建设实施纲要重要文件的颁布，表明党中央对公民道德建设的高度重视，对全国范围内的精神文明和道德建设做出了战略擘画和战略部署。《新时代公民道德建设实施纲要》既继承了2001年《公民道德建设实施纲要》的主要内容和载体途径，又立足新时代新形势新任务要求，突出问题导向，着重体现了习近平对党员领导干部、青少年、社会公众人物等重要群体和重点领域道德建设的重要论述与具体要求，重点强化了法治保障、网络空间、生态文明、对外交往等方面的内容，既遵循了道德建设规律，又进行了创新创造，增强了道德建设的吸引力、感染力。

《新时代公民道德建设实施纲要》与《公民道德建设实施纲要》相比，蕴含了诸多新的含义，融入了新的指导思想，即马克思主义道德观、社会主义核心价值观和习近平新时代中国特色社会主义思想；以先进模范、党员领导干部和青少年作为新的重点对象；引入了新的阵地，即县级融媒体中心、互联网以及公共文化设施；关注了道德建设的新领域，包括绿色发展、对外交流和诚信建设。《新时代公民道德建设实施纲要》强调以理想信念教育和核心价值观的培育为切入点，以实现“育新人”为旨归。① 新时代公民道德建设多元主体共建是指以加强公民道德建设、提升全社会道德水平为目标，由政府主导，社会与公民等多元主体共同建设新时代公民道德的活动与过程。其内在逻辑理据在于，新时代的社会治理已经由治理走向善治；传统社会向现代民主和法治社会转型；社会发展的共享性与责任分担、责任共担密切相关。新时代公民道德多元主体共建的要义是由多元主体的责任分担向各主体的责任共担跃迁，并使多元主体在二元协同合作的基础上向三元协同合作迈进。而三元协同合作在新时代公民道德建设过程中的发力，还需要法治和制度条件、伦理和精神条件、现代技术性条件来提供保障。②

《新时代公民道德建设实施纲要》具有重要的理论价值和实践意义，

---

① 徐梓彦，黄明理．论改革开放以来我国公民道德演进与发展：基于《公民道德建设实施纲要》和《新时代公民道德建设实施纲要》．东南大学学报（哲学社会科学版），2020（6）.

② 龙静云，吴涛．多元主体共建：新时代公民道德建设的重要路径．中州学刊，2020（11）.

不仅继承发展了马克思主义道德建设思想，而且是社会主义核心价值观的具体体现，为新时代公民道德建设提供了理论指导；同时，还有助于促进社会主义精神文明建设，挖掘社会各领域的道德资源，推动新时代公民道德建设法治化。适应国际国内大背景的变化，新时代公民道德建设进入新的阶段。以马克思主义道德观、中华优秀传统美德及社会主义先进文化作为理论背景，以满足社会全面进步和人全面发展为必然要求，以期实现从理想信念到价值理念，再到道德观念间的有机统一。同时，新时代公民道德建设还要遵循以理想信念为基础、以集体主义为原则、以为人民服务为核心、以道德实践为检验标准的生成逻辑，致力于实现中华优秀传统文化的创造性转化和创新性发展，推动中国特色社会主义发展和公民道德建设体系化发展。新时代公民道德建设呈现出崭新的内涵与更高的价值追求，必须站在战略的高度，始终坚持公民道德建设的正确政治方向，始终坚持社会主义核心价值观的价值指引，始终坚持在继承传统中创新发展，始终坚持人民群众的主体地位，始终坚持法律支持与制度保障，始终坚持道德教育与道德治理并举，为培养担当民族复兴大任的时代新人奠定坚实的道德基础。

《新时代公民道德建设实施纲要》以习近平关于新时代公民道德建设的一系列重要论述为指引，总结以往特别是改革开放以来公民道德建设的成功经验，坚持以社会主义核心价值观为引领，坚持目标导向和问题导向相统一，把握公民道德建设的规律，努力培养担当民族复兴大任的时代新人，紧紧依靠人民群众，夯实公民道德建设的基层基础，按照守正创新的原则，回应了新时代社会发展对公民道德建设的新要求，拓展了新形势下公民道德建设的新路径，着力解决公民道德建设面临的新问题，推动全民道德素质和社会文明程度达到一个新高度。①

《新时代公民道德建设实施纲要》是对我国公民道德建设新形势新任务新要求的时代回应，具有鲜明的创新性：其一，对公民道德建设的功能地位做出了新论断，对根本任务进行了新规定，并融入了符合时代发展需要的新内容，提出了公民道德实践的新要求。其二，对公民道德建设面临问题的新变化进行了全面反思。公德式微、价值模糊、诚信焦虑、网络道

① 韩震．开创新时代公民道德建设的新境界．思想理论教育导刊，2020（7）．

德失范等问题成为公民道德建设亟待解决的新问题。其三，对公民道德建设的基础理论进行了创新性建构，以“建设”与“治理”并重为核心，构建了从管大局的系统层到重操作的方位层自上而下的新结构。其四，对公民道德建设治理做出了新提升，推动了道德与法律的深度互构、公私领域道德治理的深度互渗、现实与虚拟场域道德治理的深度互融、道德领域突出问题治理效能的深度释放。① “德法兼治”是新时代公民道德建设的内在要求和实践进路。按照“德法兼治”总要求推进新时代公民道德建设，是矫正传统公民道德建设“重德治、轻法治”的单向度思维，提升新时代公民道德建设效能的现实需要；是新时代公民道德建设融入时代主旋律，助推国家治理现代化的必然选择；是新时代公民道德建设立足社会主要矛盾转换，回应新时代人民美好生活需要的必然要求。

《新时代公民道德建设实施纲要》立足于中国特色社会主义新时代的时代背景，将网络空间道德建设列为单独的一个章节，作为新时代公民道德建设的重要内容。这说明在新时代，网络道德建设已经成为像家庭道德建设等社会主义公民应当关注的其他道德建设一样重要，已经成为中国特色社会主义事业中极其重要的组成部分。随着经济和信息技术的发展，互联网逐渐融入人们的日常生活，但网络道德面临的问题也日益突出。网络道德失范现象主要包括网络谣言、反转新闻、网络暴力、色情低俗等现象，这些网络道德失范现象严重影响着人们的日常生活。如果不能及时解决，必定会影响社会的稳定与发展。网络道德建设是一项复杂的系统性工程，需要深度聚焦并从多方面把握其有效推进的基本向度。

（二）社会主义道德建设的宏观整体研究

中国特色社会主义内含中国特色社会主义精神文明建设和道德建设，中国特色社会主义精神文明建设和道德建设是中国特色社会主义先进文化建设的内在要求，不仅对于中国特色社会主义物质文明建设、政治文明建设有着重要的精神引领和道义支撑作用，而且对于中国特色社会主义社

---

① 张彦，张登皓．论《新时代公民道德建设实施纲要》的守正创新．思想理论教育导刊，2020（7）.

会文明建设、生态文明建设以及党的执政文明建设具有极其重要的精神砥砺和价值陶铸作用。罗国杰主编的《道德建设论》①，以中国共产党第十四届六中全会决议为依托，全面分析了社会主义市场经济条件下道德建设面临的新矛盾和新问题，论述了社会主义道德建设的基本要求和道德规范，对爱祖国、爱人民、爱劳动、爱科学、爱社会主义这五大基本规范和要求做出了具体阐释，初步建构了一个社会主义道德建设的结构体系。吴灿新主编的《当代中国道德建设论纲》②，全面、系统地研究当代中国道德建设的本质、价值、内容、条件、重点、难点和规律等，对当代中国道德建设的内外系统问题做出了别开生面的阐释和论述。焦国成主编的《公民道德论》③，在界说公民道德概念及其历史定位的基础上，探讨了公民道德基础问题和公民道德的规范体系，并针对中国目前的道德状况，探讨如何在市场经济条件下开展公民道德建设、加强公民道德教育等问题。孟彩云编著的《公民道德建设工程基础规范应用研究》④，选择公民道德建设中最基础的规范，在理论和实践的结合上阐述如何将之应用到生活实际中，力求“接地气”，传递“正能量”，使理论从书斋走进民间，实践从英模走进草根，让人民群众真正理解在对外开放、经济全球化背景下何为“爱国”以及如何做到爱国，在社会主义市场经济条件下何为“为民”以及怎么做到为民。胡虹霞著的《公民道德建设模式研究》⑤，从历史的维度和多学科的视角，对公民概念的内涵进行了全面的梳理与界定，对公民道德建设的内涵、价值及基本环节进行了新的阐释，论述了公民道德建设模式及其构成要素。

新时代公民道德建设是形成个人良好品德、促进自我完善的必然要求，也是深化社会主义道德建设、实现国家治理现代化的战略要求。新时代公民道德建设契合马克思主义道德观的发展，呈现出清晰的理论逻辑、历史逻辑、文化逻辑与时代逻辑，科学回答了新时代“何为公民道德、为

---

① 罗国杰．道德建设论．长沙：湖南人民出版社，1997.

② 吴灿新．当代中国道德建设论纲．北京：中国社会科学出版社，2009.

③ 焦国成．公民道德论．北京：人民出版社，2004.

④ 孟彩云．公民道德建设工程基础规范应用研究．北京：中国社会科学出版社，2014.

⑤ 胡虹霞．公民道德建设模式研究．北京：社会科学文献出版社，2013.

何要建设公民道德以及如何建设公民道德”这一根本问题，厘清了公民道德建设的生成基础和逻辑理路。基于理论维度，新时代公民道德建设坚持以人民为中心、以社会主义核心价值观为引领、以培育时代新人为着力点，推动社会道德进步与人的全面发展。基于实践维度，新时代公民道德建设既明确了公民在道德建设中的主体地位，又形成了以家风家教建设为起点、德法并行为保障的德治思路和格局，引领带动公民道德建设朝着制度化、法治化的方向发展。立足中国又面向世界，以国际视野推进公民道德建设，是新时代公民道德建设的重要课题。以人类优秀文明成果丰富公民道德建设、培养时代新人，是新时代彰显我国公民道德风貌与国家形象的必然路径，是应对经济全球化对我国公民道德建设影响与冲击的现实选择。以国际视野推进新时代公民道德建设，应着力在确立人类命运共同体理念、构筑对外开放强大道德与精神格局、涵养健康理性的国民心态、抵制外部世界的腐朽思想侵蚀等关键环节上细化政策举措，加大教育引导，促进实践养成。以国际视野推进公民道德建设，不仅丰富了德育研究的内涵，为世界广大发展中国家的道德建设拓宽了思路，而且为全球治理的道德议题提供了中国方案，为促进人类文明的共融发展注入了中国动力，具有广泛深刻的世界意义。① 公民道德水平是衡量社会文明程度的重要标志。新时代公民道德建设作为承载提高全社会道德水平和文明程度的实践活动，已然成为社会主义现代化进程中的重大任务，其生成有着清晰的逻辑进路。在理论逻辑上，它是对马克思主义理论的贯彻与体现；在历史逻辑上，它是中华民族从古至今对公民道德的探索与选择；在文化逻辑上，它是中华优秀文化与人类优秀文化成果双重作用的结果；在现实逻辑上，它是实现美好生活，建设现代化强国的必然要求。

新时代公民道德建设要求弘扬中华传统美德。传统美德之善是新时代公民道德素质养成的历史根基。溯善、崇善、敬善的善性，温润着现代公民的向德心性；尊礼、明礼、修德的善德，催发着现代公民规则意识的生成；履善、持善、导善的善举，强化着现代公民的知行合一。中华传统美

① 李义天，孔希宇．新时代公民道德建设的国际视野与世界意义．思想教育研究，2020(5).

德的现代转换有其内在依据、融入机制和实现路径，要从唯物史观的角度把握传统美德之善与新时代公民道德建设的内在联系，从历史与逻辑统一的维度处理好传统与现代的关系。

（三）社会公德、职业道德、家庭美德和个人品德研究

公民道德建设包含了社会公德、职业道德、家庭美德和个人品德建设四个大的方面。

社会公德是全体公民在社会交往和公共生活中应该遵循的行为准则，涵盖了人与人、人与社会、人与自然之间的关系。社会主义社会公德是全体公民在社会交往和公共生活中应该遵循的、简单易行的基本行为规范、道德准则，是调节人与人、人与社会、人与自然之间关系的杠杆。大力倡导和加强以“文明礼貌、助人为乐、爱护公物、保护环境、遵纪守法”为主要内容的社会公德建设，是推动整个公民道德建设的关键环节和当务之急。程立涛、曾繁敏合著的《新时期社会公德建设研究》① 认为，社会公德建设可以从主体、途径、理论、实践等方面加以考察。社会公德建设的主体，就是进行社会公德认知和实践活动的人；社会公德建设的途径，就是进行社会公德建设的具体方法或现实举措等；社会公德理论建设，则是社会公德规范或理论体系随着公共生活实践的发展而不断更新和完善；社会公德实践，主要是人们践履社会公德规范的行为和活动过程。徐仲伟主编的《网络社会公德建设研究》②，对网络社会公德建设问题做出了自己的研究。该著作认为，网络社会公德是社会成员在使用网络过程中或者从事与网络有关的社会生活中逐步建立并遵守的社会公共道德要求和道德规范。网络社会是现实社会在网络中的延伸、反映和再现，但网络社会又有其自身的特点和规律，并与现实社会有十分紧密的联系。网络社会公德建设既是理论问题又是实践问题。大量的社会调查反映出我们当前的网络社会公德建设充满着矛盾和问题，而且远没有达到应有的建设目标。网络社会公德建设具有特定的内涵和特征，网络社会公德建设应始终坚持以社会主义核心价值观为引领，坚守网络社会公德建设的原则，抓好网络社会公

---

① 程立涛，曾繁敏．新时期社会公德建设研究．北京：中国社会科学出版社，2013.

② 徐仲伟．网络社会公德建设研究．北京：中国人民大学出版社，2018.

德主体的建设，形成网络社会公德建设的有效载体，找准网络社会公德建设的有效途径与有力措施，形成网络社会公德建设的良好环境和氛围，构建起网络社会公德建设的自律与他律机制，从而有力地推进我国网络社会公共道德建设。新时代的社会公德建设要不断寻找破解社会公德治理难题的新思路。其中，重视树立和培养公民的责任心、羞耻心、同情心，对于推动全民道德素质和社会文明程度达到一个新高度具有特别重要的意义。①

职业道德是社会道德的基石，也是各行各业能够健康发展并建立良好关系的精神保障。路德生、王开玉等著的《论社会主义职业道德》②，是改革开放和社会主义现代化建设新时期一部较早专论职业道德及其建设的学术专著，对改革开放和社会主义现代化建设新时期职业道德建设的形势与任务做出了较为深入的探讨，对其主要内容做出了自己的阐释与论证。孙启元、张福昌合著的《社会主义职业道德论》、宋辉著的《社会主义职业道德论》二书③，对我国社会主义职业道德建设的任务、要求和内容也做出了自己的探讨与研究，凸显了社会主义职业道德的本质特征和建设的意义，强调良好的社会主义职业道德的形成，既有利于克服市场固有的道德缺陷，又有利于形成良好的社会风气，促进整个社会的进步。

家庭美德是处理家庭诸道德关系所应该培育的伦理美德的总和，是促进家庭和谐和睦与家庭成员健康发展的伦理保证。《新时代公民道德建设实施纲要》明确提出，推动践行以尊老爱幼、男女平等、夫妻和睦、勤俭持家、邻里互助为主要内容的家庭美德，鼓励人们在家庭里做一个好成员。中国特色社会主义进入新时代，随着经济社会的发展和我国发展历史任务的变化，构建与新时代相适应的家风成为必然趋势。新时代需要好家风，而与时俱进的好家风尚未完全形成，两者之间的矛盾是进行新时代家风构建研究的问题域。中华民族几千年的历史表明：好家风不仅对个人成长和社会进步有推动作用，而且对国家的发展有不可替代的作用。新时代家风构建研究，以新时代家风应包括怎样的内容为研究对象，并采用文献

---

① 姚郁卉．社会公德建设要注重培养公民的“三心”．光明日报，2004－09－07.

② 路德生，王开玉，等．论社会主义职业道德．合肥：安徽人民出版社，1984.

③ 孙启元，张福昌．社会主义职业道德论．北京：新华出版社，2002；宋辉．社会主义职业道德论．沈阳：辽宁大学出版社，2011.

调研、实证研究、跨学科研究和归纳演绎等方法，对新时代家风构建的依据、原则、内容和路径等进行研究。在新时代背景下，构建与之合拍、同步的家风，是充分发挥良好家风作用的需要，也是时代发展的需要，更是满足人民美好生活向往和促进社会主义文化建设的需要。在新时代背景下，要以马克思主义为指导，以中华优秀传统家风文化为源泉，以经济基础的变化为前提，以社会主义核心价值观为引领，以新时代的社会历史条件为根基，以满足广大家庭在当今时代背景下的家风建设需求为目标，构建有民族特色的、反映人民群众良好家庭面貌的中国特色社会主义家风。从特征来看，新时代家风具有时代性、导向性、传承性、创新性、感染性、连接性和规范性，其功能主要表现在对中华优秀传统文化的传承、对新时代良好社会风气形成的支撑、对家庭成员的教育引导和对新时代精神文化的彰显四个方面。新时代家风的构建，是一个基于历史依据、理论依据和现实依据于一体的建设工程。从历史依据来看，中华优秀传统家风是新时代家风构建的源泉，要发挥优秀传统家风对新时代家风构建的积极作用，红色革命家风对新时代家风构建的重要支撑作用和社会主义好人家风对新时代家风构建的基础作用。从理论依据来看，马克思主义家庭观、道德观、文化观，尤其是习近平在新时代背景下对其进行的新发展，是新时代家风构建的理论指导。从立身、治家、处世、致用、强国层面出发构建新时代家风，有助于促使家风与时代合拍、同步。立身之风包括知书达礼、审慎自律、尊老爱幼、择贤而友的核心内容，立身家风构建得好，人生的第一粒扣子才能扣好。从现实依据来看，治家之风表现为健康生活、勤劳简约、互敬互爱、和顺和睦，治家家风能够为家庭治理发挥积极作用。同时，构建宽容豁达、与人为善、待人以诚、敬畏自然的处世家风，旨在让人们在处理人与人、人与社会、人与自然关系的过程中做到宽容、友善、诚信和敬畏。而构建知行合一、开拓创新、爱岗敬业、服务社会的致用家风，是立足时代的发展要求和经济社会的发展需求而进行家风建设的指向。在追寻社会主义现代化强国目标的过程中，构建遵纪守法、开拓创新、爱党爱国、共建共享的强国家风，有助于以优良家风为强国目标的实现提供精神动力。新时代家风的构建，要通过构建主体、构建载体、宣传方式、构建方法等具体路径来实现。

个人品德是个人立身处世与律己待人所形成的道德品质、情操和精神信念的总和，是人的道德品质的综合呈现。人无德不立。个人品德的好坏直接影响着个人的精神健康和他人、社会对其的评价。中国古代十分重视个人的修身，强调“自天子以至于庶人，壹是皆以修身为本”①，身不修自然难以齐家，更谈不上治国平天下。当代中国共产党人强调“四自五慎”的道德修养论，崇尚“三严三实”的做人准则，认为一个领导干部只有修好自己的道德才能为党的事业做出贡献。《新时代公民道德建设实施纲要》强调，培育和践行以爱国奉献、明礼遵规、勤劳善良、宽厚正直、自强自律为主要内容的个人品德建设，鼓励人们在日常生活中养成良好的个人品德，做一个好人和好公民。个人品德虽然整体上属于“私德”范畴，但是它与社会公德、职业道德、家庭美德有着极为密切的关系，是培育和践行社会公德、职业道德、家庭美德的基础。只有严私德才能守公德，明大德。

加强公民道德建设是实现社会主义治理现代化的重要要求。然而，公民道德建设中个人知识层和实践层的缺乏、社会监督体系和赏罚机制的“真空”、虚拟空间的弥漫扩张等所造成的“破窗效应”，干扰了传统美德的一脉相承，引发了个人品德建设的逆淘汰危机，造成了网络道德的失衡。由此，化解和超越新时代公民道德建设中的“破窗效应”，必须大力加强道德教育和道德实践，实现知行合一；完善监督体系和赏罚机制，实现法德共治；构建网络空间的道德生态，实现“虚”“实”相得益彰、有机结合。道德建设是国家治理体系的重要组成部分，是提升国家治理效能的内隐工具。进入新时代，党和国家在道德建设领域不断探索和创新：理论创新方面表现出引领性和根本性特征，坚持中国特色社会主义道德建设方向，提出以社会主义核心价值观为引领，强调道德兴国、立德树人、生态道德等新理念；道德治理和制度保障方面突出规范性与针对性，坚持德法并重、立破并举，开展道德领域突出问题专项治理；道德实践和教育方面具有丰富性、有效性的特点，抓关键少数和重点人群，以党风、家风为示范，政德、公德、私德、家庭美德齐抓共进，有效提升公民的思想道德修养。这些创新举措是国家治理体系和治理能力现代化提升的重要体现。

---

① 大学.

第七章　面向现实道德生活的应用伦理学研究

新中国成立以来特别是改革开放以来，我国伦理学研究不仅在伦理学基础理论、中国伦理思想史和外国伦理思想史等方面取得了突破性的成果，大大缩短了伦理学同其他相邻学科的距离，而且尤为重要的是在应用伦理学领域实现了从无到有、从小到大、从弱到强的历史性转换。随着我国社会主义现代化建设事业的深入发展，随着改革开放的全面推进和国际交往的频繁迅速，许多在国外方兴未艾的应用伦理学学科传入我国，并日益受到我国伦理学工作者的关注。他们以追赶世界伦理学潮流、建设中国特色社会主义应用伦理学学科的勇气和决心，一方面大胆地引进、消化外国应用伦理学的优秀成果，另一方面结合我国社会主义道德建设的实际情况做深入的调查研究，并发掘中国传统伦理思想的应用伦理学资源，为建设中国特色社会主义的应用伦理学学科服务。经过 40 多年的上下求索，终于使应用伦理学之花开遍大江南北，形成了一个应用伦理学勃兴繁盛的新时代。

一、中国应用伦理学的兴起与发展

应用伦理学是一门与理论伦理学对应的伦理学学科，它以理论伦理学的基本观点为依据，着重研究和解决现实生活中的伦理道德问题，使伦理道德更好地发挥作用。应用伦理学产生于 20 世纪五六十年代，它本质上是西方国家在经历了两次世界大战后重建国家经济文化新秩序努力的一种理论表现，是对20世纪上半叶以来科学技术革命产生的一系列新的伦理道德问题进行反思的结晶，也是西方元伦理学发展陷入绝境和规范伦理学复兴的产物。西方社会的伦理学家们在20世纪五六十年代发起了一场复兴规范伦理学的运动，并使应用伦理学走上了人类伦理学的舞台。应用伦理学的问世最先是从科技伦理学、医学伦理学和生态伦理学等的萌生孕育开始的，20世纪四五十年代科学技术革命对伦理学的冲击很大，并引起许多科学家和伦理学家的关注，他们竞相认识到元伦理学的发展路径是灰暗的，伦理学的出路在于贴近道德生活的实际，回答科学技术革命产生的一系列伦理道德问题，解决在经济发展、政治变迁和文化重建中的一系列新的伦理学问题。20世纪60年代以后，欧美国家的应用伦理学迅速发展，出现了企业伦理学、经济伦理学、政治伦理学、宇宙伦理学、核伦理学、计算机伦理学等新兴学科，形成一种应用伦理学的运动。

中国的应用伦理学研究是从20世纪80年代开始的。它与改革开放和建设社会主义现代化强国的历史进程相适应，既汲取外国应用伦理学发展的成就，又面向自己的道德建设实际，体现着面向现代化、面向世界、面向未来的开放视野。进入20世纪90年代后，我国的应用伦理学因社会生活的需要和科技革命的挑战而获得了新的发展，社会主义市场经济体制的确立和科教兴国战略的提出大大强化了应用伦理学研究的现实性、紧迫性。随着社会主义市场经济条件下道德建设的深入发展，应用伦理学受到社会各界的高度关注，一些科研机关和高等院校竞相建立应用伦理学研究中心或机构，制订应用伦理学发展计划和研究纲要，并与国外一些应用伦理学研究机构建立广泛的学术交流关系，许多企业和事业单位也在生产与日常工作中提出大量有待研究的应用伦理学问题，将应用伦理学研究纳入管理活动和组织文化建设中。伦理学研究工作者也在研究方向上调整自己的思路和重点，原先一些从事伦理学基础理论研究和中外伦理思想史研究的学者竞相投入应用伦理学研究，如魏英敏、唐凯麟、章海山、朱贻庭、陈瑛、许启贤、万俊人、樊和平等，他们借助于自己的伦理学基础理论和中外伦理思想史研究的功底或优势，从多角度切入应用伦理学领域，取得了一大批可喜的成果，使应用伦理学研究气势磅礴，一领伦理学研究的风骚。

与此同时，应用伦理学基本理论研究也后海先河，多有建树。1990年周纪兰出版了我国第一部概论性的应用伦理学著作——《应用伦理学》①。应用伦理学研究的对象是人们现实生活中的实际伦理道德问题。人们在现实社会中的生活大致可分为职业生活、婚姻家庭生活和社会公共生活三大部门，所以我们对人们现实生活中伦理道德问题的研究也大致可分为三个部分，即职业伦理学、婚姻家庭伦理学和社会公共伦理学。应用伦理学大致是在上述三个领域中展开或进行的。应用伦理学的基本特征是实践性很强，它以解决现实生活中的实际伦理道德问题为基础，同时又是服务现实社会的道德建设的。实践、应用或者说功利效用是它最本质的特点。

20世纪90年代中后期，我国应用伦理学研究进入一个全面发展和走向初步繁荣的阶段，其突出标志是出版了一批有重大影响、理论性和针对性较强的应用伦理学分支学科著作。这一时期，不仅经济伦理学、生态伦理学、医学伦理学、科技伦理学得到了前所未有的发展，而且出现了许多新型的应用伦理学分支学科，如计算机伦理学、网络伦理学、基因伦理学、政治伦理学、民族伦理学、教育伦理学、劳动伦理学、信息伦理学，等等。一些分支学科一问世就体现出蓬勃发展的势头，受到社会各界的高度关注，并迅速形成研究热潮，如网络伦理学、基因伦理学，等等。在应用伦理学各分支学科的带动下，应用伦理学一般理论的研究也进入了一个新阶段。

进入21世纪以来，学人们开始探讨作为普通规范伦理学和应用伦理学各分支学科桥梁或纽带的应用伦理学的一些最基本又最现实的理论问题，诸如应用伦理学研究什么，应用伦理学与传统规范伦理学的关系，一般意义的应用伦理学与具体意义的应用伦理学分支学科的关系，等等。宋惠昌主编的《应用伦理学》、卢风和肖巍主编的《应用伦理学导论》、王正平主编的《应用伦理学》、甘绍平和余涌主编的《应用伦理学教程》、任丑

① 周纪兰．应用伦理学．天津：天津人民出版社，1990.

著的《应用伦理学》[1]，代表了作为整体性质而出现的应用伦理学研究的水平和成果。甘绍平著的《应用伦理学前沿问题研究》[2]，作为国内第一部系统研究西方应用伦理学的专著，一直畅销不衰，它展现的应用伦理学的基本价值立场、争论议题、研究论域以及讨论范式等，堪称国内相关研究的典范。

随着应用伦理学各分支学科的大量问世及快速发展，加强应用伦理学基础理论研究就尤其必要。如果应用伦理学基础理论研究跟不上或无法满足各分支学科发展的要求，很可能就会影响应用伦理学的整体发展。应用伦理学的基础理论研究最需要研究的问题有：应用伦理学的概念意义是什么，应用伦理学应用什么，应用伦理学应用于什么，应用伦理学为了什么而应用，应用伦理学怎样应用，以及应用伦理学的体系特征，等等。关于应用伦理学应用什么，有人认为是应用传统规范伦理学的理论，比如德性论、义务论、价值论；也有人认为应用伦理学对伦理学理论的应用有两种主要的方式即体系的和部分的，罗尔斯把契约主义伦理学应用于社会的基本制度和价值体系的分析即为体系的应用，大多数伦理学家常常是应用部分的伦理学理论。关于应用伦理学应用于什么，有人认为主要是应用于个人与制度的行为和某些相关的事件；也有人认为是应用于人生伦理、社群伦理、自然伦理、信仰伦理四个生活层面。应用伦理学涉及社会生活的各个领域、各类人群、各种职业以及各种重大现实问题。新兴的应用伦理学几乎涉及社会生活的各个领域并参与对各种重大社会问题的研究。传统伦理学主要局限于今天所说的伦理学的主干领域，包括道德价值、道德品质、道德情感、道德规范等领域，这些领域的研究也是比较笼统的，没有明确的界限。现代伦理学不仅对伦理学的主干领域有了相对明确的划分，而且对伦理学的研究范围从深度和广度两个方向进行了扩展。

应用伦理学一般理论的研究及其深化，反过来促进着普通规范伦理学

---

① 宋惠昌．应用伦理学．北京：中共中央党校出版社，2001；卢风，肖巍．应用伦理学导论．北京：当代中国出版社，2002；王正平．应用伦理学．上海：上海人民出版社，2013；甘绍平，余涌．应用伦理学教程．第2版．北京：企业管理出版社，2017；任丑．应用伦理学．北京：科学出版社，2020.

② 甘绍平．应用伦理学前沿问题研究．南昌：江西人民出版社，2002.

研究的突破和更新，特别是促进着应用伦理学各分支学科的发展和完善。目前，我国的应用伦理学研究形势喜人，推出了多套应用伦理学前沿丛书，不仅在理论上日趋精进和完整，而且在实践上具有相当的针对性和可操作性，很好地发挥着伦理学化理论为德性、变哲思为操行的社会功能，推动着整个社会道德建设和精神文明的发展与进步。

二、经济伦理学和政治伦理学研究

经济伦理学和政治伦理学是改革开放以来较早受到关注并引发学人们的研究兴趣与研究热情的两个重要领域，整体上取得的成果蔚为壮观。从经济伦理学和政治伦理学的研究成果中，我们可以发现中国伦理学关注现实生活、主动投身现实道德生活的积极性和创造性探索，由此也可以感受到伦理学改造世界和作用于人们现实道德生活的功能与作用。

（一）经济伦理学研究

经济伦理学是一门研究社会经济领域、经济行为主体的道德现象及伦理问题的应用伦理学分支学科，是经济学与伦理学交叉渗透的产物。经济伦理思想古已有之，中外历史上的经济伦理思想可谓源远流长。20 世纪初德国著名社会学家和经济学家马克斯·韦伯，致力于考察“世界诸宗教的经济伦理观”，在思想史上最先提出了“经济伦理”概念。1927 年德国基督教伦理学家冯施出版了《新教经济伦理学》① 一书，全面阐释了新教经济伦理学的观点。为了回应冯施的《新教经济伦理学》，天主教伦理学家席林于 1933 年推出了《天主教经济伦理学》② 一书，对天主教中的经济伦理学观点做了较为全面的介绍。但作为一门独立化、系统化和对社会生活有重大影响的应用伦理学分支学科，经济伦理学本质上是 20 世纪 70

① Georg Wünsch. Evangelische Wirtschaftsethik. Tübingen：J. C. B. Mohr（Paul Siebeck），1927.

② Otto Schilling. Katholische Wirtschaftsethik. München：Hueber，1933.

年代以后应对整肃企业界的伦理行为之需，或走出“丛林”式的经济竞争、走向规范化的经济活动的产物，20 世纪 80 年代又随着经济全球化、知识经济发展以及贫富两极分化加剧、生态环境恶化、自然资源短缺、市场竞争激烈等各种挑战而迅速发展。“在 20 世纪 80 年代，有关经济伦理学的活动空前高涨，足以称之为一场运动。到 80 年代末，《幸福》杂志五百强企业中已经有很大部分创立本企业的伦理道德准则、开辟道德投诉热线、为员工创造发表有关看法的途径、在董事会层次设立道德指导委员会，或是开发了本企业的人员道德水平培训机制。”① 20 世纪 90 年代以来，从美国到欧洲、亚洲、澳洲、拉丁美洲以及非洲，相继成立经济伦理学的研究机构和研究网络，各大学校纷纷开出经济伦理学课程，出版大量专著，发表系列论文，发行多种刊物，使经济伦理学成为一种潮流和运动。特别是随着几位荣获诺贝尔经济学奖的大师有关经济伦理学著作和论文的广泛传播，如布坎南、缪尔达尔、科斯、诺思、阿马蒂亚·森等人关于经济伦理的著述，随着各级经济组织重视经济伦理并将经济伦理运用于自己的经济实践活动的深入开展，目前经济伦理学已成为受到社会各界高度关注并在社会生活中日益发挥显著作用的热门学科。

中国古代有丰富的经济伦理思想，先秦管子、墨子、孟子和老子思想中富含经济伦理思想的内容，西汉大夫派和贤良文学派围绕盐铁问题展开的论争一定程度上是不同经济伦理思想的论争，宋明理学家所展开的义利理欲之辨，陈亮叶適事功派对功利、富国、民本思想的关注，也凸显出经济伦理思想的要义。近代以来，在民族救亡中产生的早期改良主义、戊戌变法时期的维新派，以及孙中山的民生主义，整体上反映了近代经济伦理思想的价值诉求。中国共产党成立后，带领工农大众开展反帝反封建的民族民主革命，特别注重农民的土地问题，毛泽东等马克思主义者更注重解决劳苦大众的生活状况，提出了“关心群众生活”和全心全意为人民服务的思想命题，形成了马克思主义的经济伦理思想。但是我国作为一门应用伦理学分支学科的经济伦理学，萌芽于改革开放之初，在建设社会主义物

① 理查德·T. 德·乔治. 经济伦理学：第 5 版. 李布，译. 北京：北京大学出版社，2002：25.

质文明和发展社会主义商品经济的进程中孕育成熟，经过社会主义市场经济的洗礼，而今已有相当的发展，取得了不少可观的成就。我国经济伦理学的兴起同改革开放和发展社会主义商品经济密切相关，也同克服市场经济的负面效应、寻求经济和社会健康发展的价值目标有着内在的契合关系，本质上是对经济体制改革和建设社会主义物质文明中所产生的伦理道德问题的深入思考，是对建设公正合理的社会主义市场经济体制、实现物质文明和精神文明和谐发展的伦理价值探求。

如果说西方国家经济伦理学的兴起主要是同克服和摆脱市场经济的负面效应或弊端紧密联系在一起的，那么中国经济伦理学的兴起则有着更为广阔的实践背景，有它独特的社会历史条件。首先，中国经济伦理学的兴起同抛弃“以阶级斗争为纲”的政治中心主义，把党和国家工作重心转移到经济建设上来、确立社会主义市场经济体制有着最为直接的关系。改革开放前的中国社会由于注重阶级斗争和政治运动，所以伦理学总体上主要表现为一种政治化的伦理学或者说是为政治斗争服务的，是带有强烈的政治性的伦理学（当然它不是科学意义上的政治伦理学）。十一届三中全会以后，党和国家实现了工作重心的转移，以经济建设为中心取代了以政治斗争为中心，因此同改革开放和发展社会主义市场经济历史大潮相适应的伦理学必然是也只能是重视经济生活中的伦理道德问题的伦理学，而改革开放和发展社会主义市场经济又恰恰为经济伦理学的孕育形成提供了生存与发展的土壤，创造了绝好的条件。其次，中国经济伦理学的兴起又是同克服和摆脱市场经济的负面效应，促进市场经济的健康发展和良性循环联系在一起的。

我国的经济伦理学，就其发展进程而言，大体上可以分为三个阶段，即萌芽阶段、形成和初步发展阶段、发展和繁荣阶段。1978 年至 1984 年为我国经济伦理学的萌芽阶段，它与工作重心的转移、农村经济体制改革的兴起以及对全民所有制企业的放权让利等紧密地联系在一起，表现为对经济与道德关系的重视，开始关注经济生活中的伦理道德现象和问题。一些伦理学工作者从揭批林彪、“四人帮”的极左路线入手，在许多伦理道德问题上进行正本清源、恢复马克思主义本来面目的艰辛探索。他们相继提出了贯彻社会主义物质利益原则，尊重社会成员正当个人利益，在分配领域坚持按劳分配原则等命题，并对经济体制改革过程中产生的新的伦理道德问题予以研究。

1984 年至 2012 年为我国经济伦理学的形成和初步发展阶段，它与改革开放由农村扩展到城市，社会主义商品经济和社会主义市场经济体制的确立等有着最为直接的关系，表现为对社会主义商品经济中的伦理道德现象予以系统研究，对建设与社会主义市场经济相适应的伦理道德体系予以深入研究，并对企业伦理学、管理伦理学、劳动伦理学、金融伦理学、会计伦理学、税收伦理学等展开了颇有成效的研究，同时发掘中国古代经济伦理思想资源，探求儒家、道家、法家、墨家经济伦理思想。王小锡著的《中国经济伦理学——历史与现实的理论初探》，罗能生著的《义利的均衡——现代经济伦理研究》，张鸿翼著的《儒家经济伦理》，许崇正著的《人的全面发展与社会经济——伦理经济学引论》，张婉如、王福霖主编的《财经伦理学概论》，王昕杰、乔法容合著的《劳动伦理学》，温克勤等主编的《管理伦理学》，高兆明著的《管理伦理导论》等①，可谓经济伦理学形成和初步发展阶段的代表性著作。20 世纪 90 年代中后期，我国的经济伦理学研究渐趋高潮，影响不断扩大。刘光明著的《经济活动伦理研究》、陆晓禾著的《走出“丛林”——当代经济伦理学漫话》、陈泽环著的《功利·奉献·生态·文化——经济伦理引论》三书②在 1999 年 5、6 月间相继问世，将经济伦理学研究推向高潮。综合地看，三书不仅建立了一个颇有中国特色的经济伦理学体系，而且宏微合论、史思并重、中外兼顾，将经济伦理学的总体研究与具体研究有机地结合起来，纵论横议，观点与材料融为一体，标志着中国的经济伦理学研究在理论上有了一定程度

---

① 王小锡．中国经济伦理学：历史与现实的理论初探．北京：中国商业出版社，1994；罗能生．义利的均衡：现代经济伦理研究．长沙：中南工业大学出版社，1998；张鸿翼．儒家经济伦理．长沙：湖南教育出版社，1989；许崇正．人的全面发展与社会经济：伦理经济学引论．合肥：安徽教育出版社，1990；张婉如，王福霖．财经伦理学概论．杭州：浙江人民出版社，1986；王昕杰，乔法容．劳动伦理学．开封：河南大学出版社，1989；温克勤，任健雄，李正中，等．管理伦理学．天津：天津人民出版社，1988；高兆明．管理伦理导论．上海：复旦大学出版社，1989.

② 刘光明．经济活动伦理研究．北京：中国人民大学出版社，1999；陆晓禾．走出“丛林”：当代经济伦理学漫话．武汉：湖北教育出版社，1999；陈泽环．功利·奉献·生态·文化：经济伦理引论．上海：上海社会科学院出版社，1999.

的突破。陆晓禾2008年推出的《经济伦理学研究》[1]，是一部集大成式的经济伦理学著作。该著作不仅深入探讨了经济伦理学在当代的兴起和发展，揭示了中国经济伦理学研究的特点、难题和使命，而且对经济伦理学学科及其相关问题也做出了比较全面系统的阐释与论述，内容涉及经济伦理学的研究框架和学科特征，经济伦理学的基本问题，经济伦理学的研究方法，经济伦理学与治国之道，经济伦理学与人的道德能力，经济改革、诚信友善与和谐社会道德建设诸问题，并在此基础上对经济伦理实践问题做出了自己的分析与探讨，诸如经济制度、资本与经济伦理，市场经济、公司伦理与和谐社会，中国制造与中国经济伦理学，P2P文件共享技术与出版伦理，等等。该著作还对经济伦理学国际交流予以研究，对全球化、知识经济和信息技术的伦理问题做出了自己的探讨。

2012年至今为我国经济伦理学的发展和繁荣阶段。乔法容等人著的《宏观层面经济伦理研究》[2]，从市场的缺陷引出政府的经济职能，集中于政府的经济职能展开论述，具体探讨了政府经济职能行使中的特殊道德矛盾，建立健全政府经济行为的道德规范系统，政府经济职能的价值目标和伦理原则，以及如何提升政府信用、建设诚信政府，提升政府道德理性、维护经济社会秩序等问题，可以称之为一部关于政府行为和职能的经济伦理学著作。该著作主张把制度、规范、理念有机地结合起来，建构一个引导和规范政府经济行为的必然与应然统一、规范论与德性论统一的价值体系。崔宜明、强以华、任重道合著的《中国现代经济伦理建设研究》[3]，从经济伦理学角度研究中国经济体制转型和社会自身的转型，从社会的经济生产方式、社会的组织方式和社会基本结构的历史变革去梳理当代中国经济生活中的种种道德现象与道德问题，并就如何用伦理来调节做出了有益设想。该著作对正义与发展、市场与政府、公平与效率、生态伦理学与经济伦理学的关系问题也有深入的思考，对社会转型中的经济与道德、和谐与发展等问题也做出了自己全新的思考和回答。余达淮、戴锐、程广丽

---

① 陆晓禾．经济伦理学研究．上海：上海社会科学院出版社，2008.

② 乔法容，等．宏观层面经济伦理研究．北京：人民出版社，2013.

③ 崔宜明，强以华，任重道．中国现代经济伦理建设研究．上海：上海书店出版社，2013.

合著的《中国经济伦理学发展研究》[①]，围绕着国际金融危机及其伦理反思、中国经济伦理学的发展历程、基于主题的经济伦理研究（如资本伦理、发展伦理、经济安全伦理等）、基于领域的经济伦理研究（如企业伦理、金融伦理等）、中国经济伦理学研究的范式转换及未来发展等问题展开论述，以期实现与国家经济秩序、经济安全和可持续发展相适应的经济伦理规范重建，积极推进经济伦理学学科的转型和发展，从而为进一步保障国民经济的秩序、安全和可持续发展做出贡献。何棣华著的《财富伦理研究》[②]，比较系统全面地论述了财富伦理的有关问题，是一部比较系统和科学地研究财富伦理的专著。该著作探讨了财富的本质及功能，对“财富伦理”概念进行辨析和界定，在此基础上探讨财富伦理的历史生成与展开、财富伦理的动力，并由此论证财富伦理的两个基本原则。该著作还探讨了正义原则在公共领域的实现，探讨财富伦理两个基本原则在私人领域的实现。我们认为，财富伦理还要解决创造财富的冲动力、节约财富的抑制力和合理运用财富的智慧等问题。它所追求的是财富与人、财富与自然、财富与社会的和谐共生，促进社会的进步和人的自由全面发展。

（二）政治伦理学研究

政治伦理学是一门以政治伦理道德问题和现象为研究对象的应用伦理学学科，是政治学和伦理学交叉渗透的产物，主要研究政治生活与政治行为活动中各种伦理道德问题和现象的产生、本质、作用以及演变发展规律，研究政治制度、政治体制和各种政治行为的道德价值与道德评价，内容涉及政治伦理道德的基本理论、道德与政治行为、德治与法治、权利与义务、政治道德规范、政府道德或国家道德、国际政治道德以及政治道德的评价、选择与教育、修养等问题。

人类政治伦理思想的形成早在古希腊时期和中国先秦时期即已产生。柏拉图的《理想国》、亚里士多德的《政治学》大量涉及政治伦理问题和

---

① 余达淮，戴锐，程广丽．中国经济伦理学发展研究．合肥：合肥工业大学出版社，2015.

② 何棣华．财富伦理研究．北京：中国社会出版社，2020.

政治道德关系的处理。中国先秦时期，孔子提出了“为政以德”的思想命题，孟子主张“行仁政”，荀子推崇“礼治”；老庄道家提出“无为而治”，主张“道法自然”；墨家主张“兼爱”之治，以“尚贤”“尚同”为理想的政治目标。唐代吴兢撰的《贞观政要》对君道、臣道以及择官、任贤、纳谏等政治制度伦理、政治德性伦理、政治活动伦理均有论述，可以说是一部阐明政治伦理思想的名作。

虽然我国和世界其他国家政治伦理思想源远流长，但作为一门专门学科的政治伦理学是到了 20 世纪以后才开始形成的。1952 年劳斯编的《政治伦理学与投票人》和 1964 年理奇特著的《道德政治学》①，可谓政治伦理学萌生阶段的作品。此后，政治伦理学得以逐步形成并获得初步发展，罗尔斯的《政治自由主义》、诺齐克的《无政府、国家与乌托邦》等著作②的问世，使政治哲学和政治伦理学一时受到广泛关注。1982 年美国南加州大学特里·L. 库珀出版了《行政伦理学》一书及其编撰的《政治伦理学手册》二书③，标志着行政伦理学的正式形成。进入 21 世纪以来，德国哲学家维托里奥·赫斯勒著的《道德与政治——二十一世纪的政治伦理基础》（中文版见商务印书馆 2021 年版），美国学者大卫莱昂斯著的《伦理学与法治》（中文版见商务印书馆 2021 年版），以及德国哲学家赫费著的《经济公民、国家公民和世界公民——全球化时代中的政治伦理学》（中文版见上海译文出版社 2010 年版）等著作，代表了西方政治伦理学的最新研究成果。

我国政治伦理学的研究是在改革开放以后逐步形成和发展起来的。整体上考察，我国政治伦理学的研究大体可分为四个阶段，即萌芽阶段、形成阶段、初步发展阶段和繁荣发展阶段。1979 年至 1985 年为我国政治伦理学的萌芽阶段，这一阶段的研究主要集中在法律与道德、政治与道德的

---

① 朱贻庭．伦理学大辞典．上海：上海辞书出版社，2011：218－219.

② John Rawls. Political Liberalism. New York：Columbia University Press，1996；Robert Nozick. Anarchy，State and Utopia. New York：Basic Books，Inc.，1974.

③ Terry L. Cooper. The Emergence of Administrative Ethics as a Field of Study in the United States//Terry L. Cooper. Handbook of Administrative Ethics. Second and Expanded Edition. New York：Marcel Dekker，Inc.，2001，p. 1.

关系方面，通过这种研究为政治道德和政治伦理学的研究提供基础。1979 年 3 月 22 日沙英在《光明日报》发表的《法制与道德》一文，可谓新时期最早探讨法律与道德关系的文章。同年，余先予、王汝澄在《江汉论坛》第 4 期发表的《社会主义法制与共产主义道德》一文，在新时期比较全面地探讨了社会主义法制和共产主义道德的辩证关系。1981 年后，讨论道德与政治关系的文章日益增多，进一步深化了对道德与法律关系的讨论，同时也提升了道德与法律关系讨论的层次。1981 年上海人民出版社出版的《道德与道德教育》一书收录了李奇的《政治与道德》一文，该文系李奇参加第一次全国伦理学学术讨论会的会议论文，从道德的特殊性角度探讨了道德与政治的关系，并对两者之间的区别和联系做了较为全面的论述。1983 年周原冰发表了《论政治和道德的关系》和《再论道德和政治、法律的关系》①，对如何正确认识政治与道德的关系发表了自己的看法，他的基本观点是强调政治对道德的支配作用和道德对政治的制约作用，主张道德应为政治服务，政治也应为道德建设提供保证和支持。与此同时，研究领导干部职业道德的文章开始大量出现，并受到人们的广泛关注。这些研究政治与道德、法律与道德关系问题的文章有利于人们深入认识两者的关系，为探讨政治道德、法律道德提供了一定的基础。关于领导干部职业道德的探讨，在一定程度上洞开了为政者德行修养的大门，有助于干部伦理学和行政伦理学的形成。

1986 年至 1992 年为我国政治伦理学的形成阶段。在这一阶段，伦理学界开始系统地研究政治道德问题，并出版了多部干部道德概论和政治伦理学的著作。1988 年，杨丙安、唐能赋、李光耀等编著的《政治伦理学》由四川人民出版社出版，该书可谓我国政治伦理学形成阶段的代表作，全面深刻地论述了政治伦理学的研究对象、任务和方法，政治伦理学的基础理论、原则规范和行为实践，同时也对政治伦理学的发展历史做了一定的揭示，建构了一个政治伦理学的学科体系。1989 年，胡原等主编的《行政道德学》由武汉工业大学出版社出版，该著作是我国专门论及行政道德

① 原冰．论政治和道德的关系．华东师范大学学报（哲学社会科学版），1983（3）；原冰．再论道德和政治、法律的关系．华东师范大学学报（哲学社会科学版），1983（6）．

的功能、作用，行政道德的主要内容和行政道德实践的学术专著。与此同时，史唤章主编的《司法伦理学》，危国华、苏梅凤主编的《司法伦理学简明教程》二书①，均对司法伦理的性质、结构、特征和作用，社会主义司法伦理的主要原则规范和范畴，社会主义司法伦理的教育、修养和评价等问题做出了自己的论述，可谓我国司法伦理学的创始之作。

1992 年至 2012 年为我国政治伦理学的初步发展阶段。1998 年孟晓主编的《政治伦理学》由四川人民出版社出版，该著作建构了一个同社会主义市场经济体制相适应的政治伦理学新框架，成为政治伦理学发展时期的代表作。此后，吴灿新主编的《政治伦理学新论》和王伟主笔的《行政伦理概述》等②相继出版，深化了我国政治伦理学的研究层次和水平。在这一阶段，法伦理学的研究也正由粗疏走向成熟，先后出版了《律师伦理学》《警察伦理学》《司法伦理学》《法律的道德批判》等著作③，推动了我国的政治伦理学研究。

2012 年至今是我国政治伦理学研究的繁荣发展阶段，政治伦理学获得了空前良好的发展环境。韩桥生著的《政治道德论》④，对政治道德和政治道德共识做出了比较深入的分析。该著作在深入研究和分析中外政治道德的基础上，对中国特色社会主义的政治道德体系进行了系统归纳，明确它是调节各种政治关系及政治行为的道德规范和准则，是与西方政治迥然不同的政治伦理，这是政治领域的共识。汪荣有著的《政党道德论》⑤，是对政党道德及其秩序的系统梳理和综合研究成果。该著作认为政党道德往往关乎民心向背，即合法性基础问题，特别是对执政党来说，是一个全局性和长期性的问题，具有存亡攸关的意义，良好的执政道德是政党执政

---

① 史唤章．司法伦理学．上海：上海人民出版社，1988；危国华，苏梅凤．司法伦理学简明教程．武汉：武汉工业大学出版社，1989.

② 吴灿新．政治伦理学新论．北京：中国社会科学出版社，2000；王伟．行政伦理概述．北京：人民出版社，2001.

③ 仓道来．律师伦理学．北京：北京大学出版社，1990；杜晋丰．警察伦理学．北京：中国人民公安大学出版，2012；史焕章．司法伦理学．上海：上海人民出版社，1988；曹刚．法律的道德批判．南昌：江西人民出版社，2001.

④ 韩桥生．政治道德论．南昌：江西人民出版社，2016.

⑤ 汪荣有．政党道德论．南昌：江西人民出版社，2016.

之本，执政道德败坏则是政党执政之祸。该著作深入研究了中外政党执政的道德合理性或正当性，系统论述了中国共产党如何以道德为基础，以中华民族伟大复兴的中国梦为旗帜，肝胆相照地处理好党际关系，密切党群鱼水关系，赢得民心，凝心聚力取得惊世成就等各个层面的政党道德问题，既理性客观又全面系统，可被视为中国伦理学界政党伦理研究的一部代表作。戴木才著的《中国特色政治伦理——中国共产党对执政正当性的探索》[①]，对中国特色社会主义政治伦理的本质内涵和基本特征做出了全面系统的论述，对中国共产党由革命党成为执政党后如何科学执政、民主执政和依法执政予以深度研究，提出了许多精湛深幽的理论命题和观点，是一部专门论述当代中国政治伦理学的力作。2020 年，戴木才又推出了《从优良生活到理想政治——现代政治伦理潮流》一书[②]，为我国政治伦理学研究奉献了一部高屋建瓴式的上乘之作，对当前我国政治伦理学“研究域”的不断拓展和未来走向的超前研判，无疑将起到极其重要的思想引领作用。该著作认为，当前国内外政治伦理研究存在两种致思取向：一种是政治伦理论，即从政治学理论和政治实践的视角研究政治伦理学，强调政治伦理学要关注政治价值、政治规范和政治是非；另一种是伦理政治论，即期望伦理学能为政治学和政治实践提供目标、方法与价值导向。该著作进而又分别以马基雅维利和马克斯·韦伯这两位政治伦理思想史上的代表性人物为例，对当前国内外政治伦理学界特别关注的政治与伦理对立论、政治伦理研究的价值论这两大重点问题进行了深入剖析。以此为基点，该著作进一步对涉及当代政治伦理正当性的价值、制度、集体三大问题予以仔细梳理。

经过改革开放 40 多年的发展，我国政治伦理学研究取得了比较可观的成就，无论是政治伦理学基础理论研究、中外政治伦理史研究，还是政治伦理国内外重大现实问题研究，均有众多论著面世。目前，我国政治伦理学研究正在日趋形成自己的特色，理论体系也不断完善，呈现出蓬勃的发展前景。

---

① 戴木才．中国特色政治伦理：中国共产党对执政正当性的探索．北京：商务印书馆，2019.

② 戴木才．从优良生活到理想政治：现代政治伦理潮流．北京：三联书店，2020.

三、科学技术伦理学研究

科学技术伦理学是一门专门研究科学技术中的伦理道德问题以及科技道德中的一系列重大理论和现实问题的应用伦理学学科。英国哲学家斯提芬首先提出“科学伦理学”概念并对之进行了初步界说。苏联宇航学的创始人齐奥尔科夫斯基于1930年出版了《科学伦理学》一书。此后，科学伦理学和技术伦理学在世界各国逐渐开始受到关注。我国的科学技术伦理学萌生于“爱科学”（“五爱”的国民公德）以及“用科学”和“向科学进军”的20世纪50年代，在80年代开始正式形成，90年代至2012年得到长足的发展，2012年后进入一个构建中国特色、中国风格、中国气派的应用伦理学体系的时期，并在应用伦理学学科大群中起着重要的作用。20世纪80年代，伴随着科学的春天的到来以及伦理学学科的恢复，科学技术伦理学得到人们较多的关注与重视，继1985年孙华旭主编的《科技工作者思想品德概论》由辽宁科学技术出版社出版后，1988年杨怀中主编的《科技伦理学》和王育殊主编的《科学伦理学》，1989年徐少锦主编的《科技伦理学》三部科技伦理学著作问世①，这三部科技伦理学的教材尽情吸收国外特别是西方科技伦理学相关成果，结合我国科学技术伦理建设的实际需要，初步建构了一个颇具中国特色的科学技术伦理学教材体系。

（一）网络伦理学研究

网络技术是一种新的生产力，它为人类经济社会的发展带来了许多新的可能性。信息产业的发展不仅形成了知识经济的主导产业，而且大大提高了传统产业的技术和知识含量；从伦理的角度而言，它为社会提供了一种新的交往方式。李伦著的《鼠标下的德性》②，借助鼠标及其德性对网

---

① 杨怀中．科技伦理学．武汉：武汉工业大学出版社，1988；王育殊．科学伦理学．南京：南京工学院出版社，1988；徐少锦．科技伦理学．上海：上海人民出版社，1989.

② 李伦．鼠标下的德性．南昌：江西人民出版社，2002.

络伦理学做出了自己的阐释与论述，初步建构了一个中国网络伦理学的研究体系。小小的鼠标所承受的已远远超越它仅作为一种工具所能承载的。即使我们能经常保持鼠标的清洁，使我们自如地驾驭它，我们也难以保证网络的纯洁、畅通和安全。该著作探讨了网络伦理学的兴起、网络伦理学何以可能、网络社会的精神气质、网络社会的价值取向、网络社会的节点与张力、网络时代的隐私权，以及网络生态危机与网络生态伦理诸问题，并对之做出了自己的解释。宋吉鑫著的《网络伦理学研究》[①]，从责任伦理、美德伦理和公益伦理三个方面论述了网络伦理规约的理论基础，对网络伦理的困境发出了追问，认为网络伦理困境的表征主要表现在异质性和广泛性两个大的方面，并从物质性、观念性和制度性三个方面予以追问，探讨了网络伦理的制度协同、法律协同、管理协同等社会协同问题，主张建构网络伦理“三位一体”的社会保障体系。严耕等著的《网络伦理》[②]，探讨了网络伦理在现代伦理学中的重要地位和价值。目前世界范围内的网络伦理研究正在成为伦理学研究中的一个热点领域，引起了越来越多的人的关注和重视。

网络伦理学是一个全新的伦理学领域，涉及许多以往伦理学从未遇到过的新问题，并具有与技术结合深、使用国际化等特点，因此网络伦理学研究面临的问题和难点很多。吕本修著的《网络道德问题研究》[③]，专门探讨了网络道德的依据、特点和价值，并对网络道德主体、网络道德原则规范、网络道德教育、网络道德评价等问题做出了比较全面的阐释与论述。杨礼富著的《网络社会的伦理问题探究》[④]，以解决人的问题为关键，重点对和谐网络社会伦理体系的构建进行探析，提出了和谐网络社会的伦理协调体系构建的目标和原则。赵云泽、王靖雨、滕沐颖、焦建合著的《中国社会转型焦虑与互联网伦理》[⑤]，从中国社会转型期的矛盾切入，深

---

① 宋吉鑫．网络伦理学研究．北京：科学出版社，2012.

② 严耕，陆俊，孙伟平．网络伦理．北京：北京出版社，1998.

③ 吕本修．网络道德问题研究．北京：中国社会科学出版社，2012.

④ 杨礼富．网络社会的伦理问题探究．长春：吉林人民出版社，2008.

⑤ 赵云泽，王靖雨，滕沐颖，等．中国社会转型焦虑与互联网伦理．北京：中国人民大学出版社，2017.

入分析中国社会由互联网下而生又集中反映在互联网上的集体焦虑感，及其产生的社会根源和机理，进而探讨互联网给我们带来的认知革命和构建互联网伦理的紧迫性，对互联网伦理的指向、“人肉搜索”是否在维护正义、互联网上的道德原点、互联网与协商伦理，以及在互联网公共空间中政府的角色定位、民众的自治、互联网多方治理的可能性等问题做出了自己的探讨。

（二）信息伦理学研究

信息伦理学起源于对信息技术的伦理学研究，特别是对计算机伦理学的研究，是一门综合信息学、计算机科学、传播学和伦理学等的学科成果，专门对信息和信息技术中的伦理道德问题予以系统研究并探寻解决和治理之道的应用伦理学学科。随着信息技术和互联网在全世界的迅猛发展，信息安全、信息开发、信息传播、信息管理、信息鉴别与调控等一系列伦理道德问题纷至沓来，迫切需要开展专门的伦理学研究，信息伦理学应运而生。沙勇忠著的《信息伦理学》①，在阐释信息伦理学兴起的基础上，探讨了信息伦理学的一系列理论问题，诸如信息活动的伦理维度、信息伦理的决策模式、信息伦理的多维构架、信息伦理规范、信息伦理教育以及信息伦理调控与建设，并提出了一些对策性的建议，初步建构了一个信息伦理学的理论框架。王和平主编的《信息伦理论》②，对信息伦理的本质特征、信息伦理的悖论、信息伦理规范、信息伦理主体建设、信息伦理教育以及国际交往中的信息伦理、军队信息伦理建设等问题做出了深刻系统的论述。吕耀怀等著的《数字化生存的道德空间——信息伦理学的理论与实践》③，以信息法律与信息伦理的关系为切入背景，在论述信息权利之道德意蕴的基础上，对信息活动领域中的伦理考量、信息行为主体的意志自律、信息开发中的伦理关系、信息资源管理中的道德监控、信息传播中的道德过滤、信息消费者的伦理偏好、电子商务的道德调节、虚拟伦

① 沙勇忠．信息伦理学．北京：北京图书馆出版社，2004.

② 王和平．信息伦理论．北京：军事科学出版社，2006.

③ 吕耀怀，等．数字化生存的道德空间：信息伦理学的理论与实践．北京：中国人民大学出版社，2018.

理对现实伦理的影响诸问题予以比较全面系统的阐释和论述，凸显出信息伦理学的基本特质和发展前景。

（三）生命伦理学研究

生命伦理学或生物伦理学是一门研究人的生命本质和价值及相关道德问题的应用伦理学分支学科。狭义地说，生命伦理学是因当代科学技术革命而兴起的一门应用伦理学分支学科，它特别强调研讨医学科学和生命科学所带来的种种伦理道德问题。但从广义上看，生命伦理学又是一门具有广阔文化视野的综合性边缘学科，它使人们强烈地注意到人类生活与伦理道德之间的复杂关系，正视生命科学所带来的种种伦理道德挑战，涉及的对象和领域包括社会的经济状况、政治制度、公共政策、法律体系、宗教传统、哲学理念以及环境保护、医疗健康等各个方面。

邱仁宗是中国生命伦理学学科的开创者与奠基人，著有《生命伦理学》、《病人的权利》（合著）、《艾滋病、性和伦理学》、《生物医学研究伦理学》（合著）等著作，主编和合编《生殖健康与伦理学》、《生命伦理学导论》（合编）、《公共卫生伦理学》（合编）等，发表学术论文百余篇。① 1987年他在上海人民出版社出版的《生命伦理学》是国内第一部生命伦理学学术专著，初步建构了一个生命伦理学的学科体系和研究体系。由于生物医学技术日新月异，生命伦理学又形成遗传伦理学、神经伦理学、纳米医学伦理学、合成生物伦理学等分支。生命伦理学紧密结合临床和公共卫生的实践，经由分析、论证、批判伦理学理论、原则和方法而产生的学术成果，转化为对这些领域实践的规范，从而推动有关科学技术的健全发展，同时又维护了病人、受试者、目标人群以及整个社会的利益以及利益攸关者的权利，使生命伦理学成为一门改造世界的哲学。

---

① 邱仁宗．生命伦理学．上海：上海人民出版社，1987；邱仁宗，卓小勤，冯建妹．病人的权利．北京：北京医科大学、中国协和医科大学联合出版社，1996；邱仁宗．艾滋病、性和伦理学．北京：首都师范大学出版社，1999；陈元方，邱仁宗．生物医学研究伦理学．北京：中国协和医科大学出版社，2003；邱仁宗．生殖健康与伦理学．北京：中国协和医科大学出版社，2006；翟晓梅，邱仁宗．生命伦理学导论．北京：清华大学出版社，2005；翟晓梅，邱仁宗．公共卫生伦理学．北京：中国社会科学出版社，2016.

此外，李春秋著的《当代生命科技的伦理审视》、徐宗良等著的《生命伦理学——理论与实践探索》、王延光著的《中国当代遗传伦理研究》、王文科著的《走进生命伦理》、程新宇著的《生命伦理学前沿问题研究》等[①]，还有学者们发表的一大批学术论文，将中国的生命伦理学发展到一个新的阶段和水平。

21世纪以来，公共健康伦理学也从草创走向成熟。当代公共健康伦理问题包括：医疗保健资源分配的公正、环境公正和全球公共健康问题。翟晓梅、邱仁宗编著的《公共卫生伦理学》[②]，为国内第一部公共卫生伦理学的著作。该著作认为，研究公共卫生伦理学十分必要，是世界生命伦理学或医学伦理学学术发展的趋势，其注意焦点逐渐从临床伦理学和研究伦理学转移到公共卫生伦理学，尽管我国从事这方面工作的学者尚未意识到这一点。公共卫生工作和政策中的规范性问题，或实质性伦理问题和程序性伦理问题是如此之多，如此之重要，需要大力推动大家重视这些问题，加强对这些问题研讨的力度。该著作探讨了公共卫生的伦理基础，揭示出公共卫生伦理学的学科性质，并对公共卫生伦理学的基本原则、健康责任、公共卫生与个人自由做出探讨，论述了卫生资源配置、医疗卫生与市场等领域中的伦理道德问题。

中国的中医学是一个伟大的宝库。中医学富含伦理学的意蕴。杨静著的《中医生命伦理学》[③]，系统梳理了中医生命伦理学的思想渊源、历史演进和主要观念，介绍了中医生命伦理学的问题、范畴、原则，并从生命伦理的视角研究中医生命伦理与临床问题、健康问题、生命教育等的关系，等等。该著作重点从中医生命伦理学的基本问题、研究范畴、基本原则、伦理规范、健康责任、生命教育等方面展开比较深入的研究与探讨。该著作的出版有助于构建立足中国传统医学的生命伦理学，为中国生命伦

---

① 李春秋．当代生命科技的伦理审视．南京：江苏人民出版社，2002；徐宗良，刘学礼，瞿晓敏．生命伦理学：理论与实践探索．上海：上海人民出版社，2002；王延光．中国当代遗传伦理研究．北京：北京理工大学出版社，2003；王文科．走进生命伦理．北京：人民出版社，2008；程新宇．生命伦理学前沿问题研究．武汉：华中科技大学出版社，2012.

② 翟晓梅，邱仁宗．公共卫生伦理学．北京：中国社会科学出版社，2016.

③ 杨静．中医生命伦理学．成都：四川大学出版社，2019.

理学的建设提供一个新的视角。

四、生态伦理学、教育伦理学、民族伦理学等研究

我国的应用伦理学研究，除了在经济伦理学、政治伦理学和科学技术伦理学研究方面取得了重要的研究成就外，还在生态伦理学、教育伦理学、民族伦理学及其他应用伦理学分支学科研究方面取得了十分可喜的研究成果，推出了系列学术专著，发表了数以千计的学术论文，并且在翻译介绍外国应用伦理学分支学科方面有相当大的进步，在发掘中国古代应用伦理学相关资源方面获得了重要的突破，从而使应用伦理学成为新中国伦理学的一道亮丽风景。

（一）生态伦理学研究

生态伦理学，又称环境伦理学，是由生态科学、环境科学和伦理学相互渗透而综合形成的一门新的伦理科学，是一门从道德的角度研究人与自然关系的交叉学科和应用学科。1949 年，美国哲学家奥尔多·利奥波德出版《沙乡年鉴》一书①，首次提出“大地伦理学”一词，被公认为第一部系统的生态伦理学著作，它的出版标志着生态伦理学正式成为一门相对独立的学科。此后，生态伦理学在西方各国迅速发展开来。当代西方生态伦理学的研究更深入地探讨了人与生态、人与自然的关系，并形成了“深层生态伦理学”，其代表人物有罗尔斯顿、阿伦·奈斯、科兹洛夫斯基等。罗尔斯顿的《存在一种生态伦理学吗?》《哲学走向荒野》《环境伦理学：自然界的价值和对自然界的义务》等著述②，提出自然规律与人道相结合的环境伦理学构想。20 世纪 60 年代由西方各国发起的环境保护运动迅速

① Aldo Leopold. A Sand County Almanac. Oxford：Oxford University Press，1949.

② Holmes Rolston，III. “Is There an Ecological Ethic?”. Ethics，1975，85（2）；Holmes Rolston，III. Philosophy Gone Wild：Essays in Environmental Ethics. Buffalo，N. Y.：Prometheus Books，1986；Holmes Rolston，III. Environmental Ethics：Duties to and Values in the Natural World. Philadephia：Temple University Press，1988.

发展为一项全球性的运动，而今环境保护运动已从“浅绿色”运动发展为“深绿色”运动，提出代内公平与代际公平相结合的口号，联合国先后召开了多次关于环境问题的世界性会议，确立了可持续发展战略，而今生态伦理学成为东西方伦理学界的研究热点。

中华民族历史上虽然有丰富的生态伦理思想资源，儒道两家均提出过“天人合一”等观点，主张“仁民爱物”“道法自然”，但是作为一门应用伦理学学科的生态伦理学本质上是20世纪西方的产物。现代西方生态伦理学的形成是从对西方近代工业革命以来所确立的经济发展模式和人类中心主义的价值观及其造成的严重环境污染、生态失衡等的反思开始的。中国学者意识到生态环境问题，是在改革开放以后，一方面接受西方的生态伦理学思想，另一方面以此反观我国的现代化建设。毕竟我国是一个人多地少、资源相对不足的国家，再加上新中国成立后“大跃进”和“文化大革命”等对生态环境的破坏，我国的生态环境问题十分突出。与此同时，在建设市场经济的过程中，由于片面地强调经济效益和利润，还产生了不少新的生态危机。这就大大促发我国伦理学工作者不得不关心、思考与生态环境相关的伦理道德问题，从而使生态伦理学或环境伦理学在中国迅速发展起来。

改革开放以来，随着伦理学研究的恢复和我国社会主义现代化建设的蓬勃开展，探讨与经济建设和现实应用密切相关的伦理学问题日渐受到社会各界尤其是伦理学界的关注。1982年6月17日，赵鑫珊在《解放日报》发表《生态伦理学》的短文，最先在中国学术界介绍生态伦理学学科。同年3月4日，杨华生在《大众日报》发表《要讲环境道德》的文章，呼吁在社会各界开展讲求环境道德的活动。蔡守秋在《武汉大学学报(社会科学版)》1981年第3期发表的《应该提倡环境道德》一文，是新时期第一篇专论生态伦理学的论文。1983年10月，中国自然辩证法研究会召开了辩证自然观学术讨论会，其中部分学者讨论了一些生态伦理学问题，提出人与自然不是主仆关系而是平等关系，人类应当尊重自然和保护自然、与自然界和睦相处等观点。此后，生态伦理学逐渐为人们所瞩目。魏英敏在《道德与文明》1986年第4期发表文章《爱大自然　保护环境，应当是我们的道德规范》，认为伦理学界应当探讨人与自然的道德关系，自然道德是道德的一个重要方面。张云飞在《内蒙古社会科学》1986 年第 4 期推出《生态伦理学初探》一文，对生态伦理学的研究对象和研究任务做了较为全面的探讨与介绍。余谋昌在《哲学动态》1988 年第 10 期发表《生态伦理学是新时代的潮流》一文，从世界范围内生态伦理学研究的状况得出生态伦理学在新时代必将有极大发展的结论，认为新时代的伦理学当是以生态伦理学和其他应用伦理学占主导地位，重视生态伦理学的研究与应用对于当代社会的经济建设和思想道德建设都具有重大的意义和价值。

20 世纪 90 年代以来，中国的生态伦理学研究由点而面，向深度和高度挺进，并开始注重发掘历史上的生态伦理学资源，对国外的生态伦理学研究也已经开始告别纯介绍和移植的阶段，进入理性的反省和学说的评析阶段，推出了不少颇有学术新意与理论价值的著作和论文，对发展中国特色社会主义生态伦理学做出了比较深入的研究。

1992 年 3 月，刘湘溶出版了国内第一部研究生态伦理的学术专著《生态伦理学》①，对生态伦理学的研究对象、学科特征、研究任务和主要内容进行了较为全面系统的理论分析与论证，对生态道德的结构体系做了深入的阐释与揭示，初步建立了一个生态伦理学的学科体系，从而揭开了我国生态伦理学研究的新局面。1994 年，李春秋、陈春花编著的《生态伦理学》由科学出版社出版，该书从道德的视角研究人与自然的关系，概括总结了人类生态伦理行为所应遵循的基本原则和道德规范，论述了生态道德的一系列理论与实践问题，是生态伦理学研究领域不断开拓的新成果。同年，叶平的《生态伦理学》一书由东北林业大学出版社出版，该书融合中西，纵论横议，对生态伦理学的一系列理论和实践问题做出了颇具独创性的论述。1995 年，由王伟主笔的《生存与发展——地球伦理学》一书由人民出版社出版。1995 年，余谋昌著的《惩罚后的醒悟——走向生态伦理学》一书由广东教育出版社出版，该书以大量的事实和数据充分说明了保护环境、维系生态平衡的重要性，对生态伦理学的理论特征和现实意义等做了全面深入的论证与分析。不久，余谋昌在首都师范大学出版

---

① 刘湘溶．生态伦理学．长沙：湖南师范大学出版社，1992.

社出版了《生态伦理学——从理论走向实践》，该书系“新世纪、新视角”丛书之一部，全面论述了生态伦理学各个方面的问题，建构了一个比较严谨的理论体系。该书的问世标志着我国生态伦理学的研究进入了一个新的发展阶段。1999年，徐嵩龄主编的《环境伦理学进展：评论与阐释》由社会科学文献出版社出版，该书收集了1997年中国环境伦理学专业委员会同中国社会科学院环境与发展研究中心等联合召开的“环境伦理学与可持续发展”学术讨论会的十余篇文章，分为“环境伦理学的生态学之根”“环境伦理学的理论进展”“环境伦理学的文化渊源”“应用环境伦理学”“环境伦理测度的实证研究”等五个部分。2002年，何怀宏主编的《生态伦理：精神资源与哲学基础》由河北大学出版社出版，该书从哲学、伦理学和生态学诸视角对生态伦理学的学科性质、思想资源、理论建构以及现实价值等重大问题做出了自己的深入探讨，提出了一些颇具启迪价值的伦理命题和观点。2010年，林官明编著的《环境伦理学概论》由北京大学出版社出版，该书不仅探讨了道义论与环境伦理学、功利主义与环境伦理学的关系，而且对人口问题中的环境伦理、动物权利、生物中心主义、生态中心主义以及土地伦理、女性生态主义等予以关注，提出并探讨了与之相关的一系列重大理论和现实问题。2013年，杨冠政著的《环境伦理学概论》由清华大学出版社出版，该书在对环境伦理学的研究对象、性质做出基本概说后，依次探讨了人类中心主义、动物伦理、生命中心伦理、生态中心伦理、大地伦理、深层生态学、生态伦理学、生态女权主义和社会生态学、可持续发展与环境伦理、我国儒家与道家的环境伦理思想、宗教的环境伦理思想等问题。2015年，李培超、张天晓合著的《中国环境伦理学的本土化视野》由湖南人民出版社出版，该书在全面梳理中国环境伦理学30余年发展脉络的基础上提出，中国环境伦理学尽管已经取得很大的成就，但在伦理学理论阵营中，中国环境伦理学还不能说已经形成自己的理论范式，即形成一个具有共同信念、秉持共同的方法原则和在共同的问题域中进行研究的学术共同体。质言之，中国环境伦理学的繁荣带有一种表面性的“征候”，因此如何实现中国环境伦理学的本土化就成为亟待解决的重大理论问题。该书对本土化诉求以及建构符合中国国情、具有中国特色的环境伦理学做出了探索。2017年，杨通进著的《当代西方环境伦理学》由科学出版社出版，该书以 20 世纪 80 年代以来的西方文献为主，在追溯当代西方环境伦理学发展历程的基础上，全面系统地梳理和探究了当代西方环境伦理学四个主要理论流派——人类中心主义、动物解放/权利论、生物中心主义与生态中心主义——的基本主张、哲学基础、论证策略，以及各自所遇到的批评和挑战，并试图以道德境界论为理论架构，探讨整合西方环境伦理学四个主要流派的可能性与途径。

整体上看，我国生态伦理学和环境伦理学研究在借鉴国外相关研究成果的基础上，注重发掘本土生态伦理和环境伦理思想资源，瞄准当代中国经济社会发展过程中的突出矛盾和问题，紧扣生态文明建设和美丽中国建设，推出了一批重要的研究成果，使生态伦理学和环境伦理学成为我国应用伦理学研究中的一道亮丽风景，促进着中国当代应用伦理学的发展。

(二) 教育伦理学研究

教育伦理思想有着悠久的形成与发展史，它是随着人类教育职业活动的开展和社会经济文化的进步而逐步形成、丰富与变化的。在中外教育史上，无论是孔子、荀子、孟子、韩愈，还是柏拉图、亚里士多德、昆体良、夸美纽斯，都曾较早提出过许多包含真知灼见的教育伦理思想，但作为一门相对独立、具有比较完整思想理论体系的教育伦理学学科，到了近现代才得以形成，并逐步在实践中得到充实、提高与完善。①

1988 年，王正平主编的《教育伦理学》由上海人民出版社出版，该书比较系统地探讨了教育伦理学的概念和对象意义、教育伦理思想的历史发展、教师道德的社会本质、教师道德的基本特征和职能、教师道德原则、教师与学生关系中的道德、教师与教学关系中的道德、教师集体中的道德、教师与其他关系中的道德、教师道德范畴、教育行为选择和道德评价、教师道德的自我完善，初步建构了一个教育伦理学的研究框架，是新中国成立以来“我国第一本教育伦理学著作”②。

---

① 王正平．教育伦理学：作为一门学科的形成与发展．上海师范大学学报（哲学社会科学版），2019（2）．

② 王本陆．教育崇善论．广州：广东教育出版社，2001：261．

进入21世纪以来，中国的教育伦理学研究领域更加广泛、深入、全面。2000年，樊浩、田海平等著的《教育伦理》一书由南京大学出版社出版，该书开始用更广阔的伦理审视视野来探讨教育伦理问题，分析了教育的伦理意义和精神前提、教育的伦理内涵与伦理问题，探讨了教育伦理关系、教育人伦原理、教育的人道理念、教育德性体系、教育德性修养、教育伦理训练、教育人生、教育精神等问题，提出了许多颇具创新性的理论命题和观点。2008年，贾新奇著的《教育伦理学新编》由山西教育出版社出版，该书分析了教育伦理学能做什么，并探讨了教育伦理学中的善恶判断、学校的相对自主性、学校与社会利益关系的调节、教师的职业观、教师职业实践中的道德冲突、教师职业实践道德素质的要素与培养、学术及其学习观等。2009年，钱焕琦主编的《教育伦理学》由南京师范大学出版社出版，该书在通常研究教育伦理学基本问题的基础上，专门探讨了教育的伦理基础、教育伦理的核心范畴、教育目的的德性、教育管理伦理、学校行政管理中的道德、教学的道德、教育中的人际伦理、家庭教育伦理、教育伦理评价、教育道德修养等。

“当代教育的伦理视野丛书”适应中国教育公平正义的改革取向和教师职业道德建设的理论需要，针对中小学及其教师工作面临的伦理困境或问题，综采国际教育伦理的研究进展与实践探索，以学校改进和教师发展为指向，选择典型案例，展开理性分析，为学校及其教师提供伦理决策框架和实践改进建议。丛书包括《教育的道德基础——教育伦理学引论》《课堂教学伦理：案例与分析》《班级管理伦理：案例与分析》《学生指导伦理：案例与分析》《学生评价伦理：案例与分析》《学校管理伦理：案例与分析》《教师专业伦理：案例与分析》《教育政策伦理：案例与分析》《当代西方教师伦理研究新进展》9本。其中，程亮著的《教育的道德基础——教育伦理学引论》2016年由福建教育出版社出版，该书详细考辨了“教育伦理学”概念的缘起以及各种流变，对教育伦理的道德基础和理论范畴进行了细致缜密的论说界定，并结合典型案例对与教育伦理紧密相关的“自由”“平等”“正义”“民主”等教育哲学概念与教育伦理的关系及位置做了阐释分析。

随着新时代教育改革和教育现代化建设的深入推进，立德树人、师德师风建设以及教育伦理学日益受到整个社会的高度关注，编写出一部走向主流并引领教育现代化发展的教育伦理学著作被提上日程。王正平主编的《教育伦理学》①，是由全国十所师范院校的教育伦理学和教师道德研究专家，在新中国《教育伦理学》（1988 年版）的基础上不断探索、不断创新的新理论成果和思想结晶。该著作立足中国、放眼世界、融通古今，积极建构中国特色教育伦理学体系，对教育伦理学基本理论、教育伦理原则与范畴、教育中的具体伦理问题和教育伦理道德实践做出了全面系统的阐释与论述，集中论述了教师与学生、教师集体、家庭教育、社会的伦理关系，教师的行为选择、道德规范、道德评价、道德实践等方面的基本问题，涉及“教育伦理学”概念、教育伦理思想发展状况、教育与善的追求、教育制度与政策伦理、教育利益冲突与调节，以及立德树人、教育公正、教育自由、教育民主、教育仁爱等内容，回应了我国新时代教育改革发展面临的伦理道德挑战，对推动我国迈入教育强国行列具有重要的启示作用。

（三）民族伦理学研究

20 世纪 80 年代初，与中国伦理学的恢复和初步发展相适应，一些学者开始涉足少数民族伦理道德思想研究，至 20 世纪 90 年代末已取得多项突破。一是对少数民族伦理道德的历史做了较好的阐释，初步建立了一门立足于马克思主义理论基础之上的少数民族伦理道德史学，出版了《中国西南少数民族道德研究》《中国少数民族道德概览》《中国少数民族道德史》《民族伦理学引论》等专著②，其中包括思想史和实践史的发掘、整理与研究，尤其是少数民族历史上杰出人物的伦理思想和伦理实践。二是结合社会主义道德建设实践，对少数民族伦理道德现状做了描述分析，对少数民族伦理道德建设的目标、途径与措施做了比较深入的论证，基本上建立起现代少数民族伦理道德实践学。

---

① 王正平．教育伦理学．北京：人民教育出版社，2018.

② 高发元．中国西南少数民族道德研究．昆明：云南民族出版社，1990；高发元．中国少数民族道德概览．昆明：云南民族出版社，1992；龚友德．中国少数民族道德史．昆明：云南人民出版社，1998；高力．民族伦理学引论．乌鲁木齐：新疆人民出版社，1998.

民族伦理学是介于民族学和伦理学之间的横向性跨界学科。它既是民族学下属的分支学科，又是伦理学下属的分支学科，综合、全面、系统地研究各民族伦理道德以及与之有关的各种问题。熊坤新著的《民族伦理学》①，论述了民族伦理学的学科性质、研究对象与范围。该著作认为，民族伦理思想具有普遍的客观性、复杂的多样性和历史发展的规律性。贺金瑞、熊坤新、苏日娜合著的《民族伦理学通论》②，系统阐述了民族经济伦理、民族政治伦理、民族伦理文化、民族和谐社会伦理、民族生态伦理和民族宗教伦理，这些区别于传统民族伦理道德思想的内容，旨在构建民族伦理学新理论体系，将民族伦理道德总体归位，进而是一部具有现代科学特点的民族伦理学理论论著。

进入 21 世纪后，我国民族伦理学研究在向纵深掘进的同时更向广度扩展。杨国才、李伟、王韵等合著的《民族伦理与道德生活研究》③，分总论及上、中、下三篇：总论具体阐述了民族伦理学与少数民族道德生活的概念、研究对象及方法；上篇为少数民族伦理研究，从德昂族、白族、傣族、哈尼族、瑶族、侗族、彝族等民族的婚姻、家庭、丧葬切入，阐述了各民族独特的伦理道德规范；中篇为道德生活研究，在田野调查的基础上，从各民族的生活实际出发，论述我国不同民族的不同道德生活，并以独龙族、藏族、纳西族、傈僳族、朝鲜族、回族等民族生动具体的道德生活案例，论述各民族道德生活的发生、发展历史；下篇为民族女性道德研究，阐述了少数民族女性学与民族伦理的融合，证明在少数民族社区，妇女在参与家庭、社会以及宗教事务的过程中，不断传承本民族优秀的伦理道德文化，拥有一定的地位和权利，在有的民族中妇女的地位比男性还高，特别是在民族伦理道德教育、和谐家庭、民族团结、边疆稳定中，少数民族妇女发挥了积极作用。熊坤新、李建军合著的《新疆诸民族伦理思想研究》④，在对维吾尔族重要历史人物伦理思想的介绍中，阐释和论述

---

① 熊坤新．民族伦理学．北京：中央民族大学出版社，1997.

② 贺金瑞，熊坤新，苏日娜．民族伦理学通论．北京：中央民族大学出版社，2007.

③ 杨国才，李伟，王韵，等．民族伦理与道德生活研究．北京：中国社会科学出版社，2016.

④ 熊坤新，李建军．新疆诸民族伦理思想研究．北京：中央民族大学出版社，2008.

了阿布奈斯尔·阿尔·法拉比、优素甫·哈斯·哈吉甫、阿合买提·尤格纳克、贯云石、艾里什尔·那瓦依、艾哈默德·阿拜都拉·哈拉巴蒂、巴巴拉赫木·麦西来甫、阿不都·哈立克·维古尔的伦理思想和道德观念，并在此基础上分别就各民族伦理思想的发轫过程及状态、中国民族伦理学研究状况、中国历史上各少数民族伦理思想的基本概况、中国少数民族传统美德与社会主义市场经济的关系等问题进行了论述。谢仁生著的《西南少数民族传统生态伦理思想研究》①，立足于当代生态伦理学，对散落在西南少数民族传统天体崇拜、山地崇拜、动植物崇拜等原始自然崇拜文化、宗教文化、传统生产方式、饮食文化、服饰文化、居住文化、水文化以及古老的乡规民约中的生态伦理思想进行系统归纳和阐释。在此基础上，该著作从当代生态文明建设角度对西南少数民族传统生态伦理思想的当代价值进行了阐发，提出生态文明建设不仅要加强制度建设，更重要的是唤起人们的生态意识，须用传统生态伦理文化培育民众敬畏自然、尊重生命、保护环境的意识。

此外，我国学者还对农业伦理学、食品伦理学等开展了卓有成效的研究。王思明、李建军和林慧龙等成立了中国农业伦理学研究会，编辑出版了中国第一部农业伦理学年刊《农业伦理学进展》。任继周主编的《中国农业伦理学导论》②，在继承中国传统伦理哲学的基础上，吸收西方学者的有益研究成果，创造性地提出时之维、地之维、度之维、法之维多维结构的农业伦理学体系，尝试从哲学伦理道德的高度，寻求中国农业兴旺发达和永续发展之路，更好地服务于我国农业、农村发展和现代农业建设的需要。

改革开放40多年来，我国的伦理学工作者还广泛研究了医学伦理学、管理伦理学、人口伦理学、新闻伦理学、性伦理学、艺术伦理学、语言伦理学、核伦理学、工程伦理学、建筑伦理学、城市伦理学、居住伦理学、饮食伦理学、服饰伦理学、行旅伦理学等应用伦理学学科，在这些领域也取得了可观的研究成果，从而使应用伦理学研究呈现出一派蓬勃兴旺的景象，书写了新中国伦理学发展史上的壮丽篇章。

---

① 谢仁生．西南少数民族传统生态伦理思想研究．北京：中国社会科学出版社，2019.

② 任继周．中国农业伦理学导论．北京：中国农业出版社，2018.

第八章　中外伦理思想史的系统研究

伦理思想史学是描述伦理学的重要组成部分，蔡元培先生著的《中国伦理学史》认为，“伦理学以伦理之科条为纲，伦理学史以伦理学家之派别为叙”，因此“伦理学史者，客观也。在抉发各家学说之要点，而推暨其源流，证明其迭相乘除之迹象。各家学说，与作者主义有违合之点，虽可参以评判，而不可以意取去，漂没其真相”①。新中国 70 多年来的伦理学研究，不仅在伦理学基础理论、规范伦理学、实践伦理学和应用伦理学诸方面取得了重要的研究成果，而且在中外伦理思想史学方面推出了系列研究成果，凸显出立足本国而又放眼世界、继承传统而又面向未来的宏大视野，以及开放包容的文化心态，也为新中国伦理学的整体发展提供了坚实的思想基础和理论来源，使其获得了源远流长的伦理文化滋润和域外伦理文明的参考与借鉴。

一、中国伦理思想史研究

中国伦理思想史的研究，跨古代、近代、现当代三个大的发展阶段，涉及上下五千年中华民族对伦理问题的思考，学理上横贯伦理学基本理论的诸多方面，可谓纷繁复杂，异彩纷呈。新中国成立以来，特别是改革开

① 蔡元培．中国伦理学史．北京：中国书籍出版社，2020：绪论 3.

放以来，是中国伦理思想史学科取得重大发展和突破的时期，不仅推出了一大批有分量的通史和断代史的著作，而且发表了数以万计的学术论文，对中国伦理思想史研究中的重大理论问题和实践问题进行了深入的探讨与研究，为当代中国人民在世界文化激荡中站稳脚跟提供了深厚的根基。

（一）中国伦理思想史的整体研究

中国伦理思想史学科形成于辛亥革命时期，其标志是蔡元培的《中国伦理学史》。[①] 新中国成立后直至 1978 年，中国伦理学史研究一度被中断，20 世纪 50 年代末 60 年代初虽然有所恢复，但不久又被“文化大革命”浇灭。1978 年后，中国伦理学史研究迎来了它辉煌灿烂的时期，所取得的学术成果尤其引人注目。可以说，这一时期是中国伦理思想史研究空前活跃的时期。陈瑛等编撰的《中国伦理思想史》、沈善洪与王凤贤合著的《中国伦理学说史》、朱贻庭主编的《中国传统伦理思想史》、陈少峰著的《中国伦理学史》、罗国杰主编的《中国伦理思想史》，以及张岱年著的《中国伦理思想研究》等著作[②]，对中国伦理思想史做出了全面系统的总结与论述，可谓中国伦理思想史学科的代表性成果。

朱贻庭主编的《中国传统伦理思想史》，揭示了中国伦理思想的诞生至鸦片战争的传统伦理思想的发展历程，集中探讨并论述了春秋战国时期诸子百家的伦理思想、两汉时期的伦理思想、魏晋时期的伦理思想、南北朝隋唐时期的伦理思想、宋至明中叶时期的伦理思想、明末清初时期的伦理思想，并总结概括了中国传统伦理思想的基本特点，认为由人道精神屈从于宗法等级关系而产生的“亲亲有术，尊贤有等”是中国传统伦理思想的第一个基本特点，这一特点集中表现为以家族为本位的或个体必须服从家族及等级秩序的整体意识。根据天道与人道合一的宇宙伦理模式直接由

---

① 蔡元培．中国伦理学史．上海：商务印书馆，1910.

② 陈瑛，温克勤，唐凯麟，等．中国伦理思想史．贵阳：贵州人民出版社，1985；沈善洪，王凤贤．中国伦理学说史：上下．杭州：浙江人民出版社，1985，1988；朱贻庭．中国传统伦理思想史．上海：华东师范大学出版社，1989；陈少峰．中国伦理学史：上下册．北京：北京大学出版社，1996，1997；罗国杰．中国伦理思想史：上下卷．北京：中国人民大学出版社，2008；张岱年．中国伦理思想研究．上海：上海人民出版社，1989.

天道引出人道，这是中国传统伦理思想的第二个基本特点。在人性论上，以德性主义为人性论的主流，这是中国传统伦理思想的第三个基本特点，德性主义人性论对中国传统伦理思想和民族心理产生了重要影响。在道义与功利的关系问题上，正义明道的道义论占主导地位，这是中国传统伦理思想的第四个基本特点。在中国传统伦理思想史上，虽不乏功利主义，但功利主义伦理思想始终不占主导地位。反映、调节宗法等级关系的道德原则和行为规范总是与治国安邦联系在一起，从而造成道德与政治一体化，这是中国传统伦理思想的第五个基本特点。由于德性主义的人性论和对道德政治功能的强调，中国传统伦理思想的道德教育论和道德修养论特别发达，这是中国传统伦理思想的第六个基本特点。该著作关于中国传统伦理思想基本特点的阐释与论述，无疑抓住了中国道德文化和伦理文明的内在根本，是我们认识和把握中国传统伦理思想史的津梁。该著作在对各个时期伦理思想形成、发展和演变的具体论述中，在对一些代表性人物和派别伦理思想的阐释介绍中，贯彻了对中国传统伦理思想基本特点的认识的精神，故而彰显了史论结合和以论证史、以史拓论的写作风范。

陈瑛主编的《中国伦理思想史》[①]，分三编论述了自先秦至新中国成立时期伦理思想的发展历程，对伦理思想的理论根源、伦理精神与道德原则、道德规范与行为准则、道德教育与道德修养、职业道德规范、家庭道德教育等方面的内容予以全面系统的介绍与评析，改变了按人物和派别来论伦理思想的情况，是中国伦理思想史写作的一种创新。该著作对义利之辨、理欲之辨、名教自然之辨等理论问题，仁义孝悌、三纲五常、三从四德、忠孝节义等伦理范畴，生死观、苦乐观、荣辱观等人生观，以及官德、武德、师德、医德等职业道德，均做出了专门系统的探讨与论述，向学界呈现了一部以理论、范畴、价值观为主要内容的中国伦理思想史。

马克思主义理论研究和建设工程重点教材《中国伦理思想史》[②]，以

---

① 陈瑛．中国伦理思想史．长沙：湖南教育出版社，2004.

② 《中国伦理思想史》编写组．中国伦理思想史．北京：高等教育出版社，2015. 首席专家为张锡勤、杨明、张怀承。

历史发展为线索，以重要著作、重要思想家为重点，论述了中国伦理思想史从先秦到清末近代的发展历程，内容包括封建伦理思想的奠基与形成、封建伦理思想的系统化及统治地位的确立、封建伦理思想的演变以及深化和成熟、封建伦理思想的衰落、早期启蒙主义伦理思想兴起、资产阶级伦理思想的形成和发展，介绍了中国伦理思想史发展历史上的重要思想和流派，并力求以马克思主义为指导思想，对其给予恰当的评价。朱贻庭著的《中国传统道德哲学6辨》①，是对他40多年中国伦理思想研究成果所做的哲学概括和思考整理。该著作旨在通过对中国传统伦理学史的梳理整合、反思总结，深入探讨中国传统伦理的古今传承与创新，思考其思想资源的现代转化，并试图重建一个既具有中华文化“家园”感，又集中体现现代精神文明价值导向的“中国伦理学”逻辑结构和范畴。他通过辨析“伦理”与“道德”的区别和联系，确立起自己的伦理学观，进而阐述“天人之辨”“心性之辨”“义利之辨”“和同之辩”等对偶范畴的道德哲学论题，为构建中国伦理学的逻辑体系提供了合理思路和有效方法。该著作系统阐述“伦理”与“道德”的历史辩证法，主张中国伦理学研究要回归伦理学的本质和思想原点，关键在于注重人伦关系本身；认为“伦理”规定了“道德”的现实性，而人的自由意志和“道德反思精神”又激发了“伦理”的内在否定性，从而冲破旧的“伦理实体”，通过变革实践的批判与继承，建构起新的伦理关系和新的道德，使其更充实中国传统道德哲学体系框架建构的具体内容。“不参透中国古代哲人论述‘伦理’‘道德’的运思方式，不领会中国古代哲人以情为基础、情理交融的对道德的认知方式，而只是以西方伦理学的理论范式和思维方式为‘尺度’，从传统伦理思想中去发现某种合乎西方伦理学的规范的那些‘理论’……就抹杀了中国传统伦理学的民族特点”②。该著作还从中国传统伦理中概括出“贵和”“重义”“民本”三项“最重要的价值观”，认为此“可以称之为中华文化‘三宝’”③。

---

① 朱贻庭．中国传统道德哲学6辨．上海：文汇出版社，2017.

② 同①208-209.

③ 同①16.

(二) 儒家伦理思想研究

儒家伦理思想自汉代以后直到五四新文化运动一直是中国伦理思想史的主流，对中华民族伦理文化的形成发展产生了重要的影响，诚如蔡元培所说："我国以儒家为伦理学之大宗。而儒家，则一切精神界科学，悉以伦理为范围。"① 新中国成立以来，学术界对儒家伦理思想多有批判，这种批判在"文化大革命"时期的"批林批孔"运动中达到高峰。20 世纪 70 年代末 80 年代初的儒家伦理思想研究，是同拨乱反正和清算"四人帮"、"批林批孔"或"评法批儒"等联系在一起的。庞朴、匡亚明、张岱年等人深入地研究孔子和儒家伦理思想的精神特质与时代价值，发表了不少具有真知灼见的著作和文章，认为儒家伦理思想不仅具有阶级的局限性，而且具有某些全人类性和共同性的因素，既有封建性的糟粕，也有民主性的精华，值得我们结合新的时代情势予以批判性的继承。李书有主编的《中国儒家伦理思想发展史》②，是我国第一部专门论及儒家伦理思想自先秦形成至五四新文化运动时期的发展历史的著作。该著作全面揭示了儒家伦理思想产生的社会历史条件和思想文化渊源，认为先秦是儒家伦理思想的形成时期，孔子奠定了儒家伦理思想的基础，孟子、荀子从不同方面继承并发展了孔子的伦理思想；两汉是儒家伦理思想正统地位的确立及定型化、神学化时期，陆贾、贾谊、董仲舒、刘向、班固等都对儒家伦理思想在汉代的发展做出了自己的贡献；魏晋至隋唐是儒家伦理思想统治地位的动摇及其与佛、道交融的时期，傅玄、颜之推、王通、韩愈、李翱在与佛、道二教做斗争的过程中捍卫并发展了儒家伦理思想；宋至明中叶是儒家伦理思想正统地位的恢复及哲理化时期，周敦颐、邵雍、张载、二程、朱熹、陆九渊、王阳明等对儒家伦理思想的哲理化、思辨化及理论体系的建立均做出了自己独到的贡献；明中叶至鸦片战争是儒家伦理思想的革故鼎新时期，顾炎武、黄宗羲、王夫之、颜元、戴震均在批判宋明理学伦理思想的基础上以自己的思考促进了儒家伦理思想的发展；鸦片战争至

① 蔡元培．中国伦理学史．北京：中国书籍出版社，2020：绪论 4.

② 李书有．中国儒家伦理思想发展史．南京：江苏古籍出版社，1992.

五四新文化运动是儒家伦理思想的衰落时期，资产阶级改良派、资产阶级革命派和资产阶级民主主义者都对儒家伦理思想做出了深刻的揭露与批判。

唐凯麟与张怀承合著的《成人与成圣——儒家伦理道德精粹》、梁韦弦著的《儒家伦理学说研究》、陈谷嘉著的《儒家伦理哲学》等①，对儒家伦理思想做出了比较全面深入的研究。温海明著的《儒家实意伦理学》②，认为儒家实意伦理的中心在于，论证儒家伦理的根本在如何于当下一念之间做出“儒家”式道德判断并进而依此行为。该著作从古典儒家伦理论说入手，讨论意念在何种意义上是“儒家的”并且是“伦理的”。徐难于著的《西周伦理思想研究：多维视野下的中国古代伦理思想溯源》③，充分利用西周金文与传世文献史料，围绕宗教、伦理、政治互动的主线，对西周的孝友等血缘伦理思想，以及德、敬、肃、恭、勤、雍、和等伦理思想和善恶评价思想进行宏观与微观的深入探讨。在西周与古埃及的比较研究中，彰显西周“伦理思维发达”这一重要特征，并以双方族群格局差异为切入点，深入探讨这一重要特征的成因。在西周与后世的比较视野下，围绕西周基本社会制度的伦理影响，深入探研西周的“德治”思想及“层级推衍治理”思想，从而揭示西周伦理政治思想的主要时代特征。李亚彬著的《道德哲学之维——孟子荀子人性论比较研究》④，基于大量的文献解读对儒家两位重要人物孟子和荀子的人性论做出了颇具独创性的比较研究。沈顺福著的《儒家道德哲学研究——德性伦理学视野中的儒学》⑤，系统全面地考察了儒家道德哲学的基本范畴和问题，诸如道与德（道德学研究）、德与善（儒家价值论研究）、德与真（儒家道德知识

---

① 唐凯麟，张怀承．成人与成圣：儒家伦理道德精粹．长沙：湖南大学出版社，1999；梁韦弦．儒家伦理学说研究．长春：吉林人民出版社，1994；陈谷嘉．儒家伦理哲学．北京：人民出版社，1996.

② 温海明．儒家实意伦理学．北京：中国人民大学出版社，2014.

③ 徐难于．西周伦理思想研究：多维视野下的中国古代伦理思想溯源．北京：中华书局，2020.

④ 李亚彬．道德哲学之维：孟子荀子人性论比较研究．北京：人民出版社，2007.

⑤ 沈顺福．儒家道德哲学研究：德性伦理学视野中的儒学．济南：山东大学出版社，2005.

论研究)、德与文(儒家道德文化学研究)、德与教(伦理儒教研究)、德与性(儒家德性伦理的理论与实践),并由此阐发了儒家德性伦理学的基本主张。黄玉顺著的《中国正义论的形成》①,认为周公的民本思想、孔孟的“以仁行义,以义制礼”等思想正是中国正义论的基础,中国正义论是“义-礼”结构,而“义”遵循的正是适宜性原则。因此,按西方的分类,中国正义论即是中国古典制度的伦理学。该著作对孔子、孟子、荀子的正义论分别做出了深刻论述,历史地再现了中国正义论的形成和基本风貌。王堃著的《自然语言层次的伦理政治效应:荀子“正名”伦理学的元语言研究》②,对荀子“正名”思想做出了伦理学的元语言研究。

孝是中国古代社会的基本道德规范,孝文化是中华传统文化的重要内容之一,在中华文化发展史上占有相当重要的地位。孝本义为“善事父母”,即是对生命孕育者、身体养育者和文化教育者的一种知恩、感恩、报恩之情并由此产生的思想和行为的总和。肖群忠著的《孝与中国文化》③,对孝文化做出了自己的系统研究,深入阐发了孝与中国文化精神——人文主义的内在联系,论述了孝、孝道、孝德的本质内涵、历史发展和当代意义,并对东西方亲子之道予以比较研究。秦永洲、杨治玉合著的《以孝治国——孝与家国伦理》④,重点论述了孝的起源与流变、孝与家庭伦理的关系和孝与社会伦理的关系;在孝与家庭伦理的关系方面,就父子、兄弟、婆媳、祖孙等关系进行了详述;在孝与社会伦理的关系方面,分别就中国古代政治家国同构的特点、宗法制度中渗透的各种孝的思想进行了论述。

陈谷嘉著的“理学伦理思想系列丛书”⑤,对宋至清代的理学伦理思想予以穷源溯流的深入研究。《宋代理学伦理思想研究》是关于“宋代理

① 黄玉顺.中国正义论的形成.北京:东方出版社,2015.

② 王堃.自然语言层次的伦理政治效应:荀子“正名”伦理学的元语言研究.北京:中国文联出版社,2018.

③ 肖群忠.孝与中国文化.北京:人民出版社,2001.

④ 秦永洲,杨治玉.以孝治国:孝与家国伦理.北京:中国国际广播出版社,2014.

⑤ 陈谷嘉.宋代理学伦理思想研究.长沙:湖南大学出版社,2006;陈谷嘉.元代理学伦理思想研究.长沙:湖南大学出版社,2010;陈谷嘉.明代理学伦理思想研究.长沙:湖南大学出版社,2015;陈谷嘉.清代理学伦理思想研究.长沙:湖南大学出版社,2019.

学伦理思想”的研究专著，深刻揭示了北宋时期的思想整合及理学建构，理学的兴起和儒家人伦道德学说的复归，宋代理学中的天人关系问题，宋代理学中的义利、天理人欲问题，并对北宋理学伦理思想的基本特征和历史地位做出了论证与评价。《元代理学伦理思想研究》对元代理学伦理思想做出了系统性的学术研究，揭示了元代道统论、心性论，并对许衡、陈天祥、刘因、吴澄、许谦等理学大家在理学伦理思想的继承、创新、普及上做出的贡献做了实事求是的分析与评价，对二十四孝和元代伦理剧弘扬与普及所呈现出来的儒家人伦道德精神也做了客观的陈述和评价。《明代理学伦理思想研究》分三编十章梳理了明代理学的演变过程。从明初朱元璋父子独尊程朱理学，到陈献章和湛若水理学向心学转变，再到明中叶王阳明心学的兴起、分化及衰落，直至晚明理学家如黄宗羲、王夫之、顾炎武等开启了明清之际的思想启蒙，明代理学体现了不断演变的时代特征。该著作阐释论述了朱元璋与明初理学的关系，对宋濂的理学伦理思想、刘基的理学伦理思想、陈献章与湛若水的理学伦理思想、王阳明的理学伦理思想、刘宗周的理学伦理思想，以及明末清初黄宗羲、顾炎武、王夫之的伦理思想也做了全面的介绍与分析。《清代理学伦理思想研究》梳理了清代理学家在清算明代“王学”、复兴程朱理学过程中的思想发展脉络，着重论述了清代理学伦理思想家张履祥、陆世仪、陆陇其、李光地及曾国藩的理学伦理思想；并在已出版的《宋代理学伦理思想研究》《元代理学伦理思想研究》《明代理学伦理思想研究》的基础上，对理学伦理思想在不同时代的发展特征做了总结性的论述，揭示了理学伦理思想的主要贡献、理论缺失及现实启示。

（三）道家、道教、佛教伦理思想研究

道家是指以道为世界本原，以自然无为为万物的根本法则，以柔弱不争为道的表现形式的学术派别。道家含有丰富的伦理思想，20 世纪以来，对道家伦理思想的研究大约经历了三个时期。20 世纪初至 20 世纪三四十年代是道家人生哲学和道德哲学研究的初期。姚舜钦 1931 年由上海中华书局出版的《八大派人生哲学》（上、下册）中研究了老子的人生哲学，聂运中编著的力行丛书《当代伦理学》（1946 年）专门研究了老子的伦理

学。另外，郑郁予、王永祥、任继愈等也发表一系列研究道家人生哲学的论文，开启了对道家伦理思想研究的先河。20 世纪 80 年代是道家伦理思想研究的恢复与发展时期，这个时期对道家伦理思想的研究开始深入到它的特征，并注意从多角度展开研究。20 世纪 90 年代是道家伦理思想研究的高峰和成熟时期。这个时期的研究从生命伦理、生态伦理、政治伦理、个人伦理多层面展开，在研究方法上有重大突破，引入了影响研究、系统论研究和东西哲学比较研究。20 世纪 90 年代末，王泽应著的《自然与道德——道家伦理道德精粹》①，对道家伦理思想研究做了全面的总结，是第一部系统研究道家伦理思想的学术专著。该著作较为深入而全面地探讨了道家伦理思想的基本特征、主要内容及其与现代生活的关系，论述了道家个人伦理、生命伦理、生态伦理及政治伦理的合理因素和现代价值，认为道家个人伦理的基础是自知与知人的辩证统一，以多予少取为立身原则，追求淡泊名利的人生境界。道家生命伦理主张贵生轻物，通过积德行善来达到长生不死，超越功利和生死，追求内在德性价值。道家生态伦理建立在天人合一、物我一体的整体观之上，天地人有机统一，因此天地人应和谐统一，开发自然资源同保护自然资源应统一起来，反对对自然的掠夺。在政治伦理上，道家主张无为而治，与民休息，贵柔守弱，反对有所作为、残酷剥削，倡导众生平等的意识。道家伦理体系的特点有：(1) 浓郁的自然主义，但不同于西方的自然主义；(2) 深刻的辩证思维；(3) 尖锐的批判精神，否定传统儒墨道德；(4) 对世俗义利的双重超越，追求内在的功用和最终关怀。郑晓江和王国炎合撰的《试论老子的道德观》、朱森博撰的《〈老子〉伦理思想初探》、黄伟合撰的《庄子伦理思想的理论特征》、王之榜撰的《庄子伦理思想初探》等学术论文②，也对道家伦理思想的主要内容及其现代价值做了比较全面系统的研究，推进了我国的道家伦理思想研究。

---

① 王泽应．自然与道德：道家伦理道德精粹．长沙：湖南大学出版社，1999.

② 郑晓江，王国炎．试论老子的道德观．江西大学学报（人文社会科学版），1985 (4)；朱森博．《老子》伦理思想初探．四川大学学报（哲学社会科学版），1989 (1)；黄伟合．庄子伦理思想的理论特征．华东师范大学学报（哲学社会科学版），1983 (4)；王之榜．庄子伦理思想初探．天津师范大学学报（社会科学版），1983 (2).

道教是中国土生土长的宗教，其直接的思想来源是先秦道家思想。我国学术界对道教伦理思想的研究虽然在新中国成立前即已开始，如许地山1935年撰写的《道教之根本思想及其对于人生的态度》[①]，对道教的人生哲学思想有所介绍，但总体来讲则集中于改革开放以后的时期。1994年，四川人民出版社推出了“中华道学文化系列”丛书，其中李刚著的《劝善成仙——道教生命伦理》可谓国内第一部系统研究道教伦理思想的著作。该著作认为，道教生命伦理学以“劝善成仙”为主题，由生命哲学和伦理学两大板块构造而成，或者说是两者联姻的产儿。1996年，姜生在巴蜀书社出版的《宗教与人类自我控制——中国道教伦理研究》一书，对中国道教伦理的发生发展和主要内容做了比较深入的阐释与论证。1997年，卿希泰在巴蜀书社出版的《刍荛集》一书，有多篇专论道教伦理思想的论文，探讨了道教伦理思想的思想渊源和基本内容，揭示了道教伦理思想的特点，并对道教伦理思想在当代社会生活中的作用给出了自己的评价。钟肇鹏撰的《道教的伦理思想》等文[②]，也对道教伦理思想进行了较为深入的研究。

佛教伦理思想研究早在20世纪初章太炎、欧阳渐、梅光羲、梁漱溟、熊十力、马一浮等人那里即已展开，但这种研究同其哲学、文化等思想的研究融混在一起，并大多停留于佛教伦理思想的某个侧面或某些伦理问题的研究。20世纪30—40年代，朱谦之、蒋维乔等人在研究佛教唯识宗、三论宗哲学思想的过程中研究了唯识宗、三论宗的人生观，对促进佛教伦理思想研究的深入发展颇有贡献。新中国成立后的相当长的一段时间，由于受“左”的错误路线和以阶级斗争为纲思想的影响，佛教伦理思想研究处于停滞或被归入唯心主义的范畴予以无情批判的阶段，基本上没有什么正面的研究成果。直至改革开放，才出现了对整个佛教伦理思想体系及主要思想内容进行阐发、分析和评价的学术性研究。张怀承、王月清等人在佛教伦理思想研究方面取得了可喜的成果。张怀承著的《无我与涅槃——

---

① 许地山．道教之根本思想及其对于人生的态度．读书季刊，1935（2）．

② 钟肇鹏．道教的伦理思想//中国社科院世界宗教研究所宗教学原理研究室．宗教·道德·文化．银川：宁夏人民出版社，1998．

佛家伦理道德精粹》①，是我国第一部专门研究佛教伦理思想的学术专著。该著作以深邃精湛的理论清楚地阐述了佛教伦理道德的精粹，并就佛教伦理道德与中国传统文化的相融性、佛教伦理道德的理论基础、佛教伦理道德的总体构建、佛教伦理思想的主要观点等做了详尽的论述，内容丰富厚重。该著作认为中国佛教伦理思想研究的主要内容涉及善恶论、佛性论、业报论、戒律论、修持论等方面，其中善恶论和佛性论是理论基础，戒律论是核心，修持论和业报论是其宗教实践的重要环节。佛教的善恶论以佛教教义为准则作为价值衡量的标准，集中体现着佛教的伦理观念和道德思想。佛性论主要讨论众生成佛的依据、可能性以及人人都能成佛等问题。其余论“中国佛教伦理道德与现代社会生活”指出了中国佛教伦理思想研究的现实意义，认为佛教伦理道德始终以人生为核心，追求生命的永恒，把人的超越与完善作为终极目的，向人们昭示了一种精神境界；但也不可忽视佛教伦理道德与现代社会生活是不相适应的，即使其精华也不能现成地拿来使用。作为一种文化遗产，其中包含着许多人类道德认识的积极成果，可以作为我们进行社会主义精神文明建设的借鉴。王月清著的《中国佛教伦理研究》②，集前人研究之大成，对中国佛教伦理做了颇具创造性的梳理和论述。该著作以佛教中国化的进程为总体背景，以中国传统的儒家文化、儒家伦理为参照系，探讨了佛教伦理善恶观、戒律观、修行观、人生观、孝亲观等方面的问题，试图以“问题解析体”的形式对每一个具体问题进行讨论，以展现中国化佛教伦理形成发展的纵向进程及其与中国儒家传统伦理的横向关系。该著作还对“佛教伦理与儒家伦常”进行了比较，总结出了中国佛教伦理的几大特征：“中国佛教伦理有明显的心性特征”，在修行解脱实践上强调“悟入”“化性”；“中国佛教伦理有明显的入世特征”，以劝世化俗为使命；“中国佛教伦理有明显的人本特征”，关心现实的人和人伦关系，以人为宗教关怀的对象。业露华在《中国佛教伦理思想》③一书中指出，中国佛教伦理思想同儒家伦理思想密切相关，吸收

---

① 张怀承．无我与涅槃：佛家伦理道德精粹．长沙：湖南大学出版社，1999.

② 王月清．中国佛教伦理研究．江苏：南京大学出版社，1999.

③ 业露华．中国佛教伦理思想．上海：上海社会科学院出版社，2000.

了儒家伦理思想的孝道观念，形成了中国佛教的孝道观，并因此找到了与中国传统伦理思想的契合点。一些研究者认为，佛教伦理思想虽然有许多错谬乃至反动的因素，但拨开它的神秘面纱仍可发现一些有益于世道人心的成分。中国佛教强调要"为出世而入世"，"以出世的精神做入世的事"，以一种超然的心态服务于现实社会，这对我们淡泊名利、勤奋工作、热爱事业、培养崇高的奉献精神是有相当启迪意义的。

此外，我国伦理学工作者还研究了墨家、法家、兵家、农家的伦理思想，研究了自先秦至鸦片战争时期诸多伦理学代表性人物、著作的伦理思想，并取得了一批科研成果，使中国传统伦理思想史的研究呈现出"芳林陈叶催新叶，流水前波让后波"的可喜局面，中国传统伦理思想的优秀成果转而重新光耀于世。

（四）中国近现代伦理思想研究

近现代中国伦理思想，既有对中国传统伦理思想的反思、批判与继承，亦有对外国伦理思想的吸收、推崇与借鉴，更有结合古今中西之争试图建构自己思想体系的求索与论述，并因此形成了代表地主阶级改良派、农民阶级、资产阶级维新派、资产阶级革命派以及中国无产阶级和人民大众利益的伦理思想，呈现出多元伸张、多种思潮互相论争竞雄的发展局面。张锡勤最早开始了中国近现代伦理思想研究，并于1984年在黑龙江人民出版社出版了《中国近现代伦理思想史》一书。该著作在国内第一次较为系统地梳理了近代以来直至新中国成立时期的伦理思想，初步建构了一个中国近现代伦理思想史的研究框架。在该著作中，张锡勤紧扣各个时期政治斗争中的革新与守旧、维新与反维新、革命与反动的斗争，论述了伦理道德领域斗争的概况，既肯定了封建地主阶级革新派、资产阶级改良派和革命派及农民思想家在反对封建伦理思想斗争中的贡献，又指出了其阶级局限性和失败的不可避免性，从而说明彻底反对封建地主阶级和资产阶级伦理思想的斗争历史地落在了无产阶级的肩上。该著作坚持用唯物主义历史观和阶级分析方法，实事求是地评价和介绍近现代伦理思想，探讨其特点和发展规律，从中总结历史经验，以求古为今用，对系统研究中国近现代伦理思想做出了贡献。

近代中国，在西方资产阶级伦理思想已经传入且被一些人接受并当作新的伦理思想宣传之时，旧的、封建主义的伦理思想仍在顽固地生存且被一些人视作社会稳定的精神根源，于是产生了旷日持久的古今中西之争。张岂之、陈国庆合著的《近代伦理思想的变迁》一书，深刻地揭示出近代诸多著名思想家的伦理思想“都有一个从对传统伦理道德的离异或悖逆到回归或倒退的发展变化过程”的内在因由，指出：“事实证明，中国传统伦理道德不能全部用来振兴民族精神，完全照搬西方的伦理道德也不能适应中国近代国情。”① 该著作从传统伦理思想遇到新的挑战开始探讨近代伦理思想的孕育与萌发，认为新伦理思想孕育于洋务运动，作为洋务思潮重要内容的“变局论”“中体西用论”除本身含有新伦理思想因素外，还同时为新伦理思想的孕育提供了某种理论营养。戊戌变法时期以康有为、梁启超、严复、谭嗣同为代表的维新派，不仅继承并发挥了洋务运动时期的伦理思想，而且在一定程度上试图以刚刚从西方学来的进化论、功利主义以及契约论来改造旧伦理，建设新伦理，并提出了“道德革命”和“兴民德”的命题，初步建构了一个自己的伦理思想体系。以孙中山、章太炎为代表的资产阶级革命派在批判继承戊戌变法时期伦理思想的基础上，大力宣扬以自由、平等、博爱和天赋人权为主要内容的民主主义伦理思想，并提出了代表资产阶级革命派要求和愿望的伦理思想。该著作系统地阐述了中国近代伦理思想的发展和变化历程，揭示了中国近代伦理思想的孕育、萌发和走向现代的演变规律，是研究中国近代伦理思想史的一部力作。

孙中山是中国近代伟大的民主革命家。周宇著的《世界大同——孙中山伦理思想研究》②，对孙中山伦理思想的形成发展予以深入的探讨，集中论述了孙中山民族主义中的爱国思想、民权主义中的自由平等价值观、民生主义中的伦理制度安排，论述了孙中山“替众人服务”的人生价值论，并对孙中山伦理思想的基本精神及特点做了深入的探讨和总结。

蔡元培伦理思想是近代中国道德批判和伦理革命思潮合乎逻辑的思想成就，也是东西方文化交流融合的时代产物，是一代先进中国知识分子

① 张岂之，陈国庆．近代伦理思想的变迁．北京：中华书局，1993：序 10－11.

② 周宇．世界大同：孙中山伦理思想研究．长沙：湖南教育出版社，2003.

在救亡与启蒙双重变奏中的心路历程和伦理诉求。陈剑旄著的《蔡元培伦理思想研究》[①]，认为蔡元培完成了我国近世以来的第一本《中国伦理学史》，并在他尔后就任北京大学校长之后，即率先在北京大学开设伦理学课程，使伦理学最早进入中国高等教育的课程体系。此后，蔡元培又编写完成了《中学修身教科书》，这是我国近世以降首部以中学生（青少年）为对象的德育教科书，堪称现代中国青少年道德教育事业的先驱之作，具有奠基性意义。此外，蔡元培还翻译了德国著名伦理学家包尔生《伦理学体系》中的"导言"和"原理"，取名《伦理学原理》在中国出版。该书曾长期作为大中学校伦理学课程教材。青年毛泽东在湖南第一师范学校读书期间，杨昌济老师讲"修身"课，选用的教材就是蔡元培翻译的《伦理学原理》。杨昌济是现代意义上的中国伦理学初创时期的重要代表人物，他与刘师培、蔡元培等一起为建构学科化的中国伦理学付出了极大努力，做出了彪炳史册的突出贡献。他不仅是中国现代意义上的西方伦理思想史学科的奠基人和开拓者，而且对中国传统伦理思想尤其是程朱理学和湖湘伦理学有着深入的研究，试图建构一个颇具中国特色的现代伦理学体系，在政治伦理、生活伦理、德性伦理、家庭伦理和教育伦理诸方面提出了一系列精湛的理论命题和观点。[②] 杨昌济伦理思想影响了五四时期一代进步青年，尤其对毛泽东青年时期伦理思想和进步人生观的形成产生了独特的影响与较为重大的作用。

唐凯麟、王泽应合著的《20世纪中国伦理思潮问题》、《20世纪中国伦理思潮》和《中国现当代伦理思潮》[③]，对20世纪三大伦理思潮的发生发展、主要内容及基本特征亦做了颇富创发性的研究工作。三部著作宏微合论，史思并重，观点与材料融为一体，试图从宏观总体与微观具体相结合的角度审察反思三大伦理思潮，坚持从历史的动态把握中寻求理论的答

---

① 陈剑旄．蔡元培伦理思想研究．北京：北京大学出版社，2009.

② 王泽应．论杨昌济伦理思想及其对毛泽东的影响．上海师范大学学报（哲学社会科学版），2014（6）.

③ 唐凯麟，王泽应．20世纪中国伦理思潮问题．长沙：湖南教育出版社，1998；唐凯麟，王泽应．20世纪中国伦理思潮．北京：高等教育出版社，2003；唐凯麟，王泽应．中国现当代伦理思潮．合肥：安徽文艺出版社，2017.

案，在理论的分析阐发中展现历史的轨迹与内容，标志着中国伦理学界系统研究 20 世纪中国伦理学史的开始。刘俊哲、段吉福、唐代兴等合著的《熊十力、唐君毅道德与文化思想研究》①，对熊十力、唐君毅各自的道德与文化思想进行了全面而深入的研究，包括对其思想的内涵、基本内容、理论来源和创新之处，以及它们产生的历史背景、指向的对象和解决的主要问题等的研究，不仅阐述了两者的共通之处，而且阐释了两者的不同之处，在此基础上全面而深刻地揭示了它们各自鲜明的个性特征。该著作最后对熊十力、唐君毅道德与文化思想予以整体性的总结和评价，同时指出了它们的局限性，着重探索了它们对于我国进行思想道德建设和文化建设的借鉴价值。

此外，我国伦理学工作者还深入研究了中华民族自远古以来的道德生活史、爱国主义发展史，对中华传统美德、中国革命道德以及中国教育伦理思想史、中国经济伦理思想史、中国政治伦理思想史、中国家训史等也予以开创性的研究，比较全面而又整体地呈现出了中华五千年伦理文明的发展历程及其主要成果，并对其如何在新的历史时期实现创造性转化和创新性发展做出了有益的探讨，有力地促进了中国特色社会主义伦理文化建设。

二、西方伦理思想史研究

新中国成立以来，我国伦理学界开始了对西方伦理学的介绍与研究，并且经历了一个由点而线、由线而面、由面而体和由浅入深、由描述性研究向学理性研究发展的过程，取得了一批可喜的学术成就，开阔了伦理学研究的视域，为推动我国伦理学的深入发展，为实现中国伦理学研究的现代化做出了贡献。

（一）西方伦理思想的宏观总体研究

我国西方伦理思想研究在近代古今中西之争中拉开序幕，在五四新文

① 刘俊哲，段吉福，唐代兴，等．熊十力、唐君毅道德与文化思想研究．成都：巴蜀书社，2008.

化运动中达到第一个高潮，郭嵩焘、严复、谭嗣同、梁启超、康有为、杨昌济、谢无量、胡適、张东荪、陈独秀、恽代英等人，都在不同程度上促进了中国的西方伦理思想研究。新中国成立初期，出于马克思主义和共产主义道德宣传教育的需要，我国对西方伦理思想的研究基本上是以批判分析为主的。对西方伦理思想的全面系统研究，是伴随着改革开放和学习西方的历史进程而出现的。

章海山著的《西方伦理思想史》[①]，是我国首部用马克思主义观点写成的西方伦理思想史著作，系统地论述了从古希腊至马克思主义产生时期的西方伦理思想的发生发展及基本内容。该著作把西方伦理思想分为感性主义和理性主义两大流派，认为西方伦理思想的发展史本质上即是这两大流派相互斗争、共同发展的历史。感性主义的伦理思想强调人生的感觉欲望、趋乐避苦和现实功利，常常导向一种快乐主义和利己主义；理性主义的伦理思想强调人的精神追求和理想人格，总是呈现为一种德性主义和整体主义。如果说感性主义的伦理思想本质上是一种功利论的伦理学，那么理性主义的伦理思想本质上是一种道义论的伦理学。

罗国杰、宋希仁合著的《西方伦理思想史》[②]，是一部全面系统地论述马克思主义伦理思想产生前的西方伦理思想发展史的著作，全书分上下两卷，计100多万字。上卷论述了古希腊罗马直至文艺复兴时期的西方伦理学发展历史，下卷主要论述西方资产阶级伦理学由英国的培根、霍布斯，直到德国古典伦理学派的黑格尔、费尔巴哈的发展史。该著作着重于对伦理思想发展规律的探讨，可视为他们所构建的马克思主义伦理学学科体系的历史性展开，具有重大的学术价值。

万俊人著的《现代西方伦理学史》[③]，是一部全面系统地介绍、论述自19世纪中叶至20世纪七八十年代现代西方伦理学各种思想和流派的发展脉络、主要观点及基本特征的学术专著。这部逾百万字五编二十余章的著作，论述了西方伦理学的古典终结与现代转折，探讨了现代西方伦理学形成与发展的历史条件和背景，并深入研究了人本主义伦理思想、科学主

---

① 章海山．西方伦理思想史．沈阳：辽宁人民出版社，1984.

② 罗国杰，宋希仁．西方伦理思想史：上下卷．北京：中国人民大学出版社，1985，1988.

③ 万俊人．现代西方伦理学史：上下卷．北京：北京大学出版社，1990，1992.

义伦理思想和现代宗教伦理思想，分析评述了直觉主义、情感主义、存在主义、实用主义、弗洛伊德主义、新托马斯主义以及新功利主义、新正教伦理等流派及其代表人物的伦理思想。该著作将现代西方伦理学划分为过渡、全面发展和当代发展三个阶段。19 世纪中后期至 20 世纪初可谓现代西方伦理学的过渡阶段，这一阶段的主要伦理学流派有德国的唯意志论伦理学、法国的生命伦理学、英国的进化论伦理学和新黑格尔主义伦理学，等等。20 世纪初至 60 年代是现代西方伦理学的全面发展阶段，这一阶段的西方伦理学主要有现代西方元伦理学、人本主义伦理学和宗教伦理学三条发展线索。20 世纪 60 年代以后，现代西方伦理学进入了一个新的发展阶段，出现了规范伦理学复归的趋向，并产生了现代科学技术伦理学。现代西方伦理学不同于传统西方伦理学的特征表现为非理性主义、形式主义、个人本位主义和道德相对主义。该著作在使完整的系统与充实的史料融为一体的基础上，实现了宏观总体与微观具体、本真理解与意义阐释的辩证统一，具有较高的理论价值和学科建设价值。

此外，刘伏海著的《西方伦理思想主要学派概论》、石毓彬与杨远合著的《二十世纪西方伦理学》、周辅成主编的《西方著名伦理学家评传》、黄伟合著的《欧洲传统伦理思想史》、周中之与黄伟合合著的《西方伦理文化大传统》、田海平著的《西方伦理精神——从古希腊到康德时代》、宋希仁主编的《西方伦理思想史》、李莉著的《当代西方伦理学流派》、强以华著的《西方伦理十二讲》、杨明与张晓东等著的《现代西方伦理思潮》等著作，及以罗若山撰的《西方伦理思想史上的道德本质论——兼论西方伦理思想发展的主线》等学术论文①，亦对西方传统伦理思想和当代伦理学流派做了全面的探讨，构成我国西方伦理学宏观整体研究的有机组

① 刘伏海．西方伦理思想主要学派概论．长沙：湖南师范大学出版社，1992；石毓彬，杨远．二十世纪西方伦理学．武汉：湖北人民出版社，1986；周辅成．西方著名伦理学家评传．上海：上海人民出版社，1987；黄伟合．欧洲传统伦理思想史．上海：华东师范大学出版社，1991；周中之，黄伟合．西方伦理文化大传统．上海：上海文化出版社，1991；田海平．西方伦理精神：从古希腊到康德时代．南京：东南大学出版社，1998；宋希仁．西方伦理思想史．北京：中国人民大学出版社，2004；李莉．当代西方伦理学流派．沈阳：辽宁人民出版社，2005；强以华．西方伦理十二讲．重庆：重庆出版社，2008；杨明，张晓东，等．现代西方伦理思潮．合肥：安徽人民出版社，2009；罗若山．西方伦理思想史上的道德本质问题：兼论西方伦理思想发展主线．上海社会科学院学术季刊，1986（1）．

成部分。

（二）古希腊罗马至欧洲中世纪伦理思想研究

古希腊是西方文明的摇篮，古希腊伦理思想对后来西方伦理思想的发展影响十分深远。我国学术界对古希腊伦理思想的研究，最早可以追溯到严群著的《亚里士多德之伦理思想》，20 世纪 60 年代周辅成撰写了《希腊伦理思想的来源与发展线索》和《亚里斯多德的伦理学》等介绍古希腊伦理思想的文章[①]，然真正较为全面系统地研究古希腊伦理思想还是在改革开放以后，不仅许多通史性的著作较为详细地介绍了古希腊伦理思想，而且出现了专门探讨古希腊伦理思想的学术专著。包利民的《生命与逻各斯——希腊伦理思想史论》[②] 一书，是专门探讨古希腊伦理思想内在精神和基本特质的学术著作。该著作认为，希腊伦理精神深邃广大，但构成希腊伦理精神深处的两大客观、真切、实在的核素则是“生命”与“逻各斯”，因此希腊伦理精神的这两大核素的共生并不完全是和平的，而是伴随着一定的矛盾和冲突。该著作认为，这两股潮流即是伦理思想的主流与支流（或反主流）。所谓主流，当然是指在当时和后来都备受青睐的名门大派，主要表现为苏格拉底-柏拉图-亚里士多德的伦理思想体系；所谓支流，则是指智者学派-小苏格拉底学派-希腊化时期诸流派的伦理思想体系。希腊的主流伦理思想无不高扬理性的力量，主张知识即美德，伦理学的任务就在于寻找以理性克服情欲的最佳途径，确立理性不可撼动的至尊地位。主流派伦理学家的思考方式是目的论的，他们把有道德的生活看作最大的、真正的充实和幸福。非主流派伦理学家杂多而从没有实行联合，他们有的在攻击主流派伦理思想的虚伪，有的在解构道德，有的在思考伦理治疗，他们反对理性至上，关注生命的激情与欲望，有的主张享乐生活，满足感官的需要，同时他们都对道德本位持批判态度，主张种种“还原论”，将道德归结为弱者自我保护的骗局式工具，将公正归结为强者的

---

① 严群．亚里士多德之伦理思想．上海：商务印书馆，1933；周辅成．希腊伦理思想的来源与发展线索．文汇报，1962-09-09；周辅成．亚里斯多德的伦理学．新建设，1962（8）．

② 包利民．生命与逻各斯：希腊伦理思想史论．北京：东方出版社，1996.

利益，并主张跳出狭窄的希腊（雅典）至上主义，崇尚一种普适精神。该著作认为，正是由于希腊伦理学主流与反主流两种潮流的共生和张力，才使其体现出丰富多样性并呈现出经久不衰的魅力。

柏拉图是苏格拉底学派的著名代表人物，对苏格拉底关于善和美德的思想做了全面系统的总结，并多有自己创造性的发挥和发展。刘须宽著的《柏拉图伦理思想研究》①，从马克思主义立场审视柏拉图伦理观，深入分析了柏拉图的道德形上学，对前期相论图谱和后期相论做了比较精当的分析论证，在此基础上重点探讨了柏拉图的善与道德德性、至福与至善、秩序与和谐、神圣正义论诸范畴与问题，并对道德德性如勇敢、节制等的内涵及差等加以探讨，初步建构了一个柏拉图伦理思想研究体系。该著作还对反柏拉图的现当代道德哲学潮流予以反思性批判，提出了一些拨乱反正、正本清源的伦理学命题和观点。

亚里士多德是古希腊人中多才多艺的思想家和哲学家，他对古希腊伦理思想特别是当时影响较大的普罗塔哥拉、德谟克里特、柏拉图等的伦理思想进行了全面系统的总结，建立了一个把至善与幸福、知德与行德统一起来的中道伦理思想体系。亚里士多德的伦理思想涉及面甚广，其中尤以至善与幸福、希腊四主德以及友谊、中庸之道等为最。余纪元著的《亚里士多德伦理学》②，在介绍了亚里士多德的伦理学著作、性质与方法之后，依次阐述了亚里士多德关于幸福、从幸福到德性的过渡以及伦理德性、实践智慧、特殊的德性与正义等的思想，并对友爱、伦理责任等问题做出了自己的介绍与分析。该著作从原著出发，结合作者的学习心得夹叙夹议，初步建构了一个亚里士多德伦理学研究体系。任继琼著的《求善致福——亚里士多德伦理思想研究》③，比较全面系统地论述了亚里士多德伦理思想形成发展的背景和渊源，对其主要内容予以介绍和阐释，揭示了其基本理论品格和对后世的学术贡献。廖申白著的《亚里士多德友爱论研究》④，是一部专论亚里士多德友爱伦理或友谊观的学术著作。亚里士多德友爱论

① 刘须宽．柏拉图伦理思想研究．北京：中国社会科学出版社，2015.

② 余纪元．亚里士多德伦理学．北京：中国人民大学出版社，2011.

③ 任继琼．求善致福：亚里士多德伦理思想研究．贵阳：贵州人民出版社，2005.

④ 廖申白．亚里士多德友爱论研究．郑州：河南人民出版社，2000.

在亚里士多德伦理学体系中占有突出的位置，它同善、德性、幸福、快乐等密切相关。该著作首先探讨了希腊的生活特质与友爱问题，论述了友爱在希腊生活中的意义，在此基础上较全面系统地论述了亚里士多德友爱论，对亚里士多德友爱论的性质、类型以及友爱与德性的关系予以深入的分析与评价。诚如王树人在该著作的序中所写的，“这部专著着重于‘友爱论’的评述，但其所涉及的，却几乎是亚氏整个伦理学体系”[①]。因此，可以说这部专著既是对亚里士多德友爱论细腻深刻的论述，又能使读者从这一视角在一定程度上统观整个亚里士多德伦理学的基本内涵。陶涛著的《城邦的美德——亚里士多德政治伦理思想研究》[②]，对亚里士多德关于幸福、智慧、勇敢、正义等城邦的美德做出了追根溯源式的分析与论述，揭示出亚里士多德政治伦理思想的基本特点和对后世的影响。

此外，伦理学界还对古希腊其他思想家，如苏格拉底、德谟克里特、伊壁鸠鲁、芝诺、奥勒留、西塞罗、爱比克泰德等的伦理思想做了一定的介绍与研究，取得了一些成果。

欧洲中世纪伦理学的主要形态是基督教伦理学，以及为之做阐释与论证的教父伦理学和经院伦理学。张涵著的《俗世的朝圣者——奥古斯丁人性论探讨》[③]，结合奥古斯丁的《忏悔录》以及《道德论集》等著作，对奥古斯丁的人性论及与之相关的伦理思想做了初步的探讨，并给予了历史的评价。刘素民著的《托马斯·阿奎那伦理学思想研究》[④]，重点从托马斯·阿奎那的《神学大全》中概括出其伦理学思想并予以深度阐释，揭示出托马斯·阿奎那人性行为的构成理论，对其德性、幸福、善恶等伦理问题做了自己的分析，认为托马斯·阿奎那在对上帝无限崇拜的基础上以理性为工具，采用思辨的方式建立起由知识论入手走向形上学之体的实在论伦理学。王涛著的《托马斯·阿奎那伦理学研究》[⑤]，对托马斯·阿奎那的意志哲学、欲望理论，特别是德性论包括神学德性与世俗德性，做了比

① 廖申白．亚里士多德友爱论研究．郑州：河南人民出版社，2000：序1.

② 陶涛．城邦的美德：亚里士多德政治伦理思想研究．上海：上海三联书店，2016.

③ 张涵．俗世的朝圣者：奥古斯丁人性论探讨．上海：上海三联书店，2013.

④ 刘素民．托马斯·阿奎那伦理学思想研究．北京：中国社会科学出版社，2014.

⑤ 王涛．托马斯·阿奎那伦理学研究．北京：人民出版社，2019.

较深入的分析与论述，揭示了托马斯·阿奎那伦理学的理论特质和深远影响。文艺复兴时期人文主义者的伦理思想既是欧洲中世纪后期伦理思想的集中反映，也成为西方近代资本主义伦理思想的先声，孕育并产生了从注重神道、神性和神学伦理思想转向近代注重人道、人性和人文主义的伦理思想。徐艳东著的《意大利文艺复兴伦理学》①，以精神分析学、符号学、人类学、社会学、诠释学以及跨学科的结构主义的方法，从意大利黑死病对时代产生的影响入手，对意大利文艺复兴时期的伦理学进行了深入的探究和考察。该著作的主体内容分为六章，分别论述了以下主题：黑死病症候下的身体、时空幕景；文艺复兴时期的道德精神分析；自由及其自否定；文艺复兴与尊严发轫的渐变谱系；文艺复兴与过渡（度）人权时代；从积极正义到消极正义等。

（三）英法德近现代伦理思想研究

新中国成立以来特别是改革开放以来，伦理学人对欧洲近代资产阶级伦理思想的研究，无论是对英法功利主义的研究还是对德国道义论的研究，都在不断实现由初步到全面、由浅入深的发展，取得了一大批比较可喜的研究成就。

1. 英国近现代伦理思想研究

英国近现代伦理思想是西方近现代伦理思想的重要一脉，从弗兰西斯·培根，经霍布斯、洛克、休谟、亚当·斯密，到功利主义伦理学的创立和发展，形成了重视利益关系的伦理学研究传统。同时，英国还产生了以沙夫茨伯里、巴特勒为代表的情感主义伦理学。苏光恩撰的《美德、文雅与荣誉——18 世纪英国的伦理话语辨析》② 一文，对 18 世纪英国社会存在的三种重要伦理话语，即“美德”“文雅”“荣誉”，进行了深度的考察与分析，认为这三种重要伦理话语在 18 世纪的英国同时存在，但是人们围绕这三种重要伦理话语展开了颇为激烈的论争，部分反映了当时的英国作

---

① 徐艳东．意大利文艺复兴伦理学．北京：中国社会科学出版社，2017.

② 苏光恩．美德、文雅与荣誉：18 世纪英国的伦理话语辨析．道德与文明，2019 (3).

家对商业社会发展带来的道德冲击所做出的回应。文雅话语的兴起，既反映了强调禁欲、献身和自我克制的传统美德观念在这一时代所遭遇的危机，也表明了人们关切的重心已由政治和宗教生活转向了日常的社会交往，文雅成为规范人际交往的新社会风尚。而围绕荣誉展开的持续论争并没有使利益战胜荣誉，相反，无论是荣誉原则的批判者还是其辩护者，都仍然肯定荣誉作为人之高尚行为的动力。哲学家休谟和道德学家斯密通过重塑“美德”概念来消弭美德与文雅、荣誉之间的紧张，但他们的重塑事实上使美德完全建立在文雅和荣誉的基础之上。

亚当·斯密不仅是一位伟大的经济学家，而且是一位杰出的伦理学家。吴瑾青著的《古典经济学派经济伦理思想研究》[①]，从探讨亚当·斯密的“经济人”假说入手，探讨了亚当·斯密的经济自由主义的价值观、财富道德观、经济公正论，并对古典经济学派的其他人物如大卫·李嘉图等的经济伦理思想做了介绍。聂文军著的《亚当·斯密经济伦理思想研究》、王莹与景枫合著的《经济学家的道德追问——亚当·斯密伦理思想研究》[②]，对亚当·斯密的经济伦理思想予以比较全面系统的阐释与论述，并对其历史贡献和现代意义予以总结性的开掘与弘扬。

休谟是近代英国的一位重要伦理学家，著有《人性论》和《道德原则研究》等伦理学书籍。刘隽著的《怪异的道德：“休谟问题”的缘起研究》[③]，对休谟提出的一个伦理学问题——包含“是”的事实判断与包含“应当”的道德价值判断之间存在着深刻的两分性和不可通约性——做了自己的批判性研究，分析了道德语词、道德判断、道德推理等的内在含义，探讨了道德判断与情感主义、规约主义的关系，以及道德基础的客观性等问题，对人们如何正确理解和把握“是”与“应当”的关系提供了学理的依循。五年后，刘隽又推出了《理性与情感——休谟道德哲学思想研

① 吴瑾青．古典经济学派经济伦理思想研究．北京：中国社会科学出版社，2015.

② 聂文军．亚当·斯密经济伦理思想研究．北京：中国社会科学出版社，2004；王莹，景枫．经济学家的道德追问：亚当·斯密伦理思想研究．北京：人民出版社，2001.

③ 刘隽．怪异的道德：“休谟问题”的缘起研究．北京：中国大百科全书出版社，2013.

究》一书①，通过对休谟理性与情感的深度分析，对道德判断的深入探讨，特别是对休谟人性论的研究，揭示休谟道德哲学的理路和特质，并对休谟道德哲学的理论贡献及局限做了比较系统的总结与评价。

功利主义一直是英国近代伦理学的主流。牛京辉著的《英国功用主义伦理思想研究》②，围绕英国功用主义伦理学的产生、发展、衰落、再度复兴进行深入的研究和分析，主要探讨了边沁、密尔等人的功用主义伦理思想，并对之做出自己的评价。功利主义亦称“功利论”“功用主义”，通常指以实际功效或利益作为道德标准的伦理学说。刘琼豪著的《密尔对功利原则的道德哲学辩护》③ 一书，对密尔伦理思想做了比较全面系统的论述，坚持认为密尔伦理思想主要体现在他为功利原则的辩护中。功利原则与自由原则是密尔伦理思想中的两个密切相关的基本原则，功利原则以最大多数人的最大幸福为终极价值诉求，自由原则则赋予个体的自由权利价值优先性。密尔的一生都致力于以功利原则为哲学基础来证明个体自由，致力于论证功利主义与自由主义的一致、契合。④

2. 法国近现代伦理思想研究

近代法国是启蒙运动的重要发祥地，产生了一大批引领时代潮头的启蒙学者和唯物主义伦理思想家，如伏尔泰、孟德斯鸠、卢梭、狄德罗、爱尔维修、霍尔巴赫等，他们提出了“自由”“平等”“博爱”“天赋人权”“主权在民”等思想主张，大胆地为个人利益辩护，形成了合理利己主义和战斗的唯物主义伦理思想。发展至现代，法国伦理学界产生了以萨特为代表的存在主义伦理学和以涂尔干、雷蒙·阿隆为代表的社会学伦理学。

笛卡尔是近代唯理论的创始人，提出了“我思故我在”的命题，认为感觉和经验不是真知识的来源，只有理性才能认识事物的真相。施璇著的

---

① 刘隽．理性与情感：休谟道德哲学思想研究．北京：首都经济贸易大学出版社，2018.

② 牛京辉．英国功用主义伦理思想研究．北京：人民出版社，2002.

③ 刘琼豪．密尔对功利原则的道德哲学辩护．北京：中国社会科学出版社，2014.

④ 刘琼豪．密尔功利主义自由原则保护个人自由权利的可能性．伦理学研究，2013(5).

《笛卡尔的伦理学说研究》① 一书，以笛卡尔的幸福学说作为走出迷宫的阿里阿德涅之线，通过回答五个相互关联的问题，把握笛卡尔伦理学思想的核心要素并勾勒其整体面貌；在简单归纳笛卡尔伦理学思想的结构与三要素的基础上，从当代西方伦理学的视角来审视这一学说，并阐发其核心的理性主义对后世的影响；通过揭开贴在笛卡尔身上的层层标签，展示了一种更加符合文本的笛卡尔伦理学说。

卢梭伦理思想在法国伦理思想谱系中占有重要地位。龚群在《卢梭伦理思想研究》② 一文中，探讨了卢梭伦理思想的理论渊源，将其概括为：一是文艺复兴运动以来的人道主义思想为卢梭基本人权思想的形成提供了理论基础，把资产阶级人道主义的基本原则进一步化为自由平等的社会伦理政治要求；二是在伦理学的理论形式上兼收并蓄，以洛克唯物主义感觉论为理论基础，而经验主义的、情感主义的伦理学都是重要理论来源。周国文在《社会契约中的公民伦理——卢梭〈社会契约论〉中的公民伦理思想》③ 一文中认为，公民伦理是相应于公民与陌生他者相互之间交往关系的基本规范；在卢梭《社会契约论》的语境中，人民主权抑或公意是卢梭公民伦理思想的基本方式。

葛力的《十八世纪法国唯物主义者的伦理思想述评》④ 一文，对 18 世纪法国唯物主义者爱尔维修、霍尔巴赫的伦理思想做了全面的介绍与阐释，并在此基础上做出了自己的评价。该文认为，法国唯物主义者的伦理学说特别突出地表现了它与当时法国经济关系的密切联系，是它反封建的社会政治观点的继续，当然也是反宗教教会的一个侧面。周纪兰的《爱尔维修伦理思想初探》⑤ 一文认为，18 世纪法国启蒙主义哲学家爱尔维修以他战斗的唯物主义精神同封建专制制度展开了猛烈的战斗，他旗帜显明地宣布："在道德学中，唯一应当教人的是真理。" 他以一个战士英勇无畏

---

① 施璇．笛卡尔的伦理学说研究．上海：上海人民出版社，2021.

② 龚群．卢梭伦理思想研究．道德与文明，1987 (6).

③ 周国文．社会契约中的公民伦理：卢梭《社会契约论》中的公民伦理思想．重庆社会科学，2006 (3).

④ 葛力．十八世纪法国唯物主义者的伦理思想述评．宁夏大学学报（人文社会科学版），1980 (2).

⑤ 周纪兰．爱尔维修伦理思想初探．社会科学，1981 (2).

的精神，直接把矛头对准了封建道德和宗教道德，对这种道德的腐败性和虚伪性进行了彻底的揭露；并且高举起“利益与道德”的大旗，为资产阶级的兴盛发展开辟道路。他曾说：“一个道德家，只有在绝对摆脱个人利益的条件下，深入研究立法科学，才能使自己成为有益于祖国的人。”因此，马克思曾高度赞扬他的这种精神，说以科学的态度研究伦理学，爱尔维修是第一名。

法国社会学家爱弥尔·涂尔干具有丰富的伦理思想。陈涛著的《涂尔干的道德科学——基础及其内在展开》①，主体分为两大部分，即“道德科学的形而上学基础”和“道德科学的内在展开：从风俗到道德理想”，较为系统而全面地梳理和论述了涂尔干的道德科学。该著作试图在更为宽广的学术传统背景下把握社会学学科研究，因而对涂尔干的道德科学所做的考察并不限于其社会学本身，而是旁及现代政治科学、伦理学乃至形而上学。该著作揭示出涂尔干的社会学或道德科学的内在发展脉络。陈涛关心的是，涂尔干早期的社会形态学（以《社会分工论》和《社会学方法的准则》为代表）和道德统计学（以《自杀论》为代表）研究道德事实的进路及其存在的困难，这些困难又如何促使涂尔干在后期逐渐转向宗教人类学和集体表象理论（以《宗教生活的基本形式》为代表）。从这种研究视角和理论解释的转变中，我们将看到涂尔干社会学的研究对象如何从风俗转向理想化的道德，从而不再信赖风俗在长时期的自发变动中对道德秩序的更新，而是越来越寄希望于宗教或革命式的集体欢腾在瞬间内所爆发出来的那种开端启新的创造力。

萨特是存在主义哲学、伦理学的代表人物，建构起了一种存在主义的伦理学。万俊人著的《萨特伦理思想研究》②，比较详细地论述了萨特伦理思想。该著作从萨特存在主义本体论哲学基础出发，探讨了萨特以主体自由为核心的伦理思想，包括主体自我存在的特性和结构、主体自由理论，以及主体自我价值选择、责任及主体间的道德关系等；还对萨特伦理思想与马克思主义、与德国古典伦理思想及欧洲近现代伦理思想的关系，

① 陈涛．涂尔干的道德科学：基础及其内在展开．上海：上海三联书店，2019.

② 万俊人．萨特伦理思想研究．北京：北京大学出版社，1988.

做出了深入的探讨和精湛的论述。

西蒙娜·德·波伏瓦是法国著名的存在主义哲学家、女权运动的创始人。《第二性》是波伏瓦诸多著作中最全面阐述女性主义的书籍，被誉为现代女性主义伦理思想的“《圣经》”。屈明珍在《波伏瓦女性主义伦理思想研究》① 一书中，以波伏瓦的《第二性》为主要研究文本，以她的其他作品以及相关研究史料为研究背景资料，试图勾勒出波伏瓦女性主义伦理思想的完整图像。该著作认为主奴辩证法与性别辩证法、实践生成论与女人生成论、身体现象学与性别现象学、存在主义本体论与存在主义伦理学构成了波伏瓦女性主义伦理思想的渊源，并在此基础上论述了波伏瓦女性主义伦理思想的哲学基础，即自由超越性与模棱两可性、境况与自由、自我与他者；然后集中介绍了女人与绝对他者存在的关系，阐释了波伏瓦对“绝对他者”存在诸解释的批驳和超越“绝对他者”走向自由存在等伦理思想；最后还就如何评价波伏瓦女性主义伦理思想发表了自己的看法。

3. 德国近现代伦理思想研究

在英国发生社会革命、法国发生政治革命的同时，德国发生了“道德革命”，一批哲学家沉浸于道德哲学研究，致使伦理学成为德国近代最显著的学科。康德的《道德形而上学原理》《实践理性批判》、费希特的《伦理学体系》、黑格尔的《法哲学原理》、费尔巴哈的《幸福论》，直至哈贝马斯的《商谈伦理学》，形成并发展起了不同于英法功利主义和经验主义伦理学的道义论伦理学与整体主义伦理学传统。

康德是德国古典哲学的奠基人，西方近代道义论伦理思想和动机论伦理思想的开创者。张志伟著的《康德的道德世界观》②，是一部专门论及康德道德哲学的学术论著。该著作指出康德以伦理学为形而上学的唯一出路，意在通过人的道德性实现人类理性超越感性限制达到自由境界的形而上学理想，建立一种以自由为基础、以道德法则为形式、以至善为根本目

① 屈明珍．波伏瓦女性主义伦理思想研究．长沙：湖南人民出版社，2011.

② 张志伟．康德的道德世界观．北京：中国人民大学出版社，1995.

的的“道德世界观”。邓晓芒著的《康德伦理学：解读、研究与启示》①，深入探讨了康德伦理学的立论方式，分析论述了康德伦理学所包含的逻辑结构及自我意识、自由意志等内容，指出康德认为人是人自己造成的，真正的道德不是天地自然或神的赐予，而是人的自由意志建立起来的。康德伦理学颠覆了东方数千年的传统，赋予独立的人最高的尊严；研究康德伦理学可以弥补儒家伦理学的缺失，从而回应当今诸多现实问题和时代精神的感召。伦理学界还发表了一批研究康德伦理思想的学术论文，从各个方面分析论述了康德的伦理价值观，尤其对康德的动机论、人是目的说、义务论、道德自由论、道德主体性等理论做了深入而全面的分析论证。

费希特哲学是一个以知识学为中心和基石的统一体系，分为理论知识学和实践知识学两大部分，伦理学作为一门实践知识学是其哲学体系的重要组成部分。费希特的伦理学和知识学一样，从具有绝对能动性的、主客统一的自我出发，从自我的自由的概念因果能力到自由能力的外化的推证进行伦理规范、道德原则的推演，自由作为自我的最高原则，在伦理体系的建构中以自我为载体，通过行动的方式得以彰显。费希特从自我的伦理建构过渡到他我的伦理建构，由此提出了独具特色的主体间性思想。虽然费希特在力图改造、超越康德哲学的过程中带有自身的局限性，但他的哲学对谢林、黑格尔以至现代西方哲学的影响是巨大的。郭大为著的《费希特伦理学思想研究》② 一书，对费希特伦理思想做了比较全面系统的介绍与阐释，认为费希特伦理原则受西方传统伦理思想影响，具有很强的科学性倾向和知识论倾向；费希特试图寻找一种具有普遍性和客观性的伦理标准，通过分析道德主体的自我意志、考察自我的理智直观，觉察到自我和自我的原初行为，又通过自我的行为反思主体自我；费希特得出人有追求自我意志的独立性的趋势的结论，但这种趋势是要人们在行为中不断努力实现的，自由或者自我独立性道德目标的实现，需要在现实中得到证明；在伦理原则的演绎过程中，费希特克服了康德道德哲学的二元论和形而上学性的缺陷，重新演绎了道德自律规律，发展了康德道德哲学。

---

① 邓晓芒．康德伦理学：解读、研究与启示．北京：文津出版社，2020.

② 郭大为．费希特伦理学思想研究．北京：中国社会科学出版社，2003.

黑格尔是德国古典哲学的集大成者，著有《法哲学原理》《伦理体系》《精神现象学》《美学》《哲学科学全书纲要》等，对道德与抽象法、道德与伦理的关系做出了区分，认为道德具有意志规定性的意义，反映着主体的自由意志，伦理是“主观精神与客观精神本身的真理性”①，并因此提出了自己的个体道德学说和社会伦理学说，系统考察了善恶、良心、义务、人格等道德范畴和家庭伦理、市民社会伦理和国家伦理等伦理问题。任丑著的《黑格尔的伦理有机体思想》② 一书，认为黑格尔的伦理思想是客观伦理、主观伦理和绝对伦理共同构成的有机体，凸显了三者的矛盾统一。韩立新、陈浩主编的《黑格尔法哲学研究》③ 一书，对黑格尔的良心论、道德世界观、善与道德自由、伦理国家观等做了比较深入系统的论证与分析，并对之做出了精当的总结与评价。樊和平撰的《〈精神现象学〉与伦理文明观》④ 一文认为，黑格尔的《精神现象学》具有浓郁的伦理学气质，不仅建构了一个宏大的思辨哲学体系，演绎了具有革命意义的辩证法，还提供了一种特殊的文明观，即“伦理文明观”。“伦理与‘真实’的文明——教化与异化的文明——道德与‘自身确定’的文明”，是伦理道德与文明史同一的三种形态及其辩证运动。家庭与民族两大伦理实体、人的规律与神的规律两大伦理势力、男人与女人两大伦理元素、伦理行为，是伦理世界的四个结构性元素，它们的相互过渡，构成伦理世界的现象学图景。邓安庆、高兆明、田海平、舒远招等还发表了多篇专论黑格尔伦理思想的学术论文，探讨了黑格尔婚姻家庭伦理思想、社会伦理思想、国家伦理思想以及伦理思想体系的建构，将黑格尔伦理思想研究一度推向高潮。

尼采是唯意志论和生命哲学的主要代表之一，对传统西方伦理学做出了尖锐的批判，提出了“重新估定一切价值”“强力意志”“超人哲学”等

---

① 黑格尔．哲学科学全书纲要：1830年版．薛华，译．北京：北京大学出版社，2010：359.

② 任丑．黑格尔的伦理有机体思想．重庆：重庆出版社，2007.

③ 韩立新，陈浩．黑格尔法哲学研究．北京：北京师范大学出版社，2020.

④ 樊浩．《精神现象学》与伦理文明观．东南大学学报（哲学社会科学版），2022(1).

思想命题和主张。何仁富著的《善恶彼岸的道德哲学——尼采对道德价值的重估与重构》[①] 一书，对尼采的道德哲学，特别是重新估定一切价值，包括对奴隶道德的批判和对主人道德的推崇，做了全面系统的论述，揭示了尼采道德哲学的革命意义和在批判中创新的意义。韩王韦著的《自然与德性——尼采伦理思想研究》[②]，把尼采的"自然哲学"视作"道德哲学"的前提，并进而认为，尼采对理性乐观主义或科学乐观主义的反思与批判，皆根源于他的自然思想；尼采所谓的"反道德"，并非"反德性"或"反伦理"，而是"反道德形而上学"；尼采试图通过反"道德形而上学"来回归"德性"与"自然"。因此，"德性主义"和"自然主义"是尼采"未来哲学"的两大面相。尼采的"未来哲学"不仅是批判性哲学，更是建设性哲学。

滕尼斯是德国著名的社会伦理学家，著有《共同体与社会——纯粹社会学的基本概念》等著作，并因此提出了一系列伦理主张和观点。张巍卓著的《伦理文化——滕尼斯社会学思想的源起与要义》[③]，以滕尼斯伦理思想为主轴，系统地阐述了在近代德意志文明的演变过程中，面对资本主义扩张的历史形势与传统文化要素的蜕变，滕尼斯是如何完整地构想民族伦理的未来图景的。该著作从论述滕尼斯对霍布斯的生命史与学说体系的解读出发，特别呈现了"原始集会"这一重要维度对于现代人性、社会与政治的原始构成意涵，指出在霍布斯的学说中潜藏着一种社会体的身心合一状态，由此开启了社会伦理的积极构建空间；在此基础上，考察了滕尼斯对斯宾诺莎、马克思、尼采等重要思想家的相关理论的解释，阐明了滕尼斯经再历史化，从合作社到共同体、从教化到伦理，不断丰富社会伦理的意涵，最终再造文明的思想过程。

海德格尔是德国存在主义伦理思想的代表人物，著有《林中路》《路标》《存在与时间》《关于人道主义的书信》等著作。尚杰撰的《"搁置伦

---

① 何仁富．善恶彼岸的道德哲学：尼采对道德价值的重估与重构．成都：四川大学出版社，2001.

② 韩王韦．自然与德性：尼采伦理思想研究．北京：中国社会科学出版社，2020.

③ 张巍卓．伦理文化：滕尼斯社会学思想的源起与要义．北京：中国社会科学出版社，2020.

理学”是如何可能的——解析海德格尔〈关于人道主义的通信〉》①，对海德格尔“搁置伦理学”做出了自己的解析。“搁置伦理学”就是返回知识学科出现之前古希腊哲人的“认识你自己”，这是公共思想感情问题出场之前的“我自己”的问题。海德格尔说它是“存在者”之前的存在或此在的问题，也是“主体间性”出现之前的亲自性问题，它导致“我在出神”。出神是日常生活中的惊讶之能力，就像看似什么都不曾发生的时刻或者场合，发生着没有原因的深度无聊感，它是不曾发生的发生，实现着看似没有可能的可能——我们每个人不用旁证都能自证这种情形是真实的，“我”（任何一个人）只能记住自己印象深刻的事情，至于该事情对于别人来说毫无价值，“我”根本就不在乎。出神是原样的思想，它揭示了私密的自由或个人道德权利才是伦理学的基石，而“人道主义”之说，用高度形式化了的概念，抽空了伦理学的实质内容，导致了道德土壤的贫瘠。

陈联营撰的《道德的三种样态——阿伦特对道德哲学的反思》② 认为，为了反思纳粹极权主义的道德教训，阿伦特对原初的道德经验进行了分析。通过典型化的方法，她区分了三种迥异的道德样态，即分别以苏格拉底、耶稣和马基雅维利为典范的思想道德、信仰道德和政治道德。思想道德以思考者的思考经验为基础，以思想之我的内在和谐为原则。信仰道德以同情经验为基础，以忘我为根本特征。政治道德以行动者对荣誉的追求为核心，以对世界的关心为原则。在此基础上，阿伦特对康德道德哲学进行了深入分析，指出康德道德哲学同时包含着以上三种道德概念，而这也正是它充满内在张力的根本原因。

(四) 当代规范伦理学思想研究

近代以来，人们一般把伦理学分为元伦理学和规范伦理学两部分。摩尔之前的伦理学传统主要以美德伦理学、义务论伦理学和功利主义伦理学为代表。大多数的规范伦理理论旨在发现隐藏在道德实践背后的一般道德

---

① 尚杰．“搁置伦理学”是如何可能的：解析海德格尔《关于人道主义的通信》．道德与文明，2020（2）．

② 陈联营．道德的三种样态：阿伦特对道德哲学的反思．道德与文明，2019（2）．

原则，并以此来指导和规定人们的道德生活。但摩尔提出了元伦理学，试图打破规范伦理学的传统，对“善”“应当”“正当”等这样一些道德概念的意义做出科学分析，从价值中立的立场获得对伦理学的重新定位。摩尔之后的伦理学研究，在理论建构中基本上体现为如下情况：要么由于反对传统规范伦理学、倡导元伦理学而表现为一种形式主义，要么由于反对传统价值和历史主义、注重个体自由和自我创造而表现为一种相对主义和非历史主义。

20世纪晚期的西方伦理思想总体上属于当代伦理学的范畴，它以复兴规范伦理学和发展应用伦理学为标志，揭开了西方伦理文化发展史上新的一页。当代西方规范伦理学围绕社会究竟应该有什么样的道德原则和人们究竟应该有什么样的德性等问题展开了热烈的讨论，产生了新的道义论、功利论和德性论。新的道义论以罗尔斯的正义论、诺齐克的权利论和哈贝马斯的商谈伦理学为代表，新的功利论以斯马特的行动功利主义、布兰特的准则功利主义等为代表，新的德性论以麦金太尔的美德论、富特的品德论等为代表。龚群著的《当代西方道义论与功利主义研究》① 一书，分三编依次论述了当代西方道义论的主要渊源、当代西方道义论的主要理论、当代西方功利主义的主要理论，并对之做了分析与评价，内容涉及罗尔斯的正义论及对罗尔斯正义论的批评、哈贝马斯的话语伦理学、斯马特的行动功利主义、布兰特的准则功利主义等，揭示了西方道义论与功利主义的历史渊源、当代发展及论争，并就如何评价当代西方道义论与功利主义等问题发表了自己的看法。

罗尔斯是美国当代著名的哲学家、伦理学家，他1971年出版的《正义论》一书被视为西方伦理学由元伦理学转向规范伦理学的里程碑。国内最早意识到罗尔斯正义论思想的伦理价值并为之倾注心血进行研究的是《正义论》的译者之一何怀宏，他的博士学位论文即为《契约伦理与社会正义——罗尔斯正义论中的历史与理性》②。该著作从历史文化的角度揭

① 龚群．当代西方道义论与功利主义研究．北京：中国人民大学出版社，2002.

② 何怀宏．契约伦理与社会正义：罗尔斯正义论中的历史与理性．北京：中国人民大学出版社，1993.

示罗尔斯的正义论与历史上的契约伦理思想的联系，通过对罗尔斯正义论的理论分析，联系当代西方其他主要的正义理论观点，考察了罗尔斯理论中道德优先、正义优先的特征，揭示其正义原则中蕴含着的内在冲突，以及他对正义原则的证明方法的特点和局限。

罗伯特·诺齐克作为自由主义的一员，凭借以权利为核心的正义思想对当时主流的正义理念进行了批判，丰富了自由主义的内涵。罗尔斯于1971年出版的《正义论》一书使得正义以及与之相关的自由、权利、平等等概念成为当代西方政治哲学的核心概念。1974年，罗尔斯在哈佛大学的同事诺齐克出版了《无政府、国家与乌托邦》，形成第二次轰动。这部著作与《正义论》风格迥异、立场针锋相对。更重要的是，它不是在同一个平面上逐点驳斥《正义论》，而是紧紧围绕"个人权利"这个核心概念，发展出一个在一系列重要问题上见解新颖、内在逻辑融贯的政治理论体系。张翠梅著的《论罗伯特·诺齐克之资格正义理论研究》[①] 一书，对诺齐克的资格正义理论进行了批判性反思；在此基础上，围绕着"自由意志与强制"这对核心范畴，分析了财产权利与福利权利、市场自由与国家强制这两对概念之间的辩证关系。该著作认为，从诺齐克试图避免某种"道德灾难"的"适度"做法中可以推断出，他坚持柔性自由至上主义立场，并且应该是接受基本平等观念的；从其主张的乌托邦结构中对个人自主和宽容的推崇来看，他是坚持道德多元主义立场的。这就必然涉及众多价值之间的分歧和冲突问题，而归根结底关涉个体和社会微妙关系的资格权利与集体善这对价值的抗衡问题。作为自由主义的一员，诺齐克的权利思想是通过对古典自由主义者洛克的批判确立的，他的正义思想是针对现代自由主义平等的正义观而提出来的，罗尔斯的分配正义理论是触发诺齐克深入思考正义问题的直接原因。在诺齐克的权利观里，个人权利是一切理论的出发点和终极目的。诺齐克默认了个人权利的逻辑先在性与不证自明性，并以自我所有原则与道德边际约束原则作为权利理论的基本支撑。诺齐克借助了康德关于"人是目的"的观点，为自我所有原则提供道德哲学的理论依托，并驳斥了功利主义为追求社会幸福总量而忽视个人分立性

---

① 张翠梅．论罗伯特·诺齐克之资格正义理论研究．北京：科学出版社，2009.

的观念。诺齐克借鉴并超越了洛克的自然权利理论，他认为自我所有权不仅意味着个人对自身拥有完全意义上的所有权，而且将其延伸到个体对外部财产性权利的绝对持有。诺齐克的资格正义理论主要包括获取正义原则、转让正义原则和矫正正义原则。

20世纪功利主义虽然经过摩尔的批判，但伦理学家图尔明、诺埃尔-史密斯、厄姆森以及澳大利亚的斯马特等人仍为功利主义辩护。20世纪后半期，产生了行动功利主义和准则功利主义等新功利主义理论。行动功利主义主张从行动的直接后果来评价其善恶，因此又被称为直接后果主义。准则功利主义对行动的评价主要以履行什么准则能够给行动带来好的后果为标准，因而又被称为准则后果主义或间接后果主义。当代西方的功利主义思想特别是准则功利主义和行动功利主义的论争也引起了我国学者的研究兴趣。牟斌、龚群、李莉等人撰文或著书探讨当代西方功利主义的复兴和准则功利主义与行动功利主义的论争，并对其做出自己的评价与总结。在他们看来，准则功利主义与行动功利主义是当代西方功利主义阵营中影响最大、理论形态最完备的两大流派，它们之间的争论主要围绕决定行动正确与错误的标准究竟是准则还是行动本身、什么行动是可选择的行动，以及如何理解行动的效果等问题而展开。

此外，高国希撰写的博士学位论文《走出伦理的困境——麦金太尔道德哲学与马克思主义伦理学研究》①，比较全面系统地介绍了麦金太尔的德性论，并站在马克思主义伦理学的立场上对之做了较为深入的论证与分析。该著作还把麦金太尔的德性论研究同发展我国的马克思主义伦理学联系起来，探讨麦金太尔德性论的合理因素对发展马克思主义伦理学的意义。郑琪著的《努斯鲍姆“好生活”伦理思想研究》②，集中探讨了德性、运气、外在善与个人“好生活”的关系，以及它们对“好生活”实现的影响。周玉梅著的《赫斯特豪斯的规范美德伦理学思想》③，论述了赫斯特豪斯规范美德伦理学思想的形成、理论框架、历史意义及受到的挑战。赫

① 高国希．走出伦理的困境：麦金太尔道德哲学与马克思主义伦理学研究．上海：上海社会科学院出版社，1996.

② 郑琪．努斯鲍姆“好生活”伦理思想研究．北京：社会科学文献出版社，2020.

③ 周玉梅．赫斯特豪斯的规范美德伦理学思想．上海：东方出版中心，2018.

斯特豪斯开创性地提出了美德规则（V-规则）思想，以解决美德伦理学对伦理行为提供有效的行动指南这一美德伦理学难题，发展出了自己的规范美德伦理学思想。这一规范伦理学不同于之前美德伦理学家们认为美德伦理学是以行为者为基础的思想，而是以行为者为优先、以美德规则（V-规则）为基础来对道德行为提供指南。胡继华著的《后现代语境中伦理文化转向——论列维纳斯、德里达和南希》[①]，使用“伦理文化转向”来阐说20世纪80年代以来后现代思想运动的趋势，选择具有明显的学理承继关系并具有相同致思取向的三位法国后现代思想家为个案来分析这种伦理文化转向，在这三位后现代思想家的伦理文化构想体现了泛悲剧精神、灵知精神以及道德完美主义精神。三位思想家意识到了亲切性和生命感对现代个体自由的重要性；他们所理解的自由，是一种依托于他人的、不可确定的谦卑自由。

新中国成立以来，我国伦理学界对西方伦理学的研究，除了以上所述方面，还表现在对英法功利主义、德国唯意志主义，以及现代元伦理学等方面的研究。这些研究虽然还不够深入和全面，需要正视的问题还很多，总体上还没有告别以介绍和阐释为主的研究层次，但历史地看，却打开了我国研究西方伦理学的天窗，使我们对西方伦理学有了一个大致的了解和一般性的把握，为建构具有中国特色、中国风格、中国气派的社会主义伦理思想体系提供了可资批判和借鉴的资料。

三、东方伦理思想史研究

新中国成立以来，我国学者除了对西方伦理思想展开了卓有成效的研究，对日本、印度、韩国、新加坡等东方国家的伦理思想也进行了较为全面的研究，并取得了不少可喜的成果。

---

① 胡继华．后现代语境中伦理文化转向：论列维纳斯、德里达和南希．北京：京华出版社，2005.

系统研究东方伦理思想的学术著作当推李萍著的《东方伦理思想简史》①，这是我国专门研究东方伦理思想史的拓荒之作，除绪论外，分四编全面深入地探讨了印度伦理思想、日本伦理思想、阿拉伯伦理思想、犹太-以色列伦理思想的形成、发展和现代演变，并对其不同时期的主要内容、基本特征予以比较好的论证和揭示。该著作认为，东方伦理思想大体上可以划分为三大伦理文化圈，即以印度为中心的印度教-佛教伦理文化圈、以中国为中心的儒家伦理文化圈和以阿拉伯为中心的伊斯兰教伦理文化圈。东方伦理思想的发展大体上可以区分为四个阶段：远古至公元前6世纪为东方伦理思想的开端时期，这一时期的后期出现了人类文化的古代鼎盛发展；公元前6世纪至公元8世纪是东方伦理思想的发展时期，这也是东方伦理思想类型化和社会形态定型化时期；公元8世纪至19世纪是东方伦理思想从繁荣走向衰落的时期；公元19世纪至20世纪是东方伦理思想的变革时期。自18世纪末至19世纪初，除日本外，东方各国传统伦理思想受到破坏，东方各国开始了图强自新的艰苦努力，伦理思想上倡导启蒙和解放，并进行着东西伦理相结合的尝试，为东方各国的自治独立奠定了思想道德的基础。论及东方伦理思想的特点，该著作指出，东方伦理思想具有以下基本特点：(1) 伦理思想起源的多头性和相对稳定性；(2) 哲理性与实用性密切结合；(3) 强调个人对整体的从属性和献身精神，普遍通行的是整体主义原则；(4) 把具体的道德规范表达成律法形式，或者说以律法形式巩固道德规范。在探讨了东西方伦理思想的交流和碰撞后，该著作在绪论中还专门探讨了东方伦理思想与现代化的问题，指出东方伦理思想的现代化不是“原发的”，而是“衍生的”，是被强迫纳入现代化的世界格局中的。东方伦理思想的现代化包含两层含义：一是指东方伦理思想自身的古代、中世纪、近代向现代的演化，此为历时态的进程；另一是指东方伦理思想在西方伦理思想刺激下的应战和回答，此为共时态的进程。在该著作看来，东方伦理思想的现代化要解决好继承与发展、民族性与全民性、渐进性与突变性的关系问题，既要融入现代性的大潮之中，又要反对全盘西化。虽然现代化与西方有着不解之缘，但现代化绝不等于西化。以西化为目标的现代化不仅是方向性的误导，而且会导致东方国家现

① 李萍．东方伦理思想简史．北京：中国人民大学出版社，1998.

代化的失败。在伦理思想现代化上，也应作如是观。

在日本伦理思想的研究方面，王中田推出了《当代日本伦理学》[①] 一书。该著作是系统研究日本二战后 40 多年来的伦理学理论的发展过程、主要观点、发展特点的成果。该著作认为，当代日本伦理学的第一个特征在于改变了近代伦理急功近利的思想倾向，转为深入思考反省，在文化的兼容中吸取西方成果来丰富自己。第二个特征表现为当代日本伦理学的发展呈现为多元发展的格局，每个时期都产生了自己的伦理学理论，且观点繁多、流派纷呈。第三个特征表现为当代日本伦理学追求民族特色。以高桥进的东方人伦思想为代表，标志着日本伦理学发展到今天，民族特色愈益明显。该著作的五章分别介绍论述了金子武藏的实存主义伦理学、柳田谦十郎的马克思主义伦理学、小仓志祥的人格主义伦理学、高桥进的东方人伦思想、式部久的人道主义伦理学。王中田还发表了《近代日本伦理思想发展简论》《古代日本伦理思想发展论纲》等学术论文[②]，对日本古代和近代伦理思想的发展历程及基本特征做了进一步的探讨。吴潜涛撰的《论日本伦理思想的特点》[③] 认为，与中国和西方伦理思想比较而言，日本伦理思想具有独立自主的移植性、重视整体献身的忘我精神、崇尚节约节俭的生活品质等特点。乔洪武、陶芸合撰的《日本马克思主义经济伦理思想的新发展》[④]，从 2011 年后资本主义国家经济危机的价值评价、制度伦理视角，对生态危机的审视、资本主义发展状况和未来前途的伦理反思三个方面，对池上岳彦、岩佐茂、的场昭弘等日本马克思主义学者的经济伦理思想予以介绍、分析，并提出我国应当借鉴的经验和吸取的教训。他们二人合撰的另一篇文章《当代日本的福利国家经济伦理思想评析》[⑤]，通过深入研究以盐野谷畅一为代表的当代日本学者关于福利国家的构筑基础、福利国家的目标、“积极的社会保障”建设等思想，及其对西方福

---

① 王中田．当代日本伦理学．长春：吉林大学出版社，1991.

② 王中田．近代日本伦理思想发展简论．吉林大学社会科学学报，1990（6）；王中田．古代日本伦理思想发展论纲．日本研究论集，2002（0）.

③ 吴潜涛．论日本伦理思想的特点．中国人民大学学报，1990（4）.

④ 乔洪武，陶芸．日本马克思主义经济伦理思想的新发展．马克思主义研究，2016（11）.

⑤ 乔洪武，陶芸．当代日本的福利国家经济伦理思想评析．哲学动态，2016（9）.

利经济伦理思想的发展和完善，揭示了当今日本福利国家经济伦理思想的主要特点以及在实践中取得的成效与存在的问题。

印度伦理学本质上是一种宗教伦理学，其中佛教、印度教是主要的宗教。李萍撰的《论印度传统伦理思想的发微及特点》[①] 一文认为，印度传统伦理思想的起源是“道”与“法”，判断善恶的价值标准在于各种经典，而非行为本身；印度传统伦理在强调精神要求的同时也关注现实生活，“人生四要”才是多数印度人的行为指南；由于对道德行为的不同定位，“自我”受到了关注，社会和他人常常处于边缘。宋丽萍、张淑兰合撰的《印度伦理的历史性变迁与结构特征》[②] 一文指出，印度的伦理观经历了“两变”“一不变”的历史发展：它将古代的宗教化、近现代的圣雄化和当代的法制化融合在一起，呈现出承前启后的现代性发展特征；将古代偏重人与社会、近现代偏重政治与人和当代的政治经济社会与人整合在一起，呈现出日益完善的系统综合性特征；将古代的多元共存、近现代的东西方交融和当代的多元统一聚合在一起，呈现出根深蒂固的多元性特征。

在东方伦理思想研究中，我国伦理学者还对朝鲜和韩国伦理思想、新加坡伦理思想、伊斯兰教伦理思想、犹太-以色列伦理思想等展开了深入系统的研究，并取得了不少学术成果。顾世群著的《〈古兰经〉伦理思想研究》[③]，对伊斯兰教经典《古兰经》中的伦理思想做了比较全面的梳理与系统的介绍和总结，并对《古兰经》伦理思想与基督教伦理思想、与儒家伦理思想予以比较研究，较为深刻地揭示出《古兰经》及伊斯兰教伦理思想的基本特征。

整体而言，新中国成立以来特别是改革开放以来的中国伦理学在理论上取得的成就是历史性和开创性的，不仅建构起了以马克思主义为指导思想的伦理学原理和道德哲学理论体系，对马克思主义伦理思想和中国化马克思主义伦理思想做出了全面系统的阐释与论述，发展了马克思主义伦理科学，形成了马克思主义伦理思想史学，开创了中国特色社会主义的规范

---

① 李萍．论印度传统伦理思想的发微及特点．湘潭大学学报（哲学社会科学版），2004(4).

② 宋丽萍，张淑兰．印度伦理的历史性变迁与结构特征．南亚研究季刊，2014 (4).

③ 顾世群．《古兰经》伦理思想研究．银川：宁夏人民出版社，2016.

伦理学，而且全面研究了当代实践伦理学和应用伦理学问题，创设了中国特色社会主义的应用伦理学群，诸如经济伦理学、政治伦理学、科学技术伦理学、网络伦理学、生态伦理学、教育伦理学、人工智能伦理学、空间开发伦理学、核伦理学、国际关系伦理学等，对中外伦理思想史、道德生活史也做出了颇富创造性的研究，使中外伦理思想史和道德生活史、伦理文明史得到全面系统的开发与研究，显示了一个泱泱大国应有的伦理襟怀和道德气度，书写了当代中国伦理学的新篇章。

当然，在意识到中国伦理学在理论上取得辉煌成果的同时，我们还必须看到，与时代和社会的发展要求相比，与中国经济社会发展所取得的成就相比，与国家和人民群众对伦理学的期望相比，中国伦理学还存在许多亟待解决的问题，诸如伦理学人的知识谱系和价值眷注、伦理情怀还存在不够完善、不够坚定和不够强烈的问题，对马克思主义伦理思想和中国化马克思主义伦理思想的研究与把握还存在认识不够、关注不够因而深度和高度都不够的问题，对当代中国与世界其他国家的道德生活实际和应用伦理学诸问题还谈不上有真切实际的了解，因而知识的介绍有余但总结创新明显不够，一些文章或著作呈现出被乱花迷眼、被浮云遮眼的困惑和茫然，还有不少文章或著作表现出明显的实用主义、功利主义倾向，忘却了应有的家国情怀和道义担当，为人民、为国家、为文明著书立说的意愿和心志亟待强化与培育，凡此等等，都需要在未来的伦理学研究中加以有效的解决。

习近平在全国哲学社会科学工作者座谈会上的讲话中指出，当代中国正在经历着中国历史上最为广泛而又最为深刻的社会变革，也正在进行着人类历史上最为宏大而又最为独特的实践创新。这种前无古人的社会变革和伟大实践，必将给理论创造、学术繁荣提供强大动力和广阔空间。尤其是当今世界正经历“百年未有之大变局”，中华民族伟大复兴进入最为关键和距离目标越来越近的时期，时代、社会、国家和世界需要研究的重大理论问题与实践问题纷至沓来，迫切要求伦理学人坚持问题导向，聆听时代声音，更加深入地推动马克思主义与当代中国道德生活的具体实际相结合，与中华民族优秀传统伦理文化相结合，推出立时代之潮头、通古今之变化、发思想之先声的精品力作，不断丰富和创新伦理学理论，真正形成具有中国特色、中国风格、中国气派的马克思主义伦理学和社会主义伦理学，在促进中华民族伟大复兴的同时推动人类伦理文明不断向前发展！

展望编

新中国伦理学已经走过70余年非凡的发展历程，取得的成就和存在的缺失都具有历史借鉴的意义。从新中国伦理学70余年的回溯中总结经验教训，是面向未来发展新中国伦理学的基础和条件。走得再远也不能忘记来时的路，不忘初心，牢记使命，是为了更好地砥砺前行。“旧学商量加邃密，新知培养转深沉”，是进一步繁荣和发展新中国伦理学的内在需要。以史为鉴，开创未来，是繁荣和发展新中国伦理学应有的品质和要求。伦理学之所以是人类文明史上既十分古老又永远年轻的学问，就在于它在扎根历史的同时又面向未来，有着集黑格尔所言的“密涅瓦的猫头鹰”之反思功能与马克思所言的“高卢的雄鸡”之报晓功能于一身的特质。因为伦理学所言的“价值”和“应当”虽然在历史与现实生活中有其深刻的根源和渊源，但就其本质而言是开放的和未完成的，是需要去追求和去把握的“前瞻项”。也正因为如此，伦理学特别推崇高瞻远瞩、深谋远虑的智慧，并把追求美好的生活、建设合意的社会、传承并创新适乎人类生存、发展和完善的伦理文明视为自己责无旁贷的学术使命。梁启超在《中国道德之大原》一文中将“虑后”视为中国道德三种根本的观念和美德（另二种为“报恩”和“明分”）之一，指出中国道德是“最重将来”的，“我国人惟以服膺斯义之故，常觉对于将来之社会，负莫大之义务，苟放弃此义务，即为罪恶所归。夫人之生于世也，其受过去现在社会之恩我者，无量无极，我受之而求所以增益之，以诒诸方来，天下最贵之天职，莫过是也”①。未来中国伦理学的发展，会在服务于、服从于中华民族伟大复兴这一时代主题和应对世界“百年未有之大变局”中展开自己的理论运思和价值探求，并且从内外两个向度和层面，既建构中华伦理文明的精神义理和价值谱系，又致力于建构新型国际关系伦理和人类命运共同体伦理，不仅在“为往圣继绝学”方面展现新作为，而且在“为万世开太平”方面做出新贡献。

① 梁启超．梁启超文选．王德峰，编选．上海：上海远东出版社，2011：132.

第九章　民族复兴伦理学和中华伦理文明的创新发展

新中国伦理学已经开启了民族复兴伦理学的初步探索，并对中华伦理文明的当代建构展开了颇富创新性的运思，但是诚如中华民族伟大复兴现在已经进入关键性阶段，需要攻克的困难、需要超越的险阻、需要跨越的沟壑还有很多一样，中华民族复兴伦理学现在面临着许多前所未有的挑战，一系列新问题纷至沓来，要求伦理学人必须紧扣时代伦理道德问题做深度思考和研究，并对前瞻性问题做出科学的预判、理性的测度和智慧的把握，从而为中华伦理文明的创新发展提供智力的支持和高瞻远瞩的识见。这是一个拥有 5000 多年伦理文明史、拥有 180 多年近现代伦理道德发展史、70 多年新中国社会主义伦理文化建设史的东方大国既盛况空前，又壮怀激烈的重大伦理志业和事业，同时也是一个对伟大祖国、中华民族、中华文化、中国共产党和中国特色社会主义现代化事业高度认同并推进其行稳致远的精神文化建设工程。中华民族伟大复兴需要并呼唤强大而持久的伦理精神指引和力量支撑。没有先进伦理文化的积极引领，没有广大人民群众精神世界的极大丰富，没有民族精神力量的不断增长，没有中华民族现代文明的建设成果及其支撑和价值拱立，是谈不上也无法实现民族伟大复兴的。从某种意义上说，中华民族伟大复兴必然也内在要求民族伦理精神和伦理文化的伟大复兴，民族复兴伦理学的理论建构和中华伦理文明的创新发展，对于中华民族伟大复兴具有培本固元和凝心铸魂的巨大作用与价值效能。

一、中华民族伟大复兴的价值求索和义理探论

复兴是对原有兴盛、兴旺状态的复活或光复。民族复兴是指一个曾经创造过辉煌历史的民族后来因种种原因而辉煌不再，引起民族精神的反思与奋起，经过许多年上下求索、动心忍性的奋斗之后，重新实现民族的崛起，远超历史上所成就的辉煌。

（一）近代以来中国人民最伟大的梦想和使命

实现中华民族伟大复兴，是近代以来中国人民最伟大的梦想和使命。习近平指出："这个梦想，凝聚了几代中国人的夙愿，体现了中华民族和中国人民的整体利益，是每一个中华儿女的共同期盼。"① 只有创造过辉煌成就和历史记录的民族，才懂得民族复兴和民族伦理文化复兴的意义；只有经历过深重苦难和各种内外磨难的民族，才对民族复兴和民族伦理文化复兴有更加深切的渴望。中华民族具有悠久历史和灿烂文化，曾长期走在世界发展前列。中华民族为人类做出过远超世界上任何一个国家或民族的卓越贡献。近代以来，由于封建社会的衰落和封建统治者的腐朽，尤其是西方列强坚船利炮的入侵，中华民族落伍了、衰弱了，甚至沦落到亡国灭种的危险边缘。每个有血性的中国人，只要想起鸦片战争以来中华民族和中国人民所遭受西方列强的百般凌辱，就会感到心痛，自会在心灵深处不断涌动起民族复兴和独立自强的精神血液。一部帝国主义奴役中国的历史，也是一部中国人民奋起抗争、与帝国主义及其走狗展开殊死搏斗的历史。鸦片战争以后，救亡图存、振兴中华始终是每一个中国人特别是无数仁人志士的强烈愿望。近代以来，中华民族和中国人民所遭遇的苦难与折磨都是历史上罕见的。但中国人民从不屈服，苦难和剥削压迫并未消磨中华民族的斗志与实现民族独立、民族复兴的决心。在数代中华民族优秀儿女奋起抗争和前赴后继的流血牺牲后，中国人民终于在中国共产党的领导

① 习近平谈治国理政：第1卷．北京：外文出版社，2018：36.

下和马克思主义科学理论的指导下，经过28年流血牺牲、艰苦奋斗，扭转了近代以来落后挨打、饱受欺凌的悲惨命运，开启了中华民族走向伟大复兴的历史进军，书写了从站起来、富起来到强起来的伟大飞跃的恢宏史诗。

鸦片战争的失败，导致中国被迫步入半殖民地半封建社会，帝国主义在中国割占领土，勒索赔款，给中华民族和中国人民造成极端的痛苦和灾难。冯桂芬对中华民族遭遇的奇耻大辱深感悲痛，指出："有天地开辟以来未有之奇愤，凡有心知血气，莫不冲冠发上指者，则今日之以广运万里地球中第一大国，而受制于小夷也。"① 他在意识到中国诸多落后"不如夷"的情况下喊出了"如耻之，莫如自强"② 的呼声，成为早期改良派和自强运动的先驱。

中日甲午战争失败后，中华民族陷入空前严重的危机之中，然而这同时也唤醒了中华民族救亡图存和振衰救败的自立自强与变法维新意识。梁启超指出："吾国四千余年大梦之唤醒，实自甲午战败割台湾，偿二百兆以后始也。"③ 康有为在保国会成立时的演讲中指出："吾中国四万万人"今日处于"覆屋之下，漏舟之中，薪火之上"，"听人驱使，听人割宰，此四千年中二十朝未有之奇变"，为了改变这种"奇惨大痛"，唯一的方法"只有发愤而已"④。他号召大家起来，"保国、保种、保教"，救中国、救民族、救文化。谭嗣同面对着"四万万人齐下泪，天涯何处是神州"的惨状，毅然决然地走上为变法维新流血牺牲的道路，其"我自横刀向天笑，去留肝胆两昆仑"的英雄气概气贯长虹。

孙中山走上历史舞台时，中国面对的悲惨境遇使每个有爱国心的中国人都感到痛苦。中华民族蒙受外国侵略者的恣意蹂躏，被视为"劣等民族"；君主专制制度像沉重的枷锁套在人们肩上，百姓被视同草芥，没有

---

① 冯桂芬．校邠庐抗议·制洋器议//中国史学会．戊戌变法：第1册．上海：上海人民出版社，2000：29.

② 同①.

③ 梁启超全集：第1卷．北京：北京出版社，1999：181.

④ 康有为．三月廿七日保国会上演讲会辞//中国史学会．戊戌变法：第4册．上海：上海人民出版社，2000：407.

丝毫权利可言；民生凋敝，广大贫苦民众在饥饿和死亡线上挣扎。面临着“强邻环列，虎视鹰瞵”，“瓜分豆剖，实堪虑于目前”的险恶形势，孙中山在《兴中会宣言》中明确地提出“是会之设，专为振兴中华、维持国体起见”①，响亮地喊出了“振兴中华”的口号，主张“亟拯斯民于水火，切扶大厦之将倾”②，并提出了“兴大利以厚民生”“除积弊以培国脉”等“振兴中华”的行动方略。他在1924年的《民族主义》讲演中指出：“强盛的国家和有力量的民族，已雄占全球，无论什么国家和什么民族的利益，都被他们垄断。他们想永远维持这种垄断的地位，再不准弱小民族复兴，所以天天鼓吹世界主义，谓民族主义的范围太狭隘。”③ 孙中山在这一讲演中直接使用了“民族复兴”一词，批评列强想维持垄断地位，“不准弱小民族复兴”。在孙中山看来，中华民族要实现自己的复兴就必须联合起来做成一个国家团体，同时还要恢复固有的以忠孝仁爱、信义和平为主要内容的道德传统，有了固有的道德，固有的民族地位才有望恢复。

整体上看，在中国共产党成立以前，虽然许多仁人志士产生了实现中华民族复兴的伟大梦想，但是由于阶级属性和时代条件的限制，他们不可能找到实现中华民族伟大复兴的科学理论和正确道路，即便孙中山领导的辛亥革命，还是以失败告终，未完成中国人民反帝反封建的民主革命的任务。中华民族伟大复兴呼唤先进理论和能够运用先进理论来领导中国社会变革的先进社会力量。马克思主义的传入，中国共产党的成立，使中华民族伟大复兴不仅有了先进理论的武装，更有了先进政党的领导，从而使中华民族伟大复兴进入新的实际的奋斗和实现之中。

（二）中国共产党人对中华民族伟大复兴的理论求索

中国共产党是以马克思主义为指导的无产阶级政党，是中国工人阶级的先锋队，中国人民和中华民族的先锋队。中国共产党自成立之日起，就致力于“为中国人民谋幸福”和“为中华民族谋复兴”，并以此作为自己

---

① 孙中山全集：第1卷．北京：中华书局，1981：19.

② 同①.

③ 孙中山全集：第9卷．北京：中华书局，1986：216-217.

的初心和使命，为之不懈奋斗。“一百年来，中国共产党团结带领中国人民进行的一切奋斗、一切牺牲、一切创造，归结起来就是一个主题：实现中华民族伟大复兴。”① 百余年来，中国共产党人对中华民族伟大复兴的宏伟事业不断进行理论求索，形成了中国化马克思主义的民族复兴理论。

李大钊是中国共产党党史上最早把马克思主义与“中华民族复兴”联系起来的革命先驱。新文化运动时期，他基于自己忧国忧民的理想抱负提出了“中华民族之复活”“青春中华”“中华再生”等命题，坚持认为“今后之问题，非新民族崛起之问题，乃旧民族复活之问题”②。“青春中华”是李大钊对中国向何处去、走什么样的路、建设什么样的国家等重大现实问题进行的早期思考和理论探索，该命题有力地激发和促进了那些志在救亡图存而又困惑彷徨的中国人民的觉醒。俄国十月革命后，他从中看到中华民族复兴的希望，不仅为十月革命和布尔什维主义欢呼，而且积极主动地宣传马克思列宁主义，认为实现中华民族复兴不能靠东方文化，也不能靠西方文化，而要靠“第三种文明”即社会主义文明。“吾人对于俄罗斯今日之事变，惟有翘首以迎其世界的新文明之曙光，倾耳以迎其建于自由、人道之新俄罗斯之消息，而求所以适应这世界的新潮流”③，俄国十月革命和布尔什维主义本质上是一种世界之新潮流，这种潮流是“只能迎，不可拒的，我们应该准备怎么能适应这个潮流，不可抵抗这个潮流”④，“试看将来的环球，必是赤旗的世界”⑤。只有以马克思主义为指导，以俄国十月革命为样板，向着社会主义发展前途迈进，才有可能实现中华民族伟大复兴。

毛泽东继承并发展了李大钊等早期马克思主义者的民族复兴思想，将其与中国共产党的性质、宗旨和价值追求密切联系起来，与中国革命的对象、任务有机地结合起来，与社会主义的路径选择辩证地统一起来，从而使民族复兴理论获得了一种全新的理论品质、理论视野和理论气度。在新

---

① 习近平．习近平重要讲话单行本：2021年合订本．北京：人民出版社，2022：87.

② 李大钊全集：第1卷．北京：人民出版社，2006：332.

③ 李大钊全集：第2卷．北京：人民出版社，2006：228.

④ 同③255.

⑤ 同③263.

中国成立前夕，毛泽东几次从不同角度论及了中华民族复兴，认为建立新中国将“使中华民族来一个大翻身，由半殖民地变为真正的独立国”①。“伟大的胜利的中国人民解放战争和人民大革命，已经复兴了并正在复兴着伟大的中国人民的文化。这种中国人民的文化，就其精神方面来说，已经超过了整个资本主义的世界”，所以“近代世界历史上那种看不起中国人，看不起中国文化的时代应当完结了”②。新中国成立后，毛泽东又带领全国人民艰苦奋斗建设国家，提出了建设一个伟大的社会主义中国，将一个落后的农业国建设成为一个先进的工业化国家，使中华民族能够对世界做出新的贡献等命题，并初步形成“四个现代化”思想。

十一届三中全会以后，以邓小平同志为主要代表的中国共产党人继承并发展了毛泽东的民族复兴理论，提出了比较完整的，通过改革开放和“四个现代化”建设来振兴中华民族的理论，使其成为中国特色社会主义理论的重要组成部分。邓小平专门写有《振兴中华民族》的文章，在这篇文章中，他明确地指出：“党的十一届三中全会以后，我们集中力量搞四个现代化，着眼于振兴中华民族。”③ 改革开放和社会主义现代化建设就是要实现老一辈无产阶级革命家和无数革命先烈的崇高理想，振兴我们的国家和民族。他说，我们现在是一个政治大国，“在不长的时间内将会成为一个经济大国”，并强调“中国人要振作起来……我们要利用机遇，把中国发展起来”④。他把改革开放视为振兴中华民族和“决定中国命运的一招”⑤，把实现“四个现代化”视为振兴中华民族的重要内容。

十三届四中全会以后，以江泽民同志为主要代表的中国共产党人细化了邓小平的“三步走”发展战略，提出“两个百年”奋斗目标，并明确使用“实现中华民族伟大复兴”概念。1997 年 9 月，江泽民在中国共产党第十五次全国代表大会上做报告，不仅指出只有中国共产党才能开创建设

① 毛泽东选集：第 4 卷．北京：人民出版社，1991：1375.

② 同①1516.

③ 邓小平文选：第 3 卷．北京：人民出版社，1993：357.

④ 同③358.

⑤ 同③368.

有中国特色社会主义道路，“实现民族振兴、国家富强和人民幸福”①，而且认为社会主义初级阶段是“在社会主义基础上实现中华民族伟大复兴的历史阶段”②。1997 年 11 月，江泽民访问美国期间在哈佛大学发表演讲，指出中国人民之所以要进行百年不屈不挠的斗争，之所以要实行一次又一次的伟大变革，之所以要加强民族团结、完成祖国统一大业，之所以要促进世界和平与发展的崇高事业，归根到底就是为了一个目标：“实现中华民族的伟大复兴，争取对人类作出新的更大的贡献。”③ 党的十六大报告多处提到中华民族的伟大复兴，并对全面建设小康社会的奋斗目标做出了更加具体、更加务实的部署。

党的十六大以后，以胡锦涛同志为主要代表的中国共产党人，提出科学发展观，明确提出党担负着团结带领全国人民全面建成小康社会、推进社会主义现代化、实现中华民族伟大复兴的重任。2003 年 12 月，在纪念毛泽东同志诞辰一百一十周年座谈会上的讲话中，胡锦涛讲到，以邓小平同志、江泽民同志为主要代表的中国共产党人继承毛泽东开创的伟大事业，开辟了建设中国特色社会主义新道路，赋予中国社会主义和民族复兴伟大事业新的强大生机；并强调指出，只有坚持中国特色社会主义道路，才能“更好实现社会主义现代化和中华民族伟大复兴”④。在纪念辛亥革命一百周年大会上，胡锦涛在 3700 多字的讲话中 8 次提及“振兴中华”、23 次提到“中华民族伟大复兴”。胡锦涛的讲话贯穿了“振兴中华、民族复兴”这条主线，提出实现民族复兴必须坚定不移高举中国特色社会主义旗帜，爱国主义旗帜，和平、发展、合作旗帜，并呼吁全体中华儿女携起手来，“坚定实现中华民族伟大复兴的理想……在时代进步洪流中奋力实现中华民族伟大复兴”⑤。

党的十八大以来，以习近平同志为主要代表的中国共产党人极大地发展了中华民族伟大复兴的理论和实践，将中华民族伟大复兴推进到一个崭

---

① 江泽民文选：第 2 卷．北京：人民出版社，2006：3.

② 同①15.

③ 同①63.

④ 胡锦涛文选：第 2 卷．北京：人民出版社，2016：141.

⑤ 胡锦涛文选：第 3 卷．北京：人民出版社，2016：562.

新的阶段。虽然毛泽东、邓小平、江泽民、胡锦涛等人都有对中华民族复兴和伟大复兴的论述，但是正式提出中华民族伟大复兴的中国梦，则是习近平的首创。中华民族伟大复兴中国梦的基本内涵可以从历史、现实与未来的维度以及从国家、民族与个人关系的维度来考察。中国梦从时间维度而言，既是历史的，也是现实的，更是未来的。国家富强、民族振兴、人民幸福是中国梦的本质。“中国梦是我们的，更是你们青年一代的。中华民族伟大复兴终将在广大青年的接力奋斗中变为现实。”① 习近平对中国梦历史的、现实的和未来的时间意义做了言简意赅的论述，同时从空间上对中国梦之国家意义、民族意义和个人意义也做出了深刻的理论阐释，还肯定中国梦更是青年一代的，希望广大青年在实现中国梦的生动实践中放飞青春梦想。在总结中国共产党百年辉煌历史中，习近平将中国共产党的初心和使命概括为“为中国人民谋幸福”与“为中华民族谋复兴”，并对在新的历史时期如何继续推进中华民族伟大复兴的宏伟事业做出了战略部署。他强调，中国共产党成立百年来所进行的一切奋斗就是为了把中国“建设成为现代化强国，实现中华民族伟大复兴”②。党的二十大报告强调指出，党的十九大以后的五年是党中央统筹中华民族伟大复兴战略全局和世界百年未有之大变局，把新时代中国特色社会主义不断推向前进的极不寻常、极不平凡的五年。党的十八大以后的十年中一个十分重要的成果就是“提出实现中华民族伟大复兴的中国梦，以中国式现代化推进中华民族伟大复兴”③，并使“实现中华民族伟大复兴进入了不可逆转的历史进程”④。当今中国比历史上任何时期都更接近中华民族伟大复兴的目标。未来的历史发展还将继续证明，由于选择了马克思主义，选择了中国共产党，走出了一条中国特色社会主义现代化道路，中国人民已经形成高度的道路自信、理论自信、制度自信、文化自信，中华民族的精神面貌发生了历史性的变化，追求伟大复兴、创造伟大复兴和实现伟大复兴的动能得到

---

① 习近平谈治国理政：第 1 卷．北京：外文出版社，2018：49.

② 习近平．论中国共产党历史．北京：中央文献出版社，2021：302.

③ 习近平．高举中国特色社会主义伟大旗帜　为全面建设社会主义现代化国家而团结奋斗：在中国共产党第二十次全国代表大会上的报告．北京：人民出版社，2022：7.

④ 同③16.

了最大程度的释放，中国已经从积贫积弱的落后农业国发展成为先进的工业国和现代化国家，成功走出一条中国式现代化道路，日趋进入世界舞台的中央。中国特色社会主义现代化道路及其型铸的中国模式、中国精神、中国力量，正在得到世界上越来越多国家的认同。

（三）中华民族伟大复兴内在要求中华伦理文明伟大复兴

中华民族的伟大复兴也是中国思想和中华伦理文明的壮丽复兴。中华伦理文明在当代的伟大复兴是在以马克思主义伦理思想中国化最新成果引领下的伟大复兴。新时代中国马克思主义伦理学表征复兴中的中国伦理文明的高度与深度，构成时代精神、民族精神和人类精神的精华与灵魂。中华民族的伟大复兴和人类文明的当代发展，需要高度自觉反思、超越自身和引领中华民族道德生活现实的中国马克思主义伦理学。中华民族伟大复兴本身就是一个世界历史事件，具有深远的世界历史意义。中华伦理文明伟大复兴是中华民族伟大复兴的价值凝结、精神集聚和智慧证成，既赋能中华民族伟大复兴的神圣事业，又引领并支撑中华民族伟大复兴的成功实现和行稳致远。

中华伦理文明是中华民族的精神血脉和价值凝聚，是中华民族建构的共同精神家园，也是建构民族复兴伦理学的源头活水和理论支撑。建构既扎根中国传统伦理文明肥沃土壤，又应对当代伦理道德生活挑战，且能够更好地引领中华民族行稳致远、实现伟大复兴的民族复兴伦理学和中华伦理文明，对于中华民族、中国人民、中华文化和中国特色社会主义现代化事业都具有极其重要的理论意义与实践价值，是一项真正意义上的“为天地立心，为生民立命，为往圣继绝学，为万世开太平”意义上的创业垂统和建纲立极的千秋事业，也是旧邦新命的伟大文明应该有的伦理禀赋和气量。中华伦理文明的伟大复兴集聚了中华民族伟大复兴的精神能量、价值创化和伦理道德的感召力，以及整个民族精气神的新造、提升和持续发展。一个强大的中国不是世界和平的威胁，而是维护世界和平的中坚力量。实现中华民族伟大复兴的中国梦带给世界的是和平，不是动荡；是机遇，不是威胁。中国越强大，维护世界和平、促进世界和谐发展的力量就越大。中国的和平发展道路实现了对资本主义现代化模式的成功超越，它昭示我们：大国崛起并非只有靠战争起家、掠夺致富一条路，以和平的方式发展、以文明的姿态崛起将是未来世界的优先选项。中国的强大意味着国际霸权格局必将走向终结，意味着"强而不霸"将取代"国强必霸"上升为新的历史逻辑，意味着人类有望迎来一个没有霸权的新时代。中华伦理文明协和万邦、和而不同、兼容并包、互助共赢的精神气质和价值禀赋，必将为世界、为人类走向持久和平、共同繁荣的未来注入持续不断的精神动能和价值机理。

二、中国道路、中国精神和中国力量的伦理深蕴

中华伦理文明伟大复兴不只是发掘与弘扬中华传统伦理文明的独特价值和精神魅力，更有在新的历史时期对中华伦理文明的再造和与时俱进的创造性发展，有立足于中国特色社会主义现代化建设的丰富实践和对当代民族复兴伦理学的整体建构与价值追求，对中国道路、中国精神和中国力量的伦理学阐释与论述起着独特而重要的定性、定位、定型的作用。中国道路、中国精神和中国力量，既是实现中华民族伟大复兴的必由之路、必要精神武装和必要力量源泉，也是构成中华民族复兴伦理学的重要组成部分，凸显出中华民族复兴伦理学的道路依凭、精神引领和力量支撑，本质上是中华民族复兴伦理学"道器合一""理势合一""志功合一"的集中体现。

（一）中国道路的伦理内涵和价值品性

中国特色社会主义道路是党和人民在新中国成立以来不断奋斗的根本成就，它立足于中国社会主义初级阶段的最大国情，是实现国家富强、人民幸福的康庄大道。历史证明，在中国，只有中国特色社会主义的康庄大道，才能推动中国社会不断进步和实现人民幸福。"如果不搞社会主义，而走资本主义道路，中国的混乱状态就不能结束，贫困落后的状态就不能

改变。”[①] 只有坚持走社会主义道路，才能解决全体中国人民的生活富裕问题。社会主义的本质就是摆脱贫穷和实现共同富裕。

如何实现现代化和民族复兴，中国有自己的独立判断，既没有简单复制苏联的发展模式，也没有简单复制西方国家的发展模式。中华民族所要建设的现代化，是中国式的社会主义现代化。习近平指出：“实现中华民族伟大复兴，道路是最根本的问题。中国特色社会主义是实现中华民族伟大复兴的唯一正确道路。”[②] 中国特色社会主义道路，是中国共产党带领中国人民不断探索和开创出来的一条适合中国具体国情的社会主义现代化建设道路，它是在既告别苏联集中统一的计划经济模式和封闭僵化的老路，又拒绝后来苏联解体、东欧剧变落入西方新自由主义陷阱的改旗易帜的邪路的基础上逐步开辟出来的，既坚持了马克思主义和科学社会主义的一般原理，又注重中国具体的国情和实际，所以是一条中国特色社会主义现代化建设道路。中国特色社会主义道路，将马克思主义的科学社会主义原理与当代中国改革开放的具体实际相结合，坚持社会主义共同富裕的本质要求，同时又主张建立以市场经济为主要内容的竞争和管理机制，充分发挥人尽其才、物尽其用、地尽其利的优势，实现效率与公平、活力与秩序的有机统一。中国道路的伦理底蕴和价值内涵在于坚持走自己的路，把马克思主义、社会主义的普遍原理与中国的具体实际相结合，与中华优秀传统文化相结合，并在这种结合中促进马克思主义中国化，建设中国特色社会主义。

中国特色社会主义道路，既要告别传统计划经济和封闭僵化的老路，又要拒斥西方新自由主义和改旗易帜的邪路，亦即既要拒斥苏联和西方发达国家那些不利于中国经济社会发展的有害因子，又要对那些有利于中国经济社会发展的合理因素兼收并蓄，并结合自己的国情和实际情况予以创造性的发展。对于中国特色社会主义来说，告别了高度集中统一的苏联模式，并不等于抛弃社会主义的基本原则；吸收借鉴西方现代化建设的合理因素，并不等于完全按照新自由主义的市场模式发展中国的经济。“走自

① 邓小平文选：第3卷．北京：人民出版社，1993：63.

② 习近平．习近平重要讲话单行本：2021年合订本．北京：人民出版社，2022：122.

己的路”意味着一切从自己具体的国情出发，把根扎在自己的文化土壤中，独立自主地解决自己所面对的种种困难和问题，依靠自己的努力披荆斩棘、继往开来。中国道路不仅关乎中国命运，也关乎世界发展。只有占据人类文明发展的道德伦理高地和价值文化制高点，中国道路最终才能够赢得世人的广泛认可和真心悦纳。中国道路顺应世界发展潮流，是以社会主义为底色、以中国特色为标志、以现代化为目标的发展道路。

（二）中国精神的伦理内涵和道德价值

中国精神是以爱国主义为核心的民族精神和以改革创新为核心的时代精神的有机统一，是伟大创造精神、伟大奋斗精神、伟大团结精神、伟大梦想精神的集中呈现，是五千年中华民族精神一脉相承发展至今且富含走向未来的精神气质、精神品格、精神魂魄的总和。

“爱国主义始终是把中华民族坚强团结在一起的精神力量，改革创新始终是鞭策我们在改革开放中与时俱进的精神力量。”① 爱国主义构筑了中华民族的精神支柱与精神家园，奠定了全体中华儿女身份认同和价值认同的基础，是中华民族生生不息、团结奋进的不竭动力。

改革创新是时代精神的集中体现，集聚着中华民族革故鼎新、日新不已、开拓创新的伦理品质，也是当代中国人民建设社会主义现代化国家、实现中华民族伟大复兴所呼唤、所要求的伦理品质或道德素质。中华民族依托以改革创新精神为核心的时代精神，不断解放思想、兴利除弊，使我们国家和民族实现新的历史性飞跃。改革创新承接着中国古代革故鼎新、日新不已的伦理精神统绪，在当代具化为攻坚克难、开拓进取、发奋图强等品质和精神风貌，书写着当代中国人民奋力推进社会主义现代化建设，建设富强、民主、文明、和谐、美丽国家的当代史诗。

中国精神是在中华民族数千年的历史发展中形成的，既集中中华民族群体精神和智慧，又不断新造中华民族的精神自我，并使其向着不断发展、不断完善的目标奋进的精神禀赋、品格和信念的总和；它能把中国人民凝聚在一起，成为一个社会共同体或整体，并且赋予其行稳致远的价值

① 习近平谈治国理政：第1卷．北京：外文出版社，2018：40.

功能，是中国国性、国德、国品、国格的集中体现。中国精神是中华民族向着“可大可久”方向进化发展的主体精神禀赋和内在人格品质，有着“大其心以体天下万物”① 和“中正然后贯天下之道”② 的独特义理与精神效能，完全能够为实现中华民族伟大复兴的中国梦提供源源不断的价值引领和信念支撑。

（三）中国力量的伦理凝聚和道德价值引领

中国力量是实现中国梦的必要保障和动力源泉。在今天，凝聚中国力量，就是要使全党全国各族人民同心同德、共同努力，使全体中国人民和全世界中华儿女心往一处想、劲往一处使，全力聚焦于中华民族伟大复兴的伟大梦想和社会主义现代化建设的伟大事业，“汇聚起实现民族复兴的磅礴力量”③。中华民族具有伟大团结精神，深知“团结就是力量”，“这力量是铁，这力量是钢，比铁还硬，比钢还强”的道理，懂得“个人太渺小，党群才万能”箴言所内含的道德智慧，自觉地产生将自己这一滴水放进国家民族的大海里这样的信念，于是凝聚起了将个体有限生命投入到无限的为人民服务之伟大事业中的价值共识。中国力量是中国各族人民大团结的力量，是我们党克服各种困难、战胜各种风险挑战的力量源泉。我们要用全体中国人民的智慧和力量，把我们的国家建设成为一个社会主义现代化强国，振兴伟大的中华民族，使中国人民真正过上高质量的幸福美好生活。作为历史活动主体和创造者的人民群众，既是社会财富的创造者，也是社会财富的享有者；既是中国梦实现的主体力量，也是中国梦提出的根本目的。中国共产党根基在人民，血脉在人民，力量在人民。中国共产党之所以能够取得历史性的巨大成就，是因为与人民群众建立了血肉联系，赢得了人民群众发自内心的支持和拥护。中华民族是具有伟大创造精神、伟大奋斗精神、伟大团结精神、伟大梦想精神的民族，中国人民是具有伟大创造精神、伟大奋斗精神、伟大团结精神、伟大梦想精神的人民，

---

① 张载集．北京：中华书局，1978：24.

② 同①26.

③ 习近平．习近平重要讲话单行本：2021年合订本．北京：人民出版社，2022：98.

他们具有无限的创造力、奋斗力、团结力、实现伟大梦想的能力。只要不断加强中华民族和中国人民的大团结，就可以最大限度凝聚起共同奋斗的精神力量，就可以开创中华民族伟大复兴的新局面，夺取中国特色社会主义现代化建设的新胜利。

中国力量不仅包含了综合国力、科技实力、军事实力等硬实力，也包含了民族精神、核心价值、文化建设等软实力。2007年文化“软实力”第一次写入中国共产党的十七大报告，党的十八大更加明确地强调要“开创中华文化国际影响力不断增强的新局面”。文化“软实力”事关国家的兴衰成败，事关党的生死存亡，事关人民的福祉安康。

实现中华民族伟大复兴，需要文化“软实力”凝聚民心民智。文化“软实力”的提升离不开民族文化的复兴。复者，传承也；兴者，创新也。我们既要传承好“中国传统文化”这个根，保持民族性；又要与时俱进，开拓创新，与当代社会发展相适应，与现代文明进程相协调，体现时代性。提升国家文化软实力的首要前提是文化自觉的形成。国家文化软实力最终取决于国民素质，国家文化软实力提升的关键是国民素质的不断增强。国民不仅是国家和民族文化的承载者，更是国家和民族文化的创造者。国民素质决定着国家和民族文化的价值取向与前进方向，影响着国家和民族文化的创造力。

（四）中国式现代化道路的伦理精义和价值趋向

现代化是指人类社会从传统社会向现代社会的一种转型和跨越，内含着经济、政治、文化、科技、通信、交往等方面的深刻变革和社会进步。“现代化，既是过程又是产物。同城市化、工业化、西方化、欧化相比，现代化描述了一个更为复杂的过程，并意指一种具有特定社会形式的同样复杂的产物。这种被称作现代化的过程不局限于社会现实的一个领域，而是包括社会生活的一切基本方面。”① 现代化包含了经济上的工业化市场化、政治上的民主化法治化、知识上的理性化科学化、生活上的城市化多

① A.R.德赛．重新评价现代化概念//亨廷顿，等．现代化：理论与历史经验的再探讨．罗荣渠，主编．上海：上海译文出版社，1993：28.

元化等方面的内容。“最初的、‘原生的’现代性在西方产生时，综合了几个相互紧密联系的维度和方面：第一，结构、组织维度……第二，制度维度”，并形成了“一种独特的文化方案及与之密切相关的社会生活主要领域的特殊结构化模式”①。现代化在产生和发展过程中，不间断地与内部的冲突和对抗交织在一起，形成一种特有的矛盾运动。从世界现代化发展的历程来看，现代化经历了三大发展阶段：第一，以工业化、城市化为标志的现代化，由工业化发源地英国引领；第二，以全球化、金融化为标志的现代化，由全球化的主要推手美国引领；第三，以智能化、信息化为核心的现代化，以人工智能、大数据、云计算为支撑，目前处于中美双巨头激烈竞争阶段。这一处于激烈竞争中的现代化正在加速推进，谁占据了智能化、信息化制高点，谁就能引领第三阶段的现代化。通过现代化阶段论可以看出，现代化并不是一种一劳永逸的静止状态，而是一种不断演化、不断发展的动态过程。英、美等西方国家在现代化的第一阶段、第二阶段整体上处于领先地位，但这并不意味着它们将永远处于领先地位，中国等非西方国家完全可以在现代化的第三阶段甚至第四阶段起到全球引领作用。尽管西方现代化有力推动了人类技术进步和社会发展，但由于西方文化传统的特性和资本主义的内在矛盾，当前西方现代化存在一些难以克服的政治、经济、文化、社会矛盾和困境，主要表现在极端民粹主义与政治碎片化，经济金融化与资本无序扩张，个体化、多元化与文化认同危机，种族歧视、贫富分化与社会撕裂等方面。

人类社会既有先发内生型的现代化模式，也有后发外生型的现代化模式；既有资本主义的现代化发展道路，也有社会主义的现代化发展道路。中国式现代化属于后发外生型的社会主义现代化，是中国共产党领导的社会主义现代化发展模式；既有世界各国现代化的共同特征，更有基于自己国情和具体实际的中国特色。随着资本主义生产方式的确立，特别是工业革命的发展和现代大工业体系的建立，西方率先进入现代化行列的同时，也开始对外进行殖民扩张和财富掠夺。西方列强凭借船坚炮利叩开了传统中国的大门，现代化从此成为中华民族念兹在兹的历史宏愿。尽管中国被

① 艾森斯塔特．反思现代性．旷新年，王爱松，译．北京：三联书店，2006：21.

动卷入现代化洪流，然而经过近代以来特别是中国共产党成立以来团结带领中国人民的不懈奋斗，中国在现代化建设上从被动转向了主动。作为后发外生型的现代化，中国式现代化选择了社会主义道路。既然中国人民选择了以人民为中心的社会主义现代化发展道路，那就必然要摒弃西方以资本为中心的现代化、两极分化的现代化、物质主义膨胀的现代化以及对外扩张掠夺的现代化老路。

与西方资本主义国家的现代化比较而言，中国式现代化的独特本质表现在：

第一，人口规模巨大的现代化。在人口规模上，中国式现代化是人口大国的现代化。迄今为止，世界上实现现代化的国家和地区不超过 30 个，总人口不超过 10 亿。德、英、法等西欧国家属于千万人口级别的现代化，美国、日本属于亿级人口级别的现代化。而我国拥有 14 亿多人口，占世界人口的五分之一，我国 14 多亿人口整体迈入现代化社会，其规模超过现有发达国家人口的总和，必将彻底改写世界现代化的版图和结构，在人类历史上是一件具有深远影响的重大历史事件。在一个国土面积广袤、人口规模巨大的超大规模国家实现现代化，是世界性难题、世纪性考验。中国式现代化，意味着比现在所有发达国家人口总和还要多的国家实现现代化，意味着世界上最大的发展中国家进入现代化行列，其影响是世界性的，变革是历史性的。

第二，全体人民共同富裕的现代化。中国式现代化是以人民为中心并致力于追求全体人民共同富裕的现代化。这就与以资本为中心，致力于少数人富裕的西方式现代化有着本质的区别。作为资本主义的现代化，西方式现代化是建立在生产资料私有制基础之上的，其结果必然只能是贫富两极分化，少数资本家尽享现代化的红利，大多数劳苦大众不仅没有分享现代化的好处，反而为现代化的弊端和害处所拖累。资本主义现代化是追求资产阶级少数人利益最大化的实践过程，资本成为主宰社会的根本逻辑，现代化过程受制于资本、听命于资本、服务于资本，无产阶级和广大劳动人民本质上处于受压迫、受剥削、被统治的地位。与资本主义以资本为中心的现代化和少数人富裕的现代化不同，中国式现代化是以人民为中心，致力于实现全体人民共同富裕的现代化。共同富裕是社会主义的本质要求和中国式现代化的重要特征。中国式现代化坚持以人民为中心的发展思想，不断解决地区差距、城乡差距、收入分配差距，在发展中保障和改善民生，打赢脱贫攻坚战，全面建成小康社会，促进社会公平正义，坚决防止两极分化。中国式现代化在发展过程中，坚持做大“蛋糕”和分好“蛋糕”相统一：一手抓发展，打牢共同富裕的基础条件；一手抓分配，把稳共同富裕的正确方向，让发展成果更多更公平地惠及全体人民。中国式现代化打破了西方现代化中财富向少数人聚集的“宿命”，为解决贫富差距、中等收入陷阱、周期性经济危机等问题提供了智慧和方案。

第三，物质文明和精神文明相协调的现代化。中国式现代化既注重发展物质文明又重视发展精神文明，并且主张将物质文明与精神文明有机地结合起来，协调发展。这就与资本主义注重物质文明、忽视精神文明的现代化有着本质的区别。资本主义现代化是物质主义膨胀、消费主义和纵欲主义盛行的现代化，精神文明严重滞后甚至出现了深刻危机，主要表现在精神生活颓废，赤裸裸的利己主义和享乐主义大行其道，枪杀、自杀和各种虐待狂、被虐待狂有增无减，政治迫害、人身攻击、派别之争层出不穷。与资本主义现代化重视物质文明而忽视精神文明截然相反，中国式现代化坚持物质文明与精神文明协调发展、相互促进，认为物质生活贫穷不是社会主义，精神生活贫乏也不是社会主义，因此十分注重两个文明一起抓，两手都要硬。中国式现代化强调物质力量与精神力量全面增强、人民群众物质生活与精神生活同步改善；在发展经济的同时，不断增强人民精神力量，实现物质文明与精神文明相互协调、共同发展。

第四，人与自然和谐共生的现代化。西方在现代化的过程中获取了极大的物质财富，但是极大地破坏了自然环境，遭受到大自然的疯狂报复，严重破坏了人与自然的和谐关系。第一次工业革命以来，随着人类利用自然的能力不断提高，人类活动不断触及自然生态的边界和底线，种种危害也越加显现出来。威廉·福格特著的《生存之路》和蕾切尔·卡逊著的《寂静的春天》等著作，深刻揭示了资本主义现代化一心追求经济效益而对生态环境的肆意破坏，及其导致的种种环境污染、生态危机和对人类健康的严重影响。20世纪，发生在西方发达国家的“世界八大公害事件”对生态环境和公众生活造成的影响触目惊心。虽然后来西方发达国家对自己国家的生态危机采取了比较严厉的控制措施，但是它们又将生态危机和环境污染向其他国家特别是发展中国家转移，给世界带来了十分严重的环境恶果，使人与自然的关系非常紧张。比较而言，中国式现代化坚决摒弃敌视自然、破坏自然的传统模式，坚持生态优先、绿色发展、低碳发展、循环发展，同步推进物质文明和生态文明建设，以资源环境承载能力为基础，促进经济社会发展全面绿色转型，在满足人民物质财富和精神财富需要的同时，提供更多优质生态产品，以满足人民日益增长的优美生态环境需要，走生产发展、生活富裕、生态良好的文明发展道路，努力构筑尊崇自然、山水林田湖草沙一体化发展的生态文明体系，建设人与自然和谐共生的现代化。

第五，走和平发展道路的现代化。中国是世界历史上唯一不以武力实现现代化的发展中大国，中华文明的血液中没有侵犯和掠夺他国的基因。和平崛起、走和平发展道路是中国式现代化的重要特征。西方资本主义现代化的原始积累，很大程度上依靠的是对亚非拉人民的殖民掠夺，是“用血和火的文字载入人类编年史的”①。从葡萄牙、西班牙、荷兰，到法国、英国、美国，都相继推行殖民政策，在亚非拉地区依靠武力等方式强占殖民地，掠夺大量财富，“在世界各地对他们所能奴役的一切民族所采取的野蛮和残酷的暴行，是世界历史上任何时期，任何野蛮愚昧和残暴无耻的人种都无法比拟的”②。进入工业文明以后，西方资本主义国家开启了全球的资本扩张和殖民活动，在非洲、澳洲、南北美洲以及亚洲的许多地区，随处可见西方殖民者的身影。对殖民地资源的大肆掠夺、罪恶的奴隶贸易，甚至是对一些原住民部落的灭绝，正映衬着马克思在《资本论》中所说的：“资本来到世间，从头到脚，每个毛孔都滴着血和肮脏的东西”③。可见，资本主义国家现代化是以武力、战争掠夺亚非拉国家的财富和资源发展起来的，即便在现当代，也无不充满着对发展中国家的诸多剥削和压迫，“国强必霸”是它们现代化的必然逻辑。相比之下，中国式

① 马克思恩格斯文集：第5卷．北京：人民出版社，2009：822.

② 同①861.

③ 同①871.

现代化则不以武力掠夺他国资源和财富，中国的武力是维护世界和平的重要保障，中国始终坚持走和平发展道路，并把中国和世界有机地结合起来，信奉“世界好，中国才会好”，主张中国应当对世界做出自己的贡献。世界历史也表明，弱肉强食、零和博弈没有出路，合作共赢、和衷共济才是正道。中国式现代化旨在通过对话而不对抗、结伴而不结盟的新路，从根本上破除“国强必霸”的历史魔咒。中国始终坚持做世界和平的建设者、全球发展的贡献者、国际秩序的维护者。中国秉持开放的理念，高举和平、发展、合作、共赢旗帜，坚持走和平发展道路，推动建设新型国际关系，推动构建人类命运共同体，同世界各国人民一道，弘扬和平、发展、公平、正义、民主、自由的全人类共同价值，坚持互利共赢，不搞零和博弈。中国式现代化始终强调同世界各国互利共赢，推动构建人类命运共同体，努力为人类和平与发展做出贡献。中国式现代化道路既能发展自身，又能促进他国发展，这就超越了西方野蛮掠夺、牺牲他国利益的霸权式现代化道路，开辟了人类现代化的新道路。

中国式现代化是体现中国特色并与西方现代化有本质区别的现代化。在时间上，中国式现代化是赶超型现代化，可以发挥后发优势。在空间上，中国式现代化是东方式现代化，不同于西方式现代化。东方国家的历史背景和文化传统与西方国家存在着重大差别，中国式现代化是建立在东方文化基础上的，东方文化强调集体主义，而西方文化强调个人主义。中国式现代化的成功，带来了中国经济社会的快速发展。中国式现代化既超越了西方式现代化，又突破了苏联模式，成为振兴世界社会主义运动的中流砥柱，深刻改变了世界格局力量对比与发展趋势。中国式现代化的成功，带动了发展中国家的“群体性崛起”，使国际力量对比呈现“东升西降”的历史性趋势，推动国际格局大变革加速演进，国际格局正逐步从西方主导走向东西平衡。中国式现代化打破了只有遵循资本主义现代化模式才能实现现代化的神话，克服了资本主义现代化所固有的弊端，提供了现代化的全新选择，展现了发展中国家走向现代化的光明前景。中国式现代化是发展中国家的现代化，开辟了后发国家走向现代化的崭新道路。中国式现代化具有人类关怀特质，为解决人类面临的共同问题提供更多更好的中国智慧、中国方案、中国力量，向世界展现了中国式现代化创造人类文明新形态的深层意蕴。

中国式现代化的理论和实践以独特的现代化模式及其溢出效应，在解决治理赤字、信任赤字、和平赤字、发展赤字等世界性难题中，不断提供中国智慧、中国方案、中国力量。西方文明最早借助现代化浪潮异军突起，在全世界推广所谓“普世文明”，迫使其他文明俯首称臣，产生了延续几百年的文明悖论：一方面确实推动了各文明间的联系和生产力的发展，另一方面却导致资本驱使下的霸权主义和丛林法则肆虐横行。尤其是在应对全球性新冠肺炎疫情面前，西方文明不仅不积极作为，关注国内民众健康，而且制造国与国之间的矛盾，煽动民粹、嫁祸于人。中国式现代化始终尊重文明多样性，与世界共享发展红利，推动构建相互尊重、合作共赢的人类命运共同体。

三、中华优秀传统伦理文化的创造性转化和创新性发展

中华民族伟大复兴呼唤中华文化的伟大复兴。“中华民族伟大复兴需要以中华文化发展繁荣为条件。”① “没有中华文化繁荣兴盛，就没有中华民族伟大复兴。一个民族的复兴需要强大的物质力量，也需要强大的精神力量。没有先进文化的积极引领，没有人民精神世界的极大丰富，没有民族精神力量的不断增强，一个国家、一个民族不可能屹立于世界民族之林。”② 中华优秀传统伦理文化是中华优秀传统文化的重要组成部分。促进中华优秀传统伦理文化的创造性转化和创新性发展，是中华民族伟大复兴的内在需要。

（一）儒家伦理文化的创造性转化与现代提升

儒家是由孔子与其学生共同创立，以仁为核心，提倡义、礼、智、

① 中共中央文献研究室．习近平关于社会主义文化建设论述摘编．北京：中央文献出版社，2017：3-4.

② 同①7.

信、勇诸德，推崇德治和礼治，并以修身、齐家、治国、平天下为人生理想的一个学派。后来孟子和荀子继承并发展了孔子的思想，使儒家成为“显学”。汉武帝采纳董仲舒“罢黜百家，独尊儒术”的建议，使儒家思想成为占主流地位的官方意识形态，统治中国长达两千多年。

儒家伦理文化是中华伦理文化的重要一脉，包含了先秦儒家伦理、汉唐儒家伦理和宋明理学伦理等不同发展阶段及不同流派的伦理思想，曾经长期作为中华伦理文化的主流伦理思想著称于世。儒家伦理文化虽然在不同的时期表现出不同的内容，但一些基本的价值理念、核心的价值追求和不变的伦理气质却是共同的，比如对仁义道德以及杀身成仁、舍生取义等精神价值的强调，对修身、齐家、治国、平天下等家国情怀的推崇，对民为邦本、天下为公、以义制利、中正诚信、大同世界的向往，始终是历代儒家所认可并不断传承弘扬的。儒家伦理文化从天道的“刚中而应，大亨以正”① 体悟到人应该自强不息，从地道的“行地无疆，柔顺利贞”② 体悟到人应该厚德载物，并主张“与天地合其德”③，建构一种“志于道，据于德”④ 的道德文化，亦如孔子所说：“道者所以明德也，德者所以尊道也，是故非德不尊，非道不明。”⑤ 儒家伦理文化注重人际、群际关系的协调以及自我身心关系的协调，主张在正心、诚意、格物、致知之自我修身的基础上实现齐家、治国、平天下，凸显了内圣外王有机统一的价值理想和人生意义追求，并提出“穷则独善其身，达则兼济天下”⑥ 的伦理精神目标，即便不能实现兼济天下的人生理想，也不能因贫穷而怠忽道，要守住道德底线，做洁身自好、坚守道德原则和规范的谦谦君子。无论是内圣还是外王，都应该在道德原则和规范的指导下开展，做到“富贵不能淫，贫贱不能移，威武不能屈”⑦，“权利不能倾也，群众不能移也，天

① 周易：无妄.
② 周易：坤.
③ 周易：乾.
④ 论语：述而.
⑤ 大戴礼记：主言.
⑥ 孟子：尽心上.
⑦ 孟子：滕文公下.

下不能荡也，生乎由是，死乎由是”①，当孝亲、尊君与道德原则发生冲突时，能够自觉地选择“从道不从君，从义不从父”② 的立场。儒家伦理文化凸显了道德原则规范和核心价值的支配与宰制作用，维护了道统的尊严，为中华伦理文明建构起了一种有根有魂而又不断向前发展的价值体系。

当今世界，儒家伦理文化日益凸显出自己的精神价值，许多西方国家和非西方国家的人们都倾向于认为，儒家伦理文化包含着解决当今世界精神和道德危机的诸多合理因素，值得世人珍惜和弘扬。汤因比指出：“对现代人类社会的危机来说，把对‘天下万物’的义务和对亲密的家庭关系的义务同等看待的儒家立场，是合乎需要的。”③ 在巴黎召开的一次世界性会议上，许多诺贝尔奖获得者一致认为，“如果人类要在 21 世纪生存下去，必须回头 2500 年，去吸取孔子的智慧”④。联合国教科文组织总干事代表泰勒博士在一次孔子学术讨论会上致词，认为“当今一个成功、昌盛的社会，在很大程度上仍立足于孔子所阐述的许多价值观念”⑤。人类因西方资本主义丛林法则、零和博弈与生存竞争而产生了日益深重的生态危机、生存危机和精神危机，如果再按照资本主义的生存逻辑和惯性法则走下去，人类的未来将十分悲惨，因此必须寻找克服资本主义所造成的深重危机的方法和路径，而继承与弘扬儒家伦理文化则成为世界诸多有识之士的价值选择和共同呼声。儒家伦理文化以合理主义、和平主义、人本主义、共生主义为基本特征和价值追求，它与西方近代资本主义所提倡的追逐个人利益、宣扬人对自然的征服，以生存竞争、弱肉强食为价值取向的伦理文化是截然不同的，它着眼于“天下为公”“世界大同”“和而不同”“协和万邦”“守望相助”“兼容并包”的价值理念，讲求将心比心、推己及人，把人与人、人与社会、人与自然以及人与自身当作一个有机的系统

---

① 荀子：劝学.

② 荀子：子道.

③ 汤因比，池田大作．展望 21 世纪：汤因比与池田大作对话录．荀春生，朱继征，陈国梁，译．北京：国际文化出版公司，1999：413.

④ 汤恩佳．孔学论集．北京：文津出版社，1996：82.

⑤ 泰勒．“孔子诞辰 2540 周年纪念与学术讨论会”开幕式致词：联合国教科文组织总干事代表泰勒博士的致词．孔子研究，1990 (1)：3.

来看待，强调相互尊重、相互理解、相互促进而不是相互撕裂、相互毁灭，即便是面对各种利益矛盾，也以“有反斯有仇，仇必和而解”① 的心态予以化解，力争将矛盾控制在不危及彼此生存的范围内。

与西方个人权利优先的价值观不同，儒家的价值观强调社会共同的善和社会责任。西方个人权利优先的价值观是有严重局限的，重个人权利和个人利益而不重个人责任和义务的伦理思维与价值取向，是当今众多伦理道德问题及危机产生的根源。为了解决权利中心论所带来的种种伦理道德问题，必须在立场上来一个根本的转换。以儒家伦理为核心的价值观是一种优于西方权利中心价值观的价值观，它可以补充《人权宣言》的不足，匡正权利话语权利中心价值观的弊端，建构起真正符合世界各国利益的全球伦理。杜维明曾经指出：“像儒家所体现的面面顾及又有分疏又有综合的人文精神，不仅没有像韦伯所想在世界解咒后瓦解，反而在今天跃动出新的生命力，尤其是在对峙工具理性突出、手段消解意义时，它的生命力表现得更鲜明更亮丽。”② 我们应当阐发儒家伦理文化那些跨越时空的独特价值和精神魅力，使其实现创造性转化和创新性发展，这不仅是中国伦理文化建设的内在需要，而且对世界伦理文化建设具有重要的价值。

当代世界的许多道德问题和道德危机，呼唤人们必须采取坚决而果断的措施、切实而有力的步骤来加强道德建设。而在加强道德建设的过程中，儒家伦理有很多可供开发的资源和思想遗产。新世纪新阶段的伦理道德建设要求从对儒家伦理的绝对肯定和绝对否定的对立陷阱中走出来，对儒家伦理文化中鼓励人们向上向善的内容，我们要结合时代条件加以创造性继承和发扬，赋予其新的含义，使其优秀成果服务于具有中国特色的伦理文化建设和人类伦理文化建设。

（二）道家伦理资源的现代开发与合理利用

道家伦理文化是中华伦理文化的有机构成，它以尊道贵德为基本的价值导向，并把道德同自然素朴和知足不争联系起来，崇尚为而不恃、功成

① 正蒙：太和．

② 哈佛燕京学社，三联书店．儒家与自由主义．北京：三联书店，2001：97.

弗居，对道德形式主义和功利主义给予了深刻的揭露与批判，主张建构起一种深邃的、处厚居实的实质主义伦理思想。道家伦理思想肯定动机纯正意义上的大公无私、多予少取和积善成德，提出“以德报怨”“利而不害”等命题，包含着不少可供我们批判继承的合理因素。随着经济社会的快速发展，道德建设的任务尤为艰巨，全面开发道家伦理资源，以裨补现代伦理道德的肌体，已经得到许多人士的赞同和认可，并将继续为人们所看好和重视。

在中国传统伦理文化的整体构成中，儒家伦理文化被认为是积极入世和勇于担当责任的政治伦理学说，道家伦理文化被认为是一种追求个人身心完善的生命哲学和生命伦理学，是一种把天、地、人纳入道德领域来思考的宇宙伦理学。道家伦理思想以道法自然的自然主义为基础，以处世的外圆内方为旨归，既强调入世和积德达善、造福桑梓、利便众生，又强调出世和超越，崇尚得道成仙。有人说，在儒、道、佛所组成的中国传统伦理文化的整体构架中，佛教是偏重于出世的，尽管大乘佛教也主张入世，普救众生，但出家学佛、修佛的人，本身还是偏重于出世的；而且佛教的学问，从心理入手，然后进入形而上之道，最后以进入否定生命的涅槃境界为极乐世界。儒家的伦理崇尚修身、齐家、治国、平天下，是偏重于入世的；虽然儒家也有一些出世的思想和论述，但总体上是偏重于入世和以对伦理世界的改造为基本特征的。道家伦理思想十分奇妙，可以出世，亦可以入世；或出或入，都任其所欲，故道家是出世与入世的统一。正因为如此，道家伦理思想“出世而不超尘，入世而不流俗”，常以妙思奇想、洞见本根的智慧引人入胜，以旷达玄远、气势清高为世人所钟爱。

随着人们对中国传统伦理文化了解的加深，世界范围内精神危机和道德滑坡等问题的突显，以及人们对解决精神危机和道德滑坡问题的深入思考，道家伦理思想的独特价值日益为人们所认识和重视。杜威认为，老子的思想体现了“中国人的‘听其自然’的、知足安分的、宽容的、和平的、诙谐的、嬉乐的那种人生观”①，以及“尊重自然和蔑弃一切用人力

---

① 杜威．中国人的人生哲学．东方杂志，1922（3）：27.

奋斗并求速成的那种态度"，所以老子的人生哲学和伦理思想"对于人类文化有种重要而有价值的贡献，而且含有一种为急促的、燥烈的、繁忙的、营扰的西方人所无限需要的质素"①。罗素指出："老子是这样描述'道'的运作的：'生而不有，为而不恃，长而不宰。'我想，人们可以从这些话里获得关于人生归宿的概念。"② 他赞赏庄子的人生哲学，认为庄子的人生哲学崇尚自由和无待乎外，呼唤用庄子的人生哲学思想去廓清西方机械人生观的异化迷雾。哈耶克认为，老子的"无为而治"对于现代经济学很有价值。他在日本东京演讲谈到"自发秩序"理论时，激动地反问道："难道这一切不正是《老子》第57章所言'我无为，而民自化；我好静，而民自正'吗？"③ 汤因比认为道家道法自然的思想，对当代世界技术的"毁灭性发达"具有极强的批判意义。④ 当代一些科学家如汤川秀树、卡普拉等人盛赞道家伦理思想的生态智慧，认为其对现代文明有非常重大的启迪作用。汤川秀树指出："给我影响最深的是老庄等人的思想"，"在我思考物理学问题时，它仍不知不觉地进入其中"⑤。他在自己的著作中举出三个例子来说明老庄哲学对自己思想的启迪和人生的影响。卡普拉说："在诸伟大传统中，据我看来，道家提供了最深刻并且最完善的生态智慧，它强调在自然的循环过程中，个人与社会的一切现象和潜在两者的基本一致。"⑥ 面对现代社会科学技术的发展及其带来的种种危机，面对一味追求经济发展所带来的日益严重的生态环境问题，人们在思考着如何走出工业文明的陷阱，走向人与自然环境相协调的光明路径，并展开对人类中心主义和经济主义的批判性反思，竞相把关注的目光投向中国历史上的道家，认为道家伦理思想包含着不少现代生态伦理的智慧，可以帮助现代人树立正确的环境伦理观。道家道法自然、天人合一、阴阳平衡

① 杜威．中国人的人生哲学．东方杂志，1922（3）：28.

② 罗素．中国问题．秦悦，译．上海：学林出版社，1996：153.

③ 冯兴元．从老子的"无为而治"到哈耶克的"自发秩序"．东方早报，2014-09-16.

④ 汤因比，池田大作．展望21世纪：汤因比与池田大作对话录．荀春生，朱继征，陈国梁，译．北京：国际文化出版公司，1999：425.

⑤ 汤川秀树著作集：第7卷．东京：岩波书店，1985：21.

⑥ Fritjof Capra. Uncommon Wisdom：Conversations with Remarkable People. London：Century Hutchinson Ltd.，1988.

以及知常知和、知足知止等观念，正是人类重建人与自然和谐系统的宝贵资源。

在方兴未艾的现代管理伦理研究中，道家伦理思想的一些基本理念及价值追求，在当代管理伦理的整体结构中占有着非常重要的地位，引起了许多管理学家和企业家的兴趣。当代美国、日本许多企业家将道家的思想用于经济管理等领域，取得了很大成绩。他们把道家伦理思想中自然无为的观点奉作治理企业的圭臬，认为在当今激烈的经济竞争中，正需要道家的管理伦理来帮助他们克服困难，重振企业雄风。在他们看来，企业作为一个经济组织，有自身特定的运作规律和生命周期。而如何指导企业实现有效增长，道家管理伦理思想在这方面具有直接的指导意义和引导价值。当代一些管理学家也纷纷借助道家的理念建构新的管理理论，如道法自然的管理论、柔性管理理论，等等。

与此相关，道家的政治伦理也越来越为人们所看重。作为“君人南面之术”的道家思想，一直以来受到许多政治家的推崇。唐玄宗在御疏《释题》中写道，老子学说“其要在乎理身、理国。理国则绝矜尚华薄，以无为不言为教。……理身则少私寡欲，以虚心实腹为务”①。宋徽宗也认为老子学说体现在治心和治国两大方面，论及治国之道时，他说：“天下，大器也，非道莫运。天下，神器也，非道莫守。”② 历史发展到现当代，道家的政治伦理思想传播到世界各地，引起了许多政治家的兴趣和好感。一些政治家崇尚道家的治国理论，美国总统里根在 1987 年的国情咨文中专门引用《老子》“治大国若烹小鲜”的论断并视之为治国的基本理念。欧洲和日本的一些国家领导人也非常看重道家的“无为而治”思想，主张放宽政府的控制，给人民充分的发展自由和发展空间，并提出了“管理得最少的政府即是最好的政府”的观点。我国当代开展的政治体制改革和转换政府职能等工作，也在某种程度上吸收了道家政治伦理思想的合理因素。

---

① 唐玄宗·宋徽宗·明太祖·清世祖《老子》御批点评．刘韶军，点评．长沙：湖南人民出版社，1997：前言 1.

② 同①.

此外，道家的生命伦理思想和处世伦理思想也包含着不少可以深度开发的资源，必将成为 21 世纪我国伦理道德建设和世界伦理道德建设的重要精神遗产。

（三）墨家、法家和佛教伦理思想的创造性研究

中国特色社会主义进入新时代，我国将赢来中华民族的伟大复兴和中华伦理文化的伟大复兴。除了对儒家伦理文化传统和道家伦理文化传统给予新的发掘与扬弃外，必然有一个从整体上对中华民族的伦理文化资源予以全面开发和新的总结评价的时代要求，与此相关，墨家、法家和佛教的伦理思想资源也会得到一定程度的开发与创造性研究。随着对儒家、道家和墨家、法家、佛教研究的全面深入，才真正有可能促进中华伦理文化的伟大复兴。

墨家伦理思想站在维护劳动人民和手工艺人的利益的立场上，强调忘我无私、利人利国，主张破除因血缘、地域等各种因素而产生的人际差别，实现兼爱和大同的社会理想。墨家伦理学说同儒家伦理学说形异而神通。儒家重义，墨家贵义，儒家轻私利，墨家非私利，两者可谓异曲同工。历史上许多进步思想家都这样那样地受到墨家伦理思想的影响。近代史上的梁启超还把救中国的希望寄托在墨学的复兴上，并认为墨学精神与西方基督教精神、民主精神、科学精神等是相通的。资产阶级革命派尊墨子为“世界第一平等、博爱主义大家”，孙中山认为中国古代最讲爱字的莫过于墨子，并认为墨子所讲的兼爱与基督教所讲的博爱是一样的。章太炎认为，墨子之学，诚有不逮孔、老者，其道德则非孔、老所敢窥视也。① 汤因比在与日本思想家池田大作的对话中指出：“把普遍的爱作为义务的墨子学说，对现代世界来说，更是恰当的主张。”② 因为现代世界虽然在技术上已经统一起来，但情感上和价值上还是缺乏如墨子所倡导的兼爱学说。池田大作也认为，墨家兼爱学说主张爱人如己，视人之家若是

---

① 章太炎政论选集：上册．汤志军，编．北京：中华书局，1977：295.

② 汤因比，池田大作．展望 21 世纪：汤因比与池田大作对话录．荀春生，朱继征，陈国梁，译．北京：国际文化出版公司，1999：410.

其家，视人之国若是其国，并且指出："墨子关于舍去利己，树立爱他的兼爱学说，是反对侵略战争的理论先导。"① 因此，在21世纪，全面系统地整理和发掘墨家伦理思想，对于伦理精神的提升和社会的道德建设无疑具有十分重大的意义。

法家管仲的伦理思想在历史上影响深远。孔子曾说："微管仲，吾其被发左衽矣。"② 近代梁启超在《管子评传》一书中认为，"管子者，中国之最大政治家，而亦学术思想界一巨子也"，管子思想与西方近代"马格亚比里与霍布士之学说……不期而若合符契"，而马氏霍氏"立说之偏至，又不能如吾管子之中正者也"③。在梁启超看来，中国历史上伟大政治家而兼为伟大政治学者，"求诸吾国得两人焉：于后则有王荆公，于前则有管子。此我国足以自豪于世界者也。而政治学者之管子，其博大非荆公所能及；政治家之管子，其成功亦非荆公所能及。故管子倜乎远矣"④。当代世界范围内的伦理道德建设，也需要弘扬管仲在关心人民富裕基础上加强礼义廉耻教育的观点，需要发掘管仲富民为本和重视提高综合国力的观点。

佛教伦理思想虽然有否定人的正当要求和合理欲望的偏颇，并且错误地把人生的本质界定为痛苦，但是中国化的佛教伦理思想仍然有不少可供我们批判继承的合理因素。佛教伦理本质上是一种追求出世的超越伦理，但这种超越伦理中又具有世俗伦理的内容。这种超越伦理之所以产生，就是为了解决世俗伦理问题，它是在超越的意义上论述世俗伦理问题，并为解决世俗伦理问题服务的。佛教伦理虽然提倡出世乃至出家，但却重视现实的人伦关系，关怀现实的人生痛苦，以慈悲为怀，主张唤醒人类，普度众生。中国佛教伦理不仅强调自身的大彻大悟，获得人生的拯救，而且强调自度度人，并以度人为己任。这实际上是儒家伦理传统的己立立人、己达达人的体现，也是佛教大慈大悲、大仁大德的本质要求。普度众生是中

---

① 汤因比，池田大作．展望21世纪：汤因比与池田大作对话录．荀春生，朱继征，陈国梁，译．北京：国际文化出版公司，1999：411.

② 论语：宪问.

③ 梁启超．管子评传//蔡元培．诸子集成：第6卷．长沙：岳麓书社，1996：1.

④ 同③2.

国佛教伦理的道德理想，佛教的人格是觉悟、慈悲、行善和救世的统一体。佛教伦理对中华民族的伦理精神和伦理性格产生了深远的影响。佛教的佛性论集中体现了中国人性善的信念，德性论表现了中国人为善的本能，而自度度人、普度众生的精神则体现了中国人勇于担当的义务感和责任感。池田大作指出："佛教的伟大就在于从人人所具备的生命的作用开始，去寻求产生普遍爱的根源，并指出激发生命的途径。"① 在当代世界，弘扬中国佛教伦理的一些优秀传统，特别是慈悲为怀、行善救世的精神，对于化解当代社会的道德精神危机，无疑具有重大的意义。

四、中华伦理文明新形态与民族复兴伦理学的深远意义

中国式现代化道路创造了人类文明新形态，人类文明新形态内含的伦理精义和价值诉求凝结并发展为中华伦理文明新形态。中华伦理文明新形态，是人类文明新形态的中国伦理范本和中华伦理文明形态的当代范本。中华伦理文明新形态，是中华伦理文明与马克思主义伦理思想、社会主义伦理文化的有机结合，是马克思主义伦理思想中国化时代化的理论结晶和中国特色社会主义伦理文化建设的产物，是在马克思主义伦理思想和中国化马克思主义伦理思想的指导下形成和发展起来的，同时也是对中国传统伦理思想予以创造性转化和创新性发展的产物，是对人类包括西方伦理思想合理因素批判借鉴的价值凝结。习近平指出："中国共产党为什么能，中国特色社会主义为什么好，归根到底是因为马克思主义行！"② 马克思主义是中国共产党人认识世界、把握规律、追求真理、改造世界的强大思想武器。同时，马克思主义理论不是教条，而是行动指南。马克思主义能不能在实践中发挥作用，关键在于能否把马克思主义基本原理同中国实际和时代特征相结合。与此相关，中华伦理文明新形态的创造和继续发展也

① 汤因比，池田大作．展望21世纪：汤因比与池田大作对话录．荀春生，朱继征，陈国梁，译．北京：国际文化出版公司，1999：413.

② 习近平．在庆祝中国共产党成立100周年大会上的讲话．人民日报，2021-01-02.

必须将坚持马克思主义伦理思想与发展马克思主义伦理思想统一起来，坚持用马克思主义伦理思想之“矢”去射新时代中国伦理文化建设之“的”，继续推进马克思主义伦理思想基本原理同中国当代社会的具体道德生活实际相结合、同中华优秀传统伦理文化相结合，续写马克思主义伦理思想中国化时代化的新篇章。

民族复兴伦理学，是一个曾经创造过辉煌历史和崇高精神价值的民族在经历特定历史坎坷或精神困顿之曲折进程中，焕发出来的民族精神复兴和民族伦理文化复兴的气质、品格与核心价值建构的综合体现和学科化集结，是渴望与追求民族复兴的民族共同体意识和民族伦理精神的学理化反映。“复兴特别是伟大复兴意味着某个民族和伦理文明既在历史上创造过卓尔不群且令其他民族和伦理文明受其惠泽和深远影响的巨大德功事业，也因后来的发展特别是外部冲击导致辉煌不再或发生特有坎陷和危机条件所产生的‘阙而复振’、‘衰而复兴’运动及其文明重振事业，本质上是在迎接新的挑战过程中所汇聚成的‘光复旧物’、‘再创辉煌’的民族自强和伦理文明自救及自我鼎新之生命崛起、价值新造和社会整体建设运动，标志着正在崛起和走向卓越的民族成员及其伦理文明对其祖先所建构的辉煌事业、不朽功勋和传统伦理文明的全面继承、超越发展和精神生命的新造，是‘阐旧邦以辅新命’和‘新知培养转深沉’的伟大创造性事业、运动和精神的价值确证和实践证成。”① 民族复兴伦理学既有历史的辉煌建构和价值机理，亦有辉煌建构之后的辉煌不再及其历史的坎坷和曲折之深度审视、伦理批判和价值觉醒，更有致力于当前与未来时空段的再度崛起和命运新造，是朝着更高层次奋力攀越与更远方向勇毅前行的精神再造和自强运动。民族复兴伦理学集中于为什么要复兴、复兴什么和怎样复兴，以及如何超迈历史上的辉煌，如何保持在新的历史条件下不忘初心、以史为鉴、不断开拓未来等重大理论和现实问题。它整体上属于民族伦理学中的理论伦理学和价值伦理学，同时又属于社会伦理学中的

① 王泽应，王梦然．中华伦理文明伟大复兴的历史机理和当代建构．湖北大学学报（哲学社会科学版），2022（4）：19.

信念伦理学和德性伦理学，并与爱国主义、民族主义、世界主义有着密切的联系。

费希特在《对德意志民族的演讲》中谈到了德意志民族曾经“光辉灿烂、享有盛誉和保持着它作为本原民族应该享有的地位”①，但是后来君主们的贪婪和统治野心致使自由遭到践踏，渐渐衰落下去，那么，实现德意志民族的复兴就成为许多德意志人的梦想。那些留在祖国的德意志人“都保留着早先扎根于他们的土地的一切德行”②，对复兴德意志民族有着精神的虔诚和不懈的追求，他们会依凭“虔诚、正直、谦虚和团结的精神”③，书写“为了做德意志人、永远做德意志人和把自己的孩子培养成德意志人”④ 的辉煌史诗。马克斯·韦伯在《民族国家与经济政策》的演讲中对如何复兴德意志民族也做出了诸多自己的论述，他不仅比较深刻地批判了德国市民阶级从上到下政治上的不成熟，而且批评了经济科学只知兜售“一种软乎乎的幸福主义景观”⑤，认为民族复兴就是要“达成民族的社会联合”⑥。在演讲的最后，他动情地说：“一个伟大的民族并不会因为数千年光辉历史的重负就变得苍老！只要她有能力有勇气保持对自己的信心，保持自己历来具有的伟大本能，这个民族就能永远年轻；如果德意志民族的领导阶层有能力使自己成熟到坚韧而又清醒，德国政治就能稳步达到其目标，德国民族情操就会永远不失肃穆而庄重。”⑦ 应该说，费希特和韦伯这些关于德意志民族复兴的论述，揭示了精神能力和道德品质对民族复兴的重要意义，凸显了如何保留最先扎根于民族成员心灵深处的一切德行和达成民族“社会联合”对实现民族复兴的深刻影响。

中华民族创造了深厚而悠久、高明而远大的中华文化，中华文化是中

---

① 费希特．对德意志民族的演讲．梁志学，沈真，李理，译．北京：商务印书馆，2010：99.

② 同①98.

③ 同①.

④ 同①132.

⑤ 马克斯·韦伯．民族国家与经济政策．甘阳，李强，文一郡，等译．北京：三联书店，1997：107.

⑥ 同⑤106.

⑦ 同⑤108.

华民族对人类的伟大贡献。梁启超在《论中国国民之品格》一文中有言："中国者文明之鼻祖也，其开化远在希腊罗马之先。二千年来，制度文物，灿然照耀于大地。"① 中国古代文明不仅造福于东方诸国，而且对"欧洲近世物质进化"亦有相当的贡献，尤其是指南针、火药、印刷术传入欧洲，更对欧洲近代工业革命和科技进步产生了重要作用，这已为世界所公认。钱穆《国史大纲》概述中国为世界上历史最完备之国家，其特点有三，一曰悠久，二曰无间断，三曰详密。② 中华文化既古老悠久又充满活力，中华早期文明"兼有美索不达米亚历史的进步特征和埃及文明的连续性特征"③。后来，埃及文明为外族所征服而被迫中断，亦如黑格尔在《历史哲学》中所说的，与两河流域文明沉溺，埃及文明断裂"寂寂的尼罗河上的那个帝国如今只存在黄泉下面"④ 比较而言，"只有黄河、长江流过的那个中华帝国是世界上唯一持久的国家"⑤。为什么中华文明能够持久绵延？斯特恩斯等著的《全球文明史》谈到了中华文字对于中华文明的关键意义，认为中华文字"使得中国人形成了一种强烈的对时间连续性和空间整体性的感觉"⑥，强化着中国人的民族认同和文化认同。中国人还利用文字语言建立了一个教育和政治系统，"这是人类规模最大而且最为持久的文明的重要标志"⑦。中华文明是人类文明诸谱系中连续性文明的典范，集一脉相承和与时俱进于一身，此即《诗经》所言"周虽旧邦，其命维新"。宋儒张载用"为天地立心，为生民立命，为往圣继绝学，为万世开太平"较好地表达了中华文明承前启后、继往开来的伦理精神，这种既接续传统源头活水，又着眼现实和未来，做上下求索和创新探求的文明特质和禀赋，对于促进中国社会历史的发展，塑造中华民族精神，成就中华文明生生不息、绵延不绝都起到了巨大的作用。从中华文明的起源而

① 梁启超．梁启超文选．王德峰，编选．上海：上海远东出版社，2011：87.

② 钱穆．国史大纲：修订本：上册．北京：商务印书馆，1996：1.

③ 皮特·N. 斯特恩斯，迈克尔·艾达思，斯图尔特·B. 施瓦茨，等．全球文明史：上册．赵轶峰，王晋新，周巩固，等译．北京：中华书局，2006：44.

④ 黑格尔．历史哲学．王造时，译．上海：上海书店出版社，2006：108－109.

⑤ 同④108.

⑥ 同③58.

⑦ 同③58.

言，中华文明的问世或形成，本身就是一个多元聚合为一体、一体依多元而精彩纷呈的化合过程，如同苏秉琦先生所指出的，中华文明的发源地绝非局限在黄河中游的狭小区域，而是散布在数百万平方公里的辽阔版图上，有如满天星斗，熠熠生辉。[①] 据史书记载，华夏先民早在距今8000年前就在黄河流域创立了大地湾文化和裴李岗文化，于距今7000—5000年前在长城沿线创立了仰韶文化，于距今4600—4000年前在黄河中下游创立了龙山文化，于距今5300—3800年前在中原地区形成了众多的文明形态。众多的文明形态离不开众多的部落，其中比较著名的部落首领有伏羲、白帝、黑帝、黄帝、炎帝，等等。为了争夺成为部落首领，各部落之间进行了战争，最终形成了以炎帝部落和黄帝部落以及东夷部落组成的华夏部落联盟，至此，华夏部落基本定型。华夏部落融合的过程中，各部落的文化也在相互吸收和融合，当华夏部落最终形成时，一种新的且能代表众多部落文明的图腾呼之欲出。于是，华夏先民在吸收各个部落图腾形状的基础上，想象出一种动物作为部落联盟的图腾，这个动物就是龙。对于龙形状，宋代罗愿在《尔雅翼》"释龙"中有言："龙……九似者，角似鹿，头似驼，眼似鬼，项似蛇，腹似蜃，鳞似鱼，爪似鹰，掌似虎，耳似牛。"[②] 从龙的特征可以看出，龙在社会现实生活中并不存在，但是它能够最大限度地代表各个部落的精神信仰，它具有遨游四极，俯瞰八方，"能幽能明，能细能巨，能短能长，春分而登天，秋分而潜渊"[③] 的灵活性与神性，是人们理想中的神物。

中华伦理文明作为世界最主要的文明之一，5000多年来一直没有出现任何断裂，可谓一脉相承、源远流长，其中一个重要原因在于中华伦理文明具有跨越时空、超越国度的特质和魅力。所谓跨越时空，指中华伦理文明不是只属于哪一个时代或时期、哪一个地方或空间的，它在本质上具有跨越时空的永恒魅力。所谓超越国度，指中华伦理文明不仅是属于中国的，而且是属于世界的，中华伦理文明的某些理念、价值观、精神追求和

---

① 苏秉琦．辽西古文化古城古国：兼谈当前田野考古工作的重点或大课题．文物，1986(8).

② 罗愿．尔雅翼．石云孙，点校．合肥：黄山书社，1991：283.

③ 许慎．说文解字．杭州：浙江古籍出版社，2016：390.

伦理美德不仅对中国人陶铸心灵、怡养情感、砥砺意志、培育人格有其独特作用，而且对世界各国人民也有重要的滋养价值。中华伦理文明既有与时偕行、革故鼎新、不断发展的精神要义和因素，也有“乱云飞渡仍从容”“任尔东西南北风”式的永恒价值、不朽理念和伦理美德。它们在“千磨万击”中体现出坚劲的品质、不屈的人格。习近平认为，讲仁爱、重民本、守诚信、崇正义、尚和合、求大同，以及“孝悌忠信、礼义廉耻、仁者爱人、与人为善、天人合一、道法自然、自强不息等，至今仍然深深影响着中国人的生活”①，具有跨越时空和超越国度的精神魅力，无疑是需要我们在新的历史时期好好地继承并发扬光大的。

中华伦理文明之所以能够跨越时空，根本原因在于中华伦理文化所具有的基本精神，不但没有随着时间的流逝而消失，反而随着时间的流逝越来越具有生命力。中华伦理文化具有“刚健有为”“贵和乐群”“厚德载物”“天人合一”“革故鼎新”“以义制利”等特质，具有“理性精神”“自由精神”“求实精神”“创新精神”等精神，并凝结成伟大创造精神、伟大奋斗精神、伟大团结精神、伟大梦想精神等精神谱系。

中华伦理文明之所以能够在历史的发展变革中不断继往开来，在于具有广博的胸怀、开阔的视野和海纳百川的度量。中华文明和中华文化具有多元发生并相互融合的发展历程，这种多元发生犹如满天繁星形成熠熠生辉的格局和景象。钱穆在《国史大纲》中比较了秦汉帝国与罗马帝国的关系，指出：“罗马如于一室中悬巨灯，光耀四壁；秦汉则室之四周，遍悬诸灯，交射互映；故罗马碎其巨灯，全室即暗，秦汉则灯不俱坏光不全绝。因此罗马民族震铄于一时，而中国文化则辉映于千古。”② 应该说，钱穆的这一比喻形象而又生动地揭示出中华文明与古罗马文明的本质区别，亦即中华文明是多点支撑、多元一体的，而古罗马文明还有其他古代文明诸如古埃及文明、古希伯来文明、古希腊文明等，基本上都是一种因素取代另一种因素或两种因素彼此争斗不已的文明类型，它们很难形成对其他文明因素平等的尊重、有机的兼容或彼此之间和而不同的格局，处在

① 习近平．论坚持推动构建人类命运共同体．北京：中央文献出版社，2018：98.

② 钱穆．国史大纲：修订本：上册．北京：商务印书馆，1996：14.

文明与文明的冲突和战斗中，造成了“一支独大”或“两败俱伤”的后果。梁启超在论及华夏民族的形成时不无正确地指出：“华夏民族，非一族所成。太古以来，诸族错居，接触交通，各去小异而大同，渐化合以成一族之形，后世所谓诸夏是也。”①

中华伦理文明的这种跨越时空的独特魅力支撑着中华民族生生不息、薪火相传，并成了中华民族在困境与逆境中奋勇前进的精神动力和智慧源泉。中华文明不仅跨越历史，而且超越国度，受到世界各国人民和有识之士的赞美与肯定。罗素曾经指出，中华文明的许多优秀品质，特别是寻求在公正基础上解决争端而不是诉诸武力的和平主义，现代世界尤其需要，这些品质具有永久保存下去的意义和价值。汤因比有言，将来世界唯一能够将人类引导到和谐共存道路的，“是两千年来培育了独特思维方法的中华民族”；并坚持认为，将来统一世界的既不是西欧国家，也不是西欧化的国家，而只能是中国，这不仅因为中国在过去两千多年里一直都是“影响半个世界的中心”，而且因为中华民族和中国人民显示出“在政治、文化上统一的本领，具有无与伦比的成功经验”②。

中华伦理文明是中华民族的精神血脉和价值凝聚，是中华民族建构的共同精神家园，也是建构民族复兴伦理学的源头活水和理论支撑。实现伟大复兴的民族复兴伦理学和中华伦理文明新形态，对于中华民族、中国人民、中华文化和中国特色社会主义现代化事业都具有极其重要的理论意义与实践价值，是一项真正意义上的“为天地立心，为生民立命，为往圣继绝学，为万世开太平”之创业垂统和建纲立极的千秋事业，也是旧邦新命的伟大文明所应该有的伦理禀赋和气量。因此，唤醒我们民族的集体道德记忆，复兴我们民族的伦理文明精神，发展和繁荣中华民族的优秀伦理文化，修复并美化我们民族的共同精神家园，已经成为中华民族在强国之路上阔步前行的先决条件。中华伦理文明新形态的建构与发展，是中华伦理文明在当代中国的伟大复兴，也是当代中国人民在中国共产党的领导下，

---

① 梁启超全集：第6册．北京：北京出版社，1999：3459.

② 汤因比，池田大作．展望21世纪：汤因比与池田大作对话录．荀春生，朱继征，陈国梁，译．北京：国际文化出版公司，1999：284.

以马克思主义伦理思想和中国化时代化马克思主义伦理思想为指导，建设中国特色社会主义伦理文明的发展过程及其所凝结成的价值形态；既传承弘扬中华伦理文明，又与时俱进地吸收人类伦理文明的优秀成果，以促进中华伦理文明的新发展。它不仅反映着中国式现代化道路的价值内涵和发展机理，也有着对人类文明新形态的价值涵摄和伦理精义的充分吸收与创造。

第十章　应用伦理学和实践伦理学的新开展

21世纪是应用伦理学的世纪，各种应用伦理学的问题不断出现，给伦理学的发展提供了千载难逢的良机。由于应用伦理学的发展，伦理学在整个人文社会科学领域中扮演着越来越重要的角色，这就有力地促进和推动着相关学科的发展。新世纪新阶段，应用伦理学在原有的基础上有更新的发展，一方面日趋整体化、综合化和交叉化，另一方面又日趋专门化、独立化和个性化，不仅将产生理论化的应用伦理学，产生史学化的应用伦理学，而且将大量产生实践的应用伦理学分支学科，形成人类学术园地林木峥嵘、花繁果实的繁盛局面，造成“百花齐放春满园”的盛景。基因伦理学、生物医学伦理学、人工智能伦理学、网络信息伦理学、空间开发伦理学、全球经济伦理学、国际治理伦理学、教育技术伦理学、乡村振兴伦理学、城市建设伦理学等一大批应用伦理学新兴学科竞相问世，不仅挑战着传统和现代伦理学的发展，而且成为世界伦理学和我国伦理学发展的重要趋势。这就要求伦理学人以应战的方式应对挑战，并且做出理论的反思、实践的考察和面向未来的深入探究，解答应用伦理学的中国之问、世界之问、人民之问、时代之问，将整体性的应用伦理学、分支的应用伦理学以及应用伦理学的实践和历史研究推向新的阶段与水平。

一、经济伦理学研究的新趋势

世界百年未有之大变局中，最重要的是经济力量对比的大变化。随着世界经济发展格局和发展趋势的大变化，联合国、国际货币基金组织、世界银行、经济合作与发展组织，以及诸多国际知名咨询公司，纷纷发布对世界经济中长期发展的预测。整体来说，世界经济发展面临着许多严峻挑战，未来发展的不确定性因素明显增加，必须以新的经济发展理念与伦理精神加以有效应对。就中国来说，中国经济发展进入新常态，中国改革开放进入深水区，如何向积存多年的顽瘴痼疾开刀，如何解决好当前和今后一段时期经济发展中的主要矛盾，解决好中国经济大而不强、大而不优的发展瓶颈和问题，进一步激发市场活力，促进以创新、协调、绿色、开放、共享为主要内容的新发展，也迫切需要经济伦理学适应新时代的发展状况，回应时代的关切和国家经济发展的战略需求。随着人们对经济现象和经济行为中的伦理道德问题感悟力的增强与思考力的提升，经济伦理学必将迎来一个全面发展和繁盛的时代，成为伦理学乃至整个人文社会科学中一门备受人们关注、青睐和重视的应用伦理学学科。与之相适应的是，经济伦理学的研究在广度、高度、深度等方面必将较以往有一个较大的提升和拓展，体现出“致广大而尽精微”，“极高明而道中庸”①，以及“参伍以变，错综其数”② 的学术品性和理论特色。

（一）经济伦理学学科的整体发展趋势

当代世界正经历“百年未有之大变局”，全球化与逆全球化思潮迭起，新型国际关系建构需要化解治理赤字、信任赤字、和平赤字、发展赤字的任务繁难而深重，中华民族正行进在走向伟大复兴的大道上，需要攻坚克难的问题纷至沓来，加快构建以国内大循环为主体、国内国际双循环相互促进的新发展格局，同心同德地办好自己的事，稳步推进中国经济的持续发展和高质量发展尤为重要。中国的经济伦理学作为应用伦理学的优势学科也应当顺势而为、乘势而上，在服务国家和社会发展战略中展示新作为，贡献新智慧，推出新成果。为此，就必须把握经济伦理学的发展趋势和方向。整体上考察，经济伦理学的发展趋势表现在以下四个方面：

---

① 中庸.

② 周易：系辞上.

首先，经济伦理学将发展成为一门包含众多子学科的母学科，成为一个有着巨大开发潜力和应用空间的学科群。当代中国社会五大文明建设的全面发展和深入推进，以及当代科学文化发展边缘化、综合化和新兴学科不断涌现的趋势，必将大大拓宽经济伦理学的研究领域，使其成为伦理学中拥有众多分支学科的综合性学科。新时代经济伦理学就其学科体系而言，大体可分为经济伦理史学、理论经济伦理学和应用经济伦理学三大类，并构成从历史到现实、由理论到应用的经济伦理学纵向体系。

其次，随着理论经济伦理学理论的不断精密化和完善化，应用经济伦理学将迎来一个蓬勃发展的新时期。在21世纪，应用经济伦理学可以在宏观、中观和微观三个层面上获得新的发展。宏观的应用经济伦理学主要有全球经济伦理学、国际经济关系伦理学、国际贸易伦理学、跨国公司经济伦理学、世界生态经济伦理学、世界经济战略伦理学、世界经济制度伦理学，以及国家层面意义上的经济制度伦理学、经济战略伦理学、经济运行伦理学、经济法律伦理学、经济决策伦理学等；中观的应用经济伦理学主要有区域经济伦理学、地区经济伦理学、部门经济伦理学（含工业经济伦理学、农业经济伦理学、商业经济伦理学、教育经济伦理学、服务业经济伦理学等）、经济布局伦理学等；微观的应用经济伦理学主要有企业管理经济伦理学、企业生产伦理学、企业交换伦理学、企业分配伦理学、企业消费伦理学，以及个人经济行为伦理学、个人经济心理伦理学、个人经济观念伦理学等。此外，应用经济伦理学在21世纪的发展必然产生许多工具或方法意义上的应用经济伦理学科，如经济调查伦理学、经济评估伦理学、经济模型伦理学、标准测度伦理学等。这些应用经济伦理学科的诞生与问世，必将极大地促进社会经济的健康发展，并为伦理学的繁荣提供借鉴和样板，推动整个社会的物质文明和精神文明向前发展。

再次，以更加开放的态度和品格面向世界，开创中外经济伦理文化交流的新篇章，形成新时代的中外经济伦理文化交流学。具有五千年悠久文明的中华民族，特别是经过改革开放40多年的洗礼之后，一方面将自己的经济伦理思想传统输出到世界各地，另一方面又虚怀若谷地吸收借鉴世界各国经济伦理文化的优秀成果，以促进中华民族伦理文化的伟大复兴。

最后，在向未来探求方面有更加切实的举动，会尽全力去迎战未来，形成具有中国特色的未来经济伦理学、经济预测伦理学和经济发展伦理学。21世纪经济生活的节奏将比以往任何时代都更快，经济竞争将会更激烈，因此，人类经济的发展包括中国经济的发展势必会有许多新的特点。重视对未来经济伦理的研究，从整体上为整个中华民族的生存发展担纲，面向未来做终极关怀和形上思考，理应是中国未来经济伦理学的理论职责和历史宿命。

（二）经济伦理学分支学科的发展趋势

新的时代，经济伦理学的发展必将赢来一个全面繁荣而又有重大突破的新时期。在经济伦理学的发展和繁荣中，以下三个领域或方向将成为人们关注的热点、亮点。

第一，经济创新伦理学是一门基于经济转型和注目经济发展质量的新型经济伦理学，它以转方式、调结构、重创新为主要内容并以促进经济高质量发展为旨归。推动我国经济由高速增长阶段向高质量发展阶段迈进，是中国特色社会主义进入新时代的根本要求。只有着眼于经济创新的高质量发展，才能保持经济持续健康发展。经济创新是引领经济高质量发展的第一动力，要求经济发展方式从规模速度型转向质量效益型，要求经济发展动力从主要依靠资源和低成本劳动力要素投入转向以科技创新、经济机制创新和经济结构创新等创新驱动。只有以经济创新为动力的高质量发展，才能更好地满足人民群众对美好生活的需要。

第二，生态经济伦理学是一门建立在生态伦理学和经济伦理学基础之上，并同生态文明发展战略和绿色理念相契合的新型经济伦理学，它要求坚持绿水青山就是金山银山的理论，始终着眼于经济与生态环境的和谐相处，将以人为本和尊重保护自然环境有机地结合起来，将代内公正与代际公正、群际公正与种际公正有机地结合起来，走一条资源节约、环境友好的经济发展道路，使经济发展与人的发展、自然的和谐同向而行，实现富强中国与美丽中国的完美统一。

第三，循环经济伦理学是一门建立在国内国际双循环基础上的，以促进国内和国际经济协调发展、开放发展与和谐发展的新型经济伦理学，它要求立足国内，依托国内大市场优势，化解外部冲击和外需下降带来的影响，同时畅通国际循环，使国内市场与国际市场更好地连接起来，更好地利用国内和国际两个市场、两种资源，提高在全球资源配置中的战略主动地位，建设更高水平的开放型经济新体制。

此外，金融伦理学、财富伦理学、分配伦理学、消费伦理学、竞争伦理学，以及经济制度伦理学、民生经济伦理学、国际经济伦理学等，也会受到更多的关注，成为我国经济伦理学发展的新领域。

（三）经济伦理学关注的重点和热点问题

新的时代，经济伦理学关注、研究的重点和热点问题日趋增多，涉及宏观经济、中观经济和微观经济等论域，也涉及经济决策、经济政策、经济制度、经济业态、经济形势、经济发展、经济布局、经济结构、经济活动、经济行为、经济过程、经济心理、经济管理、经济分析等方面，还会产生出一些前所未有的新问题、新挑战，因此，经济伦理文明、经济道德现象、经济道德生活都有许多亟待研究的重点和热点乃至焦点问题。研究经济伦理学必须具有强烈的问题意识，坚持问题导向，在解答各种问题中创新理论，促进经济伦理学学科体系、理论体系、教材体系、话语体系和传播传承体系的建设，建设具有中国特色、中国风格、中国气派的经济伦理学。

就其大者而言，未来中国经济伦理学的重点和热点问题，主要集中在以下三个方面：

第一，对高质量发展及其伦理意蕴的研究。高质量发展是我国全面建设社会主义现代化国家的首要任务，也是我们建设社会主义高度发达的物质文明的目的性要求。为此，我们必须完整、准确、全面地贯彻创新、协调、绿色、开放、共享的新发展理念，加快构建以国内大循环为主体、国内国际双循环相互促进的新发展格局，加快建设具有中国特色的现代化经济体系，推动我国经济实现质的有效提升和量的合理增长，使中国经济朝着一种合理运行、质量很高的方向持续发展。高质量发展应当克服粗放型发展或者说低质量发展的诸多弊端，在道德伦理上意味着不以损害长远利益、整体利益为代价，不以破坏正当合理的经济关系和经济生态为代价，不以破坏生态环境和掠夺自然资源为代价，要求把经济发展同正当合理的经济关系、经济生态和经济利益有机地结合起来，统筹经济发展与经济安全、经济享受以及人们美好生活等的关系，在促进经济高质量发展中实现美好生活和人的自由全面发展。

第二，对劳动幸福、创业幸福和奋斗幸福的研究。劳动是幸福的来源，也是享受幸福的过程，富含创造成果以供享受的因素。社会主义社会的劳动是体力劳动、脑力劳动等的综合体现，本质上是劳动者为自己、为国家、为社会创造各种物质财富和精神财富的活动，既内含着劳动自由、劳动平等、劳动光荣、劳动体面的因素，又要求实现健康劳动、安全劳动、体面劳动，想方设法采取措施解决劳动异化或劳动者权益得不到保护等问题，从而使全体劳动者感受到社会主人翁地位的确立。创业幸福和奋斗幸福是与劳动幸福密切相关的幸福类型，也是建设社会主义现代化强国所必须倡导与弘扬的精神气质伦理和精神装备伦理，内含着“实干兴邦”“踔厉奋发”“强国有我”等精神要义，要求在创业创造、奋斗实干中成就自己的幸福人生。

第三，对共享、共同富裕和美好生活的研究。共享既是五大新发展理念之一，也是社会主义现代化进程中必须培育的伦理价值和伦理精神；它是对“独享”“独吞”“独占”的抵制和克服，要求人们创造的共同成果必须而且应当为大家所共同享受。共享必然指向共同富裕。共同富裕是社会主义的本质属性和内在要求，社会主义反对贫富两极分化，要求构建初次分配、再分配、第三次分配协调配套的制度体系，保护合法收入、调节过高收入、取缔非法收入，逐步提高低收入人群的收入水平，扩大中等收入人群的比重，扎实推进共同富裕。共同富裕不是同步富裕、同时富裕，它与平均主义有着本质的区别。人们对美好生活的追求和向往是中国共产党人的奋斗目标，新时代我国社会主要矛盾转化为，人们日益增长的美好生活需要和不平衡不充分的发展之间的矛盾。我们必须坚持在发展中保障和改善民生，鼓励共同奋斗创造美好生活，不断实现人民对美好生活的向往。美好生活是生活富裕、生态良好、生机无限的富庶而优雅、美善的生活，是在告别贫困基础上的以发展和享受为主要内容的生活，同时也是物质生活与精神生活相互促进、和谐发展的生活。

此外，提升产业链供应链韧性和安全水平，促进区域协调发展，全面推进乡村振兴，推进高水平对外开放，建设高标准市场体系，坚持经济全球化正确方向，促进国际宏观经济政策协调发展，共同营造有利于发展的国际经济环境，等等，也是我国经济伦理学的重点和热点问题。随着对这些重点和热点问题研究的推进，必将整体上推进我国经济伦理学研究的水平、境界和层次，为繁荣发展中国特色应用伦理学做出贡献。

二、政治伦理学研究的新论域

随着我国发展全过程人民民主政治建设的加快和政治体制改革的进一步深化，随着我国坚定不移走中国特色社会主义政治发展道路，将坚持党的领导、人民当家做主和依法治国有机地结合起来，政治伦理学将得到新的发展和完善，并成为伦理学研究，特别是应用伦理学研究中的一道亮丽风景。

（一）政治伦理学发展的新趋势

未来我国政治伦理学发展的趋势主要表现为：首先，政治伦理学理论体系将得以确立，科学化将得以升华。与经济伦理学发展的状况和取得的成就相比，政治伦理学还是一门“稚嫩的伦理学”，主要表现为科学形象尚未全面得以确立，科学性理论尚欠圆融。为了建树自己的科学形象，政治伦理学必须真正以科学精神对待一切政治伦理思想和政治伦理理论，实事求是地从各个时代、各种学派的政治伦理思想中吸取符合政治伦理现象和发展规律的认识成果，丰富和发展马克思主义的政治伦理学理论。同时，在总结以往认识成果和深入研究的基础上，建构起能够表明政治伦理学独立地位和理论优势的科学范畴体系。

其次，政治伦理学的现代化进程将会加快。政治伦理学的现代化意味着它的理论必将最终摆脱自然经济、半自然经济、计划经济体制、非民主政治结构以及传统政治文化的束缚和限制，以现代化的市场经济、民主政治和先进文化为参照，反观、审视与检验既有的政治伦理观点和理论，实现政治伦理学的理论更新和范式变革。

最后，政治伦理学的发展将呈现国际化与本土化的双向发展趋势。伴随市场经济的全球化，与其相适应的市场规则和市场组织也在全球化，因此，表述上述关系的政治伦理制度和法律规范也必然全球化。同时，全球化并不排斥本土化和民族化。中国要对政治伦理的全球化有所贡献，必须深入发掘本国政治伦理思想和制度伦理思想的丰厚资源，借以实现创造性转化，真正建设具有中国特色的既立足本国又面向世界的政治伦理学学科。

（二）政治伦理学分支学科的发展趋势

我国政治伦理学的研究除继续保持原有的发展势头外，还会出现一些富有特色和发展前景的新型学科或研究方向。

制度伦理学研究有望取得重大突破。制度伦理思想早在古希腊和中国先秦时代即已萌芽，王国维在《殷周制度论》中指出周人制度之大异于殷商的地方在于"纳上下于道德"，故"知周之制度、典礼，实皆为道德而设"①，使天子、诸侯、卿、大夫、士各奉其制度、典礼，按照亲亲、尊尊、贤贤的伦理原则来行为，这就是治政和治理。由制度伦理思想发展成为一门科学，即制度伦理学，则是20世纪的事情。诺齐克的《无政府、国家与乌托邦》以及布坎南的《伦理学、效率与市场》标志着现代意义上的制度伦理学的形成。中国伦理学界开展对制度伦理学的研究自20世纪90年代开始，至今仍在探讨和发展中。21世纪，随着政治体制改革的深入发展和道德建设的整体推进，必然要求制度伦理学做出回应和解答。新时代的制度伦理学将着力探讨政治体制改革的道德基础和道德价值目标，政府工作程序和运行机制的道德要求，各级公务员的政治道德素质及政治道德修养，以及如何将伦理道德建设纳入国家制度建设轨道使其均衡持续发展等问题。制度伦理学也要研究伦理的制度化和制度的伦理化，伦理为什么可以制度化和制度怎样才能伦理化，国家治理能力现代化和治理伦理现代化等问题，这些都是当代政治文明和制度文明建设必须而且应该加以深度研究的重大理论与现实问题。

---

① 王国维．王国维儒学论集．彭华，选编．成都：四川大学出版社，2010：242.

法伦理学是法学与伦理学相结合的一门边缘学科和综合性学科，是以法伦理或法道德为研究对象的一门新型学科。它以解决法与道德的关系问题为基础，研究在整个立法、执法、司法、守法、护法过程中包含与涉及的各种伦理关系和道德问题，揭示其本质和规律性，从而为法律的创制与实施过程提供价值评价的依据和标准。法伦理学研究的一个重要任务和内容，即是道德立法和道德法律化。道德立法是指国家的立法部门将在社会中占统治地位的、为社会所必需的道德原则和规范，上升为具有国家意志性并以国家强制力保证实施的法律。道德法律化和道德立法本质上差不多，但道德法律化所包含的内容比道德立法更广泛，它不仅涉及道德立法方面的问题，而且涉及道德司法和道德守法等方面的问题。道德法律化是新时代强化道德软约束的有效手段，有助于在整个社会范围内促使个体善向群体善转化，有助于强化新道德、批判旧道德，也有助于促进主体内在道德的对象化。从道德法律化入手，将抽象的道德原则和规范转化为可操作的具体行为规范，是主体内在道德对象化的表现和实现。这种意义上的道德法律化，避免了一般意义上不与法律相结合的道德教育的抽象性和空洞性，有助于清除道德主体在各种条件下因各种原因对伦理道德做随意的理解和处置，有助于减少道德实践的偶然性和不确定性。

当代世界范围内的反腐倡廉运动必然要求伦理学做出反应。随着人们对反腐倡廉伦理道德问题研究的深化，必将形成一门专门研究反腐倡廉问题的伦理学。反腐倡廉是指反对腐败、倡导廉洁和廉政的举措及其运动。反对腐败与倡导廉洁和廉政之间存在着一种必然的联系，反对腐败必然要求倡导廉洁、推行廉政。如果说反腐或反对腐败主要动用法律的力量和手段，那么倡廉或倡导廉政则主要是一项道德建设工程。廉政即廉洁的政府与廉洁的政治，要求政治体制清正廉明，政府官员廉洁奉公。廉政是相对于污浊的政治或乱政、败政而言的，强调政治应当有章可循、有法可依，政府官员应当洁身自好、清正无私。反腐倡廉伦理学在倡导廉洁、廉政的同时，必然要求加强公务员道德建设。公务员职业和工作蕴含了丰富而深刻的伦理道德目标与要求，公务员道德的本质是社会政治道德和公共道德的集中体现与反映，表征出社会政治道德和公共道德的风貌与水平。我国是社会主义国家，国家公务员是人民的公仆，理应全心全意为人民服务，做到清正廉明、公忠体国、办事公道、讲求效率、方便群众，绝不能以权谋私、以位谋私或以职谋私。建设具有中国特色的社会主义公务员道德体系，对于我国社会主义五个文明的建设与发展，对于推进政治体制改革和建设高效、勤政、廉洁的政府，具有十分重要的意义。

（三）中国特色政治伦理文明研究的重大理论和现实问题

党的二十大报告指出："全过程人民民主是社会主义民主政治的本质属性，是最广泛、最真实、最管用的民主。"① 发展新时代全过程人民民主，是中国共产党领导全国人民推进社会主义政治文明建设取得的重大理论成果和实践创新成果，是人民立场、人民中心与制度保障、全程贯通的有机统一，是过程民主与成果民主、程序民主与实质民主、直接民主与间接民主、人民民主与国家意志的有机统一，有着集民主选举、民主协商、民主决策、民主管理、民主监督、民主评价等于一体的功能效用，故此是全链条、全方位、全覆盖的社会主义民主，体现了社会主义民主政治的特色、优势和效能，内含着巨大的伦理进步性、合理性和正当性，构成中国特色社会主义民主政治和政治伦理文明的核心内容与价值主心骨。建设和发展全过程人民民主，其实就是在筑牢中国特色社会主义政治伦理的大厦，夯实中国特色社会主义政治伦理的文明基座。

评价一个国家政治制度是不是民主的、有效的，关键看依法治国、依法行政和建设法治国家、法治政府的现代化力度、程度以及国家治理能力的现代化程度。民主需要法治的保障和维护。在我国当代，最根本的就是要坚持和发挥中国共产党总揽全局、协调各方发展的核心作用，提高党科学执政、民主执政、依法执政的能力和水平，保证中国共产党有效领导人民治理国家，切实防止出现群龙无首、一盘散沙的现象，同时也要防止选举时承诺或许诺过高过广，选举后监督不力、过宽过软以及将民主形式化、表象化的现象出现。我们要实现国家治理能力现代化和治理体系现代化，必须毫不动摇地坚持、与时俱进地完善人民代表大会制度，确保中国

---

① 习近平．高举中国特色社会主义伟大旗帜　为全面建设社会主义现代化国家而团结奋斗：在中国共产党第二十次全国代表大会上的报告．北京：人民出版社，2022：37.

共产党领导的多党合作和政治协商制度行稳致远，发展高质量的社会主义协商民主；必须以筑牢中华民族共同体意识为主线，发展和完善中国特色民族区域自治制度，同时全面推进中国特色社会主义法治体系建设，加快建设社会主义法治国家。这些制度和体系性的建设内含着深刻的伦理意蕴，要求将法治精神、治理伦理、制度伦理有机地统一起来，建设整体性与具体性相一致的社会主义公平正义体系，进一步凸显中国特色社会主义政治伦理和政治伦理文明的优越性、先进性与崇高性。

尊重与保障人权是中国特色社会主义政治伦理和政治伦理文明的题中应有之义。中国特色社会主义人权发展道路始终将维护和保障全体中国人民的生存权、发展权、生命权、健康权视为最基本的内容，采取多种措施，从多方面持续推进中国特色社会主义人权伦理建设，在坚持以人民为中心、人民至上的政治方略中取得了历史性的重大成就，为世界人权事业发展做出了中国贡献，提供了中国智慧和中国方案。中国特色社会主义人权伦理始终坚持以生存权、发展权为首要的基本人权，将维护与促进人民幸福生活水平和质量视为最大、最重要的人权，坚持发展为了人民、发展依靠人民、发展成果由人民共享，努力提高广大人民群众的获得感、幸福感、安全感，极大地保护了人民群众的合法权益，走出了一条成功的中国特色社会主义人权发展道路，形成了中国特色社会主义人权伦理体系，促进着世界人权事业的健康发展。

三、科技伦理学研究的新课题

新时代是科学技术迅猛发展并日益有效地改变社会生活和人自身的时代，也是科技伦理学迅速发展并孕育重大突破的时代。承接 20 世纪科技伦理学发展的传统，应对 21 世纪科学技术革命的挑战，新时代的科技伦理学必将成为中国伦理学的劲旅，甚至引领中国伦理学发展的新潮流。

（一）科技伦理学发展的新趋势

当今世界，科学技术正在发生着前所未有的巨大变革，与此相关，科技伦理学也面临着新的挑战。汉斯·约纳斯《为什么技术是伦理学的课题：五个理由》一文，针对世界范围内技术所涉及的伦理学问题做出了深刻的分析与论证；之后，技术伦理学越来越受到人们的关注，“如今只要一谈及新技术，人们就似乎如条件反射般，马上就会联想到它的伦理价值判断问题”①。科技伦理学对科学技术解决问题和制造问题的巨大能力加以理性的评估与反思，要求科学技术制造问题的巨大能力应当小于或低于解决问题的巨大能力，并以此作为评价科学技术进步的合理性的重要标准。格伦瓦尔德主编的《技术伦理学手册》介绍并探讨了基因技术、医学技术、移动通信技术、纳米技术、宇航技术、机器人技术、气候技术、采矿技术、监控技术、农业技术、核能技术、人类增强技术等领域的伦理道德问题，并对其发展趋势做出了一定的预测。整体而言，我们认为，21世纪科技伦理学的发展将是全方位、整体性和突破性的。现代技术的“升级”与“整合”集中地体现在汇聚技术上，“如果认知科学家能够想到，纳米科学界就能建造，生物科学界就能运用，信息科学界就能监控”②，汇聚技术使人类增强技术获得迅猛的发展，带来新一轮科学技术革命，与此相关，也必然促使技术伦理学的发展，并在伦理学发展中起着革命性的作用。科技伦理学的发展因科技革命而充满着诸多不确定性，尤其体现在思考问题的论域和问题本身的难以测度方面，但是整体的发展趋势将集中体现在以下三个方面：

第一，研究对象向两极化发展。所谓两极化发展是指：一方面会向科技伦理学基础理论发展，产生高屋建瓴的理论构架，形成元科技伦理学或理论的科技伦理学；另一方面会向科技伦理学实践领域发展，产生解决具体问题的操作方案和行动技巧，形成许多科技伦理学的分支学科或实践的科技伦理学。

第二，研究方法向多元化发展。所谓多元化发展是指：科技伦理学一方面大量运用规范性的研究方法，制定、创造与解释适应并能指导未来科

---

① 阿明·格伦瓦尔德．技术伦理学手册．吴宁，译．北京：社会科学文献出版社，2017：1.

② M. C. Roco，W. S. Bainbridge. Executive Summary：Converging Technologies for Improving Human Performance. Kluwer Academic Publishing，2003：13.

技行为的道德原则和道德规范；另一方面会较多地运用描述性的研究方法，客观真实地再现科技伦理学领域的诸种道德现象和道德问题，为理论的科技伦理学提供分析的资料和蓝本，此外还会应用实证性和学理性的研究方法，以澄清科技道德事实，解决科技道德问题。

第三，问题意识会更加得到突出和强化。在未来的科技时代，科技伦理问题不仅是社会伦理问题的集中表现，而且会诱发和催生不少社会伦理问题。在未来的科技时代，至少有四大科技伦理问题会特别醒目，即科技共同体内的伦理问题、科技社会中的人际伦理问题、科技时代文化际伦理问题以及科技背景下人与自然的伦理问题。与此相关，科技伦理学研究者的问题意识必然会得到强化。反过来，问题意识的强化又将大大促进科技伦理学研究的深化和向高水平攀升。

科技伦理学又大体可以分为科学伦理学和技术伦理学两大部分。科学伦理学是对科学研究、科学活动、科学成果、科学精神等的伦理学研究，探讨科学如何更好地促进人类身心健康，防范对人类的不利影响。技术伦理学探讨的是技术决策中对可以选择的方案的理性反思，目的是为合乎伦理的技术决策提供参考和帮助。技术伦理学是技术时代的伦理学，是关切人类未来的伦理学。① 技术伦理学必须认真研究围绕技术、研究技术、使用技术和评估技术所产生的一系列伦理道德问题，并着眼于人类整体利益和发展未来的视角与价值关怀去寻求解决这些问题的路径、机制、方法，以促使人类健康生存和持续发展。

（二）网络信息和人工智能伦理学研究

当今世界，以互联网为代表的信息技术日新月异，人工智能技术也处在孕育重大突破、问题纷至沓来的重要时期。如何开展网络信息伦理学和人工智能伦理学研究，也越来越受到社会的高度关注。

网络信息技术和人工智能技术兼具客体性技术与主体性技术的特征，具有广泛的社会意义和深层的伦理意蕴。如果说以往的技术指向的是客体世界，那么这些技术指向的是人类主体。这种主体性技术直指人类的未来

---

① 李伦．技术伦理学：关切人类未来的伦理学．中国社会科学报，2020-01-07.

和命运。这些技术与基因技术、材料技术、能源技术等的融合，不仅延长了人的身体和智能，而且促成了万物互联，并将迎来真正的信息社会。在当今互联网、大数据和人工智能时代，对特定信息进行集中编排、加工与处理的精准性和方便性，对人类处理某些比较繁琐和复杂的程序及其事务带来了革命性的变革，同时也产生了系列伦理道德问题，迫切需要加以研究和应对。数字鸿沟是指不同群体之间在信息技术应用上的巨大差异。数字鸿沟大体可以分为知识性鸿沟、价值性鸿沟、可及性鸿沟和应用性鸿沟四大类。随着移动互联网和云计算的普及，相对来说，知识性鸿沟、应用性鸿沟和可及性鸿沟正在缩小，但价值性鸿沟却在日益扩大。网络伦理学涉及的问题还有网络安全、信息战、黑客攻击、信息屏蔽、人肉搜索以及虚拟社会、虚拟空间等，并与信息伦理学有着叠加或重合的问题。

随着中国信息网络技术建设的加快和社会主义精神文明建设的加强，网络伦理学必将迎来一个快速发展和繁荣的时期，具有中国特色的社会主义网络伦理学将成为信息时代和网络社会伦理学的主要类型。在网络伦理学研究中，我们不仅要尽快建构具有中国特色的网络伦理和信息伦理准则，形成中文网上特有的道德舆论氛围，推动和强化个体的道德自律，而且应正确对待异质性伦理和同质性伦理，既充分享用全球网络信息技术的便利和好处，遵守同质性伦理的原则和规范，又挺立民族伦理的主体精神，尊重异质性伦理的个性和品格，坚持信息伦理和网络伦理发展的多元化与一元化的辩证统一。此外，更为重要的是，我们应尽快在网络上建立更多、更高质量的中国伦理和中国伦理学网站，使具有中国特色的社会主义伦理精神和伦理文化在网络空间中不仅占有一席之地，而且能够渗透、影响到各种类型的网站和信息技术，使其成为弘扬中华优秀道德文化、传播中国特色社会主义伦理学的重要载体。

人工智能伦理学内含人工智能机器伦理学、机器人伦理学、设计伦理学、算法伦理学等方面的内容，是在应对和回答人工智能引发的一些伦理道德问题或难题过程中形成与发展起来的一门前沿的新型科技伦理学学科。人工智能技术的出现产生了大量的已往或现有伦理学理论无法解决的伦理道德问题或难题，迫切需要伦理学在学理上做出分析与回应。2017年1月，在美国加州阿西洛马召开的“阿西洛马会议”联合签署了“为了人和人类的 AI”的《阿西洛马人工智能原则》，呼吁全世界人工智能领域的工作者遵守这些原则，共同保障人类未来的利益和安全。基于人类的良知和对人类未来的理性关切，此次会议确定了“人工智能研究的目的是创造服务于人并为人所控的 AI 和 Robot”这个原则。这个原则是人机之间的基本伦理保证，凸显了人的道德和尊严的内在性。人工智能具有深厚的伦理意蕴，正在重构人-技术-社会的关系，重构的性质与人类的未来休戚相关。如何在人工智能中嵌入道德原则，利用人工智能解决社会伦理道德问题，更好地使人工智能服务于当代人乃至未来人的幸福生活、安全生活与和谐生活，是人工智能伦理学必须予以深入研究与探讨的重大理论问题和现实问题。与此同时，人工智能伦理学也应该考虑人工智能体在“有意不为”方面应具备对可能出现的强敏感性和对道德决策的弱自主性的深度研究或应对，并从控制论角度探讨人工智能体的伦理控制何以生成、何以发挥作用以及作用如何评估等问题，以深化与促进人工智能伦理学的健康发展和合理推进。

（三）基因伦理学和生物技术伦理学研究

21 世纪是生物学和生命科学的世纪，遗传基因工程等一系列新兴技术的出现及应用，使人类的伦理道德观念面临着严峻的挑战，必将产生与形成新的生物伦理学和生命伦理学。21 世纪以来，生命伦理学界围绕“克隆”技术、“多利羊”、转基因技术等当代生命科学难题，进行了广泛而深入的理论探讨，将生命伦理学发展到一个新的阶段。“多利羊”的出现对生命伦理学提出了一系列有待认识的新问题，也为生命伦理学的发展提供了契机，要求生命伦理学以开放的品格去应对生命科学的挑战，进一步克服狭隘的人类中心主义，建立广义的伦理观。“克隆”技术应用于人类，使人类遗传学法则异化、歧化或杂化，同时将会造成人伦关系的混乱和人口性别比例的严重失调。因此，在对待“克隆”技术问题上，既要坚持历史原则，即“克隆”技术是为人类生存、发展服务的，不能违背人类的伦理本性，又要坚持实践发展原则，尊重“克隆”技术的自然规律，去努力探索、发展“克隆”技术，使之更好地为人类的生存、发展服务。“生物伦理学从生命哲学中继承了某些类型的内在原则、活力论以及伦理直觉主义。这种伦理直觉主义不仅有可能要求给予特定生命形态自我价值，而且还可能要求给予它们生长繁衍及生命完成的权利，并最终可能导致对生命的绝对保护。”① 生物伦理学面对着器官移植、器官捐献、器官买卖、人工授精、代理母亲、基因工程、脑科学、“克隆”技术、防止衰老等的挑战，同时还要接受全球范围内伦理普遍主义和伦理相对主义等的挑战。

在21世纪，伴随着人类基因组研究的重大突破，基因技术伦理和基因伦理学必将得到极大的发展。诚如德国学者库尔特·拜尔茨在《基因伦理学：人的繁殖技术化带来的问题》一书中所说的，“现代基因-生殖技术创造了新的行为可能性，但传统的道德却没有为我们提供足够的标准和价值来它们进行评价。所以，对一种基因伦理学的需求不是从哲学上产生的，而是反映了科学认识的扩展和技术能力的增长所带来的问题”②。人类基因组研究所取得的重大成果被视为继“曼哈顿原子弹计划”和“阿波罗登月计划”之后的人类科学史上的又一次伟大革命，它所产生的不可估量的商业价值和社会影响必将引起人类伦理道德观念的变革。目前，人类基因组研究已将伦理学等的综合研究列入该计划的主要目标中。基因技术伦理和基因伦理学研究的主要问题包括：基因研究和人类的尊严，遗传信息的隐私权及获知权，基因组图谱的信息使用与人的社会权利，基因资源的专利与资源争夺，基因决定论还是非决定论，人类长寿所带来的一系列伦理道德问题，基因组信息和医学解释与人类的心理压力及名誉损害，等等。基因伦理学研究必将对其他科技伦理学及社会伦理学产生深远的影响，成为促进伦理学发展的重要力量。基因伦理学研究的基因伦理包含了基因功能伦理、基因测试伦理、基因治疗伦理等内容。基因功能伦理坚持认为基因功能不是人的全部，人除了受先天遗传因素影响外，还与社会环境长期作用密不可分，所以应当坚决反对基因决定论，严格遵守伦理规范。

生物医学伦理学是当代应用伦理学中发展非常引人注目的一门分支学科，同时也是生物医学与伦理学相互渗透相互交叉的一门边缘学科。它

---

① 阿明·格伦瓦尔德．技术伦理学手册．吴宁，译．北京：社会科学文献出版社，2017：176.

② 库尔特·拜尔茨．基因伦理学：人的繁殖技术化带来的问题．马怀琪，译．北京：华夏出版社，2000：323.

与以往的医学伦理学、医务伦理学或医德学最大的不同在于，要面对诸多医学道德难题，其所涉及的医疗实践是一个比以往医疗生活更为复杂的世界。生物医学伦理学作为一门新型应用伦理学，是一般伦理学理论、道德原则规范在医疗实践、卫生保健设施以及生物医学研究中的应用，其首要任务是维护医疗实践中人的价值，以及一切具有人性的东西。

进入21世纪以来，随着医学和生命科学的蓬勃发展及其所取得的一系列突破性成就，生物医学伦理学面临着前所未有的挑战和机遇，它将迎来一个全新的时期。除了一般性讨论生物医学的道德要求、伦理原则外，它还必须对许多新的伦理道德问题做出回答。现代生殖技术的进步，无疑是生物医学领域的一场革命，它不仅体现在技术层面上，更大量地体现在伦理道德层面上，产生生殖技术的道德选择和道德评价问题。人体实验是以人体作为受试对象，用科学的实验手段，有控制地对受试者进行研究与考察的生物医学行为和过程。人体实验涉及大量的伦理道德问题：能不能在人身上做实验？在什么范围内和条件下才能对人做实验？什么样的人体实验才是道德的？谁来冒人体实验之危险？对这些问题的认识和回答同样构成生物医学伦理学的重要内容。安乐死是20世纪提出的医学伦理学问题，但是并未得到科学的解决，有全面赞成、部分赞成和部分反对、全面反对等态度。21世纪对安乐死问题持赞同态度的人会越来越多，讨论的主要问题会集中到如何实施安乐死和怎样鉴定可实施安乐死的条件等问题上。提高医学技术，优生与生育控制，有严重缺陷新生儿的处理，以及卫生资源分配等领域的伦理道德问题，也是21世纪生物医学伦理学研究的热点和难点问题。

21世纪的生物医学伦理学将与生命伦理学一起承担对有关问题的科学研究，把对生命的研究和人类的身心健康有机地结合起来，使生物医学更具有伦理化的色彩，使先进的医学科学和技术为人类的幸福、文明和完善服务。

四、社会伦理学研究的新视野

社会伦理学，一般来说并非指与个体伦理学相对而言的社会伦理学，而是指社会学意义上的社会伦理学，亦即运用社会学和伦理学的研究方法，共同研究社会公共生活中出现的许多伦理道德问题，并寻求解决之道的应用伦理学。随着社会生活的进步和发展，社会生活中的伦理道德问题日渐突出，这就为社会伦理学的研究和发展创造了条件。

（一）人口问题与人口伦理学研究

人口伦理学是以人口道德为研究对象的应用伦理学分支学科，是人口科学与伦理学交叉融合的产物。人口伦理学研究人口生产中的男女平等问题。人口生产包括个人再生产和人类再生产两个方面。其一，男女平等体现在个人再生产上，主要指人们在社会生产实践、交往活动中的地位平等。人类发展史表明，除了在母系氏族社会阶段女性曾在社会上居于主导地位之外，直至近现代，两性关系一直以男尊女卑为主题，在政治、经济、文化、教育或其他领域，妇女往往都被排斥在权利之外。随着妇女解放运动、女权运动的兴起，男女平等遂成为人类文明发展的要求。当今文明社会，男女平等在法律上获得了保障，但由于男女生理、心理等方面的固有差别，男女并未取得实质上的平等，对女性的歧视在各个生活领域都不同程度地存在着。其二，男女平等体现在人类再生产上，主要指人们在生育繁衍后代上所负权利义务的平等。面临全国范围内生育率下降和人口数量下降的趋势，如何更好地将生育中的伦理道德问题纳入整个社会治理的大框架中来思考，采取有效的措施扩大就业、平抑房价、保护育龄妇女的正当权益，就是人口伦理学必须加以研究的重大问题。人口伦理学还涉及人口的寿命指数、健康指数、智力水平、生命质量、人口再生产和代际关系等问题；研究这些人口伦理学问题，整体上有助于实践伦理学和应用伦理学的发展，有助于促进整个社会的精神文明和伦理道德建设。

（二）老年伦理学和妇女伦理学研究

目前，世界各国正在步入老龄化时代，老年问题日益突出，老年伦理学研究尤为重要。老年伦理学是以老年道德为研究对象的一门新型伦理学学科，是一门揭示老年道德的形成、发展规律及功能作用的伦理学。

老年伦理学研究的一个主要问题是老年人权益保护问题。老年人权益保护，包括对老年人权益的法律保护和道德保护两方面。老年人口是社会总人口的重要组成部分，老年是正常人生的必经阶段。老年人的社会地位高低和权益保护体现人类文明的进步与发展程度。老年人权益根据不同标准可以划分为不同类型，按生活领域不同可以分为政治上的权益，经济上的权益，文化、教育、卫生保健等领域的权益。当今世界，人口老龄化趋势十分明显，随着人们生活的改善和医疗卫生事业的进步，老年人口将越来越多，保护老年人权益已成为人类共同关注的问题。除了老年人权益保护以外，老年人身心健康也需要伦理关怀。老年人如何正确看待生命与死亡，也是老年伦理学需要研究的伦理道德问题。

妇女问题呼唤妇女伦理学研究。妇女伦理学是以妇女道德为研究对象的学问，是一门全面考察妇女道德现象，揭示妇女道德的形成、本质、规律及实践作用的社会伦理学分支学科。妇女伦理学从理论和实践两个方面系统地研究妇女道德，包括女性自律道德、女性交际道德、女性恋爱道德、女性婚姻道德、女性家庭道德、女性生育道德、女性工作道德、女性伦理美德、女性道德素质及其修养等问题。妇女伦理学研究的价值原则是，实现男女互补共生基础上的男女人格和权益上的平等。男女两性在人类种族存续中的不可替代性与平等性，是男女人格平等和权益平等的自然基础。历史造成的男女不平等是现代文明必须予以抛弃的。在实现男女平等的过程中，需要对妇女正当权益予以法律和道义上的保护。男女权利的平等主要表现在四个方面：(1) 政治权利的平等；(2) 参与经济活动权利的平等；(3) 家庭生活中的平等；(4) 文化教育等其他方面的平等。对妇女权益的保护就是要实现以上四个方面与男性的平等。保障妇女权益的另一重要途径是人们道德上的进步，坚决摒弃传统男尊女卑思想，尊重妇女的人格尊严。思想观念的改变，才是保护妇女权益的根本。

（三）道德诊疗学和道德建设学研究

20 世纪下半叶以来，随着市场经济负面效应的凸显、社会发展的迅速和道德建设的滞后，世界各国不同程度地出现了道德失范和道德失控的现象，给整个世界的经济文化建设带来了不少的阻碍和混乱。因此，根治道德失范或道德失控现象，加强整个社会的道德建设，成了 21 世纪世界各国发展经济文化的一项重大任务。与此相关，道德诊疗学和道德建设学也日趋成为伦理学人关注的重点论域与致力于研究的应用伦理学学科。

道德诊疗学是对历史上和现实生活中诸种道德问题的把脉、问诊与施治的学问和学科，是对道德病灶、道德病因或道德疾病的诊断性研究的集中体现。我们时代的道德疾病，主要有理想信念和精神生活的缺失或萎靡不振，长期沉浸于利己主义、自我中心和实用主义境况中，缺乏对他人利益和社会公共利益的认同、维护与尊重，道德冷漠症和道德虚无主义日趋严重，诋毁道德模范、道德英雄以及见义不为甚至有意识地碰瓷诬陷好人等现象时有发生。凡此等等，都极大地伤害了社会的向善向上之心，成为我们必须加以正视和解决的突出问题。对这些道德病症的把脉、问诊与施治，需要弄清楚它们是何以形成和产生的，哪些因素在其中起了关键性的作用，并在此基础上开出因病施治和对症下药的药方。

道德诊疗学和道德建设学是相辅相成的应用伦理学学科。如果说道德诊疗学致力于治病救人，那么道德建设学则是整个社会积极主动地朝向某个目标的道德建设部署、规划及其行为活动的综合化呈现。解决整个社会范围内的道德失范现象，需要我们加强整个社会的道德建设，下大力气根治社会的腐败和道德危机。《公民道德建设实施纲要》和《新时代公民道德建设实施纲要》等重要文件，对公民道德建设的形势和任务、指导思想和基本方针原则、主要内容，以及公民道德教育、群众性道德实践等问题均做了明确的规定与部署。强化新时代公民道德建设既需要社会各界同心协力，齐抓共管，也需要理论工作者面向道德建设的实际做深入细致的调查研究工作，给道德建设的实践以有力的理论指导和价值引导。因此，随着公民道德建设的深入开展，必将诞生专门的道德建设学。道德建设学以整个社会的道德建设为研究对象，重在揭示道德建设的基本规律和发展方向，总结社会各界从事道德建设的经验教训，探讨道德建设与理论研究、经济建设、制度建设、文化建设等方面的关系，构筑社会主义道德建设的系统工程。道德建设学涉及为什么要进行道德建设，要在什么地方或哪些方面进行道德建设，道德建设应该遵循什么样的发展规律，以及怎样进行道德建设等方面的内容。道德建设学研究必将为实践伦理学特别是社会伦理学的发展提供坚实的基础。

此外，军事伦理学、战争伦理学、核伦理学、空间开发伦理学、海洋伦理学、土地伦理学、粮食伦理学、气候伦理学、健康伦理学、灾害伦理学、建筑伦理学、居宅伦理学、休闲伦理学、旅游伦理学、音乐伦理学、审美伦理学等，也会受到相当的重视并得到较快的发展。这些应用伦理学和实践伦理学学科的形成及理论成果，必将极大地促进理论伦理学和规范伦理学的发展。

第十一章　新型国际关系伦理学和全球伦理学的理性建构

当今的全球社会已经成为一个命运休戚相关、生死与共的共同体，在世界政府缺位的情况下，创建美好的共同体生活就是要建立一套普遍认可的文明规则，可称之为人类文明。人类文明不是指某种单一的文明形态，比如基督教文明、儒家文明、伊斯兰文明，而是专指人类在普遍交往的过程中必须遵守的交往理性、价值规则，或者是一种共同的公理、共同的公善，既包容了各种文明价值，而又使它们能够共生共存。人类文明建构的理想途径，应是各个国家共商、共建、共同谋划共同体的未来的共同志业，真正意义上的“主体间性”和“交往共识”得到应有的尊重。但西方文明自发展壮大后便将一己之文明提升为人类之文明，将一己之规则提升为普适之规则，比如丛林法则、国强必霸、西方中心等，将地域性的文明上升为世界性的文明。弱小的国家在这个过程中没有办法参与人类文明的建构。要改造西方建构的非正义的“人类文明”和非正义的国际交往规则，往往需要靠世界正义力量的崛起。马克思主义诞生后，最伟大的贡献就是社会主义力量的崛起、社会主义运动的壮大，以及社会主义从理论到实践、从一国到多国的发展。这种世界正义力量的崛起对传统“人类文明”的改造带来了历史契机，但是改造并没有最终完成。因此，如何在世界百年未有之大变局的情势下推动建立新型国际关系伦理学和新的全球伦理学，推动构建人类命运共同体伦理学就成为世界伦理学发展的内在要求，也是中国伦理学应当承担的神圣而光荣的学术使命。

一、“世界百年未有之大变局”的伦理深蕴

当今世界正处于“百年未有之大变局”中，这种广泛而深刻的变化既体现在以中国为代表的新兴国家经济、科技和综合实力快速发展，为世界的变化注入了全新的和巨大的动力与活力，为世界解决多年以来存在的治理赤字、信任赤字、和平赤字、发展赤字提供了希望、支持和道义保障，也体现在过去400多年在世界格局中占优势地位的西方国家遇到了各种冲击、挑战，内外问题和矛盾集中频发，给世界带来诸多危机和风险，影响着世界的安全和发展。面对“世界百年未有之大变局”的情势，如何更好地扬长避短，化危为机，是世界各国必须要审时度势、谨慎做出自己的战略选择和价值判断的，也是世界各国伦理学人必须而且应当去深度思考的重大伦理道德问题。伦理学所谋的大局，中国古代学者所畅言的“立乎其大”和由势察理、以理论势、理势合一都要求我们去求索、探寻这种大变局背后的道理、伦理、情理，为建构新型国际关系伦理、构建人类命运共同体提供理论支撑和价值引领。

“世界百年未有之大变局”是习近平站在人类历史进程的高度，以大国领袖的担当，对世界发展大势做出的重大战略判断，在当前复杂变化的时代具有举旗定向的重要意义。“世界百年未有之大变局”的本质，是国际力量的对比变化，亦即“西降东升”，西方国家出现了严重的国内矛盾和危机，而以中国为代表的东方国家迅速崛起，由此引发国际格局大洗牌、国际秩序大调整。“世界百年未有之大变局”，意味着世界正在发生着的事情是近百年来未发生过的、带有“破局”和“立局”性质的大变化。这个大变局涉及许多方面，但最为核心的是世界格局，亦即世界格局由过去的西方主导，逐渐变成东西方共同主导的多极化发展格局。这个大变局，概括起来说，就是当前国际格局和国际体系正在发生深刻调整，全球治理体系正在发生深刻变革，国际力量对比正在发生近代以来最具革命性的变化：世界经济重心正在加快“自西向东”位移；新一轮科技革命和产业变革正在重塑世界；新兴市场国家和发展中国家的国际影响力不断增

强，国际力量对比更趋均衡；全球治理的话语权越来越向发展中国家倾斜，全球治理体系越来越向着更加公正合理的方向发展；世界文明多样性更加彰显，世界各国开放包容、多元互鉴成为主基调。当代世界正面临着“百年未有之大变局”，人类何去何从的问题以空前尖锐的方式呈现出来，这不仅仅推动人们反思历史，更推动人们关注现实和展望未来。

“世界百年未有之大变局”的一个基本趋势就是，多极化格局的形成和多边主义的兴起。当今世界，多极化发展格局正在形成之中，并初步展示出自己的发展魅力。世界多极化深入发展既是历史发展的大势，也是国际社会的普遍期待。世界多极化萌发于20世纪五六十年代。当时，亚非拉民族解放运动蓬勃兴起，不结盟运动、七十七国集团等呼吁发展中国家加强团结，倡导建立国际政治经济新秩序。同时，美苏两大阵营内不少国家表现出强烈的独立自主倾向，阵营主导国家的凝聚力、影响力不断下降。到了20世纪90年代，随着冷战结束，两极格局宣告终结，世界多极化趋势逐渐形成。进入21世纪，世界多极化趋势愈加明显并日益向纵深发展。尤其是2008年金融危机以后，以美日欧为代表的西方国家的整体实力出现相对衰落，对世界事务的主导能力下降；而以中国为代表的新兴市场国家和一大批发展中国家群体性崛起，进一步改变了国际力量的分配，推动了国际格局向着更加均衡的方向发展。

世界大变局根源于国际力量对比的深刻变化，首要的推动因素是以中国为代表的新兴市场国家的崛起。随着国际经济力量对比、国际经济基础的变化，上层建筑也会发生变化，国际体系、全球治理格局也会发生变化，这是世界历史演化的基本规律。中美战略博弈，是世界大变局的关键变量，也是一个重要标志。从表层来看，这是富强大国与霸权国家的实力之争；从中层来看，这是社会主义、资本主义两条道路、两种制度之争；从终极来看，这是人类命运共同体与全球霸权两种国际秩序观之争。西方资本主义文明相对衰败和东方社会主义文明相对崛起，结合起来就导致了大变局的第一层含义：东西方平衡的新格局取代了西方主导天下的老格局。盎格鲁-撒克逊民族主导的工业革命和现代化模式日渐式微，中国特色社会主义主导的现代化模式日渐兴起并成为现代化发展的动力，导致了大变局的第二层含义。以丛林法则、霸凌思维和利己主义为主要内涵的狭隘功利主义与实用主义的日益衰颓，中国特色社会主义以和平崛起、和谐发展和共生共赢为主要内涵的共生主义与道义论伦理影响不断扩大，导致了大变局的第三层含义。世界呼唤和谐发展、共生共赢的共生主义和“你好，我好，大家好”“大家好，才是真的好”的己他两利、己群共利的伦理价值观，但是西方国家已经形成的损人利己甚至损人不利己也要损人的价值观不会轻易地被放弃，这中间必定有一个伦理价值观的斗争过程。这个斗争过程其实也是“世界百年未有之大变局”的重要组成部分。价值观的斗争不仅影响世界格局的发展与变化，本身也是世界格局的“深层结构”，决定着“世界向何处去”以及国与国之间究竟如何相处的问题。

“世界百年未有之大变局”所形成的多极化发展格局必然要求坚持多边主义。多边主义指两个以上的国家在解决国际问题、处理由于国际关系中人们所认知的或实际存在的无政府状态所引发的冲突过程中，所持守的尊重各方利益和重大关切的思想与行为主张。多边主义主要包括全球多边主义、区域多边主义、国家多边主义。多边主义还表现为国家行为体之间的行为方式，以及对国际普遍的行为准则和规制的重视与遵守。作为一种着眼于发展国家行为体之间良性互动的社会性安排，协调与合作是多边主义的基本特征。多边主义既是一种国与国之间处理彼此关系的价值准则，也是一种兼顾多方利益关切和促进共生共赢的伦理价值主张。多边主义不同于单边主义，单边主义本质上是一种不顾及“他者”或他国乃至世界的自我中心主义。依循单边主义的行动逻辑，必然会使世界各国的利益关系更加紧张，世界格局更加动荡不安。多边主义的兴起及其为多国所接受，能够有效地化解单边主义对世界造成的伤害，有助于促进世界关系的平衡和良好世界秩序的建立。

“世界百年未有之大变局”呼唤适应这种大变局发展需要的伦理精神，这种伦理精神要求摒弃零和博弈的冷战思维和“赢者通吃”的强权政治，要求在尊重主权、独立、领土完整及互不干涉内政等原则下，坚持以对话解决争端，以协商化解分歧，共同应对传统和非传统安全威胁，要求尊重世界文化多样性的现实，不以高低、优劣论文化，以文明交流克服文化隔膜，以文明互鉴替代文明冲突。说得简单一点，就是要从利己主义的陷阱中走出来，学会把自我利益与他人利益、本国利益与他国利益有机地结合起来，走己他两利、合作共赢的道路。这实际上也是建构新型国际关系伦理学和新全球伦理学的基本要求。

二、建构健康、公正、合理的新型国际关系伦理学

在西方世界难以提供实际可行的国际关系框架或设想之际，日益崛起的中国提出了构建新型国际关系的方案和主张。新型国际关系的本质就是以合作取代对抗，以平等取代霸权，以共赢取代独占，以共同发展取代零和博弈与丛林法则，受到世界各国以及联合国的肯定与认同。与此相关，建构健康、公正、合理的新型国际关系伦理学也成为国际伦理学界的共同期盼。

（一）新型国际关系的本质内涵

新型国际关系是与旧型国际关系相对而言的，是对旧型国际关系的批判性改造和超越。所谓旧型国际关系，就是现存的国际关系，具体说就是西方主导的以主权国家为基本行为主体，带有强权政治色彩的国际关系。

自《威斯特伐利亚和约》以来的传统国际关系大致可以分为三种类型：霸权争夺型国际关系、殖民扩张型国际关系以及冷战型国际关系。《威斯特伐利亚和约》签订后，欧洲出现了短期的均势平衡，但战争很快又困扰着欧洲，而且是霸权交替性的战争。从荷兰独霸到20世纪中期英国霸主地位被美国替代的200多年里，国际关系可以概括为殖民扩张类型。二战结束后，世界进入西方国家与社会主义国家两大阵营的冷战时期，从而形成冷战型国际关系。其最大的特点在于，两大阵营没有直接的冲突，但在“中间地带”国家展开争夺，并且大多因争夺而爆发的战争都是小规模的代理人战争。苏美两大超级大国在“中间地带”国家的地缘争夺，是典型的零和博弈。

在新的历史条件下，建构什么样的国际关系，才能更好地贯彻和落实联合国宪章的宗旨与原则，更好地维护和发展以联合国为核心的国际体系，成为世界各国共同关注的重要课题。近年来，有人提出“霸权稳定

论”，主张打造一个无所不能的超级大国来统领国际事务；有人提出“全球治理论”，主张各国弱化主权，制定共同的规则来管理世界；有人提出“普世价值论”，主张推广某一种自认为“先进”的价值观和社会制度来一统天下。这些主张本质上是西方中心论和传统国际关系的传延或扩展，一段时间盛行之后，各种批判和反思乃至抵制之声不绝于耳，呼唤新型国际关系的要求愈发强烈。

新型国际关系有两组非常重要的辩证关系：一是“和平发展”与“共同发展”的辩证关系；二是国家利益与人类利益的辩证关系。新型国际关系不同于旧型国际关系的地方在于特别强调合作共赢。在旧型国际关系中，竞争是主旋律，许多国家之间有合作，但同竞争相比，合作处于从属地位。新型国际关系就是要实现国际关系的转型和质变，以合作为主旋律。新型国际关系既强调合作也强调共赢，并主张把合作与共赢有机地结合起来，形成合作共赢的发展机制和格局。

（二）新型国际关系伦理的基本主张

新型国际关系伦理的主张中，既包括主权国家一律平等、国家内政不容干涉等现实主义国际关系观念；也有强调人类相互依存、追求集体安全等国际整体和谐理论成分。

“相互尊重”是新型国际关系的逻辑起点。近年来，随着发达国家与发展中国家的实力对比差距逐渐缩小，国际格局出现了新变化，过去西方发达国家试图以霸权主义与强权政治主导国际社会的模式已不再适应现今国际社会的发展。在此基础上，国际关系的发展出现了新变化，不同于以往的单线式或双向式往来，国家间的关系常常是竞争、合作、冲突并存，并且国家间的关系也不再只影响发生交往的两国，而是常常会发生连锁反应，从而影响国际社会与国际秩序。因此，当前国家间交往的一个前提就是相互尊重。这意味着要尊重不同国家的差异性，构建一个以平等互信、包容互鉴、共同进步为指向的沟通平台。只有先做到相互尊重，才会有国家交往的开始与深入。

“公平正义”是新型国际关系的重要准则。习近平一直强调要坚持正确义利观，要做到权利和义务并重、义利兼顾。这是因为一直以来，国际社会的发展遵循“弱肉强食”的丛林法则，从而造成零和博弈的局面，不利于新兴经济体与发展中国家的良性发展。强调公平正义，是中国坚持正确义利观的突出表现，既强调要共同合作，一同做大全球“蛋糕”，又坚持要公平正义地进行分配。

“合作共赢”是新型国际关系的核心价值。“合作共赢”是新型国际关系的鲜明特色与核心价值，贯穿整个新型国际关系理念与实践的始终。合作共赢是正确处理竞争与合作这对矛盾关系的最佳方式，强调通过合作的方式实现双赢、多赢等，并通过这种正向激励的方式促进国际关系的持续稳定发展，摒弃零和博弈的旧思维，强调合作发展、互利共赢的新思维。

新型国际关系伦理精神建构，要求各国以交互主体性视野和连带性思维重新打量这个世界，自觉地将本国利益与他国利益、与各国长远利益和人类根本利益有机地结合起来，超越现有国际关系的狭隘视域和“赢者通吃”的零和思维，真正建构起“不冲突、不对抗、相互尊重、合作共赢的新型关系”，真正形成“各美其美”“美人之美”“美美与共”“世界大同”的国际关系伦理。新型国际关系伦理既是深刻认识新型国际关系进步性、合理性的重要窗口，又是构建新型国际关系的重要保障。

（三）新型国际关系伦理学的价值向度

新时代，伦理道德已经扩展为涵盖了人际关系、群际关系、代际关系和国际关系甚至是球际关系或星际关系的综合体。就全球化和地球作为一个共生共荣的村落而言，21 世纪的国际关系伦理学必将得到极大的重视和关注。国际关系伦理学是随着当代国际经济、政治和军事等形势的新变化而产生的一门新的伦理学边缘学科和综合学科，它以国际交往和国际关系中的伦理道德问题为研究对象，探讨一国与一国之间、多国之间、全球各国之间在国际关系和国际交往中应遵循的伦理道德准则，揭示国际交往道德和国际关系道德形成与发展的规律及功能作用。

新型国际关系伦理学是在整合个体价值与社会价值的基础上形成和发展起来的国与国之间平等相待、合作共赢的共生主义伦理学，它主张超越功利论和道义论的对立，将国际关系中的道义与功利有机地统一起来，既尊重彼此核心利益和重大关切，又维持国际公平正义，建设一个共建、共享、共生、共荣的和谐世界。

新型国际关系伦理学不会允许国际关系终结于全球化，国际社会是各国共同发生关系而形成的一个共同体，而不是一个霸权主义的一极世界。新型国际关系伦理学要求探讨国际关系道德的基本准则，维护世界各国的共同利益，坚决反对任何形式的霸权主义和强权政治，并为建立新的国际经济政治新格局、促进世界的永久和平而奋斗。新的国际关系道德不仅要克服狭隘的国家利益的障碍，而且要克服各国不同文化和伦理价值观的障碍，真正实现国家的平等和国际交往的互惠互利。新的国际关系道德将为国际社会各行为主体开展正常的国际交往提供基本的行为规范，也可以在一定程度上抑制霸权主义和强权政治，有助于国际社会稳定而有秩序地发展。新型国际关系伦理学超越了弱肉强食、丛林法则、零和博弈的西方主导的国际关系旧思维，主张跳出“以暴易暴”“以邻为壑”“非此即彼”的怪圈，力倡在着眼于全球的战略安全与持久和平的战略框架下既强调合作也强调共赢，并主张把合作与共赢有机地统一起来，形成合作共赢的发展机制和格局，建设公正平等、互助协作、和谐共赢的国际关系新格局，真正造福于世界各国人民。

三、建构以人类共同价值为核心的新型全球伦理学

21 世纪是全球化进程日趋加快并有效地影响人类历史的世纪。全球化和信息技术的发展使人类间的交流与合作将更为普遍、容易、密切，同时也使世界各国原有的传统伦理文化和价值观念受到前所未有的冲击。全球化必然引发一系列伦理道德问题，要求伦理学对其做出思考。这就为全球伦理学的产生和发展创造了条件。2015 年 9 月 28 日，习近平在美国纽约联合国总部举行的第七十届联合国大会一般性辩论时的讲话中指出：“和平、发展、公平、正义、民主、自由，是全人类的共同价值，也是联

合国的崇高目标。"① 此后，习近平在许多重要国际场合，阐述全人类共同价值的丰富内涵及其对构建美好世界的重大意义。建构以人类共同价值为核心的新型全球伦理学，比之于以往的全球伦理学，目标更加高远，任务也更加迫切，对世界和平与发展的意义也更为重大，影响更为深远。

（一）全球伦理与道德共识

全球伦理的建立以形成道德共识为前提，反过来，道德共识又成为建立全球伦理理念的基本目标。作为道德共识，它必须为不同文化和地域的人们所认可，因此最普遍意义上的道德共识常常是底线伦理。

世界文化研究告诉我们，世界各地的文化存在着许多共通的地方，即便是在世界各地之间的交流还不甚畅达的时候，世界各地的人们就提出了自己的普遍的伦理要求。如基督教中的"黄金法则"："无论任何事，你们愿意人怎样待你，你们也要怎样待人。"② 中国的孔子则提出："己所不欲，勿施于人。"③ 其他如在犹太教、佛教、印度教、伊斯兰教、锡克教等的文化中，人们也都提出了相关的全球伦理的要求。当代伦理学家查尔斯·泰勒指出，有三种轴心式的基本道德价值，即尊重他人和对他人的义务、对生命意义的充分理解、人的自我尊严，是人类历史上每一种文化都具有和认可的。④ 人道主义伦理学家保罗·库尔兹认为人道主义伦理学提出了一套为不同的人们所共有的道德德目，并将其区分为四大类：第一大类是关于人的正直品性的，包括说真话、坦率、信守诺言等；第二大类是关于信赖的，包括忠于我们的爱人、朋友、亲属和同事，使我们自己成为可靠的、令人信服的和富有责任感的人；第三大类是关于仁慈的，包括远离恶意、避免伤害他人、宽厚、同情、富有爱心等；第四大类是关于公平的，包括正义、平等、对那些值得称赞的人表示感激和敬意等。"共同的

---

① 习近平．论坚持推动构建人类命运共同体．北京：中央文献出版社，2018：253－254.

② 圣经：马太福音．

③ 论语：卫灵公．

④ Charles Taylor. Sources of the Self：The Making of the Modern Identity. Cambridge，Mass.：Harvard University Press，1989：16.

道德德目表达了显明的、普遍的道德原则和规范。尽管个人或国家在实践道德德目时可能产生分歧，它们却始终提供了普遍的标准以指导我们的行为。”① 可见世界各地文化中有着许多相通的地方，文化差异不能成为反对全球伦理的理由。

全球伦理由于涉及的是人类社会的最基本和起码的而不是最高和最理想化的道德问题，所以无疑是一种普遍主义的底线伦理或道德，与某种程度或范围的道德共识密切相关。道德共识是对某一确定范围内道德公理的共同认可。当代西方的罗尔斯选择康德的社会契约论来建构普遍正义的规范伦理，而哈贝马斯则选择源于马克思社会批评理论的交往行为理论来建构全球伦理。在哈贝马斯看来，公共理性作为全球伦理的基础并不能由社会契约论的方式形成，只能通过理想语言和语境基础上的道德对话与道德商谈而形成。②

（二）全球伦理学的一般内涵

全球伦理学亦称普遍伦理学或世界伦理学、人类伦理学，是指在世界经济一体化和国际交往一体化进程中产生的一门以全球伦理或全人类道德为研究对象的伦理学学科，是一般社会伦理学和民族伦理学国际化发展的产物。全球伦理学既是一种超越各国社会伦理学和民族伦理学之上的世界各国共同认可的伦理学，又是一种因国际交往所共同架构起来的世界各国伦理学的总汇。因此，它既是一般意义上的全球化作用的结晶，又是全球化条件下民族化和特色化的体现，具有抽象化体现和具体化集结的双重意蕴。

全球伦理学或世界伦理学注目于世界的整体发展，有着对历史上的世界主义特别是当今世界的世界主义持续不断的关注。它既是一种思想观点和理论主张或学说，又是一种价值追求、行为实践和精神信念。世界主义（cosmopolitan）一词来源希腊语词 kosmopolitês：世界公民。英文 cos-

---

① 保罗·库尔兹．21世纪的人道主义．肖峰，陈生浩，赵艳霞，等译．北京：东方出版社，1998：168.

② Jürgen Habermas. Moral Communicative Action. Christian Lenhardt，Shierry Weber Nicholson，trans. Cambridge，Mass.：MIT. Press，1990.

mopolitanism 一词由两部分组成：前半部分“cosmos”出自希腊语的“Κόσμος”（the Universe），意指宇宙和世界；后半部分“polis”则来自希腊语的“Πόλης”（city），意指城市和城邦。两者合在一起，构成世界城市或世界城邦，含有将全世界建设成为一个国家的含义。持有这种信念和伦理道德信条或价值主张的人，被称为“世界主义者”（cosmopolite）。世界主义相信每个人都是世界的一员、人类社会的一员，而不仅仅是国家或城邦的一员，因此必须关注人们共同生活的世界及其发展。世界主义反对只顾本国利益而不惜牺牲他国安宁的思想和行为，主张以全人类利益为目的，建设一种超越国界的全球主义。世界主义因其关注的重点和追求的目标，而有伦理的世界主义、法律的世界主义、经济的世界主义、政治的世界主义、文化的世界主义、生态的世界主义等不同类型或派别。伦理的世界主义注重人与人之间、人与人类社会之间伦理关系的自由、平等、友善、和谐，特别强调从自身出发平等待人，建设一个类似墨子所说的“强不执弱，众不劫寡，富不侮贫，贵不敖贱，诈不欺愚”① 的和谐世界。法律的世界主义既有对国际法的关注和重视，更强调建设保护世界公民正当权利和自由的世界性法律，使全世界的所有成员都能遵循基本的世界法律并受到其普同一等的保护，活在一个既有自由又有秩序的世界里。经济的世界主义不但肯定经济全球化给人类带来的种种好处，更主张发展跨国公司、跨国贸易、跨国生产和消费，建构世界市场和世界经济秩序。政治的世界主义主张适应世界经济文化发展的需要，建构世界性的组织，并开展富有成效的国际关系治理，建设一个各国互相尊重主权和领土完整、互不干涉内政、和平共处的和谐世界。文化的世界主义主张世界各国的文化应当相互尊重，彼此包容互鉴，建设和而不同、共同繁荣的世界文化格局，尽量避免文化的冲突。生态的世界主义主张共同面对世界的生态问题，尽全力保护人类赖以生存的地球环境及与此相关的各种资源，使人类能够实现永续发展。

人类迄今为止的世界主义大体可以划分为西方的世界主义和非西方的世界主义。西方的世界主义思想从原子物质、自然法和个体理性角度出

① 墨子：兼爱中．

发来论证世界主义中的个体价值，将世界主义建立在个体主义和自由主义的基础之上。建立在个体主义基础之上的西方世界主义，注重的是个人自由权利的扩展与实现，故在后来总是同“丛林法则”和霸权思维联系在一起。非西方的世界主义思想从宗教哲学、主观感知与自我体验的角度来追溯世界主义的构成，将世界主义建立在包含了个体的家族主义、群体主义或国家主义之上。中国历史上的世界主义在古代表现为天下主义，在近现代则是同国家、民族的平等相待以及世界大同等密切联系在一起的，凸显的是人与群体以及群体与群体之间的和谐共生。西方的世界主义和非西方的世界主义各有所长，也各有所短，彼此之间有一个相互借鉴、扬长避短的问题。

经济全球化以来，各国之间的联系日益紧密，相互依存的程度空前加深，人类生活在同一个地球村里，生活在历史和现实交汇的同一个时空里，已经形成一个“你中有我、我中有你”的命运共同体。一些国际组织和个人意识到全球各国利益发展的共通性、命运的休戚相关性，相继提出了创设全球伦理学的构想。德国图宾根大学教授孔汉思与库舍尔合编了《全球伦理——世界宗教会议宣言》，认为当今世界迫切需要一种凝聚共识的全球伦理学，“若无一种全球性的伦理，就不可能有更美好的全球性秩序”①，“我们所说的全球伦理，指的是对一些有约束性的价值观、一些不可取消的标准和人格态度的一种基本共识”②。换言之，全球伦理就是能够在全人类范围内获得普遍认同和起作用的基本价值观与行为规范。孔汉思还专门推出了《世界伦理构想》一书，对建立全球伦理学的必要性做出了更加明确的论述，认为创建各国、各民族普遍认同的全球伦理学，正是对全球化时代人类行为规范的不健全，特别是伦理道德的缺失沦丧所做的反思和补救，我们需要一种全球伦理学来建立一种“起着普遍约束作用的伦理规范”，“来引导我们的决策和行动”③。此后，联合国教科文组织提出“世界伦理计划”的立项，并在法国巴黎和意大利那不勒斯举行了两次

---

① 孔汉思，库舍尔．全球伦理：世界宗教会议宣言．何光沪，译．成都：四川人民出版社，1997：序1.

② 同①62.

③ 汉思·昆．世界伦理构想．周艺，译．北京：三联书店，2002：32.

会议。第十届国际人道主义和伦理学世界大会通过《相互依存宣言：一种新的全球伦理学》，指出为人类确立和宣告一种全球伦理学“已成为迫切的需要”，“这种全球伦理学的基本前提是，我们每一个人对于发展普遍的道德自我意识都有利益关系，我们每一个人对于世界共同体都有高度的责任”①。

整体上看，20 世纪 90 年代以来关于全球伦理学的设想、创建和实践性推扩，在全球范围内形成了一定的影响，既有着对当今世界因全球化而产生的诸多伦理道德问题的反思和强调，有助于人们认识到建立共同道德标准和遵循基本价值观的必要性与合理性，也有着将西方价值观上升到“普世价值观”并以此来领导全球的“西方中心主义”情结。这就决定了这种意义上的全球伦理学的狭隘性与偏弊，超越这种具有西方中心主义情结的全球伦理学，建构一种真正意义上的新的全球伦理学变得十分必要。

（三）新型全球伦理学建构的意义

构建新型全球伦理学，内含着对以往全球伦理学的批判继承和超越，是在以往全球伦理学的基础之上，要求真正维护与保障世界各国人民整体利益和根本利益的全球伦理学，是东西方文明融汇交流、彼此和谐发展的全球伦理学。新型全球伦理学既不是要用“东方中心主义”去取代“西方中心主义”，也不是要继续维持“西方中心主义”的支配地位，而是主张东西方文明包容互鉴、和谐发展、共同造福于世界各国人民。新型全球伦理学推崇的不是西方世界强力向世界各国推扩的“普世价值”，而是习近平畅言的全世界各国普遍信守的共同价值。习近平指出：“各国历史、文化、制度、发展水平不尽相同，但各国人民都追求和平、发展、公平、正义、民主、自由的全人类共同价值。”② 和平、发展、公平、正义、民主、自由，是全人类的共同价值，也是联合国的崇高目标。它反映了世界各国

---

① 保罗·库尔兹．21 世纪的人道主义．肖峰，陈生洛，赵艳霞，等译．北京：东方出版社，1998：403.

② 习近平．习近平重要讲话单行本：2021 年合订本．北京：人民出版社，2022：104－105.

人民的共同心愿和价值追求，是凝聚了世界各国人民价值追求的价值共识。共同价值不同于西方世界所宣扬和推扩的“普世价值”的地方在于，它存在于各种不同民族国家和文明的体系之中，有着深刻的共同基础，它也不是某一个国家或文明要去解构他国价值或文明的工具，对他国价值或文明没有也不存在胁迫性或强制性，而是对全世界各个国家独特价值或文明的尊重，是在存异基础上的求同。依据共同价值来建构全球伦理学，才是真正新型的、符合全人类整体利益和长远利益的全球伦理学。

新型全球伦理学主张立足全球解决全球问题，各个国家都是世界大家庭中不可缺少的成员，每个国家的利益、主权和尊严都应得到尊重，世界上的事情应该由各个国家共同商量、共负责任来办理，并把追求和维护国际公平正义视为基本的价值共识，建立共商共量、共建共享的国际关系机制。化解分歧的关键在于加强对话和沟通理解，千万不能秉持零和思维，动辄使用武力或挥舞制裁大棒。破解难题的关键在于共谋发展，在促进他国发展时实现自己的发展，争取双赢、多赢的发展效果，其实只要“立乎其大”，就会发现彼此双赢、互赢的空间肯定比丛林法则、零和游戏大很多。新型全球伦理学坚持“以公平原则固本强基，以合作手段驱动发展，以共赢前景坚定信心”①，共同勾画世界的发展愿景，共同应对现在和未来的全球性挑战，共同维护全球公平正义，共同深化彼此之间的伙伴关系，化挑战为机遇，变压力为动力，推动建设一个同舟共济、合作共赢的和谐世界，在“和而不同”“各美其美”“美人之美”的基础上追求“美美与共”的价值图谱和生存模式。

在构建新型全球伦理学方面，诚如许多有识之士所指出的，中华伦理文化可以也应该大有作为。这不仅因为中华伦理文化自古以来就主张“协和万邦”“睦善邻里”，崇尚“和而不同”“厚德载物”，以和平、和睦、和谐、和好作为基本的伦理价值取向，而且因为中华伦理文化能够克己自律、谦恭待人，把最美好的东西贡献给世人，远远超越了民族利己主义和狭隘民族主义的局限，进入了群群和谐、天人和谐的崇高道德境界。今天

① 习近平．论坚持推动构建人类命运共同体．北京：中央文献出版社，2018：326.

和未来的世界是需要中华伦理文化的智慧和美德的，中华民族的伦理美德曾经为世界和平及世界伦理文化做出过巨大的贡献，也必将对现在和未来的世界和平及世界伦理文化做出自己特有的贡献！

建构以和平、发展、公平、正义、民主、自由这些全人类共同价值为主要内容的新型全球伦理学，对于世界各国都具有十分重要的现实意义和战略价值。当今世界，全球增长动能不足难以支撑世界经济持续稳定增长，全球经济治理滞后难以适应世界经济新变化，全球发展失衡难以满足人们对美好生活的新期待，我们必须直面全球化和逆全球化带来的这些严重问题与挑战，想方设法去破解当今世界存在的种种危机，突破世界经济、政治和文化发展的重重困境或瓶颈，通过创新驱动、协同联动、共建共享打造公正合理的发展模式，建设平衡普惠的发展机制，谋求开放共赢的发展效果，促进世界朝着持久和平、共同繁荣的方向发展。

四、建构以人类命运共同体为依托的世界伦理文明

百年未有之大变局为人类文明重构提供了历史契机。21 世纪，人类迎来了百年未有之大变局，西方建构的“人类文明”已经由全球化的推动力、世界历史的推动力沦为迟滞世界大变局的一个极端保守因素，“人类文明”迎来了历史性重构的契机。“构建人类命运共同体是世界各国人民前途所在……只有各国行天下之大道，和睦相处、合作共赢，繁荣才能持久，安全才有保障。”① 构建人类命运共同体是中国对“世界怎么了，我们怎么办”的回答，凸显出了中国智慧和中国方案。构建人类命运共同体内含着建设一种新的世界伦理文明，它要求人类抛弃霸凌、霸道、霸权的霸道文化，培育并陶铸起一种以和谐共生、合作共赢、共同繁荣为主要内容的新的王道文化，要求每个国家把自身国家和其他国家、和全世界的整

① 习近平．高举中国特色社会主义伟大旗帜　为全面建设社会主义现代化国家而团结奋斗：在中国共产党第二十次全国代表大会上的报告．北京：人民出版社，2022：62.

体利益有机地联系起来，朝着己他两利、己群诸重、共建共享的方向发展，形成一种“你好，我好，大家好”“大家好才是真的好”的共同发展局面。从文明观上考察，人类命运共同体的价值理念和战略思想主张以文明和谐超越文明冲突，亦即以文明交流超越文明隔阂，以文明互鉴超越文明冲突，以文明共存超越文明优越，建设各美其美、美人之美、美美与共、世界大同的人类伦理文明。

（一）人类命运共同体提出的时代背景

人类命运共同体是当代中国领导人针对当今世界全球化信息化所形成的“你中有我、我中有你”之发展状况提出来的一种价值理念和战略选择，是针对当代世界所产生的治理赤字、信任赤字、和平赤字、发展赤字以及以西方文明为主导的国际关系诸问题而提出的一种中国智慧和中国方案。习近平指出：“虽然全球范围内冲突和贫困尚未根除，但和平与发展的时代潮流愈发强劲。世界多极化、经济全球化、文化多样化、社会信息化深入发展，弱肉强食的丛林法则、你输我赢的零和游戏不再符合时代逻辑，和平、发展、合作、共赢成为各国人民共同呼声。”① 当代人类已经从“鸡犬之声相闻，老死不相往来”的彼此隔绝时代进入互联互通的网络化全球化时代，而且正在经历着“百年未有之大变局”，正在从彼此对峙的国家走向作为“你中有我、我中有你”、彼此命运休戚相关的共同体的世界。在这种背景下的中国，不仅在通过全面深化改革和全面建成小康社会主动适应世界变化，同时也在全力推动世界朝着更有利于持久和平与普遍幸福的方向变化。中国一方面举国上下同心建设社会主义现代化，致力于实现中华民族伟大复兴的中国梦；另一方面自觉承担起大国的责任，率先提出并积极推动人类命运共同体建设，在为中国人民谋幸福、为中华民族谋复兴的同时为世界谋大同，着力于构建公正、健康、合理的新型国际关系与和谐世界。

人类命运共同体的价值理念最先是由以习近平同志为主要代表的中

① 习近平．论坚持推动构建人类命运共同体．北京：中央文献出版社，2018：466.

国共产党人提出来的①，彰显着中国坚持和平发展道路，推动构建人类命运共同体，为人类和平与发展的崇高事业而奋斗的中国智慧。人类命运共同体的价值理念和战略选择，既继承并发展了马克思主义经典作家的共同体理论，同时也是对中国历史上“天下为公”“和而不同”“协和万邦”“民胞物与”“兼济天下”“礼尚往来”等思想的创造性整合与发展，还有对西方历史上共同体理论或学说的批判性借鉴和超越。马克思主义经典作家在承继自亚里士多德以来的“城邦共同体”思想的基础上，基于“世界市场”“普遍交往”“世界性历史”的人类现实和资本主义社会的全球性发展的现状，用批判的眼光洞穿现实社会发展的进程所提出自然的共同体、“虚幻”的共同体、抽象的共同体、真正的共同体思想等“社会共同体”的理论，构成了马克思主义人类社会发展理论的极其重要的组成部分，并由此开启了唯物史观视域下的共同体范式。马克思主义经典作家的思想论述为人类命运共同体思想奠定了理论基础，中国优秀传统文化的思想资源为人类命运共同体思想提供了丰厚的理论滋养。“人类命运共同体”思想显示了中国特色和中国气派，体现了中国传统文化的风骨与风貌，融合了中国传统儒家文化天下主义的进步因素。与此同时，人类命运共同体思想还批判吸收了西方共同体理论或社群主义的合理成果，是对西方共同体理论的批判性超越。应该说，习近平提出的人类命运共同体思想是对当代世界存在的种种问题的把脉和建设性思考，科学回答了“世界怎么了，我们怎么办”等系列事关人类整体发展和前途命运的重大理论与现实问题，越来越得到国际社会和联合国的认同与肯定，已经成为世界各国人民的价值共识。

---

① 2013年3月23日，习近平在俄罗斯莫斯科国际关系学院发表演讲，第一次提出“命运共同体”的发展理念，强调指出：“这个世界，各国相互联系、相互依存的程度空前加深，人类生活在同一个地球村里，生活在历史和现实交汇的同一个时空里，越来越成为你中有我、我中有你的命运共同体。”（习近平．论坚持推动构建人类命运共同体．北京：中央文献出版社，2018：5）2013年3月25日，习近平在坦桑尼亚尼雷尔国际会议中心发表演讲，提出“中非从来都是命运共同体”（同前，15－16）的观点。2013年4月7日，习近平在博鳌亚洲论坛年会上发表主旨演讲，强调“我们生活在同一个地球村，应该牢固树立命运共同体意识”（同前，29）。此后，习近平在此基础上进一步提出并不断丰富发展人类命运共同体的战略构想，2018年出版了《论坚持推动构建人类命运共同体》一书，比较详细地阐释与论述了构建人类命运共同体的内涵、意义和价值。

（二）人类命运共同体理念和思想蕴含的价值内容

构建人类命运共同体思想是一个完整的科学的理论体系。它包括本体论、方法论、价值观、系统论等内容，回答了世界是个什么样的世界、怎样建设这个世界、人类社会向何处去等终极性问题，一系列观点是马克思主义辩证法和唯物史观在新的时代条件下的创造性运用与创新性发展。构建人类命运共同体既是新型国际关系的内在要求和核心内容，也预制与引导着新型国际关系的发展方向和格局。新型国际关系的建立主张用多边主义取代单边主义，用发展共赢取代零和思维，用文明的和谐取代文明的冲突，并把建构一个持久和平、共同繁荣的和谐世界视为最主要的目标追求。这与构建人类命运共同体无论是在价值目标方面还是在价值追求方面都是相辅相成、互相支撑和互为条件的。

人类命运共同体作为价值理念和战略选择，本质上是对当今世界各种矛盾、问题和危机的有效应对与治本之策，它在揭示全球化、网络化、信息化条件下国与国之间、地区与地区之间乃至人与人之间所形成的命运休戚相关、福祸一体、生死与共关系的基础上，摒弃以往那种全然不顾他人、他国正当利益的利己主义和非此即彼的零和思维，尤其反对那种为了一己之私而把一个地区或世界搞乱的霸权主义或霸凌行径，主张建设一个持久和平的世界、一个普遍安全的世界、一个共同繁荣的世界、一个开放包容的世界、一个清洁美丽的世界。世界需要和平，和平的世界是各国人民共同的期盼。建设一个持久和平的世界符合世界各国人民的整体利益和长远利益。任何国家都不能随意或凭一己之私发动战争，战争永远是人类的恶魔或梦魇，只会使世界陷入动荡和灾难。全世界各国要联合起来想方设法制止战争，不能打开“潘多拉的魔盒”。“要秉持和平、主权、普惠、共治原则，把深海、极地、外空、互联网等领域打造成各方合作的新疆域，而不是相互博弈的竞技场。”① 推动构建人类命运共同体，要求建设一个普遍安全的世界。普遍安全是基于道义、共同生存和发展的安全，要求将每一个国家和地区的安全纳入其框架体系之中，不能一个国家安全而

① 习近平．论坚持推动构建人类命运共同体．北京：中央文献出版社，2018：419.

其他国家不安全，一部分国家安全而另一部分国家不安全，更不能牺牲他国安全来维护自己国家安全。全世界各国要携起手来，共同建设一个普遍安全的世界，“共同应对日益增多的非传统安全威胁，坚决打击一切形式的恐怖主义，铲除恐怖主义滋生的土壤”①，“推动各国共同维护地区和世界和平安全”②。构建人类命运共同体，要求建设一个共同繁荣的世界。共同繁荣是各国人民要求发展、要求过上美好生活的共同期盼。世界各国现在已经发展到一个联系日趋紧密、利益彼此交融、谁也离不开谁的状态，推进利益共享、合作共赢变得十分必要。各国应在追求本国利益时兼顾他国合理关切，在谋求自身发展中促进各国共同发展，不断扩大各国共同利益的汇合点。要积极创造合作共赢的机会，让发展成果更好惠及世界各国人民。构建人类命运共同体，要求建设一个开放包容的世界。不同的历史文化和国情、不同民族的生活方式和风俗习惯孕育了不同的文明和文化，形成了多姿多彩的人类文明发展状态。每一种文明都有其深厚底蕴和独特魅力，都是人类文明的瑰宝。不同文明之间应当相互学习、取长补短，只有这样才能使文明日趋发展，共同进步。“和羹之美，在于合异”，我们应当让文明交流互鉴成为推动人类社会进步发展的动力、维护世界文明多元发展的纽带。构建人类命运共同体，要求建设一个清洁美丽的世界。人与自然的关系应当是一种和谐共生的关系，破坏自然环境，只能毁坏人类安身立命的地球家园。“我们不能吃祖宗饭、断子孙路，用破坏性方式搞发展。绿水青山就是金山银山。我们应该遵循天人合一、道法自然的理念，寻求永续发展之路。”③ 建设清洁美丽的世界就是要守护青山绿水，保护地球资源，使我们赖以生存的地球得以很好修复和永续发展。

人类命运共同体意识是在把握中国发展的未来趋势和世界共同发展的历史规律的基础上形成的以和谐共生、合作共赢、发展共享、文明互鉴为主要内容的共同体意识，是习近平为解决威斯特伐利亚体系存在的一系列问题而提供的中国智慧与中国方案，体现了中华优秀传统文化的精髓，

---

① 习近平．论坚持推动构建人类命运共同体．北京：中央文献出版社，2018：131.

② 同①132.

③ 同①422.

是对当今国际形势的精确判断和正确决策。它提升了中华民族走向世界并与世界共同发展的民族自觉性和主动性，是对世界各国前途命运的深度思考和对人类和平正义事业的高度关切。人类社会发展的一体化、共生性和整体性，使全人类的共同价值最终得以形成，这种价值体现了人类社会的共同体意识和人类文明发展统一性的历史必然性。

（三）人类命运共同体理念奠定人类伦理文明新形态理论基石

“推动构建人类命运共同体，不是以一种制度代替另一种制度，不是以一种文明代替另一种文明，而是不同社会制度、不同意识形态、不同历史文化、不同发展水平的国家在国际事务中利益共生、权利共享、责任共担，形成共建美好世界的最大公约数。”① 它要求尊重世界文明多样性，共同应对全球范围内的各种挑战，将“文明的冲突”转变为“文明的和谐”和“文明的互鉴”，建设“和而不同”“美美与共”和多元互补的人类伦理文明新格局。

构建人类命运共同体要求抛弃“文明的冲突”而坚守“文明的和谐”，坚持文明因多样而交流、因交流而互鉴、因互鉴而发展的文明观。文明交流互鉴是推动人类文明进步和世界和平发展的重要力量。交流互鉴是文明发展的本质要求。只有同其他文明交流互鉴、取长补短，才能保持文明的旺盛生命力。文明交流互鉴应该是对等的、平等的，应该是多元的、多向的，而不应该是强制的、强迫的，不应该是单一的、单向的。世界上有200多个国家和地区，2500多个民族和众多宗教，创造了丰富多彩的文明，每一种文明都是人类共同的财富和宝藏。

中华文明自古以来崇尚“协和万邦”“世界大同”的精神，并把“各安其所，我不尔侵，而后尔不我虐”② 视为处理民族和国家关系的基本准则，向往“万物并育而不相害，道并行而不相悖”③ 的和谐共生。中华文明内具的包容性、开放性以及对异域文明的学习与尊重，决定了中国人民

---

① 习近平谈治国理政：第4卷．北京：外文出版社，2022：475.

② 王夫之．读通鉴论：卷七//船山全书：第10册．长沙：岳麓书社，2011：286.

③ 中庸．

的梦想与各国人民的梦想息息相通。中国是世界现代化史上第一个不以战争掠夺，而以自身和平发展富强起来的大国，改写了通过掠夺他人壮大自己的西方国际关系史，也为诸多发展中国家提供了路径选择。中国有能力发起“一带一路”倡议，发起亚投行，倡导人类命运共同体，也是对既定不平等世界秩序的修补，体现了中国积极参与全球治理，致力解决治理赤字、信任赤字、和平赤字、发展赤字的坚定决心和信心。

在新的历史时期，国际社会需要重新激发人类特有的合作的“文化基因”，在世界上努力推动构建“人类命运共同体”的身份认同和价值导向，尤其是大国之间构建起“人类命运共同体”的身份认同和共同的价值目标，才能避免全球治理的失灵。人类命运共同体的价值理念和战略选择以跨越“物种思维”的“类思维”为认知起点，以超越“抽象力”的“集体力”为过程动力，以摒弃“普世价值”的“共同价值”为信仰支撑，以克服“异化发展”的“全面发展”为至善目标，为充满不确定的国际形势注入了强大正能量，为世界发展和人类前进指明了方向。构建人类命运共同体的战略构想，不但重构了大国关系和谐相处的理念，而且颠覆了源出西方的传统大国“非此即彼”关系的理念，为全人类共同的美好未来指引了方向，为推动人类社会共同进步和发展“和而不同”的人类伦理文明新形态贡献出中国智慧、中国方案和中国力量。

结束语　在不忘初心、砥砺前行中续写新中国伦理学的辉煌

立于中国人民迈上全面建设社会主义现代化国家新征程，向着第二个百年奋斗目标进军的新的历史时期，回首新中国伦理学70多年发展的曲折而辉煌的历程，我们既感到了一路走过来的十分不易，几代伦理学人上下求索，付出了殚精竭虑的努力，凝结成一部部极深研几的学术著作，一篇篇创新补白的学术论文，从一个侧面确证着新中国史、改革开放史的峥嵘岁月，又在回顾总结中收获了继续前行的力量，砥砺了如何接力奋发、再创辉煌的心志。伦理史和伦理学史尤其需要精神的传承与弘扬。70多年的光阴岁月，在悠远久长、绵延不绝的人类历史长河中，不过是短暂的一瞬间，然而，新中国伦理学的70多年却是中华民族自我新生和走向辉煌的峥嵘岁月，也是中国伦理学告别没有体系的简易和没有独立的品格而走向发展与繁荣的重要时期。新中国伦理学取得了长足的进步和历史性的发展成就，它理所当然得以无愧地立于近现代中国伦理文化180多年和5000多年中华伦理文明的发展谱系中，历史地位不容忽视也不能小视。但是，在看到辉煌成绩的同时，我们还应该清醒地意识到差距和不足。与当代中国经济社会所取得的巨大成就相比，与建构具有中国特色、中国风格、中国气派的伦理学学科和体系的发展目标相对而言，新中国70多年的伦理学研究还存在诸多不适或者说欠缺。习近平在哲学社会科学工作座谈会上的讲话中所指出的，我国哲学社会科学还处于有数量缺质量、有专家缺大师的状况，学科体系、学术体系、话语体系建设水平总体不高，学术原创能力还不强，作用没有充分发挥出来，在国际上的声音还比较小，

还处于有理说不出、说了传不开的境地①，在伦理学研究领域还不同程度地存在。

应该说，时代和社会的发展为伦理学的研究提供了难得的机遇与条件，当代中国正在发生历史上最为广泛而深刻的社会变革和实践创新，历史已经进入一个不重视伦理学理论创新和实践创新就不能更好地前进的伟大时代，社会的伦理道德问题纷至沓来，民族的伦理文化传统亟待传承和重构，国家和人民对伦理学理论的呼唤与期盼迫切而强烈，前所未有的道德生活变迁及精神文明建设的浪潮要求伦理学理论研究与时俱进、开拓创新，凡此种种，都进一步凸显了建构具有中国特色、中国风格、中国气派的伦理学的重大意义。

建设真正具有中国特色、中国风格、中国气派的伦理学是一项宏大而切近的事业，要求我们在新中国伦理学 70 多年特别是改革开放 40 多年伦理学研究成果的基础上进一步强化马克思主义特别是中国化马克思主义最新成果的理论指导，进一步凸显问题意识并自觉地以问题为导向，进一步坚定以人民为中心的伦理信念和价值追求，立足本国而又放眼世界，立足传统而又面向未来，在汇通古今中外伦理文化成果的同时做出辩证性的创造和综合性的发展，推出一批不忘初心、砥砺前行，而又能够理论圆融自洽且富有未来引领价值的经典名作，锻铸旨在为民族复兴率天载义的精神风骨，为促进人类伦理学的健康发展做出应有的贡献。建设中国特色社会主义的伟大事业需要并离不开伦理学，实现中华民族伟大复兴的崇高目标呼唤伦理学的发展和繁荣。我们有理由相信，经过新中国成立以来 70 多年艰辛岁月陶铸并日趋成熟起来的中国伦理学，一定会坚持以马克思主义伦理思想中国化最新成果为指导，推动马克思主义伦理思想的创新和发展，探索用社会主义核心价值体系引领各种伦理思潮的路径和方法，深入伟大时代和伟大民族的道德生活实际，将伦理学研究推向更高的研究水平，取得更有原创性和标志性的杰出理论成果，在促进中华民族伦理学不断发展的同时，为人类伦理学宝库增添更多具有引领性和核心性的理论成果!

---

① 习近平．在哲学社会科学工作座谈会上的讲话．北京：人民出版社，2016：17－24.

随着“世界百年未有之大变局”和中华民族伟大复兴之进程的深入推进，我们迫切需要既深入思考“世界怎么了”和“我们如何在一起”的伦理智慧，又培育锻铸“我们的目的一定要达到”的精神品质，并在优秀品质的陶铸中开显出高瞻远瞩的伦理智慧。对内凝聚人心，形成不忘初心、牢记使命和砥砺前行的民族素质，对外化解治理赤字、信任赤字、和平赤字、发展赤字和推动构建人类命运共同体，都需要直面生活和社会重大价值和道德问题的伦理学，从大本大源、大道大德、大仁大义等角度提供精湛深幽、深谋远虑的伦理智慧和拨云见日的价值导航。伦理学必将迎来一个全面发展和繁盛的时代，成为整个人文社会科学中一门备受人们关注、青睐和重视并引领时代潮流的“显学”。与之相适应的是，伦理学的研究在广度、高度、深度等方面必将较以往有一个较大的提升和拓展，体现出“致广大而尽精微”和“推故而别致其新”的学术品性，并以更加开放的态度和品格面向世界，书写中外伦理文化交流的新篇章。

不忘初心，以史为鉴，开拓未来，呼唤新时代的中国伦理学大力弘扬精神独立性，在理论风骨、学术探求和实践创新方面弘扬伦理精神自信。中国特色社会主义进入新时代，标志着中国进入了以道路自信、理论自信、制度自信、文化自信创造历史的新纪元，伦理文化自信和伦理精神自信是文化自信的核心与灵魂。没有高度的道德文化自信和伦理精神自信，就无法真正建构具有中国特色、中国风格、中国气派的伦理学学科体系、理论体系和话语体系。建构真正具有中国特色、中国风格、中国气派的伦理学学科体系、理论体系和话语体系，是时代和人民赋予我们的历史使命，是伦理学人作为“士”“不可以不弘毅”的道义责任。中华民族具有伟大的民族伦理精神和伦理文化自信，才能建构光耀史册的伦理文明传统，并使这种传统不断地革故鼎新、继往开来，才能真正形成“万物并育而不相害，道并行而不相悖”“大德敦化，小德川流”的道德文化胸怀和气度，才能弘扬光大中华民族在数千年历史上屈辱时从不屈服、落后时奋起直追、前进时敢于担当、辉煌时开放包容的伦理品质和精神禀赋。建设真正具有中国特色、中国风格、中国气派的伦理学，需要我们有高度的伦理文化自信和伦理精神自信，并依靠这种自信荟萃古今中西伦理文化的优秀成果，全面总结当代中国社会主义现代化建设特别是精神文明建设所取得的历史性成就，在面向世界的同时面向未来，做出前瞻性的预测和发展战略的研究，建设大气、大度、大善、大美而又能够与时俱进的伦理学学科体系和理论体系，造福于世界伦理文化发展的伟大事业。

不忘初心，以史为鉴，开拓未来，呼唤新时代的中国伦理学强化对中国品质、中国精神和中国道德的整体性研究，并以此为建构具有中国特色、中国风格、中国气派的伦理学学科体系和理论体系的理论支点。中国特色社会主义进入新时代，“科技强国”“网络强国”“贸易强国”“文化强国”“教育强国”“人才强国”内在地呼唤“品质强国”“精神强国”，伦理学在凝聚人心、形成共识和建构民族安身立命的精神家园方面，有着无法替代的独特作用。中国品质、中国精神和中国道德既源远流长又博大精深，既广大高明又精湛幽玄，助推和支撑中华民族跨过了无数的沟沟坎坎，一次次地化险为夷、转危为安、变乱为治。诚如梁启超在《中国道德之大原》中所指出的，“以吾所见之中国，则实有坚强美善之国性，颠扑不破，而今日正有待于发扬淬厉者也”①。中国精神是中国道路、中国模式的精神品质及其集中体现，是中华民族精神与时代精神的有机结合，是中国人民建设社会主义现代化国家、创造幸福美好新生活的精神源泉和动力引擎，是中国崛起与实现“中国梦”的精神依托和精神支撑，是凝心聚力的兴国之魂和强国之魄。中国品质或中国美德既是中国精神的集中体现，又在一定意义上内化、具化和活化着中国精神，成为拱立中国精神、锻铸中国风骨与彰显中国气象的德性支撑和价值支柱。中国品质凝聚为讲仁爱、重民本、守诚信、崇正义、尚和合、求大同以及忠孝、仁爱、信义、和平或仁义礼智信等美德范畴，经过当代涵容有望成为社会主义核心价值观的有机构成。“中华传统美德是中华文化精髓，也受到国际社会推崇和称赞。”② 中国道德集中国传统美德、中国革命道德和中国特色社会主义先进道德于一体，是中国精神、中国品质以及中国风骨、中国气象等

---

① 梁启超．梁启超文选．王德峰，编选．上海：上海远东出版社，2011：127.

② 中共中央文献研究室．习近平关于社会主义文化建设论述摘编．北京：中央文献出版社，2017：140.

的综合体现。如何在新的时代整体上打造中国道德的精神大厦，以更好地陶铸中国精神、培育中国品质，彰显中国风骨，涵容中国气象，是建设中国特色伦理学学科体系和理论体系的逻辑起点、理论原点与价值支点，有着极其重要的意义和价值。

不忘初心，以史为鉴，开拓未来，呼唤新时代的中国伦理学深度研究当代中国改革开放进程中产生的重大伦理道德问题，回应时代关切，聆听人民呼声，努力揭示我国道德文明发展的规律和趋势。当代中国正在发生与经历着历史上空前的革命变革和实践创新，与之相适应，也产生了一系列有待深入研究和正确认识的伦理道德问题。如何回应时代和社会所面临的种种伦理挑战，深度研究并从时代伦理道德问题中总结出新成果、提出新观点、创立新范畴，进而形成新理论，是时代和社会对伦理学人的殷切期待。经过40多年的改革开放，我国社会的主要矛盾也发生了根本性的变化，人民日益增长的美好生活需要和不平衡不充分的发展之间的矛盾成为社会的主要矛盾。人民群众的生活需求提高了，对民族、国家在世界上的地位要求更高了，对幸福内涵的理解也更加深刻而多元。伦理学如何顺应时代和社会要求，深度研究好生活的品质内涵、好社会的建设路径、好公民的伦理要义、好文明的道德精髓，既是建构中国特色伦理学学科体系和理论体系之必需，又具有引领时代潮流、服务人民大众和为文明担纲、为国家立言等重大意义。作为一门致力于研究应当、美好和至善的人文价值学科，伦理学理应在立足传统的基础上面向未来，在扎根本土的同时面向世界，以服务现实、服务人民、服务社会和服务文明的优秀成果赢得时代、社会和人民的认同与尊重。这也是伦理学应有的使命和职责。如何为人民群众实现美好生活服务？如何使美好生活真正成为真善美诸价值共同发展的、有品质内涵的、高质量的精神文化生活？需要伦理学工作者深入思考，做出有前瞻性和引领性的理论探讨。

不忘初心，以史为鉴，开拓未来，呼唤新时代的中国伦理学在向未来探求方面有更加切实的举动，尽全力去迎战未来，形成具有中国特色的未来伦理学、预测伦理学和发展伦理学。重视对未来伦理的研究，从整体上为整个中华民族的生存发展担纲，面向未来做终极关怀和形上思考，理应是中国未来伦理学的理论职责和历史宿命。与此相关，寻求并弘扬共生共荣的伦理理念，促进和谐均衡的伦理关系和秩序的实现，建立真正公正、人道、进步和健康的伦理新格局，并为世界伦理新秩序的建立做出自己的贡献，在合理解决世界各国发展与竞争中的各种伦理冲突和伦理问题的过程中有所作为，克服世界范围内的非伦理与反伦理倾向和现象，使伦理与法律、政治、科技、教育、哲学、文艺、宗教等实现一种整体的和谐，无疑是 21 世纪中国伦理学要面对和解决的重大问题。也许，直面这些问题并努力以求合理的解决，将是 21 世纪中国伦理学的真正价值之所在。

不忘初心，以史为鉴，开拓未来，呼唤新时代的中国伦理学重视应用伦理学研究并提升应用伦理学研究的层次和水平。21 世纪是应用伦理学的世纪。无数新的应用伦理学问题和现象，诸如经济伦理、政治伦理、生态伦理、科技伦理、网络伦理、生命伦理、宇宙开发伦理等领域的问题，都要求我们去认识、去把握。尤其是随着科学技术革命以及大数据、云计算、网络信息、人工智能、基因编辑等的发展，一系列前所未有的伦理道德问题如潮水般涌现，迫切需要予以伦理学的审视、评价并做出前瞻性的预测，提出种种可供选择的解决方案或应对之策。中国的应用伦理学大体上与西方国家同时兴起，故对西方国家应用伦理学的借鉴与自身的探索同步推进，也完全可以在较为快速地借鉴西方成果的同时更深层次地挖掘传统伦理思想资源，直面当代中国社会乃至世界的应用伦理问题，通过追踪前沿进而实现原始创新，取得超越西方应用伦理学研究水平的辉煌成就。通过发展应用伦理学去充实和提升理论伦理学，是伦理学在 21 世纪发展的必然要求。只要我们从内在心灵深处不断地强化使命意识和天职观念，坚持动心忍性的上下求索，就一定能够推出比我们的前人更有水平、更有建树的研究成果。

不忘初心，以史为鉴，开拓未来，呼唤新时代的中国伦理学深度研究当代国际关系伦理和全球伦理，为建构新型国际关系伦理与全球伦理提供中国智慧和中国方案。放眼全球，当今世界正在经历新一轮大发展、大变革、大调整，人类面临的不稳定不确定因素不断增多。一些发达国家开始在全球化面前踯躅不前；一些国家面临战乱频仍、经济危机、移民问题、恐怖主义、政治治理的严峻挑战，处于一种向下向弱的衰败态势；一些国家向上而没有向强，一些国家虽然也在千方百计谋取向上向强，但是未来的发展态势却是不确定的。有的强国害怕失去自己的主导地位，千方百计挑起矛盾，使绊子、生龃龉，阻碍他国发展。如何避免“修昔底德陷阱”、超越零和思维，建构休戚相关、荣辱与共、祸福相依的人类命运共同体，建设一个持久和平、共同繁荣的和谐世界，需要伦理学工作者顺势而为，“大其心能体天下之物”，追索命运共同体的伦理精义，求解其伦理建构的路径与方略，并将其与新型国际关系伦理、全球伦理有机地联系起来，推动以命运共同体的理念，建构公正平等的国际关系伦理，和健康合理的全球伦理。随着全球经济一体化进程的加快和综合国力竞争的日趋激烈，随着中国体制改革的纵深发展和社会主义市场经济的建立与健全，随着人们对社会现象和社会行为中的伦理道德问题感悟力的增强与思考力的提升，随着我国以德治国方略的实施和公民道德建设的加强，伦理学必将迎来一个全面发展和繁盛的时代，成为整个人文社会科学中一门备受人们关注、青睐和重视并引领时代潮流的“显学”。与之相适应的是，伦理学的研究在广度、高度、深度等方面必将较以往有一个较大的提升和拓展，体现出“致广大而尽精微”的学术品性，并以更加开放的态度和品格面向世界，开创中外伦理文化交流的新篇章。作为民族精神象征和为民族精神提供伦理动因的新时代中国伦理学，不仅会在新的历史时期更好地弘扬“自强不息”和“厚德载物”的伦理精神，而且会以“协和万邦”的态度和“为万世开太平”的气量重塑自己的国际形象，推动世界文明向着公正、平等与和平、幸福的目标前进。中国伦理学必定会在吸纳世界伦理文明先进成果的同时贡献给世界伦理文明更多的精神财富。

新时代中国伦理学发展的前景如同中华民族的未来一样，肯定是光辉灿烂而又令人激动不已的。中华民族是一个富有悠久传统和创造精神的民族，5000多年的文明，再加上近代以来180多年的奋起自强，中国共产党成立以来100多年“为民族谋复兴”“为人民谋幸福”“为人类谋大同”的壮丽史诗，新中国成立以来70多年从站起来、富起来到强起来的历史性飞跃，使当代中国处在一个重新走向辉煌创造辉煌并迎接伟大复兴的入口处，一切都是那样催人奋进，又是那样激越豪迈，令人充满创造的渴望和拼搏的激情。

“根之茂者其实遂，膏之沃者其光晔。”① “七十而从心所欲，不逾矩”②，七十载之后的中国伦理学会与新中国成立后的国家大势和民族伟大复兴目标相呼应，在固本培元、凝心铸魂上迈开坚实的步伐，在继承传统伦理精华的基础上吸纳人类伦理文化的先进成果并加以创造性转化，把坚持马克思主义伦理思想基本原理和发展马克思主义伦理思想有机地结合起来，坚持以人民为中心的价值立场，致力于探究人类伦理文明发展规律、中华伦理文明发展规律和中国特色社会主义伦理文明发展规律，不仅“为往圣继绝学”，而且“为万世开太平”，在攻坚克难中行稳致远，在革故鼎新中创业垂统，建构既为中华民族伟大复兴提供行为动力的精神家园，又为迎战“世界百年未有之大变局”提供价值武装的精神谱系，将传统伦理“治国、平天下”的宏伟大业发扬光大，彰显“中国之中国”“亚洲之中国”“世界之中国”的无尽神韵和魅力。中国伦理学以“尊道贵德”“志道据德”著称于世，显示出“和而不同”“厚德载物”的无限雅量、大度和品格。我们有理由相信，在经历了近代的苦难和现代的抗争与建设之后，中国伦理学更会懂得民族伦理精神挺立的意义，更会珍惜内蕴于民族伦理精神中的创造性价值，在新时代创造出无愧于伟大的国度和民族的新的伦理学，为世界伦理学的健康发展做出新的贡献。

---

① 韩愈．韩昌黎文集校注．马其昶，校注．上海：上海古籍出版社，2014：189.

② 论语：为政．

参考文献

一、马克思主义经典作家及中国马克思主义者著作

马克思恩格斯文集：第1—9卷．北京：人民出版社，2009.

列宁专题文集：论社会主义．北京：人民出版社，2009.

列宁专题文集：论马克思主义．北京：人民出版社，2009.

列宁专题文集：论辩证唯物主义和历史唯物主义．北京：人民出版社，2009.

中共中央文献研究室，中共湖南省委《毛泽东早期文稿》编辑组．毛泽东早期文稿．长沙：湖南人民出版社，2013.

毛泽东选集：第1—4卷．北京：人民出版社，1991.

毛泽东文集：第1—8卷．北京：人民出版社，1993—1999.

邓小平文选：第1—3卷．北京：人民出版社，1993—1994.

江泽民文选：第1—3卷．北京：人民出版社，2006.

胡锦涛文选：第1—3卷．北京：人民出版社，2016.

习近平谈治国理政：第1—4卷．北京：外文出版社，2017—2022.

中共中央文献研究室．习近平关于社会主义文化建设论述摘编．北京：中央文献出版社，2017.

习近平．论把握新发展阶段、贯彻新发展理念、构建新发展格局．北京：中央文献出版社，2021.

习近平．高举中国特色社会主义伟大旗帜　为全面建设社会主义现代

化国家而团结奋斗：在中国共产党第二十次全国代表大会上的报告．北京：人民出版社，2022.

习近平．论坚持推动构建人类命运共同体．北京：中央文献出版社，2018.

刘少奇选集：第1—2卷．北京：人民出版社，1981，1985.

周恩来选集：第1—2卷．北京：人民出版社，1981，1984.

陶铸．理想，情操，精神生活．北京：中国青年出版社，1962.

中共中央文献研究室．毛泽东　邓小平　江泽民论世界观人生观价值观．北京：人民出版社，1997.

中共中央宣传部．毛泽东邓小平江泽民论社会主义道德建设．北京：学习出版社，2001.

二、新中国伦理思想著述

张岱年．中国伦理思想发展规律的初步研究．北京：科学出版社，1957.

张岱年．中国伦理思想研究．上海：上海人民出版社，1989.

张岱年．真与善的探索．济南：齐鲁书社，1988.

冯定．共产主义人生观．北京：中国青年出版社，1956.

冯定．人生漫谈．北京：中国青年出版社，1964.

周辅成．论人和人的解放．上海：华东师范大学出版社，1997.

周辅成．西方著名伦理学家评传．上海：上海人民出版社，1987.

周原冰．道德问题论集．上海：上海人民出版社，1964.

周原冰．道德问题丛论．上海：华东师范大学出版社，1983.

周原冰．共产主义道德通论．上海：上海人民出版社，1986.

周原冰．当前道德理论上的困惑与探索．上海：华东师范大学出版社，1991.

李奇．道德科学初学集．上海：上海人民出版社，1979.

李奇．道德与社会生活．上海：上海人民出版社，1984.

李奇．道德学说．北京：中国社会科学出版社，1989.

罗国杰．马克思主义伦理学．北京：人民出版社，1982.

罗国杰．伦理学教程．北京：中国人民大学出版社，1985.

罗国杰．伦理学．北京：人民出版社，1989.

罗国杰，宋希仁．西方伦理思想史：上下卷．北京：中国人民大学出版社，1985，1988.

罗国杰．罗国杰文集：第1—6卷．北京：中国人民大学出版社，2016.

孙泱．共产主义道德品质讲话．北京：中国青年出版社，1980.

刘启林．共产主义道德概论．北京：中国青年出版社，1980.

宋慧昌．马克思主义伦理学．北京：中共中央党校出版社，1998.

宋慧昌．马克思恩格斯的伦理学．北京：红旗出版社，1986.

唐凯麟．简明马克思主义伦理学．武汉：湖北人民出版社，1983.

唐凯麟．从旧道德到新道德．武汉：湖北人民出版社，1987.

唐凯麟．伦理大思路：当代中国道德和伦理学发展的理论审视．长沙：湖南人民出版社，2000.

唐凯麟．伦理学．北京：高等教育出版社，2001.

唐凯麟．中华民族道德生活史：第1—8卷．上海：东方出版中心，2014—2016.

魏英敏，金可溪．伦理学简明教程．北京：北京大学出版社，1984.

魏英敏．新伦理学教程．北京：北京大学出版社，1993.

魏英敏．伦理、道德问题再认识．北京：北京大学出版社，1990.

魏英敏．当代中国伦理与道德．北京：昆仑出版社，2001.

魏英敏．毛泽东伦理思想新论．北京：北京大学出版社，1993.

许启贤．伦理的思考．北京：中国矿业学院出版社，1987.

许启贤．新时代的伦理沉思：伦理现代化探微．北京：中国矿业大学出版社，1989.

许启贤．伦理学研究初探．天津：天津教育出版社，1989.

宋希仁．马克思恩格斯道德哲学研究．北京：中国社会科学出版社，2012.

宋希仁．不朽的寿律：人生的真善美．北京：中国人民大学出版社，1989.

宋希仁．道德观通论．北京：高等教育出版社，2000.

宋希仁．当代外国伦理思想．北京：中国人民大学出版社，2000.

宋希仁．西方伦理思想史．北京：中国人民大学出版社，2004.

陈瑛，廖申白．现代伦理学．重庆：重庆出版社，1990.

陈瑛．人生幸福论．北京：中国青年出版社，1996.

陈瑛，温克勤，唐凯麟，等．中国伦理思想史．贵阳：贵州人民出版社，1985.

陈瑛．中国伦理思想史．长沙：湖南教育出版社，2004.

朱贻庭，秦裕，余玉花．当代中国道德价值导向．上海：华东师范大学出版社，1994.

朱贻庭．中国传统伦理思想史．上海：华东师范大学出版社，1989.

朱贻庭．儒家文化与和谐社会．上海：学林出版社，2005.

朱贻庭．中国传统道德哲学6辨．上海：文汇出版社，2017.

章海山．伦理学引论．北京：高等教育出版社，1999.

章海山．马克思主义伦理思想发展的历程．上海：上海人民出版社，1991.

章海山．西方伦理思想史．沈阳：辽宁人民出版社，1984.

章海山．市场经济伦理范畴论．广州：中山大学出版社，2007.

甘葆露．伦理学概论．北京：高等教育出版社，1994.

甘葆露．马克思主义伦理学．北京：北京师范大学出版社，1986.

李春秋．新编伦理学教程．北京：高等教育出版社，2002.

李春秋．通俗伦理学．长春：吉林人民出版社，1984.

张锡勤，柴文华．中国伦理道德变迁史稿：上下卷．北京：人民出版社，2008.

张锡勤．中国传统道德举要．哈尔滨：黑龙江大学出版社，2009.

张锡勤．中国伦理思想通史．哈尔滨：黑龙江教育出版社，1992.

八所高等师范院校．马克思主义伦理学原理．贵阳：贵州人民出版社，1982.

唐能赋．道德范畴论．重庆：重庆出版社，1994.

唐能赋．经济伦理学．成都：西南财经大学出版社，1997.

唐能赋．毛泽东的伦理思想．重庆：西南师范大学出版社，1993.

张培强，陈楚佳．伦理学概论．武汉：武汉大学出版社，1985.

陈楚佳．现代伦理学．武汉：武汉大学出版社，1993.

张善城．伦理学基础．哈尔滨：黑龙江人民出版社，1983.

张善城．伦理学概要．厦门：厦门大学出版社，1990.

陈谷嘉．儒家伦理哲学．北京：人民出版社，1996.

陈谷嘉．宋代理学伦理思想研究．长沙：湖南大学出版社，2006.

陈谷嘉．元代理学伦理思想研究．长沙：湖南大学出版社，2010.

陈谷嘉．明代理学伦理思想研究．长沙：湖南大学出版社，2015.

陈谷嘉．清代理学伦理思想研究．长沙：湖南大学出版社，2019.

张传有．伦理学引论．北京：人民出版社，2006.

张传有．道德的人世智慧：伦理学与当代中国社会．北京：人民出版社，2012.

王兴洲．伦理学原理．长春：东北师范大学出版社，1988.

王兴洲．伦理道德种种．南京：江苏人民出版社，1986.

夏伟东．道德本质论．北京：中国人民大学出版社，1991.

夏伟东．道德的历史与现实．北京：教育科学出版社，2000.

罗国杰，夏伟东．以德治国论．北京：中国人民大学出版社，2004.

夏伟东．中国共产党思想道德建设史略．济南：山东人民出版社，2006.

万俊人．伦理学新论：走向现代伦理．北京：中国青年出版社，1994.

万俊人．寻求普世伦理．北京：商务印书馆，2001.

万俊人．现代西方伦理学史：上下卷．北京：北京大学出版社，1990，1992.

万俊人．现代公共管理伦理导论．北京：人民出版社，2005.

万俊人．道德之维：现代经济伦理导论．广州：广东人民出版社，2000.

万俊人，焦国成，王泽应，等．伦理学．北京：高等教育出版社，人民出版社，2012.

郭广银，王泽应，王淑芹，等．伦理学：第2版．北京：高等教育出版社，人民出版社，2021.

郭广银．伦理学原理．南京：南京大学出版社，1995.

郭广银．伦理新论：中国市场经济体制下的道德建设．北京：人民出版社，2004.

郭广银．当代中国道德建设．南京：江苏人民出版社，2000.

吴潜涛．伦理学与思想政治教育．郑州：河南人民出版社，2003.

吴潜涛，等．社会主义荣辱观研究．北京：中国人民大学出版社，2014.

吴潜涛．中外荣辱思想．北京：高等教育出版社，2015.

吴潜涛，等．当代中国公民道德状况调查．北京：人民出版社，2010.

焦国成．中国伦理学通论．太原：山西教育出版社，1997.

焦国成．中国古代人我关系论．北京：中国人民大学出版社，1991.

焦国成．公民道德论．北京：人民出版社，2004.

焦国成．中国社会信用体系建设的理论和实践．北京：中国人民大学出版社，2010.

樊和平．道德形而上学体系的精神哲学基础．北京：中国社会科学出版社，2006.

樊和平．中国伦理精神的历史建构．南京：江苏人民出版社，1992.

樊和平．中国伦理精神的现代建构．南京：江苏人民出版社，1997.

樊和平．伦理精神的价值生态．北京：中国社会科学出版社，2001.

樊和平．道德与自我．长春：吉林教育出版社，1994.

高兆明．伦理学理论与方法．北京：人民出版社，2005.

高兆明．存在与自由：伦理学引论．南京：南京师范大学出版社，2004.

高兆明．道德生活论．南京：河海大学出版社，1993.

高兆明．管理伦理导论．上海：复旦大学出版社，1989.

高兆明．道德文化：从传统到现代．北京：人民出版社，2015.

廖申白．伦理学概论．北京：北京师范大学出版社，2009.

廖申白，孙春晨．伦理新视点：转型时期的社会伦理与道德．北京：中国社会科学出版社，1997.

甘绍平．伦理学的当代建构．北京：中国发展出版社，2015.

甘绍平．自由伦理学．贵阳：贵州大学出版社，2020.

甘绍平．人权伦理学．北京：中国发展出版社，2009.

甘绍平．伦理智慧．北京：中国发展出版社，2000.

甘绍平．应用伦理学前沿问题研究．南昌：江西人民出版社，2002.

江畅．理论伦理学．武汉：湖北人民出版社，2000.

江畅．幸福与和谐．北京：人民出版社，2005.

江畅．幸福之路：伦理学启示录．武汉：湖北人民出版社，1999.

江畅．德性论．北京：人民出版社，2011.

江畅．西方德性思想史：第1—4卷．北京：人民出版社，2016.

李建华．道德情感论．北京：北京大学出版社，2011.

李建华．法律伦理学．长沙：湖南人民出版社，2002.

李建华．法治社会中的伦理秩序．北京：中国社会科学出版社，2004.

李建华，周谨平，袁超．当代中国伦理学．北京：中国社会科学出版社，2019.

李建华．道德原理：道德学引论．北京：社会科学文献出版社，2021.

王海明．新伦理学．北京：商务印书馆，2001.

王海明．道德哲学原理十五讲．北京：北京大学出版社，2008.

王海明．公正与人道：国家治理道德原则体系．北京：商务印书馆，2010.

王海明．伦理学导论．上海：复旦大学出版社，2009.

王正平，周中之．现代伦理学．北京：中国社会科学出版社，2001.

王正平．教育伦理学．北京：人民教育出版社，2019.

王正平．应用伦理学．上海：上海人民出版社，2013.

王正平．环境哲学：环境伦理的跨学科研究．上海：上海教育出版社，2014.

王泽应．伦理学．北京：北京师范大学出版社，2012.

王泽应．伦理学原理．北京：中国人民大学出版社，2021.

王泽应．马克思主义伦理思想中国化最新成果研究．北京：中国人民大学出版社，2018.

王泽应．20世纪中国马克思主义伦理思想研究．北京：人民出版社，2008.

王泽应．义利并重与义利统一：社会主义义利观研究．长沙：湖南人民出版社，2001.

王淑芹．信用伦理研究．北京：中央编译出版社，2005.

王淑芹．伦理与德性．北京：人民出版社，2019.

王淑芹．伦理秩序与道德研究．北京：中央编译出版社，2015.

王淑芹．教师职业道德新编．北京：高等教育出版社，2016.

王淑芹．德性与制度．北京：人民出版社，2016.

王小锡，华桂宏，郭建新，等．道德资本论．北京：人民出版社，2005.

王小锡．经济伦理学：经济与道德关系之哲学分析．北京：人民出版社，2015.

王小锡．道德资本与经济伦理．北京：人民出版社，2009.

王小锡．经济伦理的当代理论与实践．上海：上海人民出版社，2010.

王小锡．中国经济伦理学．北京：中国商业出版社，1994.

何怀宏．伦理学是什么．北京：北京大学出版社，2002.

何怀宏．良心论：传统良知的社会转化．上海：上海三联书店，1994.

何怀宏．底线伦理．沈阳：辽宁人民出版社，1998.

何怀宏．契约伦理与社会正义：罗尔斯正义论中的历史与理性．北京：中国人民大学出版社，1993.

杨国荣．伦理与存在：道德哲学研究．上海：华东师范大学出版社，2009.

杨国荣．善的历程：儒家价值体系的历史衍化及现代转换．上海：上海人民出版社，1994.

陈来．古代宗教与伦理：儒家思想的根源．北京：三联书店，1996.

陈来．冯友兰的伦理思想．北京：三联书店，2018.

陈来．儒学美德论．北京：三联书店，2019.

邓安庆．正义伦理与价值秩序：古典实践哲学的思路．上海：复旦大学出版社，2013.

邓安庆．启蒙伦理与现代社会的公序良俗：德国古典哲学的道德事业之重审．北京：人民出版社，2014.

周中之．伦理学．北京：人民出版社，2004.

周中之．全球化背景下的中国消费伦理．北京：人民出版社，2012.

周中之．经济伦理学．上海：华东师范大学出版社，2002.

周中之．消费伦理．郑州：河南人民出版社，2002.

陆晓禾．经济伦理学研究．上海：上海社会科学院出版社，2008.

陆晓禾．经济伦理学：中国研究．上海：上海社会科学院出版社，2010.

陆晓禾．危机中的资本、信用和责任．上海：上海社会科学院出版社，2012.

陆晓禾．走出丛林：当代经济伦理学漫话．武汉：湖北教育出版社，1999.

陈根法．心灵的秩序：道德哲学理论与实践．上海：复旦大学出版社，1998.

陈根法．德性论．上海：上海人民出版社，2004.

陈泽环．道德结构与伦理学．上海：上海人民出版社，2009.

陈泽环．个人自由与社会义务：当代德国经济伦理学研究．上海：上海辞书出版社，2004.

陈泽环．功利・生态・文化・奉献：现代经济伦理导论．上海：上海社会科学院出版社，1999.

龚群．现代伦理学．北京：中国人民大学出版社，2019.

龚群．社会伦理十讲．成都：西南交通大学出版社，2014.

龚群．自由主义与社群主义的比较研究．北京：人民出版社，2014.

龚群．道德乌托邦的重构：哈贝马斯交往伦理思想研究．北京：商务印书馆，2003.

龚群，陈真．当代西方伦理思想研究．北京：北京大学出版社，2013.

龚群．当代西方道义论与功利主义研究．北京：中国人民大学出版社，2002.

肖群忠．中国道德智慧十五讲．北京：北京大学出版社，2008.

肖群忠．日常生活行为伦理学．北京：中国人民大学出版社，2018.

肖群忠．孝与中国文化．北京：人民出版社，2001.

肖群忠．传统道德与中华人文精神．北京：中国人民大学出版社，2019.

葛晨虹．新中国60年・学界回眸：伦理学与道德建设卷．北京：北京出版社，2009.

葛晨虹．德化的视野：儒家德性思想研究．北京：同心出版社，1998.

龙静云．治化之本：市场经济条件下的中国道德建设．长沙：湖南人民出版社，1998.

龙静云．马克思主义视野中的现代德治．武汉：湖北长江出版集团，2008.

龙静云，等．社会主义核心价值体系引领道德建设研究．北京：中国社会科学出版社，2016.

韩东屏．市场经济与人生．武汉：湖北人民出版社，1998.

韩东屏．人本伦理学．武汉：华中科技大学出版社，2012.

刘可风，龚天平．企业伦理学．武汉：武汉理工大学出版社，2017.

刘可风，王雨辰，朱书刚．应用哲学与应用伦理学引论．北京：中国财经出版社，2005.

刘可风．哲学伦理学评论．北京：中国财经经济出版社，2003.

刘可风．企业伦理理论与实践．武汉：湖北人民出版社，2007.

龚天平．经济伦理：价值原则与实现机制．北京：中国社会科学出版社，2020.

龚天平．人学思想寻踪与伦理理论探询．武汉：湖北人民出版社，2016.

龚天平．追寻管理伦理．北京：中国社会科学出版社，2004.

龚天平．伦理驱动管理．北京：人民出版社，2011.

吴灿新．道德代价论．北京：人民出版社，2014.

吴灿新．善的追索．广州：广东人民出版社，2014.

吴灿新．当代中国道德建设论纲．北京：中国社会科学出版社，2009.

吴灿新．中国伦理精神．广州：广东人民出版社，2009.

吴灿新．政治伦理学新论．北京：中国社会科学出版社，2000.

戴木才．从优良生活到理想政治：现代政治伦理潮流．北京：三联书店，2020.

戴木才．现代政治视域中的“法治”与“德治”．济南：山东人民出版社，2007.

戴木才．中国特色政治伦理：中国共产党对执政正当性的探索．北京：商务印书馆，2019.

戴木才．管理的伦理法则．南昌：江西人民出版社，2001.

向玉乔．共享伦理研究．北京：人民出版社，2020.

向玉乔．道德记忆．北京：中国人民大学出版社，2020.

向玉乔．分配正义．北京：中国社会科学出版社，2014.

向玉乔．经济·生态·道德：中国经济生态化道路的伦理分析．长沙：湖南大学出版社，2007.

向玉乔．英美新马克思主义伦理思想．北京：中国人民大学出版社，2016.

李培超．自然的伦理尊严．南昌：江西人民出版社，2001.

李培超．伦理拓展主义的颠覆：西方环境伦理思潮研究．长沙：湖南师范大学出版社，2004.

李培超．中国环境伦理学的本土化视野．长沙：湖南人民出版社，2015.

李培超．自然与人文的和解：生态伦理学的新视野．长沙：湖南人民出版社，2001.

曹刚．法律的道德批判．南昌：江西人民出版社，2001.

曹刚．道德难题与程序正义．北京：北京大学出版社，2011.

李建华，曹刚．法律伦理学．长沙：中南大学出版社，2002.

唐凯麟，曹刚．重释传统：儒家思想的现代价值．上海：华东师范大学出版社，2008.

田海平．走向伦理思维的道德哲学．北京：中国社会科学出版社，2020.

田海平．美德、信仰与契约：西方伦理精神的三大根源．北京：中国社会科学出版社，2020.

田海平．生命伦理学前沿研究．北京：中国社会科学出版社，2019.

田海平．西方伦理精神：从古希腊到康德时代．南京：东南大学出版社，1998.

晏辉．公共生活与公民伦理．北京：北京师范大学出版社，2007.

晏辉．走向生活世界的哲学．北京：新星出版社，2015.

晏辉．现代性语境下的价值与价值观．北京：北京师范大学出版社，2009.

晏辉．市场经济的伦理基础．太原：山西教育出版社，1999.

李伟，潘忠宇．民族伦理与社会和谐．银川：宁夏人民出版社，2014.

杨国才，李伟，王韵，等．民族伦理与道德生活研究．北京：中国社会科学出版社，2016.

廖小平，孙欢．国家治理与生态伦理．长沙：湖南大学出版社，2018.

廖小平．伦理的代际之维．北京：人民出版社，2004.

廖小平．代际互动：未成年人道德建设的代际维度．北京：人民出版社，2009.

廖小平．邓小平伦理思想研究．长沙：湖南师范大学出版社，1996.

倪愫襄．善恶论．武汉：武汉大学出版社，2001.

倪素香．制度伦理研究．北京：人民出版社，2008.

倪素香．伦理学导论．武汉：武汉大学出版社，2002.

唐凯麟，张怀承．成人与成圣：儒家伦理道德精粹．长沙：湖南大学出版社，1999.

张怀承．无我与涅槃：佛家伦理道德精粹．长沙：湖南大学出版社，1999.

张怀承．天人之变：中国传统伦理道德的近代转型．长沙：湖南教育出版社，1998.

张怀承．中国的家庭与伦理．北京：中国人民大学出版社，1993.

刘湘溶．生态伦理学．长沙：湖南师范大学出版社，1992.

刘湘溶．人与自然的道德话语：环境伦理学的进展与反思．长沙：湖南师范大学出版社，2004.

刘湘溶．生态文明论．长沙：湖南教育出版社，1999.

刘湘溶．我国生态文明发展战略研究．北京：人民出版社，2013.

戴茂堂．西方伦理学．武汉：湖北人民出版社，2002.

罗金远，戴茂堂．伦理学讲座．北京：人民出版社，2012.

强以华．西方伦理十二讲．重庆：重庆出版社，2008.

强以华．经济伦理学．武汉：湖北人民出版社，2001.

朱金瑞．道德哲学读本．北京：金城出版社，2016.

朱金瑞．新时代中国特色社会主义道德建设研究．北京：人民出版社，2020.

朱金瑞．当代中国企业伦理模式研究．合肥：安徽大学出版社，2011.

朱金瑞．当代中国企业伦理的历史演进．南京：江苏人民出版社，2005.

乔法容，朱金瑞．经济伦理学．北京：人民出版社，2004.

乔法容．道德范畴与当代中国伦理建设．兰州：甘肃人民出版社，1995.

乔法容．伦理与经济社会．北京：经济管理出版社，2015.

乔法容．改革时代的经济伦理．北京：经济管理出版社，2014.

王昕杰，乔法容．劳动伦理学．开封：河南大学出版社，1989.

魏长领，刘学民，刘晓靖，等．道德信仰与社会和谐．武汉：武汉大学出版社，2013.

魏长领．道德信仰与国民素质．北京：中国社会科学出版社，2019.

魏长领．道德信仰与自我超越．郑州：河南人民出版社，2004.

魏长领．中国传统道德与当代精神文明建设．北京：中央文献出版社，1999.

余玉花．公共行政伦理学．上海：上海交通大学出版社，2007.

余玉花．转型期中国诚信文化建设研究．北京：人民出版社，2018.

余玉花．社会转型期中国诚信建设调研报告．上海：上海人民出版社，2018.

高国希．道德哲学．上海：复旦大学出版社，2005.

高国希．走出伦理的困境：麦金太尔道德哲学与马克思主义伦理学研究．上海：上海社会科学院出版社，1996.

高国希．行政伦理学．上海：复旦大学出版社，2003.

高国希，叶方兴，等．当代中国马克思主义道德理论研究．上海：上海人民出版社，2021.

孙春晨．市场经济伦理研究．南京：江苏人民出版社，2005.

孙春晨．生死论．北京：中国青年出版社，2001.

廖申白，孙春晨．伦理新视点．北京：中国社会科学出版社，1997.

靳凤林．制度伦理与官员道德：当代中国政治伦理结构性转型研究．北京：人民出版社，2011.

靳凤林．领导干部伦理课十三讲．北京：中共中央党校出版社，2011.

靳凤林．追求阶层正义：权力、资本、劳动的制度伦理考量．北京：

人民出版社，2016.

靳凤林．道德法则的守护神．保定：河北大学出版社，2005.

任丑．伦理学．北京：中国农业出版社，2015.

任丑．人权应用伦理学．北京：中国发展出版社，2014.

任丑．应用伦理探究．北京：科学出版社，2017.

任丑．应用伦理学．北京：科学出版社，2020.

任丑．道德哲学理论与应用．重庆：西南师范大学出版社，2016.

关健英．先秦秦汉德治法治关系思想研究．北京：人民出版社，2011.

关健瑛．与老庄对话．上海：上海古籍出版社，2002.

何建华．道德选择论．杭州：浙江人民出版社，2000.

何建华．分配正义论．北京：人民出版社，2007.

何建华．发展正义论．上海：上海三联书店，2012.

何建华．市场秩序：从人伦信用到契约信用．杭州：浙江大学出版社，2008.

王露璐．经济伦理学．北京：人民出版社，2014.

王露璐．乡土伦理．北京：人民出版社，2008.

王露璐．新乡土伦理．北京：人民出版社，2016.

王露璐．伦理如何“回”乡村．上海：上海三联书店，2019.

王珏．组织伦理：现代性文明的道德哲学悖论及其转向．北京：中国社会科学出版社，2008.

樊浩，王珏．中国伦理道德数据：第1—7卷．北京：中国社会科学出版社，2020.

杨明，张晓东，等．现代西方伦理思潮．合肥：安徽人民出版社，2009.

郭广银，杨明．应用伦理的热点探索．南京：江苏人民出版社，2004.

徐向东．自我、他人与道德：道德哲学导论．北京：商务印书馆，2007.

徐向东．道德哲学与实践理性．北京：商务印书馆，2006.

徐向东．理解自由意志．北京：北京大学出版社，2008.

陈寿灿．宪制的伦理之维．北京：中国社会科学出版社，2016.

陈寿灿．社会主义宪政的伦理价值研究．北京：金城出版社，2011.

陈寿灿．当代中国伦理学若干前沿问题研究．北京：金城出版社，2011.

杨丙安，唐能赋，李光耀，等．政治伦理学．成都：四川人民出版社，1988.

熊坤新．民族伦理学．北京：中央民族大学出版社，1997.

熊坤新，李建军．新疆诸民族伦理思想研究．北京：中央民族大学出版社，2008.

徐少锦．科技伦理学．上海：上海人民出版社，1989.

徐少锦．西方科技伦理思想史．南京：江苏教育出版社，1995.

刘大椿．在真与善之间：科技时代的伦理问题与道德抉择．北京：中国社会科学出版社，2000.

邱仁宗．生命伦理学．上海：上海人民出版社，1987.

严耕，陆俊，孙伟平．网络伦理．北京：北京出版社，1998.

余谋昌．生态伦理学：从理论走向实践．北京：首都师范大学出版社，1999.

沈善洪，王凤贤．中国伦理学说史：上．杭州：浙江人民出版社，1985.

沈善洪，王凤贤．中国伦理学说史：下．杭州：浙江人民出版社，1988.

张岂之，陈国庆．近代伦理思想的变迁．北京：中华书局，1993.

李刚．劝善成仙：道教生命伦理．成都：四川人民出版社，1994.

姜生．宗教与人类自我控制：中国道教伦理研究．成都：巴蜀书社，1996.

安启念．马克思恩格斯伦理思想研究．武汉：武汉大学出版社，2010.

刘广东．毛泽东伦理思想简论．济南：山东人民出版社，1987.

陈玉金．邓小平伦理思想研究．南京：南京出版社，1990.

王中田．当代日本伦理学．长春：吉林大学出版社，1991.

金可溪．苏俄伦理道德观演变．北京：中国文史出版社，1997.

秦红玲．建筑伦理学．北京：中国建筑工业出版社，2018.

陈喆．建筑伦理学概论．北京：中国电力出版社，2007.

李桂梅．中西家庭伦理比较研究．长沙：湖南大学出版社，2009.

李桂梅．冲突与融合：传统家庭伦理的现代转向及现代价值研究．长沙：中南大学出版社，2002.

彭定光．社会的正义基础研究．长沙：湖南师范大学出版社，2002.

彭定光．政治伦理的现代建构．济南：山东人民出版社，2007.

易小明．民族伦理文化研究．长沙：湖南大学出版社，2013.

易小明．社会分配问题研究．北京：人民出版社，2020.

钱广荣．中国道德建设通论．合肥：安徽大学出版社，2004.

钱广荣．道德悖论现象研究．芜湖：安徽师范大学出版社，2013.

钱广荣．中国伦理学引论．合肥：安徽人民出版社，2009.

钱广荣．中国道德国情论纲．合肥：安徽人民出版社，2002.

卫建国．教育法规与教师道德．北京：北京师范大学出版社，2017.

薛勇民，等．走向晋商文化的深处：晋商伦理的当代阐释．北京：人民出版社，2013.

薛勇民．走向生态价值的深处：后现代环境伦理学的当代诠释．太原：山西科学技术出版社，2006.

袁祖社．文化与伦理：基于公共性视角的研究．北京：人民出版社，2016.

袁祖社，董辉．公共伦理学．西安：陕西师范大学出版社，2018.

袁祖社，张旭升．消费社会诚信伦理秩序构建的可能性思考．北京：中国社会科学出版社，2019.

陈丛兰．当代中国居住伦理研究．北京：人民出版社，2019.

韩作珍．饮食伦理：在中国文化的视野下．北京：人民出版社，2017.

詹世友．公义与公器：正义论视域中的公共伦理学．北京：人民出版社，2006.

詹世友．道德教化与经济技术时代．南京：江苏人民出版社，2002.

詹世友．康德实践哲学的义理系统．北京：人民出版社，2021.

曾建平．环境正义：发展中国家环境伦理思想探究．济南：山东人民出版社，2007.

曾建平．自然之思：西方生态伦理思想探究．北京：中国社会科学出版社，2004.

曾建平．寻归绿色：环境道德教育．北京：人民出版社，2004.

汪荣有．当代中国经济伦理论：当代中国经济伦理嬗变及经济伦理建设研究．北京：人民出版社，2004.

汪荣有．经济公正论．北京：人民出版社，2010.

汪荣有．刘少奇伦理思想研究．北京：新华出版社，1998.

李义天．美德伦理学与道德多样性．北京：中央编译出版社，2012.

李义天．美德、心灵与行动．北京：中央编译出版社，2016.

曲红梅．马克思主义、道德和历史．北京：中国社会科学出版社，2016.

李伦．鼠标下的德性．南昌：江西人民出版社，2002.

李伦．网络传播伦理．长沙：湖南师范大学出版社，2007.

付长珍．宋儒境界论．上海：上海三联书店，2008.

杨宗元．道德理由的追寻：道德推理理论研究．北京：中国人民大学出版社，2019.

左高山．政治暴力批判．北京：中国人民大学出版社，2010.

左高山．敌人论．北京：中国人民大学出版社，2016.

高恒天．道德与人的幸福．北京：中国社会科学出版社，2004.

周瑾平．机会平等与分配正义．北京：人民出版社，2009.

丁瑞莲．现代金融的伦理维度．北京：人民出版社，2009.

田秀云．社会道德与个体道德．北京：人民出版社，2004.

田秀云，白臣．当代社会责任伦理．北京：人民出版社，2008.

田秀云．伦理学概论．北京：科学出版社，2009.

李萍．伦理学基础．北京：首都经济贸易大学出版社，2004.

李萍．公民日常行为的道德分析．北京：人民出版社，2004.

李萍．东方伦理思想简史．北京：中国人民大学出版社，1998.

张之沧，等．西方马克思主义伦理思想研究．南京：南京师范大学出版社，2009.

陈延斌．培根铸魂：社会主义核心价值观深度凝练与传播认同研究．广州：广州出版社，2019.

陈延斌．播种品德　收获命运：未成年公民道德养成的理论与实践．北京：中国社会科学出版社，2011.

郑根成．媒介载道：传媒伦理研究．北京：中央编译出版社，2009.

陈剑旎．蔡元培伦理思想研究．北京：北京大学出版社，2009.

王玉生．言强必先富：中国传统经济伦理思想的近代演变．北京：中国社会科学出版社，2007.

钱俊君．权力之善：社会主义政治权力善的探析．北京：社会科学文献出版社，2004.

钱俊君，艾有福．保天心以立人极：灾害的伦理救助．海口：海南出版社，2006.

刘建荣．当代中国农民道德建设研究．北京：群众出版社，2007.

谭培文．马克思主义的利益理论：当代历史唯物主义的重构．北京：人民出版社，2002.

谭培文，肖祥．从底线伦理到终极关怀．桂林：广西师范大学出版社，2009.

刘琼豪．密尔对功利原则的道德哲学辩护．北京：中国社会科学出版社，2014.

谢芳．王夫之经济伦理思想研究．北京：中国社会科学出版社，2018.

周俊敏．《管子》经济伦理思想研究．长沙：岳麓书社，2003.

徐大建．企业伦理学．上海：上海人民出版社，2002.

徐大建．市场经济与企业伦理论纲．上海：上海财经大学出版社，2003.

徐大建．西方经济理论思想史：经济的伦理内涵与社会的文明演进．上海：上海人民出版社，2020.

乔洪武．正义谋利：近代西方经济伦理思想研究．北京：商务印书馆，2000.

乔洪武．西方经济伦理思想研究．北京：商务印书馆，2016.

包利民．生命与逻各斯：希腊伦理思想史论．北京：东方出版社，1996.

包利民．现代性价值辩证论：规范伦理的形态学及其资源．上海：学林出版社，2000.

包利民．希腊伦理思想史．北京：中国社会科学出版社，2021.

陈真．当代西方规范伦理学．南京：南京师范大学出版社，2006.

陈真．规范性知识的追求．上海：上海三联书店，2021.

刘琳．《资本论》的经济伦理思想研究．合肥：安徽大学出版社，2008.

胡贤鑫．《资本论》伦理思想研究．武汉：湖北人民出版社，2006.

余达淮．马克思经济伦理思想研究．南京：江苏人民出版社，2006.

余达淮．资本伦理学．北京：中国社会科学出版社，2020.

余达淮，戴锐，程广丽．中国经济伦理学发展研究．合肥：合肥工业大学出版社，2015.

姚大志．何谓正义：现代西方政治哲学研究．北京：人民出版社，2007.

杨通进．环境伦理：全球话语　中国视野．重庆：重庆出版社，2007.

杨通进，祐素珍．人与自然的和谐：对环境的伦理忧思．北京：中国青年出版社，2004.

步蓬勃．马尔库塞生态伦理思想的现代性阐释．北京：人民出版社，2019.

李谧．风险社会的伦理责任．北京：中国社会科学出版社，2015.

肖巍．女性主义关怀伦理学．北京：北京出版社，1999.

肖巍．女性主义伦理学．成都：四川人民出版社，2000.

肖巍．性别与生命：正义的求索．北京：人民出版社，2018.

肖巍．飞往自由的心灵：性别与哲学的女性主义探索．北京：北京大学出版社，2014.

方红庆．德性知识论．北京：中国社会科学出版社，2018.

刘静．正当与德性：康德伦理学的反思与重构．北京：中国社会科学出版社，2015.

董滨宇．康德美德理论研究．北京：人民出版社，2021.

施璇．笛卡尔的伦理学说研究．上海：上海人民出版社，2021.

华启和．气候博弈的伦理共识与中国选择．北京：社会科学文献出版社，2014.

宋吉鑫．网络伦理学研究．北京：科学出版社，2012.

薛桂波．科学共同体的伦理精神．北京：中国社会科学出版社，2014.

李亚明．生命伦理学中人的尊严问题研究．北京：中国社会科学出版社，2019.

徐嘉．中国近现代伦理启蒙．北京：中国社会科学出版社，2014.

杨静．中医生命伦理学．成都：四川大学出版社，2019.

付鹤鸣．法律正义论：德沃金法伦理思想研究．北京：商务印书馆，2009.

程立涛．陌生人社会的伦理问题研究．北京：中国人民大学出版社，2019.

翟晓梅，邱仁宗．公共卫生伦理学．北京：中国社会科学出版社，2016.

郭金鸿．道德责任论．北京：人民出版社，2008.

伍卉昕．苏联马克思主义伦理学兴衰史．北京：人民出版社，2011.

赵素锦．西方德性论的道德哲学形态．南京：江苏人民出版社，2020.

王涛．托马斯·阿奎那伦理学思想研究．北京：人民出版社，2019.

胡传顺．伽达默尔伦理思想研究．上海：上海人民出版社，2018.

王莹，景枫．经济学家的道德追问：亚当·斯密伦理思想研究．北京：人民出版社，2001.

邓志伟．弗洛姆新人道主义伦理思想研究．北京：人民出版社，2011.

周斌．重思道德哲学：基于当代中国道德问题的分析．北京：中国社会科学出版社，2017.

王前，等．中国科技伦理史纲．北京：人民出版社，2006.

三、外国伦理思想著述

周辅成．西方伦理学名著选辑：上下卷．北京：商务印书馆，1964，1987.

赫西阿德．工作与时日·神谱．张竹明，蒋平，译．北京：商务印书馆，2009.

柏拉图．理想国．郭斌和，张竹明，译．北京：商务印书馆，2000.

亚里士多德．尼各马可伦理学．廖申白，译．北京：商务印书馆，2003.

亚里士多德．亚里士多德选集：伦理学卷．苗力田，编译．北京：中国人民大学出版社，1999.

西塞罗．论至善和至恶．石敏敏，译．北京：中国社会科学出版社，2005.

西塞罗．西塞罗三论：老年·友谊·责任．徐奕春，译．北京：商务印书馆，1998.

奥勒留．沉思录．何怀宏，译．北京：中国社会科学出版社，1989.

奥古斯丁．忏悔录．周士良，译．北京：商务印书馆，1987.

斯宾诺莎．伦理学．贺麟，译．北京：商务印书馆，1983.

斯密．道德情操论．蒋自强，钦北愚，朱钟棣，等译．北京：商务印书馆，1997.

休谟．道德原则研究．曾晓平，译．北京：商务印书馆，2001.

密尔．功利主义．张建新，译．北京：九州出版社，2007.

西季维克．伦理学方法．廖申白，译．北京：中国社会科学出版社，1993.

西季维克．伦理学史纲．熊敏，译．南京：江苏人民出版社，2008.

勒基．西洋道德史：第1—6卷．陈德荣，译．上海：商务印书馆，1937.

塞缪尔·斯迈尔斯．品格的力量．刘曙光，宋景堂，李柏光，译．北京：北京图书馆出版社，1999.

乔治·爱德华·摩尔．伦理学原理．长河，译．北京：商务印书馆，1983.

伯特兰·罗素．伦理学和政治学中的人类社会．肖巍，译．北京：中国社会科学出版社，1990.

齐格蒙·鲍曼．生活在碎片之中：论后现代道德．郁建兴，周俊，周莹，译．上海：学林出版社，2002.

齐格蒙特·鲍曼．后现代伦理学．张成岗，译．南京：江苏人民出版社，2003.

布莱克本．我们时代的伦理学．梁曼丽，译．南京：译林出版社，2009.

史密斯．有道德的利己．王旋，毛鑫，译．北京：华夏出版社，2010.

卢梭．论科学与艺术的复兴是否有助于使风俗日趋淳朴．李平沤，译．北京：商务印书馆，2012.

涂尔干．道德教育．陈光金，沈杰，朱谐汉，译．上海：上海人民出版社，2001.

涂尔干．职业伦理与公民道德．渠东，付德根，译．上海：上海人民出版社，2001.

康德．道德形而上学原理．苗力田，译．上海：上海人民出版社，2002.

康德．道德形而上学探本．唐钺，译．北京：商务印书馆，2012.

康德．实践理性批判．韩水法，译．北京：商务印书馆，1999.

费希特．伦理学体系．梁志学，李理，译．北京：中国社会科学出版社，1995.

黑格尔．法哲学原理．范扬，张企泰，译．北京：商务印书馆，2009.

黑格尔．历史哲学．王造时，译．上海：上海书店出版社，2001.

黑格尔．哲学史讲演录．贺麟，王太庆，译．北京：商务印书馆，1959.

叔本华．伦理学的两个基本问题．任立，孟庆时，译．北京：商务印书馆，1996.

尼采．善恶的彼岸．朱泱，译．北京：团结出版社，2001.

石里克．伦理学问题．张国珍，赵又春，译．北京：商务印书馆，1997.

马克斯·韦伯．新教伦理与资本主义精神．于晓，陈维刚，译．北京：三联书店，1987.

包尔生．伦理学体系．何怀宏，廖申白，译．北京：中国社会科学出版社，1988.

朋霍费尔．伦理学．胡其鼎，译．上海：上海人民出版社，2007.

阿多诺．道德哲学的问题．谢地坤，王彤，译．北京：人民出版社，2007.

孔汉思，库舍尔．全球伦理：世界宗教议会宣言．何光沪，译．成都：四川人民出版社，1997.

弗兰克·梯利．伦理学概论．何意，译．北京：中国人民大学出版社，1987.

雅克·蒂洛．伦理学与生活．程立显，刘建，译．北京：世界图书出版公司，2008.

威廉·詹姆斯．道德哲学家与道德生活//万俊人．20世纪西方伦理学经典（Ⅱ）：伦理学主题：价值与人生．北京：中国人民大学出版社，2004.

约瑟夫·P. 德马科，理查德·M. 福克斯．现代世界伦理学新趋向．石毓彬，廖申白，程立显，等译．北京：中国青年出版社，1990.

约翰·罗尔斯．正义论．何包钢，何怀宏，廖申白，译．北京：中国社会科学出版社，1988.

约翰·罗尔斯．道德哲学史讲义．张国清，译．上海：上海三联书店，2003.

罗伯特·诺齐克．无政府、国家与乌托邦．何怀宏，等译．北京：中国社会科学出版社，1991.

麦金太尔．谁之正义？何种合理性？．万俊人，吴海针，王今一，译．北京：当代中国出版社，1996.

麦金太尔．追寻美德：道德理论研究．宋继杰，译．南京：译林出版社，2003.

麦金太尔．伦理学简史．龚群，译．北京：商务印书馆，2003.

L. J. 宾克莱．二十世纪伦理学．孙彤，孙南桦，译．石家庄：河北人民出版社，1988.

L. J. 宾克莱．理想的冲突：西方社会中变化着的价值观念．马元德，陈白澄，王太庆，等译．北京：商务印书馆，1983.

斯巴特．实践中的道德．李曦，蔡蓁，译．北京：北京大学出版社，2006.

帕尔玛．为什么做个好人很难?：伦理学导论．黄少婷，译．上海：上海社会科学院出版社，2010.

汉娜·阿伦特．耶路撒冷的艾希曼：伦理的现代困境．孙传钊，译．长春：吉林人民出版社，2003.

弗姆．道德百科全书．戴杨毅，姚新中，谭维克，等译．长沙：湖南人民出版社，1988.

雷切尔斯．道德的理由．杨宗元，译．北京：中国人民大学出版社，2009.

托德·莱肯．造就道德：伦理学理论的实用主义重构．陶秀璇，等译．北京：北京大学出版社，2010.

艾伦·格沃斯，等．伦理学要义．戴杨毅，等译．北京：中国社会科学出版社，1991.

弗兰克纳．伦理学．关键，译．北京：三联书店，1987.

拉福莱特．伦理学理论．龚群，主译．北京：中国人民大学出版社，2008.

卢坡尔．伦理学导论．陈燕，译．北京：中国人民大学出版社，2008.

萨瓦尔特．伦理学的邀请：做个好人．于施洋，译．北京：北京大学出版社，2008.

汉斯·昆．世界伦理构想．周艺，译．北京：三联书店，2002.

赫斯特豪斯．美德伦理学．李义天，译．南京：译林出版社，2016.

克鲁泡特金．互助论．李平沤，译．北京：商务印书馆，1984.

季塔连科．马克思主义伦理学．愚生，重耳，译．上海：上海译文出版社，1981.

古谢伊诺夫，伊尔利特茨．西方伦理学简史．刘献洲，等译．北京：中国人民大学出版社，1992.

西田几多郎．善的研究．何倩，译．北京：商务印书馆，1989.

G. J. Warnock. Contemporary Moral Philosophy. New York：St. Martin's Press，1967.

Thomas E. Hill. Contemporary Ethical Theories. New York：Macmillan，1950.

Luther Binkley. Contemporary Ethical Theories. New York：Philosophy Library，1961.

Spencer Herbert. The Principles of Ethics. London：Williams and Norgate，1904.

Sidgwick Henry. Outlines of the History of Ethics. London：Macmillan，1892.

Sidgwick Henry. The Methods of Ethics. London：Macmillan and Co.，1922.

T. H. Green. Prolegomena to Ethics. Oxford：Clarendon Press，1899.

George E. Moore. Principia Ethics. Cambridge：Cambridge University Press，1922.

Alasdair MacinTyre. A Short History of Ethics. London：Routledge and Kegan Paul，1967.

Roger N. Hancock. Twentieth Century Ethics. New York：Columbia University Press，1974.

John Finnis. Fundamentals of Ethics. Oxford：Clarendon Press，1983.

Michael Sandel. Liberalism and the Limits of Justice. New York：

Cambridge University Press, 1982.

Tony Smith. The Role of Ethics in Social Theory. Albany: State University of New York Press, 1991.

Larry May. Applied Ethics: A Multicultural Approach. Upper Saddle River, NJ: Prentice Hall, 1994.

Jeffrey Olen, Vincent Barry. Applying Ethics. Belmont, CA: Wadsworth Pub Co. , 1992.

Bayles. Professional Ethics. Belmont, CA: Wadsworth Pub Co. , 1981.

Sterba. Morality in Practice. Belmont, CA: Wadsworth Pub Co. , 1988.

Kenneth Baynes. The Normative Grounds of Social Criticism: Kant, Rawls, and Habermas. Albany: State University of New York Press, 1992.

Chandran Kukathas, Philip Pettit. Rawls: A Theory of Justice and Its Critics. Cambridge: Polity Press, 1995.

后　记

中国共产党第二十次全国代表大会，提出了以中国式现代化实现中华民族伟大复兴等一系列重大战略部署，吹响了全面建成社会主义现代化国家的进军号。二十大报告倡导以自信自强、守正创新、踔厉奋发、勇毅前行的精神状态全面建设社会主义现代化国家，倡导务必不忘初心、牢记使命，务必谦虚谨慎、艰苦奋斗，务必敢于斗争、善于斗争，坚定历史自信，增强历史主动，谱写新时代中国特色社会主义更加绚丽的华章，并对如何在新的历史时期开辟马克思主义中国化时代化的新境界，如何广泛践行社会主义核心价值观，实施公民道德建设工程，弘扬中华传统美德，推动明大德、守公德、严私德，提高人民道德水准和全社会文明程度，做出了重要论述和强调。二十大报告为当代中国伦理学的发展指明了方向，具有举旗定向、凝聚人心、涵容美德、培育新人的功能和作用，也使伦理学人备感振奋，深觉责任重大、使命光荣。

新中国伦理学是与中华民族实现从站起来、富起来到强起来的伟大飞跃有着高度契合关系的伦理学，它亲历、见证和体悟着中华民族用几十年时间走完发达资本主义国家几百年历史的发展过程，并且用自己特有的精神笔触与文字记载反映着翻身当家做主人的中国人民的精神风貌和人格品质，成为新中国精神文明、伦理文化和公民道德建设的丰厚载籍。新中国伦理学发展的历程，从某种意义上折射着新中国史、改革开放史以及中华文明史的发展光辉，在中华文明史和世界文明史上也占有着重要的地位。70 多年伦理文化的除旧布新，我们不仅成功地清除了旧道德的影响，确立了马克思主义伦理思想和马克思主义伦理学的主导与主流地位，而且结合社会主义革命和社会主义建设时期的任务，成功地进行新道德的建设，极大地改变了整个社会的道德生活面貌，社会主义的主流道德在经受各种考验的过程中日益走向成熟和完善，中国伦理学以崭新的精神形象屹立于世界伦理学之林。具有伟大伦理传统的中华民族在新的历史时期以“冲决历史之桎梏，涤荡历史之积秽，新造民族之生命，挽回民族之青春”的精神，投身于伦理文化除旧布新的伟大征程中，谱写了一曲又一曲中华民族伦理文化史上建设的凯歌。新中国伦理学70多年发展所取得的成就，是以往任何历史时期都无法比拟也很难望其项背的。毛泽东伦理思想、邓小平伦理思想、“三个代表”重要思想的伦理思想、科学发展观伦理思想、习近平新时代中国特色社会主义伦理思想的形成及发展，标志着马克思主义伦理思想中国化取得了辉煌的理论成就。再加上新中国成立以来几代伦理学人的成长及其对马克思主义伦理思想中国化杰出理论成果的创造性阐释和研究，伦理学学科成为我国人文社会科学园地中的一道亮丽风景。现在我国的伦理学正以面向现代化、面向世界、面向未来的宽阔视野，致力于民族伦理精神的再造和社会主义伦理文化的建设，同时也在为世界伦理文化的研究贡献着自己的力量。特别是习近平总书记关于道德建设的系列重要论述和中共中央、国务院印发《新时代公民道德建设实施纲要》后全国范围内道德建设高潮的兴起，道德建设和伦理学发展日益受到社会各界的关注，伦理学在我国学术园地中发挥着越来越重大的作用，对我国社会主义现代化建设和精神文明建设的影响日益凸显，毛泽东在20世纪初断言的“道德哲学在开放之时代尤要”终于在21世纪化为一种社会需要的现实！

以史为鉴、开创未来是中华文化和中华文明的优秀传统。全面总结和深入研究新中国伦理学筚路蓝缕的发展历史，对于我们树立伦理文化自信、建设中国特色社会主义先进文化和伦理文明，对于促进和实现中华伦理文明的伟大复兴，无疑具有极其重要的意义和价值。笔者自知思维平庸、学力不足，缺乏对史料的全面驾驭和对伦理学发展趋势的洞观，很有一种难以胜任的恍然意识，久久停驻心头的更是那有可能对伦理学同仁思想介绍不够和评价不公而生发的深深歉疚。然而，笔者自研究生时代起对新中国伦理学就有一份特殊的关注，对21世纪我国伦理学发展和道德建设更有一种源自心灵深处的使命关怀，因此我自知难于担当新中国伦理学70多年回溯与展望的研究，却又十分愿意担当这一研究，矛盾，然却是我的学术宿命。

本书部分吸收了我20年前承担的国家社科基金课题“新中国伦理学50年的回溯与前瞻”的成果，并在深入把握70多年伦理学史料的基础上结合自己研究伦理学的心得予以大面积的扩充与提高，自认为还是值得关注新中国伦理学发展史的学人们一读，更欢迎各位专家学者和伦理学专业博士、硕士研究生批评指正。因为这是大家共同开辟的伦理学谱系和事业，有着大家的精诚付出和智慧汇聚，所以承继并弘扬这一伦理学传统，对于我们认识伦理学意义上的不忘初心、牢记使命和开拓未来，有着最为直观、最为直接的意义与价值。我要特别感谢中国人民大学曹刚教授和中国人民大学出版社人文出版分社社长杨宗元编审，得知我的新中国伦理学研究在不断深化和完善的情况后，将其纳入国家出版基金项目申报并获得成功，没有他们二人的信任与关心、扶持，本书有可能在耽搁中渐次沉没，是他们二人的扶助、关心和奖掖促使了本书的出版与问世。

新中国伦理学的发展可谓沧桑巨变，新中国伦理学的未来可谓前景无限。目前，中华民族行进在实现伟大复兴的征途上，中国伦理学也处在一个孕育巨大突破的关节点上。我们相信，有日益成熟的中国共产党的正确领导，有全体中国人民的同心同德和发奋图强，有世界各地华人华侨的价值认同和行为支持，中华民族一定能迎来一个伟大复兴的时期！中国伦理学也一定能为中国甚至为世界的发展做出自己更大的贡献！

2022年11月16日于长沙岳麓山下景德楼

图书在版编目（CIP）数据

新中国伦理学研究/王泽应著．--北京：中国人民大学出版社，2023.9
（当代中国社会道德理论与实践研究丛书／吴付来主编．第二辑）
ISBN 978-7-300-32136-3

Ⅰ.①新… Ⅱ.①王… Ⅲ.①伦理学-中国 Ⅳ.①B82

中国国家版本馆 CIP 数据核字（2023）第 169425 号

国家出版基金项目
当代中国社会道德理论与实践研究丛书·第二辑
主编 吴付来
新中国伦理学研究
王泽应 著
Xinzhongguo Lunlixue Yanjiu

出版发行	中国人民大学出版社		
社　　址	北京中关村大街 31 号	**邮政编码**	100080
电　　话	010－62511242（总编室）		010－62511770（质管部）
	010－82501766（邮购部）		010－62514148（门市部）
	010－62515195（发行公司）		010－62515275（盗版举报）
网　　址	http://www.crup.com.cn		
经　　销	新华书店		
印　　刷	涿州市星河印刷有限公司		
开　　本	720 mm×1000 mm　1/16	**版　　次**	2023 年 9 月第 1 版
印　　张	25.5 插页 3	**印　　次**	2023 年 9 月第 1 次印刷
字　　数	385 000	**定　　价**	108.00 元